IDEAS: A HISTORY OF
THOUGHT AND INVENTION

人类思想史

冲击权威：从阿奎那到杰斐逊
THE ATTACK ON AUTHORITY: AQUINAS TO JEFFERSON

【英】彼得·沃森（Peter Watson）◎著
姜 倩 南宫梅芳 韩同春 高录泉 苗永妹 刘 织◎译

目录

1/ 第一部分　伟大的历史枢纽——欧洲加速度

2/ 第一章　欧洲的思想

穆斯林关于中世纪欧洲倒退的看法——关于欧洲发展的理论——布罗代尔（地理论）——麦考密克的中世纪欧洲——阿布·卢格霍德（大瘟疫、政治、东方的没落）——李约瑟（中国的阶级结构）——西方与东方学术的比较——诺思和托马斯（农业的变化、经济、市场结构）——萨森（基督教的变化）——格拉提安对律法的变革——格罗塞特与实验方式的发展——阿奎那关于世俗的想象——莫里斯（对个体的发掘）

27/ 第二部分　从阿奎那到杰斐逊——对权威的攻击、世俗思想和近代个人主义的诞生

28/ 第二章　"上帝和人的中介"：教皇进行思想控制的手段

亨利四世在卡诺萨/亨利与格里高利七世——主教叙任权之争——中世纪的王权思想——封建主义——本笃会/僧侣担任与神沟通者/克鲁尼修会——格里高利改革——对圣母玛利亚的崇拜——圣方济会与多明我会修道士——基督教社会——彼得·达米安——锡尔瓦坎迪达的宏勃特——格里高利七世/《教皇训令》——驱逐出教——十字军东征的思想/特赦——新的虔诚/异教徒——韦尔多教派的人——菲奥利的约阿希姆/反基督者——清洁派教徒、阿比尔派教徒的信仰和宗教战争——英诺森三世/宗教裁判所——第四届拉特兰教堂公会——结婚圣礼——元老院和红衣主教团/菲利普四世和博尼费斯八世——大分裂

66/ 第三章　知识的传播和精确的兴起

修道院院长苏哲和圣丹斯的创造/上帝是光——巴黎学校/它们

目录

和修道院有什么不同——亚里士多德和逻辑学的重新发现/阿贝拉德——七大学科/三学科和四学科——对亚里士多德的禁令——"双重真理"理论——大学/最早的大学——萨勒诺（医学）——博洛尼亚（法律）——巴黎（神学）——牛津（数学、自然科学）——量化的出现/度量、计算、日期——标点——音乐符号——复式簿记——文化的蓬勃发展/印刷术的发明——斜体和罗马体——版本印数——拼写

108/ 第四章 世俗的到来：资本主义、人文主义和个人主义

对文艺复兴的观念转变——黑死病——为什么文艺复兴自意大利开始——意大利的学校教育——算术学校的重要作用——羊织品贸易、国际贸易、银行业和资本主义的起源——封建贵族和资产阶级价值观的结合——艺术上从教会赞助到世俗赞助的转变——艺术家地位的提高——对古典文化的重新发现和对生活的强调——彼特拉克对柏拉图的重新发现——学堂贵族/异教徒价值观——伊拉斯谟——人文主义和宗教宽容的发展——万撒利——世俗艺术——佛罗伦萨的人文学科

138/ 第五章 想象力的爆发

空虚的火焰——油画的发明——透视画法/更强的真实性——寓言画/异教神话——普遍论——全能型人才——建筑的突出地位——绘画V.雕塑——宗教裁判前的韦罗内塞——歌剧——音乐上的"乐曲重复"/韦拉厄尔特——加布里埃利——管弦乐队的起源/拉巴琴/吉塔尔/翼琴/阿玛蒂的提琴和小提琴——小调/歌谣/奏鸣曲——协奏曲/交响乐/宣叙调/和谐（纵向）音乐——蒙泰威尔第和阿丽安娜咏叹调——宗教剧——伦敦剧院的大发展——美人鱼酒馆——最初的戏剧/詹姆斯·伯比奇——演说者成为演员——常备剧目——莎士比亚/李尔王和法尔斯塔夫——堂吉诃德

目 录

166/ 第六章 克利斯托弗·哥伦布的精神视界

希腊人发现了大西洋——极北之地——东方的亚历山大——埃拉托色尼和地球周长——托勒密——圣布伦丹/希望之地——文兰岛——普兰诺·卡尔皮尼的约翰/鲁布鲁克的威廉姆——马可·波罗与忽必烈可汗——伊本·巴图塔——基督世界地图/怪物种族/T-O地图——哥伦布的知名读物——航海家亨利——指南针——航海图/磁北和真北——未发现的地域/麦卡托和"逐渐增大的纬度"——舵柄和方向舵——测深锤和测深绳/航海图书——象限仪——三角帆船和横帆船——非洲东海岸探险——达·伽马绕过好望角到达印度——哥伦布发现巴哈马群岛

194/ 第七章 "印第安人"的观念：新大陆的思想

《圣经》中没有记载美洲/对哥伦布发现的反应——对印第安人起源的解释/早期人类学——西班牙的"监护征赋制"/印第安人的理性及其接受信仰的能力——诺亚的后代——1492年新大陆人口规模——习俗和信仰——食人——语言（名词和动词的不同概念）——对男性和女性的不同概念——极其不同的死亡经济学——计算和时间——书写和纺织品——医学思想——关于艺术的不同思想——新大陆对旧大陆思想的影响

223/ 第八章 历史走向北部：新教的理性冲击

出售免罪符——约翰·特泽尔——北部和南部天主教的差异——马丁·路德——骑士之战/农民暴乱/重浸礼教徒——加尔文——清教徒伦理——对罗马的洗劫——书籍审查/禁书目录——廷代尔事件——特伦特公会——罗耀拉和耶稣会士——耶稣会士在东方——新教教义的多样性——反改革艺术/巴洛克风格/贝尼尼

249/ 第九章 实验天才

存在科学革命吗——为什么穆斯林和中国人从未发展近代科学——

目录

理解宇宙是科学最重要的目标——哥白尼——布拉赫——开普勒——椭圆形轨道——伽利略／望远镜——牛顿——十进制——对数和微积分——数学原理／万有引力——光学——光速——人体解剖／维萨利亚斯／达·芬奇——哈维——基歇尔、列文虎克和微生物——培根和科学哲学——笛卡尔的方法论——英国皇家学会——大学和科学——科学仪器的出现

285／第十章 自由、物权和社群：保守主义和自由主义的起源

单一民族国家的出现／绝对君主专制政体——马基雅弗利／《王子》——玛丽安娜和苏阿韦兹——布丹——霍布斯——《利维坦》——洛克／《政府论》——斯宾诺莎／《神学政治论》——维科／《新科学》

309／第十一章 "无神论者的恐慌"和怀疑的出现

哥白尼的发现对信仰的影响——《圣经》的白话翻译／显示出的差异——希腊、罗马和中世纪欧洲的无神论——异教徒的另一种传统——蒙田和世俗世界——木星的卫星——怀疑的四阶段——纯理性超自然主义——自然神论——怀疑主义——近代第一位无神论者瓦尼尼——对《旧约》的抨击——对《圣经》编年史的抨击

333／第十二章 从灵魂到意识：探寻人性法则

伏尔泰在英国——狄德罗与《百科全书》——法语的形成——读物的出现——中产阶级趣味的出现——杂志出版的出现——大自然的和谐——上帝的仁爱——灵魂重被看做精神／洛克、语言和心理学——"神经症"——新的自我意识——爱丁堡——大卫·休谟——经济思想／柯尔伯尔——配第／财政学——亚当·斯密／《国富论》——商业社会——马尔萨斯——林奈——卢梭——孟德斯鸠——关于进步的观念——古代v.现代——孔多塞——戈德温——康德——黑格尔——圣西门／孔德

373/ 第十三章 工业思想及其重要性

《艰难时世》——最初的德贝郡工厂／纺纱机——蒸汽机／冶铁技术——农业革命／管理模式的变化——改革了的棉花工业——工厂城市和工作经验的改变——贫富差距——电学的发展——化学的发展——氧——道尔顿的原子学说／结晶学／拉瓦锡——沃灵顿学院和伯明翰月亮社——普利斯特列和威基伍德——工人阶级的形成——斯密、李嘉图、马尔萨斯和边沁——罗伯特·欧文——饥饿的40年代——恩格斯／马克思——《资本论》／异化——《大分流》——百年和平

409/ 第十四章 美洲的创造

《美洲的宝藏与资本主义的兴起》——《大边疆》——费城："思想之都"——富兰克林——本杰明·拉什——"美国的荷马"——潘恩——杰斐逊／《弗吉尼亚笔记》／美国与欧洲比较——印第安人问题——民主——联邦宪法——法律的作用／法律是美国最初的文学——联邦政治——托克维尔造访美国

第一部分

伟大的历史枢纽

欧洲加速度

第一章
欧洲的思想

穆斯林关于中世纪欧洲倒退的看法

10世纪，著名的阿拉伯地理学家马苏德（Mas'udi）提到"乌鲁法"（Urufa），穆斯林这样形容欧洲人："他们没有幽默感，个头很大，本性粗鄙，举止不雅，理解力迟钝，口齿含混……居住越往北就越是愚蠢、粗俗和野蛮。"[1]他的同事伊本·艾哈迈德·赛义德（Sa'id ibn Ahmad）对欧洲的印象也不太好。根据伯纳德·刘易斯（Bernard Lewis）的说法，黑斯廷斯战斗两年后，1068年，伟大的伊斯兰学者伊本·艾哈迈德写了一本关于民族类别的书。他发现有8个民族对知识的贡献最大，其中包括印度、波斯、希腊、埃及，当然还有阿拉伯。另一方面他还发现北欧人"尚未开化，他们的生活接近兽类……他们没有敏锐的感觉，智力发展也比较落后……"[2]甚至到了13世纪，剑桥学者罗杰·培根（Roger Bacon）仍然紧盯着东方。他请求教皇克莱门特四世（Clement IV）实施一项宏大的工程——编写自然科学领域新知识的百科全书，他对当时大量的阿拉伯译文非常感兴趣，建议研究东方语言，研究伊斯兰教。

关于欧洲发展的理论

其实在弗朗西斯·培根（Francis Bacon）时代，世界发展已经大不一样。公元1000年至1500年间，欧洲发生了重大变化，已经远远领先于其他地方。弗朗西斯·培根甚至认为在欧洲之外没有什么值得学习的。

到底发生了什么？是什么使得"西方"能够处于领先地位？这些在伊本·艾哈迈德笔下"生硬"、"粗鄙"、"没有感情"的欧洲人发生了什么变化，使得他们能够创造出发展的条件，使今天的西方无可争议地在财富、科技进步、宗教和政治自由方面领先于世界其他地方？公元1000年至1500年间，西欧人发现了美洲大陆，而欧洲人此时在思想领域的发展——也是这本书关注的中心问题——也是最令人着迷的。它塑造了现代历史，使得其他重要的事件都暗淡无光。但直至今天，思想领域的问题仍然没有定论，虽然有大量的相关理论进行解释，但都只是建立在某种假设上而已。

奇怪的是，大家对这些说法并没有多少质疑，但从目前的答案看来，可以将它们分为六种。六种答案都一致认为那段时间欧洲确实发生了根本性的变化，也是"西方"一词出现的开端。但是一致仅此而已。每一种理论所提到的决定性因素都还有待于证实。

本章可以说是本书的关键，可能会跟其他章节不同。其他章节会对出现的思想进行描述，并试图评价它们的重要性和在历史中的位置，但是本章则从思想发展的大环境出发，试图解释为什么后来最主要、最有影响力的思想发展都出现在欧洲，而且偏偏是西欧。通过这样的解释，我们会为后面章节所详细讨论的发展做出铺垫，但是这里最直接的目的是要说明为什么欧洲会成为过去1000年以来主导我们生活的诸多思想的家园。

———— ★ ★ ★ ————

布罗代尔（地理论）

一位年鉴学派（the *Annales* school）的法国历史学家费尔南·布罗代尔（Fernand Braudel）提出一种地理位置解释。在他的《菲利普二世时期的地中海和地中海世界》(*The Mediterranean and the Mediterranean World in the Age of Philip II*) 和《文明与资本主义》(*Civilisation and Capitalism*) 这两本书中，尤其是在第一卷"日常生活结构"(*The Structures of Everyday Life*) 中，他解释了为什么欧洲会具有目前的这种特点。他认为食物与文明有着主要关系。他发现大米给亚洲"带来大量人口，也因此给人口繁荣地区带来严格的社会制度"，而"玉米种植非常容易",因此,美洲的土著人能够有更多的空闲时间修建大型的金字塔,使他们的文化得以闻名。他认为欧洲成功的关键因素是面积相对较小,粮食充裕,还有气候的影响。因为室内生活时间较多,所以家具的发展得到了促进,同时带动了工具的进步;糟糕的气候意味着在室外工作的时间不多,但是饭还得吃,因此欧洲的劳动力相对较贵。这样就非常需求节省劳动力的装置,因此导致了科学革命的出现,后来又出现工业革命。[3]

在他的关于地中海的一书中,布罗代尔试图更加详细地解释有助于欧洲崛起的地中海的特点。比如他发现地中海地质古老,又很深,跟海岸构造完全不同。海水的"疲劳"和缺乏浅海的特点造成地中海不适宜捕鱼,却刺激了远航贸易。山脉离海岸较近,尤其是阿尔卑斯山脉,这意味着迁徙到海滨的高地居民会带来完全不同的技术。移民是造成思想传播的主要因素,而地中海的特点又推动了移民,因为(a)地中海是东西向的,跟季风的方向相同,这样很适宜航海;(b) 岛屿和地中海地区的基本构造将地中海分成几个小的区域——伊特鲁里亚海、亚得里亚海、爱琴海、黑海、爱奥尼亚海和苏尔特海湾,这使得航海更加容易;(c) 地中海被许多半岛包围(伊比利亚半岛、意大利半岛、希腊半岛),地理上的一致性提升了强烈的民族主义感情,反过来又刺激了国际竞争;(d) 阿尔卑斯山脉中部地区是三条河——莱茵河、多瑙河和隆河——这些河流有助于抵达欧洲中心地区。欧洲大陆相对较小,再加上有三条深入内陆的河流,促进了交通运输的发展,完成了交通网络的最后环节。跟可供航行的大海和大河一样,便利的交通使欧洲中部地区得到了前所未有的开放,为欧洲带来大量新的移民和他们的新思想。

这种解释看起来很有道理(虽然西班牙并不是像布罗代尔所说的那样跟其他地区一致。西班牙人口混杂,有阿拉伯人、莫扎勒布人和犹太人),但是,书中所真正解释的是为什么欧洲会在某个阶段腾飞。布罗代尔的中心论点是地理因素决定了原材料、城市(市场)的建立和贸易路线。也就是说,在文明发展的道路上,有一种地理上的必然性促使欧洲,而不是亚洲、非洲或者美洲,成为科学和资本主义的摇篮。但是地理因素只是其中之一。我们还必须解释为什么偏偏是在那个时候欧洲能够加速发展。对此很多人有不同看法。

———— ★ ★ ★ ————

第一章 欧洲的思想

麦考密克的中世纪欧洲

不是每个人都承认变革发生在1050年到1200年间。哈佛大学的迈克尔·麦考密克（Michael McCormick）在2001年他的《欧洲经济的起源：交流与商业，300—900年》(*Origins of the European Economy: Communication and Commerce, AD 300—900*)中，提出欧洲早在8世纪末就已经开始发展，到1100年则发生了全方位的变化，这就意味着欧洲大陆的发展时间比通常认为的要长三倍，"也困难三倍"。[4]他指出真正的低谷，至少在西欧，是700年，当时所有的商业活动都急剧减少，香料的国际贸易崩溃，纸莎草纸无法到达法兰克，古典作品誊写本的出现也大量减少。[5]他说圣比德（the Venerable Bede）735年去世的时候，把他的胡椒和熏香都作为珍贵礼物送给了后人。而四代人之后，胡椒贸易大大增长，再也没有人用它作为珍贵的礼物了。他指出，在加洛林王朝时期，制币比我们现在想象的要普遍，同时也复杂得多，他在42个不同的地方发现了7世纪到10世纪的44种阿拉伯钱币。[6]他指出在9世纪中期造船业得到发展，他还找到了有关记录，提到有将近700人当时曾有过艰苦的长途跋涉的经历。在9世纪，多瑙河的交通已经很发达，道路收费和海盗都比以前增加。[7]到10世纪初，莱茵河地区和巴黎都出现了繁荣的市场，在巴黎和圣丹尼斯（St. Denis），来自西班牙和普罗旺斯的商人所经营的货物中甚至有的来自遥远的伊拉克。[8]他指出最重大的事件莫过于大约1000年左右匈牙利王国皈依基督教，使得通向君士坦丁堡的陆上交通得以重新开放。[9]

麦考密克的论点非常有说服力（他的书有1100页，充满了细节描述）。但是，他只是确定了一个欧洲统一起来得以发展的酝酿阶段。像马苏德这样在乌鲁法游历（可以从他们的钱币看到）的阿拉伯人，却好像根本没有意识到欧洲的变化。变化无疑是存在的，但是重大的进步尚未开始。

阿布·卢格霍德（大瘟疫、政治、东方的没落）

关于10世纪后欧洲加速发展的第二种解释是对经济因素的肯定。这方面的说法可以分成两个部分。珍妮特·阿布·卢格霍德（Janet L. Abu-Lughod）在她的《欧洲霸权之前》(*Before European Hegemony*)中，已经详细描述过"旧大陆"的经济文化情况。[10]她写道:"13世纪后半叶是世界历史的重要时刻。旧大陆的各个地区从来没有像现在这样彼此接触——虽然还只是表面上的。从13世纪末至14世纪上半叶,交流的圈子扩张到极致,与中国都建立了有限但直接的联系。"[11]她认为这个经济的世界不仅其本身非常吸引人,而且没有任何力量,跟后来在其基础上产生的世界秩序——那个按照自身意图重新塑造并很长时间控制世界的欧洲——形成强烈的对比。

她的论点是从时间方面来看,公元1250年到1350年的100年是世界历史的一个支点或者关键的"转折点";从空间角度看,中东的中心地带,西起东地中海地区,东到印度洋,是地理上的支点,西方和东方以此平衡。她的论点跟布罗代尔相反,她认为世界秩序向西方的倾斜并不是由于内在的历史必然。她注意到曾经有过8种基本贸易体系,后来演化为3种:欧洲的、中东的和亚洲的。这三种有一些共同的特点:货币和信用体系的发明;资本集中和分配风险机制;独立有钱的商人。因此,她虽然承认13世纪到16世纪欧洲的发展确实超过了东方,但是她的结论是欧洲并没有任何"特别"之处;相反,东方只是"暂时处于混乱状态"。她说曾经被成吉思汗统一的陆上贸易路线又逐渐断裂,1400年左右帖木儿(Tamerlane)的掠夺对亚洲造成的危害,远比十字军东征的更大,黑死病"从中国开始在1348年至1351年间传入欧洲,造成海上世界贸易线上的很多城市人口锐减,打乱了人们习惯的生活方式,人口损失程度的不同也使交换方式发生了变化,形成了一种流动性的世界局势,促使了一些根本性的变革,而这种变革使有些地区受益,也有一些地区遭受损失"。[12]这种不平衡在欧洲就可以看到,英格兰起初只是在发展的外围,在瘟疫之后开始成为中心,因为英格兰人口损失的程度比欧洲大陆的轻。13世纪末,意大利城邦的军舰打开了北大西洋的航线,一举扭转了几个世纪以来的世界格局。接着葡萄牙人"发现了"通向印度的大西洋航线。虽然阿拉伯和中国的商人对很多印度岛屿早已熟知,但是,阿拉伯和印度的船只却已经不能与16世纪初出现在他们海域的葡萄牙舰队抗衡。

她认为13世纪的世界局势相对稳定,是一种真正的世界性:不同的宗教信仰共存——基督教、伊斯兰教、佛教、儒教、索罗亚斯德教(Zoroastrianism);全世界的商业活动都很发达——"坎奇普兰的纺织品生产组织跟佛兰德斯地区的非常接近,国家组建船队进行贸易活动,近至威尼斯,远达中国,贸易中心发展，诸如开罗、泉州和特鲁瓦（Troyes）也很类似，到13世纪，它们的发展速度也很接近。[13]珍妮特认为，到了13世纪，这个曾一度稳定的世纪贸易格局被打破，西方以布鲁日（Bruges）、特鲁瓦、热那亚（Genoa）和威尼斯为中心的体系基本没有受到影响，而东方的开罗、巴格达、巴士拉（Basra）、撒马尔罕（Samarkand）、霍尔木兹（Hormuz）、坎贝（Cambay）、卡利卡特（Calicut）、马六甲（Malacca）和中国大陆的贸易中心则遭受了灭顶之灾。[14]她说历史学家普遍没有注意"更早期的历史"，因此对于西方崛起的因果解释是断裂的、歪曲的。她指出，实际上，13世纪到16世纪只是一个过渡时期，而其他的，诸如地理、政治因素则为欧洲创造了发展的机遇。

对于阿布·卢格霍德来说，是"东方的没落"造成了"西方的发展"。蒙古人由于被黑死病削弱，在1386年"失去"了中国，世界因此失去了陆上联系的关键连接，北京成了终点，海上交通通过印度洋和南中国海，也止步于中国东南部的港口。东方路线的中断影响了全世界的贸易。[15]热那亚因此取代了威尼斯。威尼斯跟热那亚本来都是通向欧洲的大门，但是热那亚还有另一个选择——大西洋。随着大西洋的开发，来往于这条路线的船只便可以利用东方的混乱。这种地理意义上的重新定位使得世界重心发生了决定性的转移。

★ ★ ★

李约瑟（中国的阶级结构）

剑桥大学研究早期中国科学的李约瑟持不同意见。他首先提醒我们注意公元1000年之前来自东方的不计其数的发明，很多在前面的章节已经有所描述。李约瑟认为，在早期历史中，中国比起欧洲要稳定很多，而这正是造成欧洲在社会、政治和文化上落后的原因。欧洲缺乏贵重金属，而且其地理布局——一系列的半岛和群岛（伊比利亚、意大利、希腊）——使这个地区更具国家主义，因为有很多天然的国界。此外，字母书写系统非常灵活，不同的部落和族群可以很容易地发展他们自己的语言而造成沟通障碍（相反，中国的文字比较统一）。所有这些因素导致欧洲纷争不断，发展落后。[16]

但是，来自中国的两个发明改变了这一切。首先是马蹬。这种东西赋予了骑士阶层无限的力量，封建主义得以发展。第二是火药。火药促使了封建主义的灭亡，至少是在欧洲，因为它削弱了骑士阶层的力量。李约瑟认为，随着封建主义在西方的衰落，商人阶层的地位得以上升，与此紧密相关的是科学的发展。然而在中国，类似的情况却没有发生。作为一个非常稳定的大陆，有着根深蒂固的统一帝制的传统，虽然有着很多发明，中国的封建主义只是被"官僚政治的封建主义"所代替，官僚精英阶层非常适应这样一个完全以皇帝为中心的大国，他们使国家稳步发展。但是不幸的是，在这样的政权下，商人地位非常低下，他们是最低的四种阶层之一，排在学者、农民和工匠之后。这种社会结构不但压制了创造性，而且使城市体制无法得以发展：城市被皇帝的代表所把持，没有市长，没有行业，没有议员。中国的城市是一种自上而下的统治。因此，尽管有着大量的发明，中国从来没有发展过现代商业或者现代科学。李约瑟认为，这恰恰是致命的。[17]

不管中国是否发展过城邦制，李约瑟及他的观点在学术界褒贬不一（曾经召开过关于"李约瑟理论"的讨论会议）。首先是对封建主义这种概念的质疑，这一概念是后世的发明，而且他所提出的土地—法律—效忠这一连锁关系与中世纪的情况并不适合。地主对农户的控制并不是因为马和马镫，而是因为更广泛意义上的社会政治制度，这种制度将人分成三个等级（祷告的人、战斗的人和工作的人），并为少数人统治多数人提供了法律的支撑。此外，这种制度是在1000年才开始出现，所以谈论中世纪早期的"封建主义"是毫无意义的。而且，后来地主对农民的控制权的崩溃跟骑士的命运毫无关系，而更多的是因为14世纪瘟疫和饥荒所引起的人口危机。农民数量大大减少，对劳动力的大量需求导致农民工资大大上涨，因而宣告了"农奴制度"的终结。

西方与东方学术的比较

同时，其他历史学家们都注意到西方和东方的知识体系确实有所不同。杰弗里·劳埃德（Geoffrey Lloyd）和内森·斯文（Nathan Sivin）关于早期中国和希腊科学的研究及他们观点的不同已经讨论过。最近，托比·胡弗（Toby Huff）声称当时西方与东方一个很重要的区别是，在中国和伊斯兰世界，学生的能力是由国家或者老师来评判的，而这样就无法鼓励独立思考。胡弗计算后发现在12、13世纪，欧洲、中国和伊斯兰世界的学者数目基本相同，但是在东

第一章 欧洲的思想

方他们从来没有获得过一种集体性的身份,因此,在伊斯兰世界和中国,学术研究从来没有像在欧洲那样获得过独立的权力。[18]学术研究之所以在欧洲得到发展,其中一个原因是在11世纪末,东罗马帝国皇帝法典《民法大全》(*Corpus iuris civilis*) 被重新发现。这就再次提出了一个法律体系的概念,这是一种新的法律科学,带来了知识共享的概念,我们对此在后面会进行讨论。胡弗说,这种集体知识的观念是欧洲大学思想的基础,但是却没有在中国或者伊斯兰世界出现过。[19]这就是说东方没有出现过有组织的怀疑论。比如,阿拉伯天文学家本来也知道开普勒所知晓的事实,但是他们没有天文学文集——属于全民并可以进行辩论的天文学研究的综合——的概念,他们就没有机会发展出像哥白尼那样的太阳中心理论。[20]

诺思和托马斯(农业的变化、经济、市场结构)

用一种不同的、从经济角度出发的解释支持布罗代尔的观点,即欧洲的面积相对较小。在《西方世界的兴起》(*The Rise of the Western World*) 中,道格拉斯·诺思 (Douglas North) 和罗伯特·托马斯 (Robert Thomas) 提出在中世纪鼎盛时期,即1000年至1300年,欧洲"从一片荒芜转变为一个大力开拓的地区"。人口有明显增长,这意味着欧洲实际上是历史上第一个住满人的地方。这一点也得益于主要河流的布局——多瑙河、莱茵河、隆河——使交通深入大陆的中心。同时,这些因素也产生了很多变化,其中包括从封建结构的转变,人们对私有财产和土地私有的兴趣越来越浓厚。[21]正是这种土地的私有制很快引起了专门化的发展(起初是农作物种植的专门化,然后是对农作物种植的服务业),继而又带动了贸易的发展、市场的扩张和货币经济的发展。剩余财富的出现使货币经济成为可能,在此基础上真正的资本主义得以发展。[22]

诺思和托马斯注意到当时欧洲出现了一种新型农业,即从双田体系转向三田体系。在双田体系下,所有可耕田需要犁耕,但是只有一半种上庄稼,另一半作为休耕地以恢复其肥力。在三田体系中,庄园所有的可耕田土地被分成三个部分,一部分在秋天种上小麦,另一部分在春天种植燕麦、大麦或者豆类,剩下的一部分休耕,第二年再循环。这使得产量增加了50%,而且同时使得劳动力在一年中得到平均分配,也减少了由于收成不好而引起的饥荒。[23]这个时期农业用的牲畜从牛变为马，马比牛的效率要高出50%到90%。

11世纪还出现了水力磨坊。这是一个外来的发明，但是它非常适合欧洲的气候。尽管比较昂贵，在欧洲的传播却极为迅速：1086年，英国土地志记录当时英国的3000个生活区有5624个磨坊。英格兰当时在科技发展上并没有领先别的欧洲国家，但是由于河流分布较多，磨坊比别国多出好几倍。因此，羊毛和纺织业成为英格兰和佛兰德斯（Flanders）的主要工业。

这两项发展使得大批的人在田里树起木桩做标记，这样又产生了两个心理层面的变化。它使得人们更加具有个人意识：因为有了田产，一个人的身份确认不再只是他考虑属于哪个宗会（congregation），属于哪个田庄、哪个主人；同时还提出了效率的概念，因为资源是有限的。随着专门化的发展，出现了市场的萌芽（提供一些外来的诱人的货物），这带来了深远的社会心理方面的变革，为文艺复兴埋下了伏笔。

这种观点最近同样也引起了学术界的争论。它强调有多达40%到50%的人口已经不再是农奴（但是某种程度上仍然"不自由"），拥有了自己的土地。意大利经济历史学家卡洛·M.奇波拉（Carlo M. Cipolla）反对说，当时欧洲并不缺乏土地，而恰恰相反，土地非常丰富。他注意到欧洲跟东方的区别可能在于欧洲未婚人口比例较大，这样就避免了地产和大家庭的分割，缓和了贫穷。奇波拉同意迈克尔·麦考密克的观点，认为当时的科技稳步发展：6世纪开始就有了水力磨坊，7世纪有了田耕，8世纪有了轮种，9世纪有了马蹄铁和马具。作坊生产还在其他方面得到了应用，从861年的啤酒酿造，1138年的制革，1276年的造纸，到1384年的鼓风炉。[24]这些都证明了欧洲的发展是逐步的，而不是一个突然的现象。奇波拉同意诺思和托马斯的观点，认为11世纪出现了一种新的商业，尤其是从财富积累到"资本"投资的转变。[25]这实际上是一种双方的借贷合同，一方贷款给另一方，资助外国贸易，资本偿还时必须从利润中付给利息。奇波拉还注意到从10世纪开始，对钱币的需求不断增长，为我们研究当时的制币提供了信息。"银行"和"银行家"这些术语在12世纪才开始出现。1252年到1284年，威尼斯、热那亚和佛罗伦萨出现了金币，并迅速成为一种价值标准。[26]但是，这些因素到底是原因抑或只是现象，尚未清楚。

★ ★ ★

第一章 欧洲的思想

萨森（基督教的变化）

研究最多，也是关于欧洲发展完全不同的一种解释是跟基督教会以及它在欧洲大陆统一的作用有关。当时欧洲（拉丁文写做 Europa）一词还很少使用。这是个古代术语，可以追溯到希罗多德。虽然查理曼大帝称自己为 *pater Europea*，意为"欧洲之父"，但是直到 11 世纪，最常用的词还是 *Christianitas*，"基督教世界"。

教会早期的目标曾经是地盘的扩张，其次是修道院的改革。散布在基督教世界的修道院领导着众多的教徒。在此基础上出现了教会历史的第三个阶段：用集权的教皇统治代替散布的地方主义。大约在 1000 年至 1100 年，基督教世界进入了一个新的阶段，一方面是因为新千年没能带来任何启示意义上的宗教奇观，另一方面是因为十字军在把伊斯兰世界作为自己敌人的同时，也成为凝聚基督徒的一种力量。这在 13 世纪达到高潮，教皇跟世俗国王和皇帝争夺最高统治权，最后发展到有的君主被逐出教会（见下章）。[27]

然而，此时暗中滋长了一种思想，这也是我们这里要谈的。到处散布的教堂组织涣散，教堂跟君主之间的关系，教堂跟国家之间的关系等，都引起了宗教学说和世俗法律的种种问题。当时这些问题都是在修道院和学校里讨论的，被称为学术。英国历史学家 R. W. S. 萨森（R. W. S. Southern）致力于说明作为"超国家实体"的学术是如何帮助欧洲实现统一的。以下将对此进行讨论。

学者的作用很快显现在他们所使用的语言——拉丁文。整个欧洲，不论是在修道院还是在学校，不论是在发展中的大学，还是在主教的宫邸，包括教皇使节和罗马教廷大使的会晤，使用的都是这同一种语言。彼得·阿贝拉德（Peter Abelard）的敌人认为他的书非常危险，不仅因为其内容，而且因为其影响："从

十字架上的基督

一个种族传到另一个种族,从一个王国传到另一个王国……越过大海,翻过阿尔卑斯山……传到每一个省份,每一个王国。"[28]正因如此,罗马教会完全实现了国际化。先是西班牙,然后是法国,从日耳曼到威尼斯,从意大利到希腊和英国,然后到达克罗地亚和匈牙利,1218年到1230年间到达弗莱修的加尔斯(Giles of Verraccio)。就这样,从1000年到1300年间,整个欧洲趋于一致:思想、辩论规则、讨论问题的方式、看待事物的方式,从来没有任何别的地方如此。这种统一不仅表现在神学问题上,还表现在建筑、法律和艺术上。萨森认为神学、法律和艺术是支撑12世纪和13世纪欧洲秩序与文明发展的基石,"这是19世纪之前欧洲人口、财富和信心发展最快的时期。"这三方面的思想对世界的影响要归功于欧洲一些重要学校的发展。来自各个地区的老师和学生到这些学校学习,并将他们学到的科学知识带回家乡。[29]

其实到1250年,欧洲的大学并不算多:意大利北部的博洛尼亚大学(Bologna),法国南部的蒙彼利埃大学(Montpellier),法国北部的巴黎大学,英格兰的牛津大学(Oxford)。虽然后来的大学都越来越本国化,但是,这些大学从刚开始就具有国际化特征,并不仅仅因为拉丁语的普遍使用。[30]学术思想的主要基础成形于12世纪上半叶,为自然世界和有组织的基督教社会带来了新的前景。[31]现在我们可能觉得很古怪,但是当时对于创世、人类的堕落和救赎、圣礼有着一种很一致的看法,"借此,救赎就可以在每个人身上实现"。之所以有一致的看法是因为当时的教科书都是完全相同的,里面都是类似的训诫、辩论和学术练习,而且大家一致认为基督教完全能够对世界给出一个系统的、权威的表述。[32]

但是,对古代知识的继承却在很大程度上出现了问题,所以,学者们的目标就是"为堕落的人类尽可能恢复创世之初人类所接触到的完美知识体系"。[33]这种知识体系被认为在堕落和大洪水之时已经丧失殆尽,但是灵感神授的旧约先知们和希腊—罗马时期的哲学家们一直在试图恢复。不幸的是他们的努力却一再受到败坏,而且在中世纪蛮族入侵时期大半被毁。万幸的是很多重要的古代知识得以幸存,尤其是亚里士多德(尽管是阿拉伯语的注释本)。从1050年开始,新的学者继续这项工作,以恢复遗失的知识为己任。[34]他们的工作是对讹传或者因古代作者的理解偏差而产生的讹误进行澄清和修改,最后再进行系统化处理,使得新的知识能够在西方基督教世界得以传播。"人类始祖在堕落之后的完整故事已经无法得到,但是人们都深刻意识到对事物的追根溯源的好奇心会导致犯罪。可以允许探索的知识是那些能够帮助我们对上帝、对自然、对人类的行为有一个正确的认识的知识,这样就可以提升人类被救赎的机会……整个计划展望了一个不远的未来,那时全世界堕落的人类就可以回归到人类始祖的原初完美状态。"[35]在这个神学的大环境下,对于知识的恢复有着非常实际的规划。[36]"世界很可能几十年或者最多几个世纪以后,在下一个千年到来之前就会到达末日,或者无论如何,这一切会在完美的救赎数字完成的时候到来,但是这个数字什么时候完成我们却无从知道。所以,学校以及整个教会的计划是为末日的到来做好准备,而且加速它的到来。"[37]萨森还提醒我们,当时全部领域的学术资料加在一起用现在的标准来看仍少得可怜,如果用现代的尺度来衡量的话,不超过三四百卷就能够涵盖所有的基础资料。[38]

这个把各类学科综合在一起的计划到14世纪就夭折了,但是那时已经出现了早期的大学,早期大学的那种国际化特征创造出了足够的老师和学生,他们有着同样的思维方式,信奉同样的价值,在欧洲出现了一个学者阶层(主要是男人),他们读过同样的书,对待问题有同样的观点。他们都认为神学、艺术和法律很重要。[39]此外,学术体系的理论基础是认为所有的知识都是对人类堕落之前的状态的回归,同时一个权威的信条体系会逐渐出现。[40]到1175年,学者们认为自己不仅是古代知识的传播者,而且是"迅速发展"一个综合的、多方面的知识体系的积极参与者。[41]为了稳定并促进神学和法律的研究,学者们帮助创造了一个相当有秩序和有远见的社会。欧洲就是这个过程的受益人。

★ ★ ★

格拉提安对律法的变革

除神学家之外,有三位学者在西方思想的发展中贡献尤其突出。第一位是波伦亚的僧人格拉提安(Gratian),在他之前,经典的律法还没有成为一个体系。那时,大部分的决定都来自主教,毫不夸张地说,1100年之前,整个体系还是一片混乱。因此,格拉提安的论文《不和谐经典的和谐》又名《教令集》在1140年一经问世就立刻风靡整个欧洲大陆。[42]他在文章中试图对现有的教会律法(这在当时是一个完全宗教化的社会的主要法律形式)进行重新思考、重新组织和合理化处理,并把其中的一些盲目的习惯清除掉。虽然他并未实现最后的目标,但是从他开始,律法越来越开始向理性靠拢,这样不论是教皇、主教还是牧师都能够接受。这不但是对律法的解放,而且是宗教律法的空前统一。

格罗塞特与实验方式的发展

第二位学者是罗伯特·格罗塞特（Robert Grosseteste,约 1186—1253）,他毕业于剑桥,在巴黎学习了神学,后来因为成为剑桥的校长而著名。他翻译了很多经典,是一位《圣经》学者,还是林肯的主教。但是最重要的是,他还是实证方法的发明者。*罗杰·培根在他的《研读概要》（*Compendium Studii*）中第一次指出,"罗伯特·格罗塞特是叙述科学的始祖"。[43]在罗伯特·格罗塞特出生前的半个世纪,西方学者将阿拉伯语的希腊和伊斯兰科学书籍翻译成拉丁文,这本身就是影响西方发展的一个因素。罗伯特·格罗塞特也参与了翻译,但是,只有他看到如果想要在古典科学的基础上继续发展,就必须挑选出最适合的科学方法。9世纪之前,西方在技术方面已经产生很大进步,出现了带轮子的犁,动物的套具也采用了新方法。此外,水磨和风车的发明改变了研磨谷物和炼金的方式,指南针星盘得到了改进,还发明了眼镜和钟表。但是,在格拉提安的法律出现之前,这些都只是经验的总结,当时还没有关于归纳论点、建立证据、产生解释、提供更加精确的测量和答案的观念。

罗伯特·格罗塞特以亚里士多德为基础发展了他自己的"归纳"和系统测试的模式。他说调查的第一个阶段是通过调查分解现象,看到组成现象的规则和要素,这就是归纳。分离出这些规则和要素之后,应该将它们重新有系统地组织起来,建立对这种现象的认识。他从研究彩虹开始,观察它如何出现在天空,如何出现在车轮、船桨溅起的水雾之中,甚至嘴里喷出的水雾,和阳光下装满水的玻璃瓶之中。这最终导致了弗赖堡的西奥多里克（Theodoric of Freiburg）关于一滴水对光的折射的概念,从这一点看来,这应该是实证方法的第一个实例。[44]

罗伯特·格罗塞特的创新使人们开始对精确感兴趣,开始对测量进行关注,

---

* 亚历山大的经验主义者曾经做过实验,但是却没能形成系统性的方法。中国汉代和9世纪巴格达的艾尔－拉齐也是这样。

这样又导致在13、14世纪产生了一种深刻的心理和社会变化。同时,钟表被发明。之前人们使用的计时工具是漏壶,钟表按季节变化进行调整,夏季白天的12小时要比冬季的12小时长。现在城镇和村庄都修建了钟塔,在田里工作的人可以按照钟声来安排他们的时间。精确和效率就这样结合在一起。随着欧洲人对待时间的态度发生变化,他们看待空间也越来越要求精确。后文将对此进行谈论。

阿奎那关于世俗的想象

第三位为西方发展打下基础的学者是托马斯·阿奎那(Thomas Aquinas,约1225—1274)。他着力于调和基督教与亚里士多德乃至整个古典学术的关系,这种创造性的成就打破了原有的僵化。在阿奎那之前,大家认为这世界除了跟上帝有关之外,再无其他意义和模式。他的理论被称为托马斯主义,他至少在理论上创造了一种自然和世俗世界观的可能,正如柯林·莫里斯(Colin Morris)所说,阿奎那"区分了自然与超自然,自然与恩赐,以及理性与启示。从此,一种对自然秩序的客观研究成为可能,世俗这一概念也成为可能"。阿奎那认为事物背后有着自然的秩序,这似乎有悖于关于上帝的奇迹的观念。他说,世界上存在一种"自然法则",可以为理性所把握。[45]理性最终会从启示的遮蔽中重现。

阿奎那也是一位承上启下的人物,他一方面使一种现有的思想到达了顶点,一方面又是一种全新世界观的起点。前者的开创人物还有圣维克多的休(Hugh of Saint-Victor,12世纪巴黎的一位奥古斯丁派的修道士),他提出世俗的学问主要集中于自然世界的纯粹现实,是宗教冥想的必要基础。他的格言是"处处皆学问","你会发现任何事都不止是表面看来那么简单"。在此基础上,中世纪重现了百科全书式的综合性论文,综合讨论所有知识。休首创了这类文章,他也是阿奎那认为的最好的综合性论文的作者。阿贝拉德在《是与非》(*Sic et Non*)中也同意这种观点,《是与非》收录了宗教理论中明显矛盾的句子。虽然表面上他采用一种否定的方法,但是,他使我们注意到通过质疑矛盾,分析推论过程,以及逻辑性论争,可以让我们搞清表面现象之下的东西。[46]

恢复经典所带来的影响毫无疑问是巨大的,即使这种恢复是在承认上帝这样一个大环境中。安塞姆(Anselm)总结了理性力量增长所带来的态度变化,他说:"对我来说这是一个疏忽的问题,一旦我们笃信自己的信仰,就不再努力去理解我们所相信的东西。"但是同时,宗教与政治权威的长期争斗终于白热化,起因是巴黎大学在1215年得到了教皇的特许状,保证他们能够独立探索知识。艾尔伯图斯·马格纳斯(Albertus Magnus)是巴黎的一位学者,也是阿奎那的老师,他第一个明确区分了神学知识与科学知识的不同。他对世俗知识价值和经验观察的强调引发了一场变革,其影响恐怕是艾尔伯图斯绝对没有想到的。

阿奎那接受了老师所作的这种区分,他也同意艾尔伯图斯的观点,认为人类理性在没有基督教启示下的最伟大成就就是亚里士多德的哲学。在此基础上,他又加上自己的观点,自然(亚里士多德也曾提到)之所以珍贵,是因为它是上帝的创造。这就意味着哲学不再是神学的女仆,"人类的智慧和自由也是上帝所赐"。[47]人类只有在对知识对自由探索中才能意识到自身的存在。他不应该害怕或者诅咒这种探索,因为上帝已经设计了所有,世俗知识会更加近距离地揭示上帝的设计,因而也使人们更加了解上帝。"通过不断扩充自己的知识,人类也越来越像上帝。"[48]

托马斯·阿奎那这种认为信仰和理性可以结合的观点起初招致了教会的反对,但是后来却得到了教会的支持。跟艾尔伯图斯一样,他对自己所造成的影响也是预料之外的。他在巴黎的同代人布拉班特的西格尔(Siger of Brabant)反驳说,哲学与信仰根本无法调和,它们是互为矛盾的,因此,"理性和科学的领域在某种程度上来讲是在神学范围之外"。[49]一度这个问题曾通过"双层真理"的说法得以解决。但是教会拒绝接受这样的安排,传统神学家与科学思想家的关系开始变得紧张。但是为时已晚,即便是在现在,具有独立思想的科学家和哲学家也仍然有信仰,但是他们更加听从理性的召唤。

阿奎那在结合亚里士多德与基督教上取得了部分的胜利,使得对亚里士多德的接受空前扩大。在基督教化亚里士多德的过程中,阿奎那最终实现的是将基督教亚里士多德化。一种世俗的思维方式开始流行,人类的思维和理解最终发生了变化。这将是下一部分的主题。

———— ★ ★ ★ ————

科学的方法,精确的测量,高效、知性的世俗世界——任何对西方现代性

第一章 欧洲的思想

的定义都会包含这几个基本要素。还有一个无形但是非常有诱惑力的因素,那就是在大约1050年至1200年间产生的一种有关个人主义观念的形式的基本的心理变化。这在很大程度上塑造了西方人的心理状态,在所有上述因素中占首要地位。如果个人主义观念在当时确实非常主要的话,那么所有其他的进步,包括在科学领域、学术领域以及世俗生活方面等,就都只是现象,而非原因。

这种在感性发展的变化主要来源于三个方面。一是城市的成长。这极大地促进了教会之外不同职业的发展,突然间就出现了更多的选择——律师、职员、老师等。二是土地所有权的变化,长子继承权开始流行,使得地产的分割速度放慢,这样就不再会轻易受到别人的攻击。而这种做法所导致的一个很重要的副作用就是其他儿子们被剥夺了继承权以后,不得不想其他办法赚钱。他们往往会依附于其他的贵族,充当他们的武士。这样就很快在社会上形成了一种对英雄文学的兴趣(较小的儿子们寻找自己的财富),也正是在这种环境下,骑士精神与王室爱情的观念开始出现(当然还有其他原因)。刹那间,感情问题就成了注意的中心。对爱情的关注刺激了对个人外表的兴趣,使得12世纪成为一个服装大胆革新的时代,着装成为不断成长的个人观念的另一种表现形式。[50]

三是12世纪的重新发现经典的文艺复兴,这使人们不得不去反思刚刚过去的那个时期的不足,不得不承认古典作家们早已显示人在动机和解决问题方面各不相同,甚至没有信仰的生活也是完全可能的。[51]同样重要的是,新的学术研究显示过去那些伟大的权威有时也并不一致,甚至差异很大。因此人们被迫学会依靠自己去发现新的、自己的解决办法,并且形成一种新的信条。这样就出现了可能是最革命的观念:个人信仰。[52]理查德·萨森(Richard Southern)说,这种信仰可以总结为一句话:"了解自己就可以接近上帝。"最基本的观点是每个灵魂都因为每个独立的大脑而不同,人与人之间虽然有很多共同点,但是就跟上帝接近的程度来说各不相同。[53]但是这种变化不应该被过分强调,因为它影响的只是一些精英。在礼拜方面确实有很大变化,但是对于普通大众来说,他们仍然视自己为集体的一员、一分子。

还有一个相关原因,那就是公元1000年左右千年的到来和过去。有些人仍然相信到那时生活秩序会有一种启示性的变化,11世纪开始继续向前,什么也没有发生,于是对肉身复活的信念再也无法永远维持。结果,神秘思想开始抬头,主要以新赞美诗为形式的所谓的耶路撒冷文学开始出现。耶路撒冷的意义发生了变化，它不再是从天国降临到地上的乐园，人们更关注的是如何到达天堂的新耶路撒冷。这是个很大的变化，因为它暗示并不是每个人都能得到救赎。相反，它刺激了个人救赎的观念。[54]这些新观念在十字架的艺术造型的变化上得到了反映。在中世纪早期，造型艺术已有标准可循，一般是胜利的基督被钉在十字架上，玛利亚和约翰在一旁注视。基督仍然有生命，身体直立，双脚并排站在地上。他的双眼睁开，胳膊伸直，并没有太多痛苦的痕迹。脸上没有胡子，看起来很年轻。很明显，在教会历史的头一千年，大多数人会经常面临死亡的威胁，因此，基督的形象从来不会被刻画成死亡的样子。"十字架被看做是基督、全能的主的胜利"。[55]传统的基督教不愿将基督看做一个承受痛苦的人，而是将他作为神力的一种表达。相反，在11世纪，我们突然发现耶稣满面痛苦，或者已经死了，身穿薄袍，完全退化成一个凡人的形象。因为那时所关注的是耶稣的悲哀，他内在的痛苦。

古老的、未经变化的思想大部分反映在教会的礼拜仪式上。[56]国王和贵族竭力保持修道仪式，因此那时的政府被称为是"仪式政权"。在11、12世纪最大最有影响力的克鲁尼（Cluny）这个地方，仪式非常多、非常复杂，教士们根本没有时间去学习和劳动。浮华的仪式，巨大的教堂，还有弃绝尘世的修道生活，都是缺乏个人观念的体现，而另一方面，农民经常缺乏生活必需品，宗教仪式所用的语言对于很多世俗之人都仿佛天书。[57]这些普通的、世俗的个人只被允许观看上帝在基督身上所显示的胜利，却无法参与。[58]中世纪的野蛮和暴力也起了一些作用，因为在10世纪那样一个不幸的世界，退隐对于很多人来说是获得救赎的唯一出路。[59]这种完全不同的心理在1100年前非常强大，那时基督徒们还相信上帝造人是为了弥补天使堕落而引起的数量的不足。也就是说，人的目标不是为人，而是成为天使。人不能想要发展自己的天性，"而是要成为一种完全不同的存在"。[60]那个时期的赞美诗都是集体的，而非个人的。

莫里斯（对个体的发掘）

柯林·莫里斯注意到，在中世纪早期的文学尤其是史诗中的故事，不可避免会讲述在一个严格的贵族等级社会中忠诚与义务的冲突。几乎没有个人的主动性，也没有个人隐秘情绪的表达。[61]但这一切也在11世纪瓦解，对个人表达

第一章 欧洲的思想

的兴趣越来越浓。在1050年到1200年间,讲道和对福音书的个人理解剧增。基伯·德·诺让(Guibert of Nogent)这样说道:"以传道为己任的任何人,如果他希望自己能够做一个完美的传播者,首先应该了解自己,从自己内心的斗争中得到领悟,然后才可使他人获益……"[62]基伯虽然认为自己在学术上是个叛逆者,但是他的叛逆也只是在一个很小的范围内。

同样的变化还发生在教会的纪律上。在11世纪以前,那些犯了罪的人必须经过教堂全体开会,并且如果罪孽深重,还要经历一段时间的隔离期才能获得宽恕。后来这种做法又被苦修赎罪所代替。萨森援引了一个例子,1066年黑斯廷斯战斗之后,征服者威廉姆(William the Conqueror)的军队就接受了这种惩罚。杀过人的必须为他所杀的每个人苦修一年;伤过人的要为他所伤的每个人苦修40天;如果自己也不清楚杀了多少人、伤了多少人的,必须每星期苦修一天直至死亡。可以看出,不论是什么动机和悔过,也就是不论士兵有什么样的内在情感,都不能得到宽恕。12世纪这一切发生了改变。[63]内心的悔过要重于外在的赎罪形式。最后,对内心的重视导致了一种个人表白形式的忏悔被广泛采纳。起初忏悔使用还不是很多,只是在临终床头或者朝圣时才有。但是在1215年第四次拉特兰会议(the Fourth Lateran Council)之后,决定将一年一度的忏悔定为对教徒的最低要求,为的是信徒可以听见"灵魂的声音"。"这样,一种强调内在的宗教已经超出精英的圈子,走向了每个人。"[64]

这些变化也反映在仪式之外的东西上。乔治斯·杜比(Georges Duby)认为在那时的绘画中,意大利历史上第一次以不同的人物"表现他们内心深处的感情":温柔、尊敬、绝望。[65]文学作品中宽恕使用第一人称,动词"赢得"开始广泛使用,"1125年至1135年间,在欧坦的圣拉扎尔的前廊里工作的石匠们很明显按照造型的要求,已经放弃了抽象,而是要表达每个人物的个人情感"。[66]杜比说,大家开始非常注意整洁,然后是洗澡和裸体,更加意识到自己的身体。如果有钱的话,房子里开始安排房间以利于独处,比如需要学习的时候。[67]越来越多的人开始有了名字,尤其是绰号,这也是对个人特点的强调。12世纪40年代,特鲁瓦大教堂有三位彼得,每一位根据他的绰号(当然是用拉丁语)来区分:斜眼彼得,酒鬼彼得和好吃的彼得。[68]在古代从没听说过的自传在11世纪末也开始增多。[69]传记和书信集,通常探索通信者的内心生活、彼此的反映、自我反省,这些都类似于教堂的忏悔。[70](至少我们看来是这样。)跟拜占庭完全不

19

人类思想史

同,我们可以看到有名有姓的艺术家在他们的作品中第一次表达了骄傲。[71]比如说,埃德温在1150年左右在坎特伯雷抄写和设计诗篇集:"我是作家中的王子;我的声名和我的赞誉都不会很快消亡……声名在你的作品中流传,埃德温,你将在绘画中出现。"[72]

艺术也在向不同方向变化。1000年之后,我们看到肖像画中也增加了很多个人的细节。柯林·莫里斯认为我们理解的肖像画实际上在2世纪左右已经遗失,直到11、12世纪才回来,"形成了一种新的观念"。[73]比如皇家的肖像画和墓刻多了一些清晰,少了一些理想化,人物不再代表美德,而是一种更加有特点的现代方式的人形。[74]"在那个世纪中期,雕刻家吉斯勒波特在欧坦雕刻的夏娃的形象被称为是罗马陷落后西方艺术中第一位诱人的女性形象。"[75]纪念性的雕刻,在11世纪末几乎没有人知道,之后却变得越来越常见。

在这一系列联系个人主义、心理学和教会的变化中,最后一方面是一位历史学家所谓的"爱情革命"。11世纪是爱情文学的爆炸时期,其成就更甚于罗马的伟大诗人。不止一位历史学家曾经说过欧洲的所有诗歌都起源于中世纪鼎盛时期的爱情诗歌。行吟诗人对男女的歌颂有一种高度程式化的模式。诗人们竭力在他们的作品中表现出一种不同,而高尚、不求回报的爱情也成为时尚。上帝之爱中,人懵懵懂懂,不到审判日,谁也无法知道自己跟别人的区别。而全心全意的爱情则使男人们完全依靠自己去比较,思考自己错在哪里,如何改进。[76]

那么修道院的作用呢?修道生活的复兴得益于910年到940年的基础,使得1050年到1150年间修道院数量激增。在英格兰,男修道院在1066年到1154年间(亨利二世在位期间)从不到50个增加到大约500个,根据克利斯托弗·布鲁克的计算,修士和修女在不到100年的时间里增加了7~8倍。[77]仅西多会就在1098年到1170年间修建了498座修道院。[78]在德国,女修道院的数量从900年的70座增加到1250年的500座。[79]这对建筑和艺术产生了巨大的影响,尤其是彩色玻璃、书籍插图等,但是最主要的是在雕刻及对女性态度上的重大转变。修道院和大教堂(下两章会介绍)的修建刺激了雕刻的大量出现。这个时期的雕刻不仅造就了其本身的不朽,还激发了后来现代艺术的透视法的诞生,成为现代艺术的一个重要特征。[80]正是在11世纪和12世纪的修道院,对圣母玛利亚的崇拜开始建立并发展。圣母不但是女性中的理想形象,而且对圣母的崇拜也

第一章 欧洲的思想

成为一种重要的、新的礼拜形式。"有足够证据显示……12世纪和13世纪女性对宗教生活的需求极大。"[81]女性跟男性一样开始关注内省。

★ ★ ★

柯林·莫里斯说:"对个人的发现是1050年到1200年间最重要的文化发展之一。"[82]是否这有助于后来产生的西方个人主义观念?很明显对个人的发现是基督教发生深刻变化的一个起因或者特征,而基督教的变革对于整个欧洲大陆的统一功不可没。中世纪鼎盛的新的宗教派别是圣方济会(Franciscan),而不是本笃会(Benedictine),它强调的是天命,而不是管理,道德更重于级别。"如果有任何一位教士对自己母亲的态度跟教会制度和道德背离,教众们则不必遵从他。"[83]

约翰·本顿(John Benton)提出如果确实在1050年至1200年间,不论男人和女人都开始关注内省,他们一定会比前辈们有更强的自尊心,而且这种思想的变化,再加上出现了更多的(语言和视觉艺术)表现自我的词汇,最终导致了西方人的自信心不断增强,出现了文艺复兴时代。

虽然这些说法还没有得到证明,但是变化确实已经发生。11世纪和12世纪成为一个过渡时期,伟大的欧洲从此开始加速发展。从那时开始,我们所称的西方成为新思想的历史发源地,不管原因是什么,这种巨大的变化所产生的影响都是无可估量的。

注　释

[1] 阿尔弗雷德. W. 克罗斯比 (Alfred W. Crosby)，《现实的尺度：量化与西方社会，1250—1600》(*The Measure of Reality: Quantification and Western Society*)，英格兰剑桥：剑桥大学出版社，1997年，第3页。

[2] 伯纳德·刘易斯 (Bernard Lewis)，《穆斯林对欧洲的发现》(*The Muslim Discovery of Europe*)，伦敦：威登菲尔&尼克尔森出版社，1982年，第82页。

[3] 同样提出这种说法的还有费尔南·布罗代尔，《文明与资本主义》(*Civilisation and Capitalism*)，第二卷 (15—18世纪：商业的车轮)，伦敦：柯林斯出版社，1982年，第68页。

[4] 迈克尔·麦考密克 (Michael McCormick)，《欧洲经济的起源：交流与商业，300—900年》(*Origins of the European Economy: Communication and Commerce, 300–900*)，英格兰剑桥：剑桥大学出版社，2001年，第794页。

[5] 同上，第704—708页。

[6] 同上，第344页。

[7] 同上，第789页。

[8] 同上，第790页。近期的水下出土文物证明了这一观点。见达尔雅·阿尔伯格 (Dalya Alberge)，《船骸引起关于黑暗世纪的新发现》('Shipwrecks cast new light on the Dark Ages')，伦敦：《时代周刊》，2004年6月9日，第8页。

[9] 麦考密克，如前所引，第796页。

[10] 阿布·卢格霍德 (Abu-Lughod)，《欧洲霸权之前：公元1250年—1350年间世界体系》(*Before European Hegemony*)，牛津和纽约：牛津大学出版社，1989年，第4页。

[11] 同上，第3页。

[12] 同上，第19页。

[13] 同上，第357页。

[14] 同上，第34页。

[15] 同上，第360页。

[16] 李约瑟，《伟大的滴定法》，伦敦：艾伦&安文出版公司，1969年，第121页。

[17] 同上，第150页。但是弗莱提出附近的粟特人非常不同，有着繁荣的商人阶层，如前所引，第194—195页。

[18] 托比·胡弗 (Toby E. Huff)，《伊斯兰、中国及西方世界早期现代科学的诞生》(*The Rise of Early Modern Science in Islam, China and the West*)，英格兰剑桥：剑桥大学出

版社，1993年，第120页。

[19] 同上，第129页。

[20] 同上，第189页。

[21] 道格拉斯·诺思和罗伯特·托马斯，《西方世界的兴起》(The Rise of the Western World)，英格兰剑桥：剑桥大学出版社，1973年，第33页。

[22] 同上，第34—35页。

[23] 同上，第41页。

[24] 卡罗·M.奇波拉 (Carlo M. Cipolla)，《工业革命之前：欧洲的社会与经济 (1000—1700)》(Before the Industrial Revolution: European Society and Economy)（第三版），伦敦、纽约：罗德里奇出版社，2003年，第141页。

[25] 同上，第160—161页。

[26] 同上，第180页。又见J. R. S.菲利普斯 (J. R. S. Phillips)，《中世纪欧洲的扩张》(The Medieval Expansion of Europe)，牛津：牛津大学出版社，1988年，第103页。

[27] 安东尼·派格登 (Anthony Pagden)（编），《欧洲的思想》(The Idea of Europe)，剑桥、华盛顿：剑桥大学出版社／伍德罗·威尔森中心出版社，2002年，第81页。

[28] 同上，第84页。

[29] R. W.萨森 (Southern)，《学术的人文主义与欧洲的统一》(Scholastic Humanism and the Unification of Europe)，第一卷，牛津：巴塞尔·布莱克威尔出版社，1995年，第1页。

[30] 派格登（编），如前所引，第83—84页。

[31] 萨森，如前所引，第2页。

[32] 同上，第3页。

[33] 同上，第4—5页。

[34] 同上，第5页。

[35] 同上，第5—6页。

[36] 赫伯特·穆塞瑞洛 (Herbert Musurillo SJ)，《象征主义与基督教想象》(Symbolism and the Christian Imagination)，都柏林：赫利孔出版社，1962年，第152页。

[37] 同上，关于1000年左右的综合事件，见穆那，《信仰》，伦敦：奥兰姆出版社，2002年，第206页。

[38] 萨森，如前所引，第6页。

[39] 同上，第11页。

[40] 同上。

[41] 同上，第189—190页。

[42] 萨森，如前所引，第205—206页。又见穆那，如前所引，第242页。

[43] D. A. 卡勒斯（编），《罗伯特·格罗塞特》(*Robert Grosseteste*)，牛津：牛津大学出版社，1955年，第98页。

[44] 同上，第106页。

[45] 柯林·莫里斯 (Colin Morris)，《个人的发现：1050—1200》(*The Discovery of the Individual: 1050—1200*)，伦敦：SPCK出版社，1972年，第161页。又见弗里曼，《西方精神的终结》(*Closing of the Western Mind*)，伦敦：威廉·海涅曼出版社，2002年，第335页。罗伯特·潘士饶 (Robert Pasnau)，《阿奎那谈人性》(*Aquinas on Human Nature*,)，英格兰剑桥：剑桥大学出版社，2003年。

[46] 塔那斯 (Tarnas)，《西方心灵的激情》(*The Passion of the Western Mind*)，伦敦：皮姆利科出版社，1991年，第177页。

[47] 同上，第181页。

[48] 同上，第188页。又见：约瑟夫·坎宁 (Joseph Canning)，《中世纪政治思想史，300—1450》(*A History of Medieval Political Thought, 300—1450*)，伦敦：罗德里奇出版社，1996年，第132—133页，他强调阿奎那并没有赋予世俗社会完全的自治。

[49] 塔那斯，如前所引，第191页。

[50] 罗伯特·本森 (Robert Benson) 和加尔斯·康斯特布尔 (Giles Constable)（编），《12世纪的文艺复兴与维新》(*Renaissance and Renewal in the Twelfth Century*)，牛津：牛津大学出版社，1982年，第45页。

[51] 同上，第56页。

[52] 同上，第61页。

[53] 同上，第65—66页。

[54] 同上，第150—151页。关于对耶路撒冷的观点，见穆那，如前所引，第229页。

[55] 莫里斯，如前所引，第23页。

[56] 同上，第26—27页。

[57] 同上，第28页。穆那，如前所引，第216页。

[58] 莫里斯，如前所引，第27页。

[59] 同上，第31页。

[60] 穆塞瑞洛，如前所引，第135页。

[61] 莫里斯，如前所引，第34页。

[62] 本森、康斯特布尔（编），如前所引，第67页。

[63] 同上，第71页。

[64] 同上。关于拉特兰四世和圣餐变体，见穆那，如前所引，第302页。这种对于意图的质疑跟12世纪对于心理学的浓厚兴趣相映成趣。比如克雷蒂安·德·特洛亚（Chrétien de Troyes）《克里杰斯》（Cliges）中的两个相爱的人可以就彼此的感情辩论达好几页。很多神学著作第一次研究了感情对于一个人行为的影响。心理学被认为是"灵魂的向神的运动"。莫里斯，如前所引，第76页。

[65] 乔治斯·杜比（Georges Duby）（编），亚瑟·戈尔德哈默（Arthur Goldhamer）（译），《私人生活史》（A History of Private Life），第二卷《中世纪世界的启示》（Revelations of the Medieval World,），剑桥（麻省）、伦敦：哈佛大学贝尔纳普出版社，1988年，第272—273页。

[66] 同上，第512页。

[67] 同上，第538页。

[68] 本森、康斯特布尔（编），如前所引，第281页。

[69] 莫里斯，如前所引，第79页。

[70] 同上，第84页。

[71] 同上，第85页。

[72] 关于一种不同的观点，以及基督教徒在圣奥古斯丁的影响之后逐渐丧失的想象力（从诗歌中可见），见穆塞瑞洛，如前所引，第十章、十一章。

[73] 莫利斯，如前所引，第88页。

[74] 彩色稿本也显示了对自然主义和个人性格的兴趣。

[75] 莫里斯，如前所引，第90页。

[76] 同上，第134页。

[77] 克利斯托弗·布鲁克（Christopher Brooke），《隐修者的年代》（The Age of the Cloister），斯特拉伍德，英国：萨顿出版社，2003年，第110页。

[78] 同上，第10页。

[79] 同上，第18页。

[80] 同上，第126页。

[81] 同上，第211页。

[82] 莫里斯，如前所引，第283页。经典化的速度也反映了这种变化，见穆那，如前所引，第247页。

[83] 同上，第158页。

第二部分

从阿奎那到杰斐逊
对权威的攻击、世俗思想和近代个人主义的诞生

第二章
"上帝和人的中介":
教皇进行思想控制的手段

亨利四世在卡诺萨／亨利与格里高利七世

1077年1月末,正处严冬,神圣罗马帝国的皇帝亨利四世(Holy Roman Emperor Henry IV)来到了卡诺萨(Canossa),意大利北部城市帕尔玛(Parma)东南方20英里处的一座城堡。亨利当时年仅23岁,身形健壮,精力充沛,长着日耳曼人典型的蓝眼睛和亚麻色的头发。他来卡萨诺看望了住在城堡中的教皇格里高利七世(Gregory VII),此人被称为"教皇中的朱利叶斯·恺撒(Julius Caesar)"。当时,五十出头的格里高利后来被教会尊为圣人。但是,正如教会史学家威廉姆·巴里(William Barry)曾说的,他实际上是"人们所说的极度狂热者"。早在那个月的初期,他甚至已经将皇帝驱逐出教会,

亨利四世在卡诺萨

第二章 "上帝和人的中介": 教皇进行思想控制的手段

表面上是因为亨利胆敢在德国任命主教，实际上是因为他没有采取任何行动去制止普遍存在的买卖圣职、购买官位等行为并且纵容神职人员（包括主教）结婚。[1]

1月25日，亨利获准进入城堡。据传，他站在深雪里，光着脚，禁食并且只穿了一件长衫，在刺骨的寒冷中等了三天，格里高利才同意见他，同时也宣布赦免了他。在一场酝酿了多年并将持续两百年的争吵中，这种公开的侮辱是个戏剧性的转折点。

主教叙任权之争

上一年的年末，格里高利在自己写的《教皇训令》（*Dictatus papae*）一文中声明，"罗马教会从来没有犯过错误，而且永远都不会犯错误"。他宣称对教皇本人"任何人都不能进行审判"，并且"他的宣判任何人都不能取消"。格里高利还宣称教皇"可以宣布免除臣民们对邪恶的人的效忠"，并且"所有君主都必须而且只有向教皇行吻脚礼"。教皇"有权……废黜帝王"并且"只有他可以使用皇帝的纹章"。[2]

这场激烈的争执被称为主教叙任权之争（the Investiture Struggle），是一次为了控制教会事务而与世俗政权展开的旷日持久的斗争。其中，格里高利仅仅是第一位参与的教皇，其后有一长串继任者跟随他的步伐加入其中。[3]这场由他开始的斗争终结于1122年的《沃姆斯协约》(the Concordat of Worms)的签订（法国教皇卡利克斯特二世[Calixtus II] 1119—1124年在位期间），根据该条约，皇帝同意放弃主教叙任权，并且允许教会自由选举。在历史学家看来，这场围绕主教叙任权而展开的斗争，或者说竞争，是一场广泛开展的运动的一部分，该运动可以称之为教皇制度革命（the Papal Revolution）。[4]它最直接的后果就是将神职人员从皇帝、国王和封建贵族的支配下解放出来。获得对手下神职人员的控制后，教皇这一职位很快就成为一位观察家所称的"可怕的，集权的，官僚权力体"，一个集中了读写能力这一中世纪强有力工具的机构。[5]一个多世纪后的英

英诺森三世

诺森三世（Innocent III）任职时期（1198—1216），教皇的权力达到顶峰，也许在中世纪甚至所有的教皇中，英诺森三世的权力是最大的，他曾坦言："如同创世主上帝在天空安置了两盏巨灯，亮一点的照耀白天，暗一点的点缀夜晚（《创世纪》11:5,16），上帝也在所有教堂的天空放置了两个值得尊敬的东西。崇高一点的主宰白天，即灵魂；稍次一点的主宰晚上，即身体。这些值得尊敬的东西就是教会权力和王室权力。并且正如月亮从太阳身上汲取光芒，而她的光在质、量、位置和效果方面都次于太阳一样，王室权力也从教会权力身上获得高贵品质的光辉。"[6]

这是挑战性的讲话，但事情远不止如此。从1076到1302年，又有两位强硬的教皇重申教皇职位的优越性，同时又有四位国王或是被驱逐出教会或是受到了驱逐出教会的威胁。1302年的训令《一圣教谕》（*Unam sanctam*）被普遍认为是中世纪教皇至上说的顶点，无疑，当时的教皇博尼费斯八世（Boniface VIII）把它当做是不断延续最高权威的宣言。[7]但是，该教谕并没有明确提及引发该教谕的法国国王菲利普四世（Philip IV），他下令禁止本国钱币的出口（这使教皇失去了丰盈的税收收入）。两个人之间本来是可以达成协议的，但博尼费斯坚持要求绝对的服从，这激怒了法国国王，进而发布了一系列控告，对博尼费斯进行讨伐，其中包括怒斥其为异端。教皇为此用另一篇教谕来加以反击，企图瓦解对菲利普效忠的民众，这种公开的侮辱对效忠于国王的支持者来说太过分了，他们冲进了罗马东南方50英里阿那格尼（Anagni）的教皇住所，逮捕了博尼费斯。他很快获救但一个月后就因惊惧而亡。继任者很快就被选举出来，但他只在位九个月。从那之后，红衣主教们争吵了两年，教皇波尔多（Bordeaux）才被选举出来。他周围都是法国的红衣主教，他定居在阿维尼翁（Avignon），在此后的60多年里（1309—1378）阿维尼翁一直是教皇首府的所在地。[8]这些事件震惊了整个欧洲，成为教皇命运中的转折点。从此以后没有一个教皇享受到像在《教皇训令》和《一圣教谕》之间教皇享有的至高无上的权力。

从1075年训令到1302年训令，是教皇至上的一段时期，也叫做教皇专制时期，是整个历史中最特别的时期之一。这段历史隐藏着中世纪中期三次同时进行的斗争，三种虽然在出现时间和地点上相互交错（有新闻价值）但从概念上来说截然不同的彼此竞争的观念。关于谁更有地位这个问题，教皇和国王之

第二章 "上帝和人的中介":教皇进行思想控制的手段

间发生了第一次的斗争。这次斗争再次反映了神权的性质和在这种等级制度中国王的位置。在东正教会的国家中,国王宣称是耶稣在世上的代表而得到了权力。而在天主教会的国家中,教皇利用圣彼得(St Peter)的使徒传统,将权力授予国王。就像我们所见的,在西方国家因为城市和商业的发展增强了商人阶级的独立性,使他们不会像以前的农奴和骑士一样,为了国王的利益而发起战争。对国王权力的质疑越来越多,议会和社会等级越来越多地表达新兴阶级和他们的利益。如人们有时候看到的那样,如果教皇拥有比国王更大的权力,如果国王不再是至高无上的,国王们会越来越遵守法律。这是个很大的转变。本章和后文将对这个转变进行描述和讨论。

我们应该考虑的第三个观点是在前一章提出的,也就是对宗教信仰的新的理解,将其理解为一个人内在的东西,是可以从一个人身上找到的东西,是新个性的一个方面。在某些方面,这是个最有意思的问题。内在的信仰如果在神学方面讲得通,并且像《圣经》里显示的那样,可证明与耶稣的教导更一致时,对于有组织的教堂来说实际上是一个起弱化作用的腐蚀剂。私人的信仰远离了牧师或主教;而且私人的信仰可能会堕落成为非正统的甚至是异端的思想。把这三个问题以及本章余下部分讨论的其他问题结合在一起的(虽然我们不应该再一次作过多的结合)是理性的(因此也是政治的)权力。如果国王和教皇要求神认可他们的地位和权势,而他们之间却存在公开的激烈争论(就像他们做的那样),如果个人的信仰是实现真正的拯救的方法,那么无论是从神学上还是从政治上来说这难道不是一种新的形势、一种新的困境吗?这就意味着或许对于这种新的个性有一种观点,对一个世俗世界有进行思考的新的自由。

这是很重要的,因为它可以帮助我们解开这个时期的几个谜团,而如果我们要想完全了解中世纪盛期(High Middle Ages)的欧洲,理解这几个谜团是至关重要的。例如,以上简单的分析可以解释为什么两位强势的教皇——格里高利七世和英诺森三世——却出现在教皇的实权实际上逐渐减弱的时期,之所以说教皇的实权被削弱是从较为长远的历史角度来看的;此外,也可以解释红衣主教学院(the College of Cardinals)和地区元老院(the Curia)成立于这个时期的原因:在新的心理和神学环境中,教堂暴露出其内在的弱点,成立这两所学院只是在尝试着加强教堂作为一个团体的凝聚力。同时也有助于解释欧洲的历史,尤其是英国、法国以及意大利的历史。有些人试图恢复君主的权力,但大都不是借助宗教手段:例如路易九世(Louis IX)的圣封和烧炭党人以及金雀花王朝(the Capetians and Plantagenets)试图通过"皇家触摸"等手段来复辟王权的行为,他们声称这种触摸可以治愈淋巴结核。但是此时,在英国和法国,商业革命刚刚结束,议会刚刚成立,而在城邦国家意大利,公社思想演变成为一种完全独立的(世俗的)权威。

当我们考察那个时期的思想史的时候,这些问题中的每一个都是很重要的。它们与我们现代世界的产生密切相关,确切地说,正是这些事件产生了现代社会。正如我们要看到的,专业的历史学家已经不再把文艺复兴看做是现代的起源,取而代之的是,正如R.W.S.萨森(R.W. S. Southern)所说的,除了1750年到1950年这段年限差不多的年代,1050年到1250年这段时期在宗教、商业、政治以及学术上是西方历史上最重要的时代。教皇命运的改变与此密切相关。

★ ★ ★

中世纪的王权思想

让我们从回顾中世纪的王权思想开始进行详细的讨论。在西方,王权是以两种不同的形式出现的。在罗马帝国的东部,由于受希腊和东方传统的影响,君主被认为是基督教中"万众期盼的一个人"(Expected One),代表上帝在人间行使权力。依承上帝的名义,君主可以确保繁荣昌盛和战争的胜利。在俄国人们也接受了这种思想。[9]

另一方面,在罗马帝国的西部,王权受德国部落传统以及某种程度上不断膨胀的天主教会的影响。雷哈德·本迪克斯(Reinhard Bendix)告诉我们,德语中"国王"这个词发源于"宗族"这个单词。德国异教徒的古代超自然信仰是把神赐的力量归功于整个氏族而不是个人(甚至几个世纪后的阿道夫·希特勒都觉得这种思想非常有说服力)。因此,德国的统治者或是国王,和上帝并无特别的联系,与部落中的其他人相差无几,但是他通常都是出色的军事领袖,他的成就反映了整个民族的优秀品质而不仅仅是他个人的。

此外,基督徒则继承了罗马和犹太/巴比伦/希腊的传统,认为牧师的领袖和军事领袖是各自独立的,至少应该是同等权利的。此外,随着教会的发展,牧师获得了越来越多的免除税务和其他义务的权利。教会法规的地位日趋重要，因此，由主教下达的司法审判慢慢被看做是"耶稣亲自作出的判决"。[10]在中世纪早期，主教的权威逐渐取代世俗政府，因为教会通常能比皇权政府吸引更多的能人，这一切都加强了教会的权威地位。

所有这些都导致东西部的重要差异。罗马的圣·约翰·拉特兰（St John Lateran）教堂里的一幅镶嵌画上就画着，圣彼得把精神的权威交给了教皇利奥三世（Pope Leo III），把世俗的权力交给了查理曼大帝（Charlemagne）。事实上，天主教徒从使徒（the Apostle）那里获得权力，而不像希腊正教（Greek Orthodox）传统所说的是从基督那里直接获得权力。根据教皇权力继承于使徒这种想法，圣彼得把掌管精神的教皇凌驾于现世的皇帝之上。[11]后来的图画显示，圣彼得把天堂的钥匙给了教皇，而国王只是在一旁看着。根据米兰的主教圣·安布鲁斯（St Ambrose）所说，"皇帝是归教会领导的，而不是位在其上"。[12]而在东部，与此相反，拜占庭帝国的君主凌驾于教会之上，因为他们打败了德国侵略者并且在政治上处于完全的控制地位。教皇格里高利一世（590—603）把君士坦丁堡的统治者称为"君主阁下"（Lord Emperor）而把西欧和北欧的国王称为"最亲爱的儿子"。751年到752年之间，加洛林王朝（Carolingian）的摄政者丕平（Pippin）被贵族推举为国王，然后马上接受主教博尼费斯的涂油礼——和任命主教同样的仪式。"西部的教会担当起使王室继任神圣化从而认证王室继任的职责，与之相反，东部的教会是给皇帝加冕的，象征着皇权是神授的。西部的教会把国王置于上帝的法令之下，这种法令由国王进行阐释，而东部的教会认为国王是基督在人世间的代表。"在东部，正如我们要谈到的，国王是教会的领袖，而在西部，国王的地位和神圣罗马帝国国王的地位要模棱两可得多。[13]

结果，在整个中世纪，权力在教皇、国王和皇帝之间争来夺去。以亚琛（Aachen）为根据地，查理曼大帝是以"承蒙上帝的仁慈"为名获得称号的，称号通常由教皇授予，但是仅仅这些是不够的：在法庭上，他被冠以《圣经》中的名称"大卫王"（'King David'）。换言之，无论罗马天主教说什么，他都认为自己是被神庇护着的。[14]但是他死了以后，查理曼大帝的儿子们从未享有过同样的权力，也没有在他们的加冕中被施以涂油礼。尽管这是教皇制度的胜利，但查理曼的去世也意味着教皇失去了一个强大的盟友，不得不又一次受到声名狼藉的蛮横的罗马贵族的支配。正像我们要看到的,法国国王也反对教皇,即使在阿维尼翁受"囚禁"期间也是如此。正是在这种情况下地方主教的权力开始增长,正是他们的各种各样的恶习、荒淫无度以及其他滥用职权的行为,使得在教会进行较大范围的改革成为必要。

另一个更复杂的因素是教会一直在发展它的世俗权力。土地是当时财富的主要形式。通过遗赠的方式,教会得到了越来越多的土地。为了保有教会的支持,国王要提供赞助,比如资助修道院。这样不仅可以使教会更富有,而且让牧师更有力地控制了人们的思想。"教会阐释正义之路,只有当国王走上这些正义之路,他们才能获得幸福、好收成和胜利。"[15]在这样的环境下,像主教叙任权之争这类事情的发生只是时间早晚的问题。

———— ★ ★ ★ ————

封建主义

然而,在我们讨论这个问题之前,我们还要先看看另一个中世纪的观点:封建主义。"封建主义"不是个封建时期的名词。它出现于17世纪,被孟德斯鸠所推广,为卡尔·马克思和其他人所采用。[16]当时,实际被用来描述封建等级制度的词是"臣属地位"('vassalage')和"贵族身份"('lordship')。事实上,封建主义是9世纪到13世纪在北欧和西欧非常盛行的分权政府的一种具体形式。它的基本特点是贵族统治——政治、经济和军事权力全集中在世袭的贵族阶级的手上。但是,除了臣属地位或者贵族身份,还有两种其他的原则——财产要素(fief)以及政府分权和法律。

根据历史学家诺曼·康德(Norman Cantor)的理论,封建主义的雏形就是日耳曼的民兵习俗——侍从制。这种制度是基于战士为了得到庇护而对首领效忠。"封臣"这个词来源于凯尔特语中一个表示"男孩"的词。当然从这里开始,"战士"经常只是表示一群男孩而已(这与之后关于"侠义骑士"的观点还是非常不一样的)。在早些时候,封臣与持有土地是没有什么关系的——他们住在领主给他们提供的简易房舍中,同时领主还会给他们提供衣物和食品。改变所有这些的是军事技术方面的改革。首先是马镫在中国的发明,并且传到了欧洲,从根本上改变了骑兵和步兵的关系。马镫能使骑兵将力量和速度的合力集

第二章 "上帝和人的中介":教皇进行思想控制的手段

中于攻击点——长矛的顶端——从而从根本上提升了骑兵的优势。[17]但是这种改变也带来了一些相关的问题。骑兵的盔甲、他的剑和踢马刺、马的嚼子和缰绳都是非常昂贵的。战马会更贵:骑兵在战争本身中至少需要两匹马,而这些马也需要配备盔甲。并且骑士们还需要一些驮马把这些装备运到战场。因此那些需要这种骑士为他而战的领主发现最好还是用自己的庄园土地来分封他们。从这些土地中,他们可以吸取足够的资金去完成他们战争中的职责。这种做法激发了骑士对土地的追求,而这也促成了欧洲的形成。然而,这种形势带来的影响之一是政府和法律的权力,至少是权力中的一部分,由国王传给了他的封建臣子们。这些权力被他们用来征税和听政。他们听取人民的请求并且执行他们自己的原始(有时候太过原始)的公正。这是一种只在一定程度上起作用的体制。这意味着农村地区——尤其是法国和英格兰的农村地区——被分割为具有不同并且重叠的税收、司法和效忠系统的领土拼凑物。实质上,国王等于是这个系统中的第一人。

教会最初对这种新的体系持敌对态度,但是不久,主教——正如我们所见,他们越来越独立——发现他们能够适应这一体系,因为他们自身凭借他们本身的头衔已变成封臣和领主,他们除了不去发起战争,已经完完全全地参与到封建社会中去。有人说,这种具有连锁效忠特点的等级制度现在已经延伸到整个社会"并且一直延伸到神圣的地方"。[18]

最近的一些学术发现已经在一些重要方面修正了这种传统观念。我们在前面提到过有人已经对通常所理解的"封建主义"的整个概念提出疑问,特别是对封建领主和骑士的中枢作用。现在人们认为更重要的是农奴的整体情形,现在的理解是他们中有更多的人曾经是土地所有者,因而在这种意义下他们是自由的。另一个因素是主教,至少是有时候,发起了战争:1381年在英格兰(Anglia)①东部的农民起义被德斯彭塞主教(Bishop Despenser)武力镇压了。很大一部分农民拥有土地(有些地区高达40%),这一事实减轻了封建领主/骑士/效忠体系的一些压力。而这一事实与数量更多的正在崛起的商人阶级放在一起考虑时,封建主义可以看做是君主软弱的一个方面。而弱化的罗马教皇与弱化的国王之间的斗争就发生在中世纪中期。罗马教皇失败了(在长时间的斗

---

① 英格兰的拉丁名称。——译者注

争之后最终失败了），而国王或许因为他们数量更多，在应对正在发生的变化中更为灵活，因而在意大利以外的地区巩固了统治地位。或许罗马教皇在太多的前线发动了太多的战争，但是这同时也是衰弱的一种表现。

尽管主教们参与了封建社会，但是在德国权力还是回到了国王的手中，尤其是在奥托一世大帝（Otto I the Great，936—973）统治时期。他坚持让美因茨（Mainz）大主教为他加冕，有效地运用了教会的凝聚力，使他获得了对其他的封臣和公爵的支配地位。同时，由于德国特殊的财产法规定王室土地上的修道院实际上是属于王室的，而不是属于教会，因此他宣称他比主教更有权威。而这样做的结果就是，在奥托王朝的领土内，国王在高级牧师的选举中比其他地区的国王拥有更大的权力。这使得主教叙任权之争（当其来临时）发生在德国。

★ ★ ★

本笃会／僧侣担任与神沟通者／克鲁尼修会

导致斗争出现的还有另外一个因素。除德国教皇之外，10世纪和11世纪的西欧还有一个半独立的精神力量，它同样是一个凝聚因素。它就是本笃会（the Benedictine order）。本笃会中影响最大的是在南部勃艮第地区出现的克鲁尼修会（Cluny）。"克鲁尼计划成为主流世界级修道会的一种聪明的表达方式。"[19]克鲁尼修会的僧侣在全欧洲人数最多，得到的捐赠也最多，它所宣扬的宗教生活拥有巨大的影响力。

817年，阿尼亚纳的圣·本尼迪克特（St Benedict of Aniane）已经修订了最原始的制度，笃信者路易斯（Louis the Pious）还交给他稳定僧侣生活的任务。而在世纪之交出现的至关重要的改变是本笃会的教徒不再依靠体力劳动生存。[20]他们现在主要是通过复杂的礼拜仪式担当神的沟通人的角色——辅之以教育、政治和经济的责任（牧师心理治疗的水平得到了提高，这样可以活跃教区生活）。总之，对于本笃会的教徒来说，这是个新的角色，而他们的封建的（或者说至少等级的）结构强化了这一角色。经过一系列聪明长寿的修道士，尤其是奥迪尔（Odilo，去世于1049年）和休大帝（Hugh the Great，去世于1109年）的努力，以完美的礼拜仪式而闻名的史鲁尼修会在北欧地区修建了一

第二章 "上帝和人的中介":教皇进行思想控制的手段

系列房子,德国、诺曼底、英格兰等国家接受克鲁尼修会统治,并且封臣们接受了与其体制一致的指导。

让僧侣担任神的沟通者的这种发展的观点有非常重要的意义。国王和贵族纷纷向克鲁尼修会修道院捐赠财物,渴望能在修道院的祷告中被提及。贵族愿意隐居到修道院中去结束生命,相信在这里他们离天堂更近了。僧侣替代向上帝祈祷引发了一阵修建教堂的热潮,使人们更加崇拜牧师。但是克鲁尼修会对历史最直接的影响是在亨利三世时期(Henry III, 1039—1056),它的势力扩展到德国。亨利娶阿基坦(Aquitaine)公爵的女儿为妻。他的家族首先建立了克鲁尼会,但是亨利对神权君主制度有更远大的想法,把修道院看做是实现他目标的至关重要的因素。他想实现欧洲的基督教化,然而为了实现这个目标,首先要做好其他一些事情。亨利相信,或者说宁愿相信,在他的加冕礼上他已经接受就职圣礼,这使他拥有授予主教职位以及处理教会事务的精神权威。同时,他认为需要改革已经衰弱了长达一个世纪之久的罗马教皇制度。举例来说,在1045年,罗马有三个敌对的教皇。部分因为这个原因,亨利在当年召开了一个宗教大会开始改革。三个德国人接连被任命为教皇。这三个人中的最后一个,利奥九世(Leo IX, 1049—1054)是亨利的亲属。不久,这种做法使其他传教士忍无可忍,挑起了这场所谓的格里高利教会改革,因而促成了主教叙任权之争。

格里高利改革

现在历史学家将1050—1130年这段时期称为格里高利改革,在这个时期四位教皇努力去改变两件事情:礼拜的形式——圣·奥古斯丁时期以来的最大的改变——以及已经衰弱了几个世纪的教皇地位问题,而这个问题在当地应罗马贵族的要求,在国际上——就像我们所看到的——应全欧洲各个国王的要求已经被禁止了。这个双重目标不亚于一次世界革命,"西方史上的第一次世界革命"。[21]结果是教会将会从世俗的控制下获得合理的自由。神职人员的智力和道德水平将得到显著提高,而教会本身会成为一个超级大国,由罗马的教皇行政机构或元老院(Curia)的统治。

但是,格里高利改革也与11世纪在宗教意识上一个甚至更重要的运动有关系:世俗敬虔运动的发展。这个运动的产生部分是因为克鲁尼运动。由于修道会在欧洲的发展，对教条的虔诚态度以及对复杂仪式的热爱（一种持续不断的礼拜仪式）在平凡人中几乎司空见惯，就像迄今为止在僧侣和牧师中见到的那样。但是克鲁尼教徒将自己表现为神的沟通者（虽然满足了很多人的需要），尤其与新出现的信仰的内化相矛盾，根据信仰的内化，神的沟通者是没有必要也是不值得要的。此外，信仰的内化将一些人引向了与众不同的、异端的方向：异教开始复活。这样就同时发生了两件相互矛盾的事情——对礼拜的精心设计的集中化，将礼拜的职责集中于神的沟通者牧师身上，以及私人信仰的扩散，其中相当大一部分可以归为异教。这就是11世纪出现新的对待修道生活态度的理性/情感背景：一次对克鲁尼修会的反动。它包括对禁欲主义和隐逸主义的回归，并很快引发了西多会（Cistercian）和圣方济会（Franciscan）运动。

对圣母玛利亚的崇拜

西多会的改革的主旨是恢复最原始的本笃会准则。创始人罗伯特（Robert of Molême，约1027—1110)反对克鲁尼艺术和建筑尤其是它的礼拜仪式的复杂性，他认为那是"没有回报的装饰"，对礼拜是一种贬低而不是提高。[22]而在这方面，他提倡一种严格节制的生活方式，包括强迫劳役、衣着简朴并且吃素。他将西多会的修道院安置在文明社会遥远的边缘，远离诱惑。而这些修道院本身是朴素的，大小也是适度，主要靠线条和结构来达到他们的美学诉求，而不是靠装饰。某种运气在这里也发挥着作用。因为西多会修道院坐落在偏僻地区意味着他们逐渐参与到当时的农业复兴中，其中很多修道院成为不动产高效管理的典范，这样也增强了他们的重要性和影响力。但是这种影响力并不只是组织方面的，他们还成为精神领袖。其中的原因之一是格来福隐修院的伯纳德（Bernard of Clairvaux）的功劳。作为一个勃艮第地区贵族的儿子，伯纳德在他22岁的时候受到邀请。由于熟读名著，他发展出一套流畅的书写和谈话的风格，这种风格帮助他为多个教皇和国王服务。他是支持教会理事会的人之一，希望通过建立教会理事会避免衍生出异教，他也是宗教战争的热情战士，这种行事方式让他远离了本笃会最初的修道士是和平的这一理想，同时他也促进了教徒对圣母玛利亚的虔诚的宗教热情。

对圣母玛利亚的礼拜是12世纪流行虔诚的更为重要的例子之一。在某种意

第二章 "上帝和人的中介":教皇进行思想控制的手段

义上来说,将圣母玛利亚想象成神圣的爱的象征,是"仁慈的母亲",她的代祷给所有人带来了被拯救的机会,这是伯纳德的功劳。伯纳德形容她是"一朵让圣灵停留的花"。在早期的教会中,圣母玛利亚并不是一个重要的形象。但是因为伯纳德,她成为神、耶稣基督和圣灵的重要的补充,他们帮助将人们引向上帝。[23]伯纳德并不同意同时代一些人认为的圣母被免除原罪的观点。他的观点是圣母重要是因为她的谦卑——她愿意作为让耶稣降临这个世界的工具。沿袭了本笃会的观点,伯纳德认为谦卑是美德之首,这也是让圣母玛利亚欣然接受神的计划的原因。"上帝本来能够以任何他愿意的方式拯救我们,现在通过她教导我们自愿与神的恩赐协作的重要性。"[24]事实上对圣母玛利亚的崇拜所代表的不仅仅是这一点。正如马里那·华纳所指出的:"通过将人类的女性和极度完美的圣母相比较,世俗的爱是不足信的,男人的视线再一次指向天国"。[25]对圣母玛利亚的礼拜所暗含的对圣家庭(Holy Family)新的专注将1000年以后的基督教和它的初期区分开来。为了推进教徒虔诚的行为,现在的教会更关心这个世界。[26]

圣方济会与多明我会修道士

13世纪出现的行乞修道士填补了牧师或修道士没有从事的空白。行乞修道会的创始人是阿西西的弗朗西斯(Francis of Assisi,1182—1226)和圣多明尼克·古斯曼(Dominic Guzmán,约1170—1234)。这两个人都断定在当时教会需要的是流动的牧师,可以走上街头,去布道,聆听忏悔,去照顾他们所在地区的人们的生活。他们的绝对自由让行乞修道会组织严明,思想开明:他们调整了他们的教条,接纳女性和他们称为"第三修道会会员"的人,即那些加入到他们的牧师行列的世俗的人。

圣方济会的修道士(The Franciscans)受到他们的创始人的影响。弗朗西斯是一个富有的衣料商人的儿子。他有一个无忧无虑的童年,并以他的谦恭和乐观而闻名。[27]弗朗西斯写下了"一个太阳在世上诞生"的诗句。他热爱法国文学,尤其是抒情诗。而"弗朗西斯"(Frenchie)实际上是人们因为他的文学品位而给他起的昵称。他的皈依——如果这是一个传说的话——分为两个阶段。在阿西西人(Assisians)和佩鲁甲人(Perugians)的一场冲突中被俘虏后,他发了高烧,开始信仰上帝。后来,在他被释放后的一天,他在路上遇到了一个麻风病人。在当时大家都非常害怕麻风病——他们被要求携带一个闹铃,当接近一个健康人的时候就要摇铃。弗朗西斯不但没有与这个特殊的病人保持安全距离,反而拥抱了他。但是,当他回头看的时候,那里却没有一个人。弗朗西斯开始相信在他面前出现的那个人就是耶稣,于是他的厌恶之情转变为兄弟之爱。受这次特殊经历的影响,弗朗西斯开始运用他的家族财富去重建被毁损的教堂。在遭到父亲反对的时候,这个年轻人——在阿西西主教和聚集的人群前——放弃了他们家族的财产,甘愿受穷。这个故事在某些方面让人回想起了佛陀。

并不是所有的皈依都是同样富有成效的。但是弗朗西斯的感召力是个神话。他认为一个宗教领袖通过提供道德榜样来传授效果最佳(虽然据大家所说,他是个杰出的传教士)。他的感召力意味着即使他对动物传教也不会被认为是精神失常,他依然被人崇拜着。正是因为他,圣方济会的修道士们崇拜婴儿期的耶稣。正是从这个时候开始,人们开始使用圣诞节婴儿床。弗朗西斯的周围开始发生一些其他神秘的事情,包括有一次鸟儿聚集在他的周围唱歌,另有一次他身上出现了"红斑",就像在十字架上被钉死的耶稣的伤口。这些有趣的事情让弗朗西斯在死后的两年内就被封为圣徒,这是一个世界纪录。圣方济会修道士最主要的成就是以他们的创始人为榜样,确立了神学的目的是去"动员人的心灵,而不仅仅是告知或使人相信"。[28]这是信仰内在运动的另一个方面。

基督教社会

但是,在某种意义上,我们已经超越我们自己了。新的体制是对世俗虔诚运动中的变化的回应,但是绝对不是只有这些。格里高利教皇改革的基本目标是建立一个统一的世界体系,就像格里高利教皇所说的基督教社会。[29]有三个教皇以及众多的红衣主教试图进行这场雄心勃勃的改革(顺便提一下,"红衣主教"这个词来自拉丁文,意思是门的铰链。是开关门非常重要的装置。[30])

彼得·达米安

这三个改革家的第一个是彼得·达米安(Peter Damian)。他发动了一场

第二章 "上帝和人的中介": 教皇进行思想控制的手段

关于基督教社会本性的大辩论。他是一个出生在贫苦家庭的孤儿，后来被一个牧师收养，因此接受了良好的教育。他是发现克鲁尼式生活过多参与到社会生活的人之一。他其中一个担心，也是教会关注的，就是有很多牧师不是结婚了就是有私生子。达米安写了一本书来谴责这些丑行，同时强烈支持牧师的单身生活。在拜占庭，虽然主教应该独身，但是普通牧师是允许结婚的（当牧师晋升为主教时，他的妻子应该"从事得体的事情"并进入女修道院）。但是达米安对此也并不满意：他坚信只有当他们完全单身时，牧师才会完全把自己奉献给教会，而不是利用他们的职位为他们的子孙骗取财产和工作。这种普遍的做法败坏了教士的名声。（普通的世俗民众似乎很少会因为牧师有情妇一事而烦恼。对牧师的单身要求是从上到下的，目标之一是让牧师更加独立于俗人。）

达米安同样也是第一个对新的虔诚运动持放任态度的人，当时新虔诚运动正在赶超天主教会，这在上一章和这章前一部分已经提到过。上帝与人类之间的关系也已经改变。在中世纪早期占统治地位的《旧约》中最初的不容违背的上帝现在逐渐为《新约》中描述的更加仁慈的上帝所取代，上帝因为我们的罪过而受苦，而人们现在越来越多地祈求他的"悲伤的母亲"。与此相一致，正如前面已经提到过的，礼拜仪式中克鲁尼理想的那种正式的祷告和唱诗越来越少，更多的是个人内心的感受。这种做法一方面使礼拜更有意义，另一方面也证明是不合适的。达米安对虔诚的强烈的内在的方式让很多人从极端的虔诚中解放出来，极端的虔诚是一种会导致宗教狂热的无法控制的情感主义。就像我们所看到的，正是这种狂热导致了十字军东征、宗教异端、反犹太主义和宗教裁判所。[31]

锡尔瓦坎迪达的宏勃特

格里高利改革中三位改革者的第二位是锡尔瓦坎迪达（Silva Candida）的红衣主教宏勃特（Cardinal Humbert）。他来自洛林，此前一直是克鲁尼的牧师，在那里他也开始反对过于繁琐的劳神费力的礼拜仪式，觉得这种做法违背了克鲁尼教创始人的理想。作为一个高学历、非常聪明的红衣主教，同时又非常了解希腊，他作为教皇的特使被派往君士坦丁堡。由于不是到偏远的地方做外交工作，他的这次任命是令人烦躁的，并不是十分成功。他于1054年结束他的旅程,把博斯普鲁斯海峡的大主教逐出教会,正式承认了已经酝酿了几个世纪的教派分裂。(在某些方面,这次的分裂一直都没有结束。)回到罗马以后,宏勃特成为那些激进改革分子的主要谋士。从1059年开始,他发表了两篇作品,成为接下来所发生的改革的起点。第一篇是教皇选举法。这是一部野心勃勃的作品,设定了一套新的选举教皇的方式,一个将迄今为止都包括在内的德国国王和罗马人民排除在外的计划。取而代之的是成立红衣主教协会(最初大概有12人),将选举完全掌握在他们的手中。这个变化的重要性无论怎样强调都不为过:仅仅在一代以前,德国国王还支配了教皇的选举。但是,这时的国王亨利四世还只是个未成年人,因此宏勃特估计不会再有这样的机会。宏勃特另外一部作品实际上叫做《反对买卖圣职者的三本书》(*Three Books Against the Simoniacs*)。这是个反对德国的小册子。就像诺曼·康德说的,这是对整个中世纪教会和世界之间均衡的一次攻击。甚至这本书的语调也是全新的。宏勃特没有采用夸张的带修辞色彩的文体,而使用了新的学问(我们将在下一章讨论这个问题),尤其是重新发现亚里士多德以后发展出来的所谓的新逻辑学。他的文体是克制的,甚至是冷淡的,但是却渗透着对德国的仇恨。这本书主要的论点是买卖圣职——对教会职位的买卖——是对教会事务不可饶恕的妨碍,它与异教同样可怕。[32]

他并没有就此结束。他继续辩论着如果牧师只能以这种方式改革,那么世人有权考虑他们的牧师的道德品质。如果他们被发现不合格,世人可以拒绝接受他们的圣礼。这是所谓的多纳图斯派(Donatist)教条的复苏,多纳图斯派教条认为世人有权评价教士。不论是在理智还是情感上,这都是一个最危险的发展,是最具有煽动性的改革。长久以来教会一直争论的是圣礼的效率并不是取决于牧师,而是庄严地建立起来的圣事。现在宏勃特将延续了几个世纪的传统扔到一边。这在12世纪的下半叶导致了异教运动。异教运动不但挑起了宗教裁判所,而且最终激发了马丁·路德认为非常有说服力的新教思想。

格里高利七世/《教皇训令》

第三位改革家并不是一个出色的有创造性的思想家,但却是一个伟大的组织者和综合者。这就是后来成为教皇格里高利七世的希尔得布兰

第二章 "上帝和人的中介":教皇进行思想控制的手段

(Hildebrand)。诺曼·康德认为16世纪前的三位伟大的教皇格里高利一世,格里高利七世和英诺森三世。最后一位马上就能讨论到。"没有一位教皇像格里高利七世那样具有争议性,同时被崇拜和厌恶着。"甚至在他成为教皇之前,希尔得布兰就强迫意大利学者开始对教会法规进行大规模的编纂和综合工作,这对欧洲的复兴和新大学的建立起着重要的作用,这是我们下一章讨论的话题。但是真正引起世界关注的是他在1073年当选为教皇以后马上出版的《教皇训令》。这无论从哪一个标准看都是一种对教皇权力的强有力的声明,是一份"耸人听闻的、非常激进的文件"。[33]就像前面所提到的,这份训令坚持认为罗马教皇是圣彼得认可的,教皇从未犯过错,而且,根据《圣经》,永远也不会犯错。训令说只有教皇的圣事具有世界性的权威;只有教皇可以任命主教;没有经过教皇同意的事情是不规范的;不赞成教皇的人不可能是一个真正的信徒;教皇自身超越了任何人的评价能力。教皇有权废黜国王。对他们的统治者有不满的人民可以合法地将这些不满告诉给圣座(the Holy See)。

这部训令涵盖的范围令人吃惊,其目的在于要建立一个屈服于罗马的新的世界秩序,格里高利对此非常清楚。训令所提出的改革的影响深远,不仅北欧的国王皇帝们而且为数众多的神职人员都感到非常紧张——教皇打算改变存在了数个世纪的生活方式。不仅如此,还没有一个中世纪的统治者允许教皇干涉国家事务。大多数人认识到教皇与国王之间的较量不远了。然而,在这部训令发表以后,格里高利并没有袖手旁观,而是继续在一系列写给梅斯主教赫尔曼(Hermann)的措辞强烈的信件中发展他的观点。这些信件是以小册子的形式写成,有一系列主教对教皇提出的问题,这些信件发给了欧洲所有的宫廷。在这些信件中,格里高利发展了他的具有煽动性的观点,进一步坚持认为国家没有道德约束力,认为皇家的权力大部分来源于武力和犯罪,世界上唯一合法的权力就是教士的权力。只有彻底的基督教教徒才是可以接受的。

然而,除了这个基本的攻击,格里高利还提出了——或者说再次提出——一个一段时间以来教会没有关注的观点。这就是关心穷人。格里高利提出的这个关于穷人的观点与其说是个经济问题,不如说是个半政治问题。他自己本能地与那些被压迫的人站在同一边,同时厌恶他所认为的压迫者(包括国王)。因此他给基督教提出了一个社会良心和批评的标准,这是农业占支配地位的中世纪的基督教所欠缺的(尽管由于他坚持牧师过独身生活,数千的妇人被驱逐到

43

大街上)。这种从根本上对贫穷充满感情的态度一度是增强教会力量的因素；这种态度证明这在新兴的城市阶级中是受欢迎的，因为他们对于新城镇的生活一点也不满意。[34]格里高利还暗示那些小康家庭的很多人都是精神上贫穷的人，这让他更受欢迎。但是这并不足以推迟即将到来的斗争。

———— ★ ★ ★ ————

驱逐出教

1065年亨利四世成为国王和皇帝，距离宏勃特发表他的两部作品只有6年，宏勃特的一部作品论述教皇选举，另一部论述买卖圣职，两本书尤其针对德国人。亨利不可能同意书中的观点，但是无论如何，直到1075年他才稳定了他的王国，并且确定德国的农民、市民和贵族都是满意的或者说至少是没有意见的。后来，在希尔得布兰当上教皇成为格里高利七世后不久，米兰的主教空缺。不久之前，在1073年，格里高利发表了《教皇训令》。当亨利和格里高利都推荐了他们的米兰主教人选时，一场斗争正在隐隐呈现并且成形。但是亨利在他的领土内因为近期的成功而增强了实力，觉得格外的自信，因此他"粗暴地"回应了教皇的训令。他给罗马写了一封信，信中言辞直率激烈，谴责格里高利"现在并不是一个教皇，而是一个假的修道士"。[35]这封信催促格里高利"从彼得的王位上滚下来"，用一位历史学家的话来说，这封信是"顽固无礼的"。[36]

格里高利以牙还牙。他告诉德国的主教和修道士，除非他们拒绝承认亨利，不然他们会被全体驱逐出教。他还争取政治上敌对力量的支持以防发生战争。这是个成功的策略——让亨利众叛亲离，而且在教皇建议下，德国贵族开始讨论从其他统治家族选出一个新的国王。格里高利还在亨利的伤口上撒盐，宣布他将到德国亲自主持选举亨利继任者的集会。

这种情况让亨利在1076—1077年的深冬来到了卡诺萨。他的顾问告诫他在这场斗争中他的唯一希望是亲自向格里高利请求赦免。原本的事实是亨利不可能悔过，而格里高利那边原本也更倾向于不赦免他。但是亨利的亲属，图斯卡尼的马蒂尔达（Matilda of Tuscany）（教皇在卡诺萨就是待在她的城堡里）和克鲁尼教的休（Hugh of Cluny）都到场为国王求情。格里高利不可能冒克鲁尼教以及整个欧洲其他王室成员反对他的危险，他们都在看他会以什么样的高压手段

第二章 "上帝和人的中介":教皇进行思想控制的手段

对付一个专程去寻求赦免的国王。

现在,对于我们大多数人来说,驱逐出教并没有多恐怖,但是在中世纪情况就完全不同了。事实上,格里高利七世扩大了驱逐出教的思想和做法。这个观点部分来源于异教仪式敬礼(devotio)。在这种仪式上,那些犯了严重罪行的市民将自己奉献给上帝。在这个过程中,罪犯将会属于神灵(sacer),与其他所有人分离开。[37]在一个法律薄弱的社会,诅咒作为强制执行的补充手段也被加进了契约,而早期的教会也采用了这个观念。最后的一个方面就是流放:在巴比伦囚禁期间与异教结婚的犹太人被流放,他们的财产也被没收。[38]耶稣诞生之前,在巴勒斯坦地区,异教徒是禁止参与犹太人集会和社区生活的。但是,基督教逐出教会的做法的直接来源是《马太福音》。其中说到每个基督徒最初必须私下告诫不信神的人,如果他不听,你就在两三个证人面前告诫他,如果他还不听的话就在整个教会前告诫他。"若是不听教会的劝告,就看他像外邦人和税吏一样"(《马太福音》18:17)。《新约》把社会流放的一些事件描述成教规的形式。逐出教会的概念最初在3世纪的叙利亚文献《宗徒遗训》(the *Didascalia*)中得到详细的描述,据说这部文献是一个匿名的使徒写的。它将礼拜式的驱逐与社会驱逐区别开来,并且描述了罪人为了重返教会所必须做的忏悔。性欲、诉讼、军事义务、温泉疗养地和游戏对那些被驱逐的人都是禁止的。[39]然而,传统上,教会始终都意识到过多的社会驱逐所带来的危险——可能会很轻易地将罪人引向魔鬼,让事情变得更加糟糕。[40]

1078年,格里高利制定了一部教规《自大多数》(*Quoniam multus*),这部教规列出了可以和被逐出教会者作交易而自己可以免于被逐出教会的人的清单,目的是为了限制逐出教会的蔓延(事实上这么做纠正了由于格里高利自己的改革而带来的逐出教会的蔓延)。例如被逐出教会的家人可以与他联系:由于担心那些不能与他们自己老婆有性行为的丈夫会寻找其他女人,职权部门采取了实用的方法。[41]格拉提安(Gratian)用"咒逐"(anathema)这个词来表示全部社会的和宗教上的逐出教会,而将逐出教会本身限制于表示"纯粹的"礼拜式的开除。[42]只有那些被教会法庭宣布有罪的人才会被咒逐,而逐出教会只是个凭良心来决定的问题,人们可以从理论上将他们自己驱逐出教会。第三拉特兰教堂(The Third Lateran Council,1179年)将所有的异教徒逐出教会——对异教的驱逐总是比其他任何处罚都严厉得多,可能会导致关押和处死。[43]格拉提安的区分在12、13世纪之交成为标准，但是那时候这种划分被称为"不严重的开除"（逐出礼拜仪式）和"严重的开除"（完全的社会驱逐）。[44]

在亨利被逐出教会并随后被赦免以后，格里高利已经没有必要进入德国，因此他回到了罗马。表面上看，他取得了巨大的胜利，重新树立了教会的权威。（在恢复亨利的王室地位时，他让亨利承诺遵守将来的教皇教令。）但是，同时亨利保全了他的王国，而现在他开始着手巩固他的地位，这样他再不会处于在卡诺萨前他所处的弱势地位。德国教会恢复了对他的支持，他开始进行另一场——成功的——与贵族的斗争。这样他无意遵守教皇教令很快就非常清楚了。一段时间以后，他再一次被驱逐出教会。他再次在很大程度上低估了教皇的手段，这一事实表明事情已经发生了很大变化。1085年，他终于得到了一直寻找的雪耻机会，将教皇从罗马流放到意大利南部，"一次羞辱的流放，格里高利一去不复返"。[45]甚至格里高利比他看上去的样子还要虚弱。

对于很多历史学家来说，从公平的角度出发，这场在卡诺萨的斗争的最后结局是个平局。但并不是说这场斗争什么结果都没有。亨利在教皇面前的表现对君权神授这个安抚了全欧洲各个"阶层"的思想是致命的一击，也支持了教皇有权审判国王这种思想。这无疑提高了天主教会的政治实力。但是同时有很多人——尤其是王室成员——并不完全欣赏格里高利以高压和羞辱的方法使用，或者说是滥用权力的方式。格里高利的继任者之一，乌尔班二世（Urban II，1088—1099）开始寻求解决与国王长期冲突问题的方法，试图通过第一次十字军东征（the First Crusade）将整个欧洲团结起来成为罗马的后盾。但是即使是他的这种风格对很多人来说也过分了。从那个时候开始，出现了不同派别的红衣主教——从容的外交官、官僚主义者，他们的经验告诉他们，在幕后通过讨论得到的东西要比对抗得到的多。因而，卡诺萨对教皇职位的根本性改变不亚于对国王地位的改变。尽管比较好战的教皇没有认识到教皇制度所固有的缺点，元老院却认识到了。

———— ★ ★ ★ ————

十字军东征的思想／特赦

当格里高利还是教皇的时候，他一直关注在西班牙的名为国土恢复（*Reconquista*）的运动。自从公元8世纪穆斯林征服了伊比利亚半岛以来，基督

第二章 "上帝和人的中介":教皇进行思想控制的手段

教贵族一直在比利牛斯山脉地区避难,在那儿经过两个世纪重新组织起来,到公元10世纪末期,他们夺回了至少一部分失去的领土。又经过400年,直到15世纪的末期他们才摆脱穆斯林的控制,但是在这个过程中,基督徒又面临伊斯兰教圣战(*jihad*)——神圣的战争——的思想,其教义是最高的道德是在为上帝的战斗中牺牲。[46]基督教的"正义战争"的思想可追溯到希波的圣徒奥古斯丁及其以后的时期,而希拉布兰德是

十字军东征

个狂热的奥古斯丁教义信徒。那时候,穆斯林控制了中东地区,就如同他们控制西班牙一样。而耶稣在耶路撒冷的坟墓掌握在异教徒的手中。当所有这些与重新统一东西方教会的愿望结合在一起(作为对抗伊斯兰教威胁的有效方式)时,宗教战争的想法诞生了。[47]

当然,还有其他原因。宗教战争是对教皇无上权势的最好表达方式,有助于团结北欧和南欧,甚至可以在理想的世界里维持罗马对拜占庭的统治。这是个一石多鸟的做法。然而就格里高利而言,主教叙任权之争占用了他太多时间,使他没办法发动一场宗教战争。这个挑战就留给了他的继任者乌尔班二世。并且在他当选教皇之后,依然有更多的理由要发动一场宗教战争。首先,格里高利改革导致基督教徒间令人痛苦的不和,宗教战争会有助于将基督教徒重新团结起来。在德国并不完全倾向于罗马的这样一个时期,它将提高教皇的威望。并且它可以很好地提高法国的声望——乌尔班出身法国。由于主教叙任权之争,德国人不可能会同意宗教战争,而法国北部、英国和西西里的诺曼底人同样也会保持距离。但是在法国中部和南部,乌尔班知道有很多封建领主以及很多领主的封臣们希望有机会在海外获取土地,同时在这个过程中拯救他们的灵魂。

这就是为什么乌尔班1095年在法国中部的克莱蒙费朗宣布第一次十字军东

47

征。在那里，他对集中起来的骑士们发表了一次感情充沛、辞藻华丽的演讲，迎合了他们的虔诚以及他们更加现实的利益。他详尽地描述了基督徒们在土耳其人手中所经历过的苦难，还有被穆斯林侵略威胁所笼罩着的拜占庭和位于耶路撒冷的圣墓。* 乌尔班引用圣经中一句非常有名的话，把巴勒斯坦形容成一个"流着奶和蜜的地方"。而且在承诺教皇会保护十字军战士的财产和家庭时，他提出了一个影响深远的思想。他说，作为掌管天国钥匙的人，他将惠赐十字军战士"大赦"他们的罪过。[49]这个思想的由来很有可能是伊斯兰教承诺任何一位为了信仰而战死的战士在天堂一定会有一席之地。但是，基督教徒大赦的想法很快就被扩大了——并被严重滥用，以至于成为在16世纪马丁·路德（Martin Luther）和特伦特公会（the Council of Trent）攻击的做法之一。到12世纪，天主教会的大赦制度不仅延及十字军战士，还包括那些对他们提供财政支持的人，而正是这一做法招致损害。到14世纪，教皇允许出售特赦，即使无参加十字军之名——富人很容易就可以买到通往天堂的路。[50]人们很容易讥讽参加十字军的动机，很多人无疑有多种动机。虽然如此，乌尔班在克莱蒙费朗演讲刚刚结束，集中在一起的骑士起身齐声喊道"上帝所愿"（'Deus vult'）——上帝命令圣战。许多人从他们的红色斗篷上撕下长条，再做成十字架。这样人们熟悉的十字军徽章诞生了。[51]

长期以来人们一直在讨论十字军东征的理性意义。无疑，十字军东征使基督教徒的视野更加国际化。当然，在这个过程中他们也遵守并采用了一些东方习惯（例如喜好调味品、使用玫瑰花坛和新的乐器）。但是从更为一般的意义上来说，不能说十字军东征产生了广泛的影响。在两百年之内，穆斯林重新夺回了所有被基督教徒攻占的十字军战士的定居点。穆斯林比圣战之前更充满敌意，更加怨恨——基督教徒表现得和他们的敌人一样的狂热。在随后的岁月里，当基督教徒试图在中东形成与犹太人或穆斯林和谐共处的状态时，总是受到来自耶路撒冷的围攻和洗劫的阻碍。更加令人吃惊的是，十字军东征对知识的影响要比可能预想到的小得多：帮助促进西方学术复兴的手稿（这是下章的话题）是通过西西里、西班牙还有拜占庭，传播的，但是并不是由十字军战士传播的。

---

* 在君士坦丁堡处于危险中的东西包括所有最珍贵的遗物：荆棘王冠、耶稣留下面部印记的伊德撒的布、圣·路加的圣母画像，圣徒约翰的头发。[48]

第二章 "上帝和人的中介":教皇进行思想控制的手段

新的虔诚/异教徒

如果格里高利改革有属于自己的成就,那就是将人们的关注点转向教会。在某些方面这是件好事情,但在其他方面则不是。11世纪,欧洲正在发生变化,而在12世纪随着城市的发展,其变化就更大。这对于教会来说意义重大,因为从本质上来说中世纪的教会是为了应付以农业为主的社会而组织起来的,而现在的社会日益城市化。新城市的许多居民是新兴的资产阶级,与他们的前辈相比,他们受过更好的教育,更有文化并更加勤奋,而且他们非常虔诚。因此,他们对牧师持有不同的态度。进入12世纪以后,人们对牧师的批评越来越多越激烈。在新式大学中,在学生中创作尖锐的讽刺文学把牧师描述成粗俗腐败的形象成为一种时尚。教皇使节不再作为教皇陛下的特使受到欢迎,反而经常被看做干涉当地合法事务的闯入者。在当时的文献中,在所有地方,人们对国教的不满在日益发展。正如我们所看到的,新的虔诚的表达方式——新的内在的信仰——是对新的修道会的发展。第二个影响是异教增生扩展,人们更加认真地看待异教。[52]事实上,异教一直存在,尤其是在拜占庭。但是从公元380年到12世纪,没有人被烧死。新形势的一个要素是对富人和世俗牧师制度的反对。另一个要素是文化素质的提高和投机思想的增多,新兴的大学反映了这个现象,尤其是巴黎。两位巴黎的学院派异教徒是大卫(David of Denant)和阿马里克(Amalric of Bena)。但是,12世纪最有影响力、受到最强烈反对的异教是瓦勒度派 (the Waldensian),信千禧年的约阿希姆和卡特里派的阿比尔派异教。

韦尔多教派的人

来自里昂的商人彼得·瓦勒度 (Peter Waldo) 像众多异教徒一样,是个圣洁的苦行者。第一个反对克鲁尼教的修道院就建在里昂。这个城市的大主教是希拉布兰德的忠实追随者,因此,在这个地区有个传统即坚持教会使徒过贫困生活的思想。瓦勒度的门徒把他们自己叫做里昂的穷人(Poor Men of Lyons),他们乐于使徒贫穷,赤脚行走,他们讲道反对牧师(被认为是反僧侣的)。对瓦勒度派的人来说，异教徒和圣徒之间的差别是非常小的，"教会"并不是普遍的天主教机构，而是一个由"经历过圣爱和天惠的"圣洁的男人和女人组成的纯精神上的团体。[53]

菲奥利的约阿希姆／反基督者

意大利南部的修道士菲奥利的约阿希姆（Joachim of Fiore）宣传更为尖刻的反教权主义，12世纪末，他主张世界已经进入了反基督时代，与这个时代紧接的就是基督再临（Second Coming）和最后的审判（Last Judgement）。反基督思想起源于上帝早期的"人类"对手和弥赛亚，以及（耶路撒冷）第二神殿犹太教（Second Temple Coming）的天启传统。早期的基督教徒在公元1世纪下半叶继承了这些思想，他们主张国外有些力量试图阻止耶稣的回归（在《圣经》中第一次提到"反基督"这个术语是在约翰的第一章使徒书）。这个传统在拜占庭流行起来，并由10世纪著名的文献阿德索（Adso）的《关于反基督者的信》（*Letter on the Antichrist*）传播到西方，这部文献成为几个世纪中西方标准的观念。[54]阿德索（修道士，后为Montier-en-Der修道院院长）在写给格波嘉（Gerberga）的一封信中记录了反基督者的整个"传记"，格波嘉是复兴西罗马帝国的德国统治者奥托二世（Otto II）的妹妹。这部书是个"颠倒"的圣徒传，是一篇记叙文，这使它非常流行（被广为翻译）。在阿德索对事件的阐述中，反对基督的人（最后的反对基督者）将在巴比伦出生，前往耶路撒冷重建圣殿，为自己行割礼，做七件奇事包括使死人复活。他将统治42个月，并且在奥利弗山（Mount of Olives）结束生命。然而，阿德索从未明确说明是由耶稣还是天使长米迦勒（Archangel Michael）造成这个结局。在绘画和书籍插图中，反对基督者经常被描绘成坐着的国王（很少被描绘成巨人）或者是天启里几乎不能控制的人。[55]

菲奥利的约阿希姆与他人的不同之处（人们可以看出为什么）在于他将教皇本身视为反基督的人。对约阿希姆来说，对《圣经》的解释是了解上帝意图的唯一途径。在这个基础上，他从《启示录》12章中得出结论："龙的七个头表示七个暴君。因为这个七位暴君，教会开始了迫害。"[56]他们是：希律王（Herod，被犹太人迫害）、尼禄（Nero，异教徒）、康斯坦丁（Constantine，异教

第二章 "上帝和人的中介":教皇进行思想控制的手段

徒)、穆罕默德(Muhammad,撒拉逊人[Saracens])、穆尔西里(Mesemoths,巴比伦之子)、撒拉丁(Saladin),而第七位是最后也是"最伟大的"反基督者,约阿希姆认为他即将来临。作为西多会的修士,他建立了他自己的修会并提出了自己的见解。其观点在某种程度上是未来属于修道院式的生活——他认为其他所有的教会机构都将枯萎。但是他对《圣经》的研究,以及七头龙的观点让他断定最后的反基督者将模仿耶稣,以既是僧侣又是君主的形式出现。因此,当11、12世纪的教皇们取得君主政体的外壳的时候,可以断定约阿希姆在此看到了那个他在寻找的反基督者。[57]

他的观点证明受人们欢迎,可能是因为它的要求简单朴实——万事到顶就要转变。教皇无论做什么事情,热情越高涨,反基督者的谎言就越巧妙。千禧年信奉者比其他人更加相信世界末日即将来临这一"事实"。约阿希姆的推理是,世界历史有三个时期,分别由造物主上帝(从创世纪到道成肉身)、圣子上帝(从道成肉身到1260年)和圣灵上帝(1260年以后)统治,1260年以后现有的教会组织将被一扫而空。1260年过去了,但是没有发生显著的事件,鼓起约阿希姆船帆的风也就没有了。但是他们的思想后来仍然传播了一段时间。[58]

清洁派教徒、阿比尔派教徒的信仰和宗教战争

但是,到目前为止,对国教构成最大威胁的异教是称为卡特里派(清洁派,圣徒)(Cathari [Pure Ones, Saints])的异教,或者是称为阿比尔派(Albigensian)的异教,阿比尔教是按图卢兹附近的阿比尔镇命名的,在这个镇上异教徒特别具有代表性。[59]卡特里派运动背后的主要思想已经秘密传播了一段时间。这些思想复活了4世纪的摩尼教,一些历史学家认为摩尼教在巴尔干半岛的一个称为波格米尔派(Bogomils)的教派中一直存在着。然而同样可能的是,卡特里派是从传统的神学和哲学中的新柏拉图派哲学发展而来(有证据显示卡特里派教徒都是高学历,善于辩论的)。最后一种可能是来源于犹太神秘主义,喀巴拉(the Kabbalah),尤其是被称为诺斯替教(Gnosticism)的思想。摩尼教徒认为有两个上帝,善良的上帝和邪恶的上帝、光明的上帝和黑暗的上帝,他们为了控制世界而进行持续不断的斗争(这显然与反基督者的思想有重叠)。与这种信仰相联系,人类被看做是灵魂(善良的)和物质或者说是肉

体（邪恶的）的混合体。像其他异教徒一样，卡特里派教徒是苦行修道者，他们的目标是纯粹精神性的，是"完美的"状态。婚姻和性行为是应该避免的，因为这会产生更多的物质(more matter)。卡特里派教徒同样也不吃肉和鸡蛋，因为他们是两性之间繁殖出来的生物（他们在生物学理解上的局限允许他们吃鱼和蔬菜）。他们认为得到赎罪的最可靠的方式是忍受，认为一个人在临终之时接受"安慰"以后就不应该再进食，因为那样会再次变得不纯洁。因此在这种意义上他们是将自己饿死的。[60]然而，他们承认那些没有过着完全纯洁生活的人也可以通过承认"纯洁的人"或者说卡特里派教徒的领导的方式而得到赎罪。这些所谓的真正卡特里教信仰的"旁听生"在他们临终时躺着的床上接受圣礼，圣礼消除了他们以前所有的罪过，允许他们的灵魂和圣灵再次相聚。这种临终者床前的"净化"对于那些不是"纯洁的人"来说是唯一可靠的通往上帝的途径。[61]形形色色的可怕的思想簇拥着卡特里派教徒。例如，据说他们拒绝道成肉身，因为这要将上帝"囚禁"在邪恶的事物里面。据说只要避免怀孕，他们是乱交的。他们让他们的孩子也学会忍受，以饿死作为救赎的方式，在这同时也为这个世界去掉了更多物质。据说人们毫无疑问地支持所有的这些恶行，因为临终者床前的净化是卡特里派教徒的惯例，这样任何其他的做法还有什么意义呢？

最后，1209—1229年阿比尔教的宗教战争首先阻止了卡特里派的发展，这次宗教战争消除了贵族的支持，后来，1231年为了消除威胁而成立的教皇宗教裁判又阻止了它的发展。这些战役既为法国的国王并吞了这个地区，又帮助将宗教战争重新定义为反对欧洲边界内部的异教徒的战争。[62]这也强化了欧洲视自己为信奉基督教的地区的观点。

———— ★ ★ ★ ————

英诺森三世／宗教裁判所

1200年临近时，说教皇受到围困一点也不为过。教皇最大的——或者至少是最明显的——威胁来自于异教，但是还有其他的问题，包括教皇自身的虚弱。自亚历山大三世1181年去世后，教皇职位由一连串的人承担，这些人似乎都无力应对虔诚性质发生的重大变化以及宗教战争的后果，更不要说从巴黎和博洛

第二章 "上帝和人的中介":教皇进行思想控制的手段

尼亚(Bologna)的新式大学中释放出来的新学问。严格说来,亚里士多德——在大学被重新发现——不能被看做是异教徒,因为他生活在基督之前,但是他不得不讲的话在罗马仍然引起焦虑。关于亚里士多德的重要性将在下一章中强调。

就是在这种形势下,红衣主教们在1198年推选了一位年轻的教皇,是一位非常有能力的律师,他们希望他在位时间长并转变教皇的运气。虽然他并没有活到他本应活的岁数,但是英诺森三世并没有让人失望。

洛沙瑞·康丁(Lothario Conti)接受了英诺森三世(1198—1216)这一头衔,他来自罗马的一个贵族家庭。他在博洛尼亚学习法律,在巴黎学习神学,这使他成为欧洲当时受过良好教育的人中的一员,并在年近26岁时被提升进入红衣主教团,受他的叔叔卢修斯三世(Lucius III)的领导。但是这并不仅仅是因为裙带关系,因为他的同僚都认可他非凡的能力和决心。在加冕礼上,他把接下来要发生的事情阐述得再明白不过了。他说:"我就是那个耶稣所说,'我要将天国的钥匙给你;凡你在地上所捆绑的,在天上也要捆绑;凡你在地上所释放的,在天上也要释放'的那个人,'是支配整个人类大家庭的公仆,是耶稣基督的代理人和圣彼得的继任者,处于上帝和人类的中间,比上帝渺小,比人类伟大'。"[63]

比人类伟大。或许没有哪一个教皇比英诺森更自信,但是在答辩中,这无异于虚张声势。英诺森认为"这个世界上的一切事务都在教皇的掌管之中"。耶稣授权圣彼得"不仅管理普世教会,还有整个世俗世界",而他英诺森旨在世上建立或者说重新建立一种新的均衡,一种给欧洲带来新的政治的、理性的和宗教秩序的均衡。[64]到他去世时,教会重新占据优势、反对异教、攻击世俗力量、提高神职人员的素质、打击理性异端。正是英诺森首次征收什一税来资助十字军东征,这种做法非常成功,于是他在1199年第一次向牧师征收所得税来资助教皇。同样也是英诺森有效地成立了宗教裁判所来反击阿比尔异教徒。在1208年一位教皇使节在法国被谋杀,图卢兹(Toulouse)伯爵涉嫌参与。这使英诺森产生了发动宗教战争打击异教徒的想法。[65]这虽不是在西班牙声名狼藉的宗教裁判所(Inquisition,有大写字母I)(并且是个皇家机构,而不是教皇机构),但却也是相似的想法。英诺森制定了新的法律程序,一种新惯例,即利用调查和审问而不是等待有人指控的方法来系统地搜寻异教徒。这同样也以新的形式表达了教皇的权力和野心（也表现了神学的弱点）。

宗教裁判所虽不像人们描述的那样始终是"邪恶帝国"，却也是罪孽深重。每一件发生的事情总隐含着强烈的讽刺——因为异教在当时迅速牢固生根的一个原因是神职人员自身道德松弛和腐败，而正是这些神职人员在执行梵蒂冈的新法律。例如，阿维尼翁议会（Council of Avignon，1209）提到过一个牧师为了苦修而用骰子赌博的案子，还有客栈的招牌上挂着教士的硬白领。巴黎议会（Council of Paris）（同样也是1210年）揭露了由拥有妻子或者情妇的牧师举办的弥撒以及由修女组织的聚会。[66]英诺森三世在1215年第四届拉特兰教堂议会上所致的开幕词中承认"民众的腐败根源于神职人员的腐败"。[67]

说异教与12世纪随处可见的魔法行为和根深蒂固的迷信（包括在教堂自身）少有关系这一点很重要。基思·托马斯（Keith Thomas）记述过这些魔法行为所达到的程度——有些人相信奇迹的作用是"展示（教会）垄断真理的最为灵验的手段"。[68]例如人们相信圣体变成肉体这一点有时并没有夸张。一位历史学家引用了一位塞戈维亚（Segovia）犹太银行家接受圣体作为贷款担保品的例子。另一位历史学家也举了一个例子，一个女人嘴含圣饼亲吻她的丈夫，目的是为了"得到他的爱"。[69]基思·托马斯也提到了一个诺福克（Norfolk）女人的例子，这个女人曾七次施过坚信礼，"因为她发现这能治疗她的风湿病"。[70]教会清楚地解释了异教（顽固坚持与教义相违背的信念）与迷信（包括像前面提到的不虔诚地使用圣餐）的区别。无论如何，异教徒本身对魔法一点兴趣都没有，因为它滥用／误用了他们自己所反对的圣礼。

教会最初还能勉强容忍异教。直到1162年，亚历山大教皇还拒绝对兰斯（Rheims）主教交给他的一些卡特里教徒判刑，根据是"原谅那些罪人比夺去无辜人的生命更好"。[71]但是，反对卡特里教徒的宗教战争对很多人有利。它可以带来物质和精神的利益，而不需要冒险和开支去中东从事一段艰辛而又危险的旅程。实际上，其影响是混合性的。起初在贝济耶(Béziers)有7000人被屠杀。这个事件太恐怖了，这使十字军战士从此获得了一把永久的心理利刃。[72]而与此同时，卡特里教徒被迅速驱散——这意味着他们诱人的请求比用其他方式传播得更广、更快。作为回应，第四次拉特兰教堂会议召开：这次会议发表了一份《对正统信仰的详细明确的陈述》，其中包括新的法律程序的最初的大纲。

1227年至1233年，格里高利九世在位时期，这个宗教裁判所正式成立。但

第二章 "上帝和人的中介":教皇进行思想控制的手段

是,在整个中世纪主教法庭在审理犯罪案件中采用了三种截然不同的诉讼方式:起诉,告发和裁判(*accusatio, denunciatio* and *inquisitio*)。在过去,起诉是靠原告提出诉讼,如果他或她的主张没证实,原告要受到惩罚。而在新的体系下,宗教裁判所(调查异教徒的堕落),在没有原告的情况下允许进行调查,并允许使用"调查方法"。这些做法在1231年2月得到解释,当时格里高利九世发布了《绝罚赦令》(*Excommunicamus*),这部赦令提出了对异教徒惩罚的详细立法,包括剥夺上诉的权利、剥夺律师辩护的权利和挖掘未被惩罚的异教徒的尸体。[73]第一个担任裁判所审理者"审理异端堕落的人"是马尔堡的康纳德(Conrad of Marburg),他相信赎罪只有通过痛苦才能实现,成为这个不光彩职业中最残忍的人之一。但是,在宗教裁判所的所有训令中,最恐怖的是英诺森四世在1252年5月发布的。训令起了可怕的名字叫《毁灭》(*Ad extirpanda*),即"根除"的意思,训令允许通过拷打来得到口供、允许在火刑柱上烧死异教徒、允许警察机关听命于宗教事务所(Office of the Faith,罗马人对宗教裁判所的委婉说法)。[74]

然而,宗教裁判所的主要职责并不是像这样的惩罚,至少在理论上不是。它要使异教徒重新信仰天主教。总审判官一般到那些认为有大批异教徒的城镇(很多小村庄从未见过调查官),所有14岁以上的男人和所有12岁以上的女人,如果他们自己认为谁犯了法,都被要求出庭。在人们集中起来以后,审判官要做一次布道,最初称为大会布道,后来叫做宗教判决仪式。[75]有时候会承诺给那些到场的人特赦。在大会布道以后,所有忏悔的异教徒会被宣布免除逐出教会,也避免了更严重的惩罚。然而,忏悔和赦免的过程的一部分是"告发",证明其他没有到场的异教徒。告发总是被用来证明异教徒最初忏悔的有效性。这样确

宗教裁判所施刑

55

定的异教徒会被审问，恐怖行为自此开始。整个过程是完全保密的。被告不允许知道是谁告发的他（否则没有人愿意告发或控告），只有当被告能正确猜出来，并且可以证明告发他的人和他有私仇，他才有机会被宣判无罪。1310年4月在图卢兹地区由伯纳德·基伊（Bernard Gui）执行的宗教判决仪式说明可能发生那些事情。在4月5日星期天和4月9日星期四之间，他审问并判决了103个人：20人被要求戴上恶行证章去朝拜；65人被判终身监禁；18人交给世俗当局，在火刑柱上烧死。就算是死人也不能逃脱。在很多案例中，人死后还被判处长达60年的监禁。他们的尸体被挖出来，遗体被焚烧，骨灰经常被撒到河中。在相信来生、崇拜遗体的年代，这是个可怕的命运。[76]

折磨的手段包括用水折磨，将一个漏斗或者是一段浸湿的丝绸硬塞进人的咽喉。5升水被认为是"普通的"量，而这些水会使血管爆裂。在火的折磨中，囚犯会被铐在炉火前，脚上涂上脂肪或者油脂，然后对涂油的部分进行烧烤直到他们招供。吊刑用天花板上的一个滑轮，囚犯离地面6英尺悬吊着，脚上吊着重物。如果他们不招供，会被拉到更高处，然后扔下来，在他们快接近地面的时候突然停住。他们脚上的重物足够让他们的关节脱白，引起一阵无法忍受的痛苦。[77]折磨是触目惊心的，但是在封建社会，恶行证章以及由此带来的社会排斥同样也是有害的（例如，子孙婚姻前途被毁掉）。[78]

★ ★ ★

第四届拉特兰教堂公会

1215年在拉特兰宫举行的第四次拉特兰教堂公会（Fourth Lateran Council）使新虔诚得到认可和正式化。这是天主教会三个最重要的全球性公会之一，另外两个是325年的尼西亚公会（Council of Nicaea）和16世纪的特伦特（Council of Trent）公会，这次公会考虑到天主教应对新教这一问题。400位主教和其他800位高级教士和贵族出席了拉特兰四次公会，这次公会确定了基督教很多方面的议程，对礼拜与信仰的许多领域进行了阐明并编制成法典。正是拉特兰四次公会宣布大宪章（Magna Carta）无效，并将圣礼的次数确定为7次（早期教会从未规定圣礼次数，而先前一些神学家，比如达米安建议9次，甚至11次）。这7次圣礼分别是圣浸礼、坚信礼、婚礼、涂油礼、按立、告解和牧师的授圣职。拉特兰四次公会还规定教会的每位成员必须向牧师忏悔他或她的罪过，每年至少接受一次圣餐并尽可能经常地接受圣餐。自然，这再次确认了神父的权威，对异教徒是一个直接的挑战。但是，它确实反应了对新虔诚的需要。这次会议同样也规定了如果没有教皇的追封，新的圣徒或者圣徒遗物就得不到承认。[79]

结婚圣礼

婚礼是教会一个重大的发展。在1000年，可以说欧洲大部分人不在教堂结婚。一般来说，夫妻只是居住到一起，虽然还是会经常交换戒指。即使到了1500年，很多农民仍然按照古老的同居习俗来结婚。但是，大约到1200年，大部分比较富有的人和比较有文化的阶级由牧师主持结婚。这带来副作用，即剥夺了牧师和主教结婚的权利，但是圣礼让教会更为广泛地控制了离婚。在拉特兰四次会议之前，人们如果想与一个七代血缘关系以内的人结婚（第一代堂／表兄妹——现在允许结婚——首先是现在被允许的堂兄弟姐妹之间的结合，是隔了四代的），需得到教会的批准。实际上，人们不理睬这个规定。只是到后来快要离婚的时候，才"发现"这种不合规定的血缘关系，并成为判决婚姻无效的理由。拉特兰四次会议用三代血缘关系代替了这种做法。诺曼·坎德说这样做最重要的影响是"增强了教会干涉个人生活的能力"。这是英诺森的目的。

他对目标的不屈不挠的追求非同寻常。英诺森被认为是最伟大的教皇和"欧洲的领导者"。大卫·诺尔斯（David Knowles）和迪米特里·奥伯伦斯基（Dimitri Obolensky）这样描述道："其教皇任期是短暂的教皇统治世界的全盛期。在他之前，他伟大的前辈们为统治地位而斗争；在他之后，继任者们使用权力的武器，但是越来越缺乏精神智慧和政治见识。在为所支配的人的利益而行动时，只有英诺森有能力使人们顺从。"[80]

———— ★ ★ ★ ————

元老院和红衣主教团／菲利普四世和博尼费斯八世

然而在13世纪，教皇的道德权威大部分丧失了。虽然元老院仍然是一支非同寻常的行政力量，但是，君主政体在法国、英格兰和西班牙的发展对梵蒂冈罗马教廷来说就不仅仅是一个对手。特别是法国国王势力的发展对罗马构成了威胁。在中世纪早期，与教皇冲突最多的君主是德国皇帝。然而正是由于这些冲突，德国人在十字军战士中的表现就不像法国人那样突出。这让法国人从罗马那里得到了更多的权力，另外，由于阿比尔宗教战争，法国国王得到了法国南部较大一部分。因此在这个意义上，教皇自己导致了自身权利的转移。这些发展趋势在法国国王菲利普四世（Philip IV the Fair）(1285—1314)统治时期达到了高潮。

十字军东征和反对卡特里教的战争以后，在红衣主教团中有一个相当大的法国派别。教皇制度中民族主义的出现使当时所有的选举都令人沮丧。安茹法国议会统治了西西里。但是在1282年，法国驻军在一次称为西西里岛晚祷（Sicilian Vespers）的叛乱中遭到西西里岛人的大屠杀。[81]当时，西西里岛人效忠于阿拉贡（西班牙）议会。那时候的教皇是法国人，效忠于安茹的查尔斯。因此他宣布剥夺阿拉贡的王位，并且发起了一次由教会负担部分经费的宗教战争。这是个非常极端的措施，毫无道德理由。在中立者的眼中，这样做贬低了教皇的身份，尤其在战争失败时更是如此。战争的失败也使菲利普四世反对教皇，因为他要寻找替罪羊。法国逐渐变得越来越不妥协，在1292年到达顶点，当时教皇的职位空缺，红衣主教团的法国派和意大利派彼此相互抵消对方的力量，争论了两年也没有达成协议：没有候选人达到要求的三分之二多数。[82]1294年双方终于达成了妥协，选举隐士塞利斯廷五世（Celestine V）为教皇。对于当选教皇，塞利斯廷感到困惑不解和不知所措，仅仅在几个月以后他就退位了。像但丁所说的，这次"不同寻常的拒绝"实质上是一次贬低尊严的丑闻，因为没有一位教皇曾经退位。有很多信徒坚信教皇是因为神的恩赐才登上圣彼得的宝座，他们认为教皇不能退位。塞利斯廷说，"一个天使的声音"告诉他要他退位，然而退一步说这是适宜的。他的职位被红衣主教本尼迪克特·加塔尼（Cardinal Benedict Gaetani）接任，成为博尼费斯八世（1294—1303）。事实证明博尼费斯是中世纪所有教皇中最糟糕的一位。对于他的职责他雄心勃勃，和英诺森三世几乎难分高下，但是他却缺乏这位杰出前辈的各种才能。[83]

第二章 "上帝和人的中介":教皇进行思想控制的手段

大分裂

1294年法国和英格兰之间爆发了战争,两个国家很快就为巨大的代价感到后悔,想尽办法筹集资金。法国想到一个权宜之计是对牧师征税,这个方法曾经为十字军东征非常成功地募集到资金。然而在罗马博尼费斯不同意这种做法,他发表了一个训令《教士不纳俗税》(*Clericis laicos*),表达了这种观点。这部训令的语气非常具有挑战性,法国人进行了报复,把意大利银行家驱逐出国境,更加重要的是切断了金钱的输出,这就剥夺了教皇相当可观的一部分收入。在这种情况下,博尼费斯屈服了,承认法国国王——并含蓄地表示所有的世俗统治者——有权为了国家安全向牧师征税(向牧师征税在今天可能不能带来可观的收入,但是记住当时是教会拥有多达三分之一土地的时代)。然而几年以后在1301年,当法国南部一个持不同政见的主教被逮捕并被控告叛国罪时,另一场斗争迫在眉睫。法国当局要求罗马剥夺主教的职位,这样就可以对他进行审判。因为1300年是大赦年,数以千计的朝拜者聚集在罗马,这使博尼费斯从性格上变得勇敢起来,专横地回应了他们的要求。关于牧师税,他撤回之前对法国国王做出的让步,召开了一个法国牧师的会议来改革法国教会。一年以后,他颁发了臭名昭著的训令《一圣教谕》,声称:"精神和世俗之剑最终都为世上救世主的牧师掌握,如果国王不能正确地使用出借给他的那把世俗之剑,教皇可以废黜国王。"训令断定:"我们宣布、声明和明确地规定,为了拯救每一个人,对罗马教皇的服从是绝对必需的。"[84]

菲利普的法国顾问们也是针锋相对,毫不逊色。就在后来被称为法国三级会议(French Estates General)的第一次会议上,博尼费斯受到各种可以想象得到的诽谤——从异教徒到谋杀到巫术。更有争议的是,三级会议坚持认为把世界从罗马怪物的手中解救出来是法国"每一个基督教国王"的职责。法国人是认真的。事态发展到国王的顾问威廉·德·诺加雷(William de Nogaret)——来自朗格多克(Languedoc)的律师——被秘密派往意大利,在那里会见教皇的敌人,包括世俗的和教会的敌人。他的目的是俘获博尼费斯——罗马教皇本人,他将被带回法国接受审判。事实上,诺加雷确实成功地在罗马南部教皇的家乡阿格尼俘获了教皇,并押解俘虏向北部出发。但是博尼费斯的亲属解救了教皇陛下,并匆匆忙忙将其送回梵蒂冈宫。在那里他很快就去世了,一个亡命

59

之徒。但丁把这件事看做是文明史的一个转折点。[85]

因此，这证实了"虽然法国人没有成功地俘获教皇，但是却在某种程度上成功地杀害了教皇"。博尼费斯的继任者是法国大教主克莱门特五世（Clement V），他选择居住在阿维尼翁而不是罗马。"但丁哭泣了"。[86]这件事或许被不可避免地描述成教皇的"巴比伦囚禁"，囚禁却持续了将近70年时间。即使到1377年，教皇回到罗马，混乱和辱骂仍然没有结束。当选教皇乌尔班六世（Urban VI）领导了一次打击腐败的运动，几个月以后，红衣主教团的一部分人撤回到阿维尼翁并选举出他们自己的教皇。现在有两个圣座、两个红衣主教团、两个中世纪法庭。即使在地方，大分裂（Great Schism）也是不妥协的、荒谬的——修道院有两个院长、教堂有两个竞争的弥撒等等。1408年在比萨召开会议，结束了这种混乱局面。取而代之的是第三位教皇被选举出来。直到1417年，这场荒谬、可笑、可悲的事件才结束。

到那时教皇已经受到了巨大损害。政治上，教皇再也不像以前那样强有力。在文艺复兴时期和晚近19世纪也有其他一些有势力的教皇——或者是看起来有势力的教皇。但是事实上，无论是他们的雄心还是影响力都不能和格里高利七世或英诺森三世同日而语。再也没有教皇声称自己处于上帝与人类中间。然而政治却只是教皇衰落的方面之一。正是理性领域发生的重大的变化将给教皇带来永久性的损害。

第二章 "上帝和人的中介":教皇进行思想控制的手段

注 释

[1] 诺曼·康德,《中世纪的文明》(*The Civilisation of the Middle Ages*)纽约:哈珀柯林斯出版社,1963/1993年,第269页及后文。

[2] 同上,第258—259页。

[3] 爱德华·格兰特,《中世纪的上帝和理性》,英格兰剑桥:剑桥大学出版社,2001年,第23页。

[4] 同上,第23页。

[5] 同上,第24页。穆那,《信仰》,伦敦:奥兰姆出版社,2002年,第216页,关于其他措施,其中包括执事以上的所有牧师都必须遵守的禁欲。

[6] 格兰特,如前所引,第24页。

[7] 大卫·诺尔斯和迪米特里·奥伯伦斯基,《基督教的世纪》第2卷《中世纪》,伦敦:大同,朗文和托德出版公司,1969年,第336—337页。

[8] 同上,如前所引,第337页。

[9] 瑞哈德·本迪克斯,《国王和人民:权力和训令》,洛杉矶:加利福尼亚大学出版社,1978年,第23页。

[10] 同上,第27页。

[11] 同上,第29页。

[12] 同上,第31页,有关安布鲁斯的情况,见坎宁,《中世纪政治思想史,300—1450》,伦敦:罗德里奇出版社,1996年,第34页。

[13] 本迪克斯,如前所引,第32页。跟国王这一概念的发展及其与教皇制度的关系同等重要的还有臭名昭著的"康斯坦丁捐赠",现今人们通常认为这是教皇身边的人伪造的。沃尔特·尤尔曼说:"这项捏造给大到整个中世纪的欧洲、小到教皇制度带来的影响都是不可否认的。"根据5世纪的一本畅销小说《圣斯尔弗斯特传奇》(*Legenda Sancti Silvestri*),教皇西尔威斯特治愈了康斯坦丁的麻风病,康斯坦丁跪倒在他的主面前忏悔,自己取下了皇族的徽章,包括他的皇冠,充当马夫,为教皇牵引走了一小段路。其中的含义再清楚不过了。沃尔特·厄尔曼(Walter Ullmann)《政治思想史:中世纪》(*A History of Political Thought: The Middle Ages*),伦敦:企鹅出版社,1965年,第59页。

[14] 康德,如前所引,第178—179页。800年,查理曼大帝经历了异常但明了的遭遇。当时的教皇利奥三世很不成功也不受欢迎,他甚至被一个罗马暴民痛打,被冠以"道德败坏"之名,并被迫向查理曼大帝寻求庇护。当查理曼大帝到罗马参加对利奥的审判,当他洗清了对自己的控诉,在800年的圣诞节查理曼大帝去祭拜了圣彼得的墓地并做了祈

祷。当查理曼大帝祈祷完站起身，利奥突然上前把皇冠戴到了国王的头上。这种赤裸裸的行为是为了重申教皇具有授予帝王头衔的权力，查理曼大帝一点也不高兴，他说如果他知道教皇的这个意图就无论如何也不会进那个教堂的。康德，如前所引，第181页。又见坎宁，如前所引，第66页，关于加洛林王朝的神权主义思想的讨论。

[15] 本迪克斯，如前所引，第33页。

[16] 康德，如前所引，第195页。又见坎宁，如前所引，第60—61页。

[17] 大卫·列文，《现代的起源》，洛杉矶：加利福尼亚大学出版社，2001年，第18页。

[18] 康德，如前所引，第203页。

[19] 同上，第218—223页。又见坎宁，如前所引，第75页。

[20] 康德，如前所引，第218页。

[21] 同上，第244页。

[22] 玛西娅·克里西：《西方智力传统的中世纪传统，400—1400年》，纽黑文和伦敦：耶鲁大学出版社，1997年，第227页。

[23] 康德，如前所引，第341页。

[24] 克里西，如前所引，第228页。

[25] 玛丽娜·沃纳，《单一性别》，伦敦：威登菲尔&尼克尔森出版社，1976年，第147—148页。

[26] 列文，如前所引，第74页。

[27] 克里西，如前所引，第235页。另见穆那，如前所引，第272页。

[28] 克里西，如前所引，第237页。

[29] 康德，如前所引，第249页。

[30] 克里西，如前所引，第245页。

[31] 坎宁，如前所引，第85页。

[32] 康德，如前所引，第254—255页。

[33] 同上，第258页。另见坎宁，如前所引，第88页。

[34] 穆那，如前所引，第218页。见坎宁，如前所引，第98页，关于格里高利所引发的辩论。另见康德，如前所引，第262页。

[35] 康德，如前所引，第267页。

[36] 同上，第268页。

[37] 伊丽莎白·弗多纳，《中世纪的开除教籍》，洛杉矶：加利福尼亚大学出版社，1986

第二章 "上帝和人的中介":教皇进行思想控制的手段

年,第2—3页。

[38] 同上,第4页。

[39] 同上,第10页。

[40] 在中世纪早期,君主通常听从教会的决定,所以开除教籍就意味着公民权利的丧失。这是由罗马的"丧失公权"这一概念引出的,即剥夺不道德的人和罪犯的选举权。

[41] 同样,如果不知道某个人是开除教籍的人,不知者无罪。弗多纳,如前所引,第25页。

[42] 同上,第29页。

[43] 同上,第32页。又见穆那,如前所引,第87页。

[44] 弗多纳,如前所引,第52页。

[45] 康德,如前所引,第271页。

[46] 同上,第290页。穆那,如前所引,第186—187页,有关基督徒的损失。

[47] 穆那,如前所引,第190页。

[48] 康德,如前所引,第292—293页。

[49] 穆那,如前所引,第222页,列举了对乌尔班的历史性演讲的五种解释,他认为这五种解释"实质上不相同"。

[50] 第一次十字军东征在时间上是占据先机的。基督徒们的情绪正高涨。千年还没过,激情的千年(1033年)也更加临近了。此外,由于阿拉伯国家间的短暂分裂削弱了他们的抵抗能力,包括基督军在内的5000左右军力差不多完整无损地到了耶路撒冷,经过为时一个多月的围攻之后,他们攻占了耶路撒冷。在此过程中他们屠杀了所有的穆斯林和犹太居民,后者被烧死在犹太教主会堂。

[51] 斯蒂芬·鲁斯曼,《第一次东征》,英格兰剑桥:剑桥大学出版社/康托,1951/1980年,第22页。

[52] 对圣徒及其遗物的尊崇刺激大批的虔诚信徒前去朝圣,不只是去三个主要地点——耶路撒冷、罗马和圣地亚哥·德·孔波斯特拉——也去其他许多跟奇迹和遗物有关的寺庙。大卫·列文说"神圣的经济地理在欧洲乡村萌芽"。法国的某些地区是朝圣路线的交叉之地,例如,巴黎大道和维孜莱大道,集中了从北部向西班牙进发的忠实信徒,在西班牙他们会碰见从阿里斯大道来的朝圣者。列文,如前所引,第87页。基本的观点是,据著名的巴黎学者和玄学家根特(Ghent)的亨利(约1217—1293)所说,圣人和某些有远见的人可以洞悉上帝的思想,从而他的认识是"完全正确的"。克里西,如前所引,第305页。佛

63

罗里达大学的历史教授帕特里克·吉瑞研究了100多个圣遗物偷盗案的记录,发现偷盗者往往不是地痞而是修士,他们把圣遗物转移到自己的家乡或修道院。正如朝圣路线所显示的,遗物可以刺激对客服业的恒久需求——食物和住所。换句话说,遗物是经济贴补的来源。但圣徒的朝拜也可以看成是多神论的某种回归:圣徒的不同特点能够让信徒联想到他们表示同情的个体——是人而不是神,因为神的行为总是超乎寻常的。吉瑞认为,对圣人的崇拜如此之强烈,绝对有(至少在意大利)专门的盗遗物者,他们把盗来的圣遗物卖往北部。帕特里克·吉瑞,《中世纪中期的圣遗物偷盗》,普林斯顿,新泽西:普林斯顿大学出版社,1978/1990年。

[53] 康德,如前所引,第388页,以及穆那,如前所引,第279页。又见,彼德·比勒和安·赫德森(编者),《异教和扫盲,1000—1530》,英格兰剑桥:剑桥大学出版社,1994年,第94页。

[54] 伯纳德·麦克奎因,《反基督者》,纽约:哥伦比亚大学出版社,1994年,第6页。

[55] 同上,第100—113页,又见穆那,如前所引,第215页。

[56] 麦克奎因,如前所引,第138页。

[57] 同上,如前所引,第249页。

[58] 克里西,如前所引,第249页。

[59] 康德,如前所引,第389页。

[60] 比勒和赫德森(编者),如前所引,第38—39页。克里西,如前所引,第251页。见穆那,如前所引,第280—281页,关于波格米尔派的解释。

[61] 康德,如前所引,第390页。

[62] 克里西,如前所引,第251页。

[63] 爱德华·格兰特,《中世纪的上帝和理性》,如前所引,第24页。

[64] 康德,如前所引,第417页。坎宁,如前所引,第121页,都认为英诺森的统治是中世纪教皇制度的十字路口。

[65] 康德,如前所引,第389—393页。

[66] 爱德华·布尔曼,《审查:打击异端的锤子》,威灵堡,北安普顿:宝瓶座出版社,1984年。

[67] 同上。

[68] 同上,第23页。

[69] 同上,见斯蒂芬·哈里泽(编),《现代欧洲早期的审查和社会》,伦敦和悉尼:

克鲁姆·海尔姆出版社，1987年，第10页，可以找到更多的数据。

[70] 布尔曼，如前所引，第23页。

[71] 同上，第25页。

[72] 詹姆士·吉万，《审查和中世纪的社会》，伊萨卡，纽约：科内尔大学出版社，1997年，第11页。又见：穆那，如前所引，第281页。

[73] 布尔曼，如前所引，第33页，以及吉万，如前所引，第14页，关于早期的审查组织。

[74] 布尔曼，如前所引，第41页。又见穆那，如前所引，第41页。

[75] 布尔曼，如前所引，第57页。

[76] 同上，第60—61页。另外一次，他在斯特拉斯堡烧死了80个男女老幼。见穆那，如前所引，第286页。

[77] 囚犯被捆在车轮上毒打。著名的拉肢刑架将犯人的身体拉到折断，有点像吊坠刑具。

[78] 犹太人提出了另外一个共同的问题。在法国南部有一个很大很繁荣的犹太社区——卡特地区，在那里，如同我们看见的，犹太思想本可以很好地融入天主教思想的谱系中。尽管英诺森禁止通过武力改变犹太人的信仰，但是他主张同区化——有形的隔离，限制他们同天主教徒的接触，并把他们看成是贱民。1215年英诺森教皇统治的末期，在第四次拉特兰公会上，决议规定犹太人必须佩戴黄色的补丁，"这样一来就很容易分辨哪些是流浪者"。见康德，如前所引，第426页。

[79] 威廉·切斯特·乔丹（William Chester Jordan），《中世纪盛期的欧洲》（*Europe in the High Middle Ages*），伦敦：艾伦·莱恩/企鹅出版社，2001年，第9页，康德，如前所引，第418—419页。参见雅克·勒·高夫（Jacques le Goff），《中世纪的想象力》（*The madieval Imagination*），亚瑟·高德汉姆翻译，芝加哥：芝加哥大学出版社，1985年，尤其第2部分第2节，"罗马教廷对基督教界的看法"以及"1274年全基督教公会的组织"。

[80] 诺尔斯和奥伯伦斯基，如前所引，第290页。

[81] 康德，如前所引，第491页。

[82] 坎宁，如前所引，第137—148页。

[83] 康德，如前所引，第493页。

[84] 同上，第495页。又见：坎宁，如前所引，第139—140页。

[85] 康德，如前所引，第496页。

[86] 穆那，如前所引，第298页。

第三章
知识的传播和精确的兴起

修道院院长苏哲和圣丹斯的创造／上帝是光

1144年6月11日，20位大主教和主教聚集在巴黎圣丹尼斯（St Denis）大教堂，像圣坛一样多的高级教士在那天出席奉献典礼。多数主教之前并不曾参观圣丹尼斯，现在都惊诧于眼前所见。毫不夸张地说，教堂的负责人修道院院长苏哲（Abbot Suger）创造了1700年来首例完整的新式建筑风格。这是首屈一指的美学和智力上的突破。[1]

教会建筑传统上都建成罗马式风格，这是一种精致的东方地中海长方形廊柱大厅式基督教堂，周围环绕的建筑都是按照适用于热带国家来设计的，而且用的都是原始的材料。苏哲新建的圣丹尼斯大教堂却风格迥异。他使用结合最新数学成果的崭新建筑理念，建造了一座宏伟建筑。在这里，罗马式教堂的水平特征被垂直的位面和肋架拱顶所取代；建筑外壁上的"拱扶垛"支撑着墙体，而巨大的中殿却没有柱子支撑；一束束阳光透过巨大的垂直窗户照亮黑暗的内殿，照耀着圣坛。给人留下印象最深刻的地方

巴黎圣丹尼斯大教堂

是大教堂主要入口处的彩色玻璃圆花窗。在这一新的艺术形式里，彩虹般绚烂的色彩和繁复的蕾丝式样石头工艺，与工匠使用玻璃展示《圣经》所体现的巧妙设计一样让人惊诧不已。

尽管苏哲的出身并不高贵，但他曾是法国国王幼时的玩伴。这种友谊帮助他登上权力的最高峰。后来，在路易参加命运多舛的十字军东征时，苏哲作为摄政王很好地履行了自己的职责。尽管苏哲是本笃会修士，他却并不认同弃世是正确的道路。相反，他认为大教堂作为世俗等级的巅峰展示尊严仅为这一事实的体现。[2]"每个人都可以有自己的想法。对我个人来说，最正确的莫过于此：任何最珍贵的东西都应该先用来赞美圣弥撒。如果根据上帝的言语和先知的命令，用金杯、金瓶和小金钵来收集山羊、牛犊和一头红色小母牛的血（在古代以色列的庙宇中），那么我们应该多么狂热地提供金花瓶、宝石，和所有我们最珍贵的物品来收集耶稣的鲜血。"[3]因此，在1134年和1144年之间，苏哲彻底重建并重新装饰了圣丹尼斯大教堂，动用了其辖下一切资源创建了这处新的礼拜仪式场所。

苏哲在他的两部著作《上帝的管理》（*On His Administration*）和《祝圣仪式》（*On Consecration*）中自豪地记录了他取得的成就。书中告诉我们他认为圣丹尼斯应该是他在穿越法国南部旅行时所见到的所有美学革新的总体体现，而且这一总体体现应该超越所有美学的革新。圣丹尼斯一名取之于伪法官戴奥尼夏（Dionysius之所以这样称呼是因为他除了宣称自己是保罗的第一个希腊门徒，还认定自己是雅典法院的一位官员），而苏哲把这位圣徒的神学作为自己的灵感。[4]传统上都认为戴奥尼夏是中世纪神秘论述故事的作者，这些著作在18世纪由教皇交给了圣丹尼斯，其主要观点是上帝是光。根据这部神学著作，所有的生灵，都接收和传播这神圣之光，"它倾泻而下，照亮整个世界"，一神职教团如是说。上帝是纯粹的光，而众生凭借内在之光反射他的光芒。隐藏在12世纪教堂背后的正是这一理念，苏哲的理论就是其原型。[5]

除了光的一般概念，苏哲还引入了几个新的特征。建在正面的两个锯齿塔意在给人一种军用的感觉，象征着好战的基督教和国王在维护信仰时的角色。入口三个一组，对应三位一体的教义。阳光透过圆花窗照亮三个高高的小礼拜堂，"献身给天上诸仙"——圣母玛利亚，圣马克和天使。在唱诗班的尽头，许多小礼拜堂呈半圆形排列（教堂半圆形的后殿），这样不但可以容纳更多的修道士和牧师同时做弥撒，唱诗班还可以沐浴在圆花窗洒下的一束光线中。现在，支撑扶壁移到了教堂外面，为回廊留下了空间。回廊环绕着中殿。旁边的小礼拜，阳光也照得到。这也使越来越多的修道士／牧师做弥撒成为可能。但最重要的是，整个教堂现在全开放了——尤其是在苏哲搬走圣坛屏风之后——它完全沐浴在光芒之中，好像整个建筑都成了一个神秘的实体。[6]神学关于光的观点不仅促成了彩色玻璃的出现，也使宝石和贵金属——宝石、珐琅、水晶在新建大教堂的礼拜仪式上发挥了作用——它们统治了中世纪的艺术。人们认为宝石有沟通的能力，甚至有道德价值，每一种都代表某些基督教美德。所有这些与光有关的实体都经过设计用来帮助信徒——聚在一起成为庞大的圣会——接近上帝。

苏哲可能比他自己预期的更成功。在1155年到1180年间，努瓦永（Noyon）、拉昂（Laon）、苏瓦松（Soissons）和桑里斯（Senlis）都修建了大教堂。沙特尔大教堂、布尔日大教堂、昂热大教堂都从圣丹尼斯大教堂的圆花窗获得灵感，建造了类似的窗户。英国和德国的主教们也很快就仿照法国的大教堂修建了自己的大教堂。虽然历经千年的风霜，这些教堂的华丽炫彩却丝毫不减当年。

———— ★ ★ ★ ————

巴黎学校／它们和修道院有什么不同

早期的大教堂不仅仅用来做礼拜仪式。经验丰富的主教们允许行会在那里开会，也允许世俗民众在那里聚会。许多当地人都建造过大教堂，因此他们对这些建筑非常了解。在沙特尔大教堂，每个行会都希望拥有自己的彩色玻璃窗。[7]就用这种方式，大教堂吸引了很多市民，教堂也由此变成了学校，但地处乡间城外的修道院却从未做到这一点。城里大教堂附近的地方通常都是教堂的回廊，这是现在学生们同艺术家和工匠们聚集的地方。而且，主教的学校和修道院的不同。因为地处城市，它们更为开放，更加入世，这些都体现在他们所提供的教育里。在修道院里，授课一般结对进行——一位年轻的教士跟着一位年长的教士。但在教堂学校里情况是截然不同的——一群学生坐在一位老师的跟前。开始的时候，大多数学生都是牧师，对他们来说这基本上是一种宗教行为。但他们住在这个城市，生活在世俗民众之间，而且他们的最终职业是牧师，工作场所就在民众中间,而不是在与世隔绝的修道院。

在这样的环境里,消息比修道院时代传得快多了,那些想要成为教士和学者的人很快便可以知道哪位老师更聪明,谁的藏书最多,哪些学校的辩论最活跃。同时代的人提到哪所学校有特色学说时,通常指的是这所学校里一位著名的老师。例如,"迈伦主义"是以迈伦的罗伯特命名的,而"保热达尼"(Porretani)指的是布瓦蒂尔斯的吉尔伯特的学生们。[8]就这样,最初是拉昂,然后是沙特尔,再后来是巴黎,都提供了最好的机会。如今,*schola* 一词指的是在一所修道院或大教堂里的唱诗班中歌唱赞美上帝的所有人。[9]在12世纪,学生数量飞速上涨,远远超过了教堂所需要的正常人数。

在这种情况下,至少在刚开始的时候,学校主要是教授拉丁文阅读和写作、唱歌、写散文和诗。但是,不想做牧师的新到学生希望学到更实用的技能——法律、医学、自然史。他们也想学习辩论和分析,接受当时的重要文本。

在13世纪初期,巴黎大约有20万人,并且在不断增长,不再局限在巴黎岛内。它的优势体现在各个方面,不仅食物和葡萄酒充足,而且在这个城市的100英里以内,另外至少还有25座知名的学校。这样,受过教育的人就很多,这就有助于刺激进一步的需求。城里还有很多教堂,相连的外屋通常都能为学生提供膳食住宿。艾布里斯的埃弗拉德(Everard of Ypres)说,他在沙特尔求学的时候班里只有4个学生,但在巴黎,他只是大厅里300名学生中的一员。[10]

真正重要的在于巴黎的无所不包。到1140年,巴黎是北部欧洲占统治地位的学校,尽管"多所学校"这个词比一所学校更好。它之所以享有盛誉,是因为那里有多位思想独立的大师,而不是仅仅一位。正是多位大师的相互影响,才使学术思想得以发展。"到1140年,你几乎可以在巴黎找到任何东西"。诚然,必须到博洛尼亚才能找到更高级的教会法规,到蒙彼利埃(Montpellier)才能找到最新、最好的药品;但要找文法、逻辑、哲学、神学甚至高水准的法律和药品中的任何一类,巴黎都能为最有雄心的学生提供想要学到的所有知识。"[11]在当时的文献里,R.W.S. 萨森认定了巴黎12世纪的17位大师,其中包括阿贝拉德(Abelard)、阿尔比里克(Alberic)、彼得·海里亚斯(Peter Helias)、沙特尔的伊沃(Ivo of Chartres)和彼得·隆巴德(Peter Lombard)。

中世纪的巴黎大学

到12世纪中期，每年都有数百名学生从诺曼底、庇卡底、德国、英国来到巴黎。巴黎圣母院修道院里的教学还在继续，但也已开始向外传播，首先是在塞纳河的左岸。乔治斯·杜比告诉我们，新来的大师在福阿尔大街和小石桥等地租用马厩来授课。1180年，一位在巴黎学习的英国人为穷苦的学生建了一所学院。这样，在塞纳河的南岸，城市岛对面，一个新的街区兴起了。就在那里一个狭窄的小巷里，巴黎大学诞生了。

学校和大学的学术生活同修道院的生活迥异。在修道院，学生们不外乎沉思，独自研究宗教文本，尽管他们也寻求建成好的图书馆：例如，德国的富尔达（Fulda）为学者提供2000册书籍，克鲁尼有近千册书籍，其中包括《古兰经》的拉丁文译本。但在沙特尔和巴黎，大师和学生在精神上是平等的，他们辩论，他们面对面像骑士一样战斗。在那个时代，战斗结果令人兴奋得发抖，而且是不可预知的——大师也不一定每次都赢。学校的基础课程仍是中世纪初期就已定下的七门文科，但现在"三学科"已成为课程设置中的基本学科，或者说预备学科。开设三学科的主要目的是为牧师发挥其主要功能作准备，使其能阅读《圣经》，能评论解释《圣经》的内容，以从中萃取真知。为了达到这样的目的，学生们必须了解拉丁语的精华著作，为此，他们还研究了一些古典／异教徒作家——主要是西塞罗、维吉尔和奥维德。因此，学校里的教学倾向于古典主义，这使人们重新燃起了研修古罗马和古籍的兴趣。[12]

亚里士多德和逻辑学的重新发现／阿贝拉德

然而更为重要的，是通过重新发现亚里士多德的译著，出现了逻辑学。"在12世纪50年代初期，重新发现的拉丁文版译著在欧洲学者的图书馆里泛滥。"在12世纪，逻辑学逐渐成为"三学科"里最重要的学科——一位牧师大声疾呼：推理即"向人类致敬"。（柏拉图唯一的知名著作是《蒂迈欧篇》，而且还残缺。）[13]人们认为,逻辑学有可能使人类逐渐洞穿上帝的神秘。"既然人们相信所有思想的原理都来自上帝隐讳有时甚至相悖的术语的面纱下,逻辑推理理当驱散混乱的迷雾,澄清矛盾。学生们必须以词语为基础并发掘其深层含义。"[14]逻辑的根源是怀疑,因为辩证推理始于怀疑——论点,辩论,说服(这是科学的另一个基础)。"我们通过怀疑寻求,"阿贝拉德说,"通过寻求我们认识真理。""老逻辑学"的一个主要特征是"普遍性",柏拉图思想的本质是万物皆有完美形式,"椅子"或者"马",隐含的原理是如果能将其系统(合理)安排,就能理解上帝的意图。"新"逻辑学由彼得·阿贝拉德(安德斯·皮尔茨将其描述成中世纪学问"第一人")首次在巴黎提出,认为《圣经》中的许多章节都与推理相悖,因此不能简单接受,应该提出疑问。他坚持认为,思考的真正方法应反映亚里士多德的著作,并建立在三段论法的基础上,如:所有a都是b;c是一个a;因此c是b。阿贝拉德在其著作《是与非》中通过辨认然后对比相悖的章节使得这一方法典型化,其辨认与对比的目的是为了在其可能的地方使相悖章节融合。与阿贝拉德惺惺相惜的是布瓦蒂尔斯的彼得,他说:"尽管确定性存在,但我们有责任来怀疑宗教信仰里的文章,并且去探寻去讨论。"来自索尔兹伯里的约翰是一位曾在无数个地方包括巴黎就读的一位英国人,他将逻辑置于理解力的中心。"头脑通过推论超越了感官体验,并使之可理解,然后,通过智力把事物和它们神的起因联系起来,并理解创造的次序,最终到达真正的知识。"[15]对于今天的我们而言,逻辑是个乏味的没有生命力的词语,已经引不起多大的兴趣。但是在11、12世纪,这个词很是多彩和富有争论性。那是个疑问降临的时期,人们开始对权威质疑,并提供了以新的途径走近上帝的机会。

但是,大教堂本身就是社会上大变化的一部分,它们鼓励创建学校,并鼓励它们发展成我们所说的大学。正如我们所看到的,大教堂是城市实体,而城镇是需要实用性知识和宗教知识的地方。例如,数学对于大教堂的建筑发挥了至关重要的作用。借助于对当时以希腊和印度语为蓝本的阿拉伯书籍的翻译,数学得到了广泛推广。12世纪于巴黎发明的拱扶垛,其概念至少在某种程度上要归功于数字科学。新建的城镇里,有越来越多的人集中居住,对于律师、医生的需求很大,这些需求也刺激学校向大学发展。[16]

———★ ★ ★———

七大学科／三学科和四学科

让我们再次提醒自己人文学科的概念，对于希腊人，人文学科的主张就是一个适合自由公民的教育体系，尽管这至少有两个版本——柏拉图的版本从哲学和形而上学的角度出发，为教育的设计留下了很深的道德和智力的烙印；苏格拉底的版本则提倡更加适合社区和政治生活的实际应用。罗马人首先对此精确化，特别是瓦罗，他在1世纪的时候就汇编了他的《教育九卷》（*De Nobem Disciplinis*），该书划分了九个学科：语法，逻辑，修辞，几何学，算术学，天文学，音乐，医药学和建筑学。在公元5世纪早期，马提亚努斯·卡佩拉编著了一本命名怪异的书：《水星和文字学婚姻》。在书中，作者将瓦罗的九门学科减少了两门并让医药学与建筑学最先成为两个单独创立的职业，卡佩拉的学科分类得到广泛应用，在世纪之交的时候，把这七个学科分成语法、逻辑、修辞三大学科以及更为高级的算术、几何学、天文学和音乐四大学科，这已经成了一个惯例。在1000年前，据艾伦·科班在其《中世纪的大学》一书中说，由于四大学科被认为对于有文化的牧师来说体质训练不是那么重要，所以它们与三大学科相比较而言是受到忽略的。"掌握足够数学技能来计算不断变动的宗教节日经常需要普通学生牧师掌握四大学科的专业知识。"[19]教育往往主要是书本体验，不对牧师练习生的分析能力提出挑战。（写作是在石蜡板上教授的）。[20]从语法和修辞向成为主要知识学科的逻辑的过渡是一次重要的知识变迁，这次过渡也标志着一个突破，之前的教育体系是以累积知识和以往的思维形态为基础的，如今的却从富有前瞻性创造性的精神获得力量。

视人文教育为高等教育特别是神学的前奏，这一想法对于今天的我们可能感觉很是怪异——如此学科至多和神学存在间接关系。[21]通过对一系列学科的学习，思想领域得以拓展，这可为在可靠的民主政治度过一生作好必要的准备，这一点恰恰体现在部分希腊人文研究的遗产里。主要的区别就在于神学成为中世纪教育阶层中至高无上的荣耀，这一荣耀在希腊世界是属于哲学的。

这一遗产的另外一方面是学校中欢快的乐观主义。所有的老师都持有一个共同的观点，那就是，人即使是处于衰退期，也是有能力来进行全面的拓展的，不管是在智力上还是在精神上；世界万物是有秩序的，因此通过合理的质询是可以理解的；通过智慧、积累的知识以及经验，人是可以做周围环境的主人的。[22]在已知的真理王国的外面，人们对于知识和理解的接受力几乎是没有限制的。正如艾伦·科班所说，这是西欧对于思维的一个重要的再定位。这一点在意大利的安塞姆（大家较熟悉的圣安塞姆，坎特伯雷的大主教）和修道士高尼罗（Gaunilo）之间的碰撞中得以清楚体现。安塞姆探寻了上帝存在的证据——更确切的说是逻辑证据，其证据是基于以下事实：因为我们能想象出一个完美的生命——上帝，那么上帝就一定存在。否则的话，如果他不存在，那么肯定会有一个比我们构想的更完美的生命存在。这对于我们来说似乎仅仅是玩文字游戏，对于高尼罗亦然。他冷淡地指出我们可以想象一个比现存的任何一个岛屿都完美的岛屿，但这并不意味着这个岛屿真的存在。二人观点交流的意义就在于，相对于修道士而言，职位更高的安塞姆把高尼罗的反应和自己的反驳都发表了。这次辩论认为，人可以以通情达理的方式谈论上帝，可以像对待其他任何事物一样来对待上帝，而且等级和权威没有关系。[23]这是全新的观点。

推进早期大学发展的四个探索性领域是医药、法律、科学和数学。在中世纪中期医药和法律大受欢迎。[24]它们实用，还能提供社会上稳定的职位和较高的收入。秘书文案或者听写，创作信件和正式文件的技术成为法律和修辞学的一个专门的分支。很快，诸如法律、医药和听写这些实用学科共同构成了文艺人道主义的天然敌人。因为它们体现的是自然出现的大学实用的一面，而对正统的古代文化遗产的学习本质上是恬静的、自由的，两者可谓对比鲜明。因此，早些时候的大学计划性不强，它们的职业性本质从实际需要中来。就科学而言，由于牧师对异教作者的长期的不信任，不知科学是何时出现在大学的。例如，自1164年在第戎圣母院担任长官的彼得·考莫斯特尔（Peter Comestor）就宣扬道：古典作者可能是《圣经》学习有用的背景，但是他们很多"思想和学说"是要避免的。在1200年左右，沃克吕兹省的亚历山大贬低了奥尔良的教堂学派（这一学派是13世纪之前的人道主义研究的重要中心），称它是"学习的一把邪恶的椅子，在大众中传播歪风"。他坚持说和《圣经》唱反调的任何东西都不可读。

对亚里士多德的禁令

这种态度盛行起来，在13世纪早些时候，亚里士多德本人成为众矢之的。

从早期逻辑学研究开始，亚里士多德的书，尤其是他的关于"自然"的科学著作就不断被翻译。他的著作成形时已经相当于一个哲学体系和一个综合，作品的编著却没有基督教信仰的任何渗透。一位历史学家说，亚里士多德著作的恢复是西方思维发展的一个转折点，其重要性只有后来的牛顿学说和达尔文学说能与之抗衡。[26]在巴黎大学，在学术方面最令人激动也最让人感到棘手的群体就是文科全体教员，在大学里，哲学是国王，文科教员是知识动荡局面的主要因素，也是知识变革的驱动力。[27]事实上文科教员几乎成了大学中的大学。当亚里士多德的著作以拉丁语版本出现时，教师们修改了教程，把亚里士多德的著作放进去。把这位哲学家的逻辑学著作编排进去是一回事，但是问题很快逼近他的"自然"著作。1210年在一次在巴黎当地举行的宗教会议命令：在巴黎所有对亚里士多德的学习都要停止。对他著作的阅读，不论是私下的还是公开的都是禁止的，要"遭受逐出教会的惩罚"。[28]罗马教皇先在1231年后又在1263支持这次禁令。巴黎主教在1277年重申了这一问题。后来，允许私下学习，但是公开教授还是被禁止的。

教会试图对亚里士多德实施的禁令是思想控制的另外一个方面，进一步说明了我们前面几章中提到的内容。在1231年，用本国语讨论科学科目成为会受到惩罚的罪过，教会可不想让普通百姓接触到如此的观点。然后，没有什么禁令能做得那么彻底，毕竟对于一些人而言遭封禁的著作更有吸引力，况且，在别的地方亚里士多德并没有遭到封禁，比如图卢兹，比如牛津。从1242年起开始，禁令开始全面瓦解。当时艾尔伯图斯·提尤特尼卡斯（Albertus Teutonicus），即我们今天所记得的艾尔伯图斯·马格纳斯或者伟大的阿尔伯特，成为首位在巴黎神学会占有一席之地的德国人。尽管阿尔伯特本人是异教的强烈的反对者，但是他对亚里士多德的观点很感兴趣。他认为文集应该遍布整个欧洲。在阿尔伯特看来，有三条道路通向真理：《圣经》感悟、逻辑推理以及经验。当然，后两者都是亚里士多德的方法，但是阿尔伯特走得更远：在承认上帝在创造万物所担任的角色的同时，他坚持说对自然过程的研究（如我们所说的）应该不受神学考量的阻碍，因为到目前为止，就这些自然过程而言，只有经验能提供确定性。[29]适当关注自然科学并不是来关注上帝——在他愿意的情况下——能做什么，而是他做了什么，也就是说依照自然固有的起因，世界上发生了什么。[30]亚里士多德曾经说过认识就是去理解事情的起

因。[31]

在阿尔伯图斯身上我们看到了不同的思维方式分开的第一束光芒。他本人有着很坚定的信仰，正是这种坚定的信仰使得他来考虑亚里士多德究竟能为传统的信仰增添些什么来丰富人们的理解。

"双重真理"理论

然而，其他人却很激进。对于亚里士多德的这种关注带来一个非常具有争议性的结果，即两位学者的所谓的"双重真理"（'double truth'）理论，这两位学者分别是布拉班特的西格尔（Siger of Brabant，逝于1284年）和丹恩·勃（Dane Bo）即拉丁文里所称的戴西亚省的伯艾西亚斯（Boethius of Dacia）。在巴黎大学对亚里士多德的封禁并没有波及城市的其他地方，这使得哲学在这位希腊大师思想观点的基础上得以发展。预料到即将到来的观点上的划分，这两位学者最主要的创新就是考虑到了这样一种分歧：一件事情在哲学上来讲是正确的，而另外一件事情在神学上来讲是正确的——这在当时，在任何时候，都是很激进的。尤其是伯艾西亚斯，他辩论说哲学家应该享受自己的知识成果，来探索自然界——现存的"这个"世界。但是这些技能并不能使他有能力去探索下面的内容，比方说世界的起源，或者时光的开始，或者创造的神秘，及事物是如何从无到有的。如同上帝最后审判日所发生的事情，这些事情是启示性的事实，而不是推理性的。因此，这些不在哲学领域之内，因为有两套真理存在：一套是属于对自然进行研究的哲学家的，另一套就是神学家的。和艾尔伯图斯的观点一样，这是两个思维领域的划分，代表了物质世界思维发展的一个阶段。

然而，教会里很多人发现西格尔甚至更麻烦，这是因为他看上去更加青睐亚里士多德学说中令人惶恐不安的那部分内容：世界和人类是永恒的；事物的行为是由其本质决定的；自由的意愿往往受到需要的限制；所有的人都拥有唯一一个"智力原则"。在他的学说中，他不愿明确说明这一切的含义，但是即使你不是天才，也可以读懂他字里行间的意思：没有上帝造物，没有亚当，没有最后的裁决，没有神的旨意，没有化身、赎罪和复苏。[32]这当然是东正教教徒们所担心的。这也正是为什么亚里士多德会被封禁：他会把大众带到教徒们所不想的地方。巴黎另外一位神学教授吉奥万尼·第·费登扎（Giobanni di Fidenza）（后来用伯纳凡涂尔一名）尤其被亚里士多德的坚决主张所困扰：上帝是存在万物的第一起因，可是自然事物有着它们自己的因和果，这种因果的运作不受神的干涉。[33]在伯纳凡涂尔和许多像他一样的人看来，如此的推理在表明一个没有上帝存在的世界。因此他试图修正亚里士多德的学说，比如说，当一棵树树叶变黄时，他会说：这不是因为某种自然进程，而是因为上帝在树里注入了某种特质。

正如这几段所表明的，13世纪中叶在巴黎大学的学究神学达到了最高峰：多种方式的学究思维的高峰。这一点集中体现在托马斯·阿奎那（Thomas Aquinas）的重大的综合性作品里。阿奎那一直以来被大家称为在奥古斯丁和牛顿之间的最强大的思想家。阿奎那最大的贡献就在于他试图让亚里士多德与基督教和解，尽管如我们所看到的，在这本书其余的部分中，他对基督教的亚里士多德化比他对亚里士多德的基督教化更有影响。阿奎那出生在罗马和那不勒斯之间，是一位公爵的儿子，个子很高，他行为谨慎，思维缜密，是个至少在一开始时容易被低估的人，可是，艾尔伯图斯赏识他的天赋，这位大个子没有失望。

托马斯·阿奎那

在阿奎那看来，只有三个事实不能通过正常推理来得以证明，因此它们必须被接受。它们分别是世界万物的创造、三位一体的本质以及耶稣在救赎过程中的作用。[34]在这之外，更富有争议性和影响力的是：阿奎那站在亚里士多德一方来反对奥古斯丁。如奥古斯丁所言，根据传统，因为"堕落"的男人和女人生来就是要在这个世界上受罪的，因此我们能够真正享受快乐的地方是在天堂，而亚里士多德却辩论说，"这个"世界、这个人生提供了无数开心和欢乐的机会，"当中最长久的最可靠的欢乐就是用我们的推理能力去学习和理解所带来的快乐"。[35]托马斯修改了这一点，说我们可以用我们的推理能力在地球这里来"预先体验"一下我们死后的生活。他说，自然界"从哪一方面来说也不邪恶"。[36]他质问说，在上帝准许它为上帝之子的化身的情况下，肉体怎么可能是邪恶的？而且托马斯认为肉体和灵魂是紧密相连的。灵魂不是机器里的鬼魂，而是以肉体作为存在的形式，这就像一个金属雕刻品依靠模具成型一样。这末尾的一句也许是他思想中最具神秘性的一面。

在阿奎那时期，人们并没有把他看做是如西格尔般的激进分子，可是对于很多人而言，那使他更加危险，而不是少几分危险。他代表中世纪亚里士多德学说合情合理的一面，特别是他认为"这"一生更重要的想法：因为我们在这一生能够享受比传统主义分子所允许的更多的东西，而且因为关于我们如何来享受这一生，亚里士多德有那么多要说的。通过暗示，阿奎那没有重视死后生活的相对重要性，而且很清楚，在随后的几十年和几个世纪里，这对于教会权威的逐渐削弱有着巨大的影响。

──★ ★ ★──

大学/最早的大学

在某种程度上，雅典的哲学学院预先开始创建综合性大学。从4世纪开始，又有在3至6世纪繁荣发展起来的贝鲁特法律学校，创建于425年的君士坦丁堡皇家大学，如此断断续续发展直到1453年。中世纪的学者们对于这些机构都知晓，艾伦·科班说有一种学术地理迁移的主张，它出现在君主时代，它认为学习的中心已经由雅典转移到了希腊、君士坦丁堡、巴黎。"在这种调配中，新式大学是学馆的具体体现。学馆是基督教社会所控制的三股力量之一，其他的两股是精神的(神权)和世俗的（主权）。"[37]

现代术语"大学"，是偶然被引入到英语中来的，源自拉丁语"*universitas*"。但是，在12、13和14世纪的时候，这个词被用来表示任何具有共同利益和独立法律地位的人的团体——它可能是一个行业协会，或者一个对着装有特定要求的地方性集会。[38]直到14世纪晚期和15世纪，"*universitas*"这个词才被按照我们今天理解的意思来使用。而相应的中世纪用语是"*studium generale*"。"*Studium*"的意思是一所拥有研究设备的学校，然而"*generale*"指的是这所学校吸引外地生源的能力。这个术语于1237年被首次使用，第一部使用该术语的有关教皇制度的文献要追溯到1244年或1245年，与罗马大学的建立有关。[39]其他被使用的术语有"*studium universale*"、"*studium solemne*"和"*studium commune*"，但到14世纪，大学(*studium generale*)被欧洲其他城市使用：博洛尼亚、巴黎、牛津、帕多瓦、那不勒斯、巴伦西亚和图卢兹。13世纪50年代卡斯蒂尔（Castile）王国的阿方索十世（Alfonso X）制定的法案《七编法》（*Siete Partidas*，1256—1263），给早期大学一词的使用提供了法律依据。学校的七个文科学科都必须有自己的老师，教授《圣经》和民法，学校的当权者只能由教皇、皇帝和国王任命。[40]其中没有提及后来被认做是更进一步的要求，那就是设置神学院、法学院以及医学院来作为研究生教育中心。在13世纪之交，只有博洛尼亚、巴黎、牛津和萨勒诺不断提供更高层次学科的教学。[41]

第一所帝国大学，也是世界上第一所大学，是按照一部专门的法案建立的，于1224年在那不勒斯由弗雷德里克二世（Frederick Ⅱ）宣布成立。第一所教皇大学由教皇格里高利十世授权于1229年建于图卢兹，部分用途是用来抗击异端信仰。这就产生了这样一种概念，建立大学只能由教皇或者皇帝才能授权，这也为14世纪的教条所接受。[42]这部宪法当时显得重要得多，因为最初的大学争得了许多举足轻重的特权，其中有两个十分有趣。首先，牧师在大学进行学习研究的时候，有权领取俸禄。有些研究课程持续长达16年，这不是小事情。第二个特权是直接授课权，即从这些大学毕业的人无须进一步进行考试便有权在其他任何大学授课。[43]这可以追溯到一种"大学学习"的思想——作为社会的"第三种力量"，被理解为世界的、超越了国界和种族的界限。这种全民教师化的思想，传遍了欧洲，却从未真正实现。每一所新建立的学校，都认为自己是权威，并且坚持对毕业于其他大学的毕业生进行考核。[44]

萨勒诺（医学）

最早建立的大学位于萨勒诺、博洛尼亚、巴黎和牛津。然而，萨勒诺的大学却有别于其他三地的。尽管它不如托莱多（Toledo）的大学更显重要，却在翻译希腊和阿拉伯的自然科学和哲学方面的文本中扮演着重要的角色。它在其他学科的教学远没有其在医学方面的教学更专业。[45]事实上，它在医学实践技能领域要比其他领域更为卓著（在它周围有许多矿泉，在那儿聚集着跛足者和盲人）。这所学校是一个医学从业者的聚集地，尽管那儿本来就存在没有正式行业协会领导的某种教学。虽然如此，最早的医学著作出现于11世纪的萨勒诺，即百科全书里有关草药医术学和妇科医学的论文。当时还有无数阿拉伯语的自然科学和医学的著作以及一些希腊语的医学文本,被翻译成阿拉伯语。[46]多亏了康斯坦丁(Constantime),才使得这些文本公之于世。他是一位非洲的具有阿拉伯血统的学者,于1077年迁入萨勒诺居住,后来搬往蒙特卡西诺(Monte Cassino)的寺庙,并在那里继续他的翻译工作直到1087年去世。他翻译成拉丁语的最具影响力的阿拉伯论著,当属阿尔-加法尔(al-Jafarr)的《旅行》(*Viaticus*),艾萨克·尤第乌斯(*Isaac Judaeus*)的关于饮食、发热和尿液的著作,以及150年前哈利·阿巴斯(Haly Abbas)在巴格达编译的一部全面的医学百科全书。康斯坦丁的译文为研究希腊医学提供了新的推动力,它促使萨勒诺的医生们在接下来的几个世纪里撰写了许多新的医学著作。萨勒诺因此发展了一门新的医学课程,之后又被引入到巴黎和其他地方的大学,在新的逻辑学和经院哲学的影响下得以进一步扩展。[47]这些在博洛尼亚和蒙彼利埃得到了长足的发展。最早涉及人体解剖是在约1300年的博洛尼亚。这应当完全归功于由于必要的法律程序所进行的法庭调查。(在正当合法的法庭调查过程中,尸检为解剖学研究提供了便利。)最早的外科手术的文本是大约1150年一部题目为《班贝克手术》(*Bamberg Surgery*)的匿名著作。其中提到的病况有骨折和脱臼、眼部和耳部的外部损伤、皮肤疾病、痔疮、坐骨神经痛和疝气。[48]书中还提及用含有碘酒的物质来治疗甲状腺肿胀,还有一种外科麻醉法,使用的是吸收了黑莨菪和罂粟的催眠药棉。[49]

★ ★ ★

博洛尼亚(法律)

博洛尼亚是所有早期大学中最古老的一个,它掩盖了中世纪大学的全貌,因为它是一座为满足普通信徒想要学习罗马法律的需求而设计的老百姓的大学。仅仅在12世纪40年代,教会法规这个教会教师和学生的保护屏障才传入博洛尼亚。[50]

对法律发展的一次巨大推动是缘于"主教叙任权之争",即11世纪末到12世纪初教廷与神圣罗马帝国之间的权力斗争。"由于罗马法律是用来对付教皇僧侣统治的最好意识形态武器,这一体制也就自然而然成为世俗力量所关心的东西,也由此产生了反驳教皇管理思想主张的政治理论萌芽。"[51]但是,正是这些早

人类思想史

期法理学家其中的一位伊洛勒里乌斯（Irnerius这很有可能是德语沃纳[Werner]的拉丁语翻译）——他曾在1087年前后在博洛尼亚任教——使得博洛尼亚超越了其他早期的意大利法学院，比如拉韦纳或者巴维亚（Pavia）。在评论东罗马帝国优士丁尼（Justinian）的《民法大典》（*Corpus iuris civilis*）时，伊洛勒里乌斯使用了一种批判分析的方法，这与中世纪阿贝拉德写的《是与非》颇为相似。他这样做，比前人更加成功地综合了罗马的法律。基本的罗马法律文本被编为适用于专业研究的形式，作为高等教育的一个特殊领域。这就确立了博洛尼亚为一个卓越的民法研究中心，从此研究者便不断从远近欧洲移民到此地。[52]博洛尼亚的声誉进一步提高，晚些时候，在12世纪四五十年代，教会法规方面的论著也成为主要的学术研究参考文本。格拉提安为这次发展扫清了道路，他当时在圣菲利斯的一所博洛尼亚修道士学校任教。他的《教仪法异同》（*Concordia Discordantium Canonum* 即《教令集》[*Decretum*]）完成于1140年，与伊洛勒里乌斯为罗马法律所做的相比较，都成就了适合于学术研究的简便合成法。这些变化的影响不难从下列事实中看出：在接下来的两个世纪中，有许多教皇都是法理学家，其中有些一直在博洛尼亚教授法学。[53]

博洛尼亚一个与众不同的成就是《习惯》（*Habitas*）——一部由腓特烈一世（Frederick I）于1158年11月在龙卡格里亚(Roncaglia) 发行的学术研究章程，显然这是应大学的学者们之要求而发行的，并且得到教皇的许可。这部章程取得了比初衷更重要的基础学科上的意义，让一个给予学术充分特权的体系最终得以与先前建立起来的优先权体系平起平坐。[54]事实上，《习惯》曾一度被作为学术自由的起源而受到推崇，"正如英国的《大宪章》（Magna Carta）一样，

博洛尼亚大学1

博洛尼亚大学2

第三章 知识的传播和精确的兴起

成为证明英语自由的一个不可或缺的部分"。[55]它作为皇室加强平民律师权利而限制教会律师所得的一次尝试,这更加剧了主教叙任权之争。在《习惯》中,皇帝被誉为上帝的臣民或者仆人,这一学说反映出一种思想,即皇帝的权力直接来自上帝,而不是由教会赋予的。[56]随着时间的推移,这一系列的思想被升华为否认主教凌驾于大学的一种凭证。[57]

这些教皇与帝王之间的权力之争加剧了国内冲突,这在许多意大利城市较为显著,博洛尼亚是其中之一。这些近乎无政府主义的情况推动了相互间保护联盟的形成,如城堡协会或团体之类。正是在这种背景之下,博洛尼亚的各学派建立起来,这就是为什么博洛尼亚大学具有这种风气——由学者来掌控学校。在博洛尼亚,这种"学生大学"的思想很大程度上应归功于同时代意大利公民权利这种意识的存在。在一个被连绵不断的战争搅得支离破碎的国家里,这无疑是极其宝贵的。只有当地公民的地位可以得到保障,在这种情况下,非当地公民——由于缺少这样的保障——容易受到攻击。很自然的,外国的法律学子团结起来成立一个保护协会,或者叫做"*universitas*"的机构。后来,这些联盟再细分成各国的联盟,由校长统一领导。[58]

如果说教会和帝王之争是造成博洛尼亚特征的因素之一,那么经济就是另一个因素。博洛尼亚这座城市,靠社区大学实现其经济利益,不久通过禁止教师逃往他处的法令。[59]学生们意识到这些法令带给他们的权力,在1193年建立由学者掌握的联合团体,以此作为回应,目的在于建立一个政权制度以便他们行使其权力。在这一体制下,学生和教师间的契约式的约定被有组织的(通常是武装的)协会所替代。这些协议获得成功,最终取得博洛尼亚社区和教皇双方的公认。[60]

值得指出来的是,当时"学生权力"得以实施,是由于那时许多博洛尼亚的法律学子比如今的学生年龄要大得多。许多学生在25岁左右,有些甚至近30岁。很多人在来到博洛尼亚之前就已经获得文科学位,还有很多有神职俸禄。此外,他们对于律法的研究可以持续达十年之久,因为他们有俸禄,许多人很富裕,因此他们是影响城市事务的重要经济因素。[61]这些都对大学生活有着重要的影响。学生们提前几个月选举他们这一学年的老师,在选举中老师必须对此发誓服从。即使老师晚一分钟开始讲课,或者拖堂,都会被解雇。[62]在学年开始,学生和老师就接下来的课程达成一致,学期按照两周一次划分时间段,因此学

81

生提前就可以知道在什么时间教授什么内容。学生会不断对老师的表现打分,并且可以解雇任何他们认为表现不达标的老师。[63]任何一个不能吸引至少5个学生到课的老师,注定会被解雇。如果一位老师由于某种原因不得不离开这座城市,他必须交纳押金以防止他不再回来。[64]随着其他大学不断发展壮大,博洛尼亚大学发现这种严厉的体制在不断失去它的魅力——因为不管老师的级别如何——从13世纪晚期开始,社区已经开始给老师提供薪水。从那时起,学生逐渐失去了他们的权力。[65]

上课的形式也在12世纪被确立下来。从《圣经》开始,教科书的学习着力于以下四个方面:主题,直接目的,潜在目的,其所属的哲学体系分支。老师在具体讲解单个词和短语之前讨论这些方面,整个过程被称做"祷读"("阅读")或者"宣读"。起初不允许学生记笔记,但随着话题的深入,记下老师说的话也就很必要了。在中世纪,博洛尼亚的大学被关闭了很多次。

在中世纪,位于博洛尼亚的大学几度被关闭。原因各不相同,要么因为瘟疫,要么因为教皇的阻断。考虑到教规和公民法律之间与生俱来的冲突,这也许是不可避免的。但是其直接导致的结果就是几所大学分校的创立:维琴察(Vicenza)创建于1204年;阿雷佐(Arezzo)创建于1215年;帕多瓦(Padua)创建于1222年;锡耶纳(Siena)创建于1246年和比萨(Pisa)创建于1343年。

———— ★ ★ ★ ————

巴黎(神学)

巴黎这所继博洛尼亚之后最古老的大学(大学城的前身)城市,与博洛尼亚情况不同,在这里神学是占主导地位的专业。"面对教会控制,为大学独立而进行斗争,巴黎大学可谓是欧洲历史上这方面最早也是最生动的范例。"[66]在这种情况下,大学享受自由的最直接的教会阻力来自巴黎圣母院的主事和教士。巴黎圣母院周围的学院从11世纪就开始了,位于一个名为隐修院(cloitre)的封闭地区,它们是学馆的萌芽。"随着这些学院名气的上升,无数外界学生前来听课,这导致了混乱。在大主教和教士大会剥夺了学生们在隐修院学习的机会之后,他们都移往塞纳河的左岸,即现在的拉丁区。到12世纪就有了很多学校散落在塞纳河桥的周围,专门讲授神学、文法和逻辑。"[67]

第三章　知识的传播和精确的兴起

从一开始就与博洛尼亚不同，巴黎是一所拥有大师的大学。聚集在巴黎圣母院的周围，这些巴黎的学者们非常满意他们的牧师地位，因为这一地位给了他们特权和独立（他们可以免除交一些赋税和服兵役）。这就意味着巴黎的大学是一块自治的领地，享受着国王和教皇的双重保护。在巴黎市区的这一自治权帮助大学树立了神学领域的卓越地位，使得大学后来成为为学术自由而论战的前沿阵地。[68]如同在博洛尼亚一样，法国卡佩王朝（Capetian Kings）诸王很快就认识到了知识群体的经济价值，所以从一开始就对学生和老师们采取了一种宽容甚至积极的态度。[69]

在巴黎，艺术类院系是最多的。而且，事实上由于巴黎本身就很大，所以每个国家的学生都有自己的学校。学校一般设一名校长来负责收取学费。这些学校主要分布在位于塞纳河左岸的福阿尔（Fouarre）路上。在这些不同的学校里，法语、诺曼语、庇卡底语、英吉利—日耳曼语播下了学院思想的种子。由于外国学生因为英法百年战争而离开法国，巴黎大学遭受的打击是非常大的。也部分由于这一原因，其他地方的大学——西班牙、英国、德国和荷兰、斯堪的纳维亚——快速发展起来。

★ ★ ★

牛津（数学、自然科学）

两所英国渊源的大学，牛津和剑桥，与欧洲大陆的大学不同，因为它们是在没有大教堂的小镇发展起来的。[70]在某种程度上讲，牛津的发源地带有偶然性。在12世纪，英国有很多地方本来有可能发展起来大学——比如在林肯市、埃克塞特。[71]

有一种说法认为牛津肇始于约1167年，是由逃亡的巴黎学者们建立的；[72]另一种说法却主张起初北安普顿的学校很优异，但是所在地持有敌对态度，因此学者们大批迁移，并于约1192年在牛津安定下来，因为那里所处位置非常方便，是多条大路的交会点，比如，伦敦、布里斯托尔、南安普顿、北安普顿、贝德福德、伍斯特和沃里克等。[73]

一些人可能会说，南安普顿的学者们也有可能是被已经就教于牛津的杰出的教师们所吸引。来到牛津的这些人包括：1117年或者早在1094年的西奥博尔德斯·斯丹姆本希思（Theobaldus Stampensis）；1133年的索尔兹伯里（Salisbury）的约翰的门徒罗伯特·波伦（Robert Pullen）；还有于1129年至1151年间居住在牛津的来自蒙默思郡（Monmouth）的杰弗里（Geoffrey）。[74]"最早能够具体证明牛津拥有数个院系并集合了大批学者和学生的是威尔士人葛瑞德（Gerald）大约在1185年所做的描述，他描述了他在全体牛津教师前朗读自己的作品《爱尔兰地形学》（*Topographia Hibernica*）的壮举，此举耗费了3天的时间。在1190年左右，牛津被一位（在镇上）读书的弗里斯兰的学生描叙为公共学馆（*studium commune*）……到世纪末，这一情况由于许多著名学者的到来而得以巩固，这些人包括：莫里的丹涅（Daniel of Morley）和奈岗的亚历山大（Nequam of Alexander）。"[75]基本上牛津是模仿巴黎的体制而建的（比如，上课由老师主导而不是由学生），但是他一直没有像巴黎那样吸引一大批的外国学生。在筹划学期时，北方人（*boreales*）和南方人（*australes*，尼纳河之南现在被称之为剑桥郡的地方）有着很大的区别。[76]

如果说博罗尼亚专长于律法，巴黎专攻于逻辑和神学，那么，牛津见闻于世却是因为其专长于数学与自然科学。[77]在前文简要提过，这很大程度上归功于12世纪一些巡回的英国人，他们游历广泛，熟悉通过托莱多、萨勒诺和西西里等地翻译过来的科学资料。牛津同时也受益于13世纪初教皇的禁令，该禁令禁止巴黎教授新亚里士多德理论。

现在，人们将罗伯特·格罗塞特（Robert Grosseteste）视为牛津科学运

牛津大学

动的关键人物（他使亚里士多德学成为必读内容）。他于1235年至1253年间担任林肯郡的主教，也在牛津初期担任过该大学的校长。[78]格罗塞特的译作（他通晓希腊语、希伯来语和法语）和他对于亚里士多德学材料的理解产生了两大进步。这两大进步都对于中世纪的科学发展有着启发性的影响。首先，数学作为一种描述和解释的工具被应用于自然科学；其次，强调把观察和实验作为验证特定假设的基本方法。这些原则使得对于科学资料的研究从相当随意的演练转变成为一种对于物理现象的综合数学探究，这些物理现象是以观察、假设和实验验证三重循环为基础的。[79]

格罗塞特可以称得上我们今天所理解的第一位科学家。就这一点而言，罗杰·培根紧随其后。在牛津格罗塞特的门下学成之后，培根到巴黎作演讲。在那里，他完全像他之前的阿贝拉德一样富有争议。他深信，总有一天，科学知识会使人类掌控自然。他预言将有潜艇、汽车和飞机（带有水上运行的装置）。像格罗塞特一样，他认为数学就是大自然的暗藏之语，光和当时被称为"透视法"的光学，使人类能够接近造物主的思想（他认为光为直线传播，其速度不是无法计量的，但是非常快）。培根的思想无疑是从宗教思想向现代科学思维方式迈进了一步。

★ ★ ★

从14世纪早期到15世纪，大学由15—20所增加到70所，尽管德国和西班牙还落后于其他地方。[80]在15世纪的大多数时间，大学是由市政当局设立、教皇唯一授权的长期机构，它们是：特威索(Treviso, 1318年)，格勒诺布尔(Grenoble, 1339年)，巴维亚(1381年)，奥林奇(Orange, 1365年)，布拉格(1347—1348年)，维伦斯(Valence, 1452年)和南特(Nantes, 1461年)。大学数目的增加使得更多的学生可以到本地的大学去学习，而这反过来又进一步巩固了新建大学的长期性。很多15世纪的法国学馆——其中包括埃克斯(Aix, 1409年)、道勒(Dôle, 1422年)、布瓦蒂尔斯(1431年)和布尔热(1464年)——从一开始就摆脱了教会的干涉，这和德国、波希米亚和低地国家情况相同。维也纳(1365年)、海德堡(1385年)和莱比锡是由当地统治者创建的，然而，科隆(1388年)和罗斯托克(Rostock, 1419年)是由城镇的权威人士主办的。总的来说，南方大学的组织按照巴黎人的方式，是以老师为主体的；而南部欧洲大学按照博洛尼亚人的模式，是以学生为主体的。[81]

中世纪的大学对于入学没有正式的要求，未入校生仅仅需要展示出有足够的拉丁语功底，可以听懂课。（他还应该能够在大学校园里用拉丁语交谈。）学生们没有义务要为了学位而坐下来参加笔试，但是学生学术生涯的每一步都要被评估。"损耗比今天要高，而且学校认为没有责任来看管某个人让他拿到一个不确定的学位。"[82]除了要上课外，（早上的课是必须的，且不受其他事务影响），学生还被要求出席老师们每周一次的在下午进行的公共辩论赛。辩论有两种类型：*de problemate* 包含逻辑事物的问题；*de quaestione*；和数学、自然科学、纯粹哲学以及其他领域相关的疑问。作为对他们获得学位的要求，高年级的学生必须为这权威的辩论写稿件，尽管很多的大学生太年轻，不可能为正式辩论写出什么稿件，但是，他们亲临这兵戎相见的现场，有助于他们超越这种一直以权力控制一切的教育的桎梏。最让人感到释放的场合是辨题辩论，在这种时刻，任何问题都可以被辩论，而不去顾虑什么权威，任何问题，教会方面的或者政治上的，不管有多么具有争论性，都可以被考虑。对于任何一个人来说，它们都是公开的。[84]

———— ★ ★ ★ ————

量化的出现／度量、计算、日期

和大学的出现并肩的另外一个重要的变化袭击了欧洲，不论是就宗教而言还是就政治而言，它都不是那么连贯，不是那么明确，不是那么敏感，但是最后却同样实际，同样的意义深远。这就是量化的出现。比方说在1275年到1325年这半个世纪里，就在欧洲这块土地上，发生了很多的革新，它们改变了人们的习惯和对这个时间的看法。在阿尔弗雷德·W.克罗斯比（Alfred W.Crosby）看来，"（历史上）再也没有哪段时期像这段时期，直到19世纪与20世纪之交，那时录音机、放射能、爱因斯坦、毕加索和勋伯格席卷了欧洲，把它带入了另一场类似的变革"。[85]在历史上这段不算很长的时间里，你所到之处，生活变得更加量化和更加可以量化。一些历史学家在这里看到了一个巨大的变化。这一变化驱动着欧洲超越了中国、印度和伊斯兰世界。

第三章 知识的传播和精确的兴起

直到这个时候，时间和空间是模糊不清的。由于历史和宗教的原因，欧洲人认为"显而易见"耶路撒冷是世界的中心，根据丹尼尔的文章，世界分为四个王国。时间还没有按照人们通常理解的那样分为公元前和公元后。有的人喜欢三倍分割法——从创造到十项戒律，从十项戒律到赋予肉体，从赋予肉体到重生。人们广泛认为，对于生活在耶稣以前的人而言，救赎是不可能的。这就是为什么在《神曲》中，但丁把荷马、苏格拉底和柏拉图放置在地狱的边境，而不是放在炼狱或者天堂里。尽管"小

培根

时"存在，但是当说到祷告时，在中世纪的一天实际上是分为7个规范的"小时"——晨祷、早课、第三次祷告、午前祷告、中午（英语单词中午就是从none这个词发展而来的）、晚课、晚祷。[87]世上所有的一切都是由四个元素构成的，而且是变化的。但是天堂是完美的，构成了地球的周围一个完美的圈子，它是由第五元素也即完美元素构成的，"是不变的，无瑕的，神圣的，且比人类所接触的这四大元素高级"。[88]这一观点在我们现代的英语"精粹"一词上体现了出来。在中世纪，数字本身是个大约性的词。在制作诸如玻璃或风琴零部件的处方里，很少包含精确的数字——相反，人们认为像"多一点"或者"中等大小的一片"这样的短语已经足够了。像巴黎城里的巨大的建筑群被描述为"田野里的桔梗"。罗马数字还在被使用，使得算术难了，而且它们并不是以我们所能理解的方式书写的。MCCLXVII很可能被写成x.cc.l.xvij，在大数字后面写上一个'j'是当时的惯例，为的是防止在相加的时候舞弊。重要的和普通的数字用vo和vm来表示。10以上的用手指计算，有的人会指向他或者她的手指关节来表示10的倍数以及非常大的数字：比如人们会把自己的拇指指向自己的肚脐来表示5万。"有的人就抱怨说：更大的数字需要'舞蹈家的姿势'来表现了"。[90]这是主要的一点，但是13世纪末的欧洲社会，已经从一个主要关注定性理解的社会发展为对各个方面的定量理解。这也许和人口的变化有一定的联系——西方人口在1000—1340年之间至少翻了一番。这两种方法的任何一种都把雅克·勒·高夫所说"计算的氛围"引入到欧洲生活中。[91]这也和亚里士多德的再现有很大的关系。阿尔弗雷德·克罗斯比关注了彼得·隆巴德（Peter

Lombard）的撰写于12世纪中叶的权威神学课本《警言综合》（*Summa sententiarum*），他只引用了3次非宗教哲学家的话，而教会神父的话却有数千次。而托马斯·阿奎那写于1266年到1274年间的《神学综合》一书，仅引用亚里士多德一位哲学家，就引用了3500次，其中的1500句都是引自100年前西方人所不知道的作品。[92]

例如，正是在现在这个时候文化蓬勃发展，一方面它刺激其他事物的发展，一方面由写作方面的变化引起（句子顺序开始成型——还确立了主语、谓语、宾语）这一方面最著名的例子就是在英诺森三世（他一年至多发出几百封信）和博尼费斯八世（他写了多达5000封信）之间的变化。M.T.葛兰奇把里面的特别的细节都写了下来。平均来说，英国的皇室法庭每周要用掉3.63英镑的石蜡给文件封口，但是在13世纪60年代末，每星期用掉的石蜡达到了31.9英镑。当时，很少有或者没有词与词之间、句与句之间和段落与段落之间的分隔（罗马人已经废除了词际分割）。总的说来，这意味着阅读很难且要大声进行。只有到了14世纪早期，新的草书体作品才有了字与字的间隔、标点符号、章节题目、连续的大字标题、交叉参考和其他我们今天习以为常的手段（还有一些今天我们并不使用的，比如说一种半圆型⊃，来表示一个词在一行没有写完，会在另一行继续）。在大约1200年，斯蒂芬·朗顿（Stephen Langton，未来的坎特伯雷大主教）为当时完全未加分类的《圣经》设计了章节和诗歌体制。图书馆的书籍基本是按照宗教重要性原则排的序——先排《圣经》，接着是教父文献，非宗教的人文科学类作品放在最后。可是在这一显著的一致性以外，很多课文的顺序都是任意的、不可靠的，因此是在此时学者们引进了字母表。每个人都理解，而且它的顺序又不暗示学说的重要性。[93]学者们又用同样的方式引进了分析目录表。每一项革新都在改变着阅读体验，特别是把大声读改成了默读。牛津于1412年、昂热大学于1431年提出了保持图书馆安静的规章制度——从此以后那里一直很安静。同样，书本学习取代对神学人物的效法成为教育的重要特点。这一点极端重要，因为阅读成为一项私人的有潜力发展为异端的行为（对于15世纪的英国尤其重要）。同时有迹象表明默读带来的隐私导致了色情读物的增加。[94]

城镇里的第一个钟表没有表体，也没有表针，只有铃。（英文里表"clock"这个词和法语的"*cloche*"和德语的"*glocke*"相关，都是铃[bell]的意思。）钟表从一开始就很受欢迎,里昂的一份钟表请愿书写道:"如果我们制造这样的钟表,更多的商人会到市集上来,市民们会感到欣慰、愉悦、高兴,而且会过上更有秩序的生活,城市将因这一装饰物而受益。"[95]很多城镇,包括一些规模小的城镇,都同意向它们征税以便能拥有一个钟表。机械表可能是在13世纪70年代就发明了(和眼镜在同一个年代),但丁在《天堂》一书中提到过钟表,该书写于约1320年。尽管中国在欧洲之前拥有了钟表,但是是西方人对均等时间的热情改变了人们对时间的理解——在14世纪30年代,均等时间在欧洲已经普遍使用了。[96]让·帕拉底索(Jean Froissart),编写百年战争的历史学家在他的编年史开始的时候用的是规范时间,但是在叙述的过程中改用了均等时间。不久,城镇里就由钟表来决定在工作日人们何时上班、何时下班。

透视图的发现(稍后在谈到关于对美丽的看法时会进一步详谈)和它与数学的关系是大约出现在这个时候的量化的另外一方面。我们在乔托(1266年7月或1276—1337年)那里可以看到它的第一丝痕迹,然后在泰德奥·甘地(Taddeo Gaddi,逝于1366年)那里也可看到。到皮耶罗·德拉·弗郎西斯卡(Piero della Francesca)时期它的地位已经非常牢固了。所有的这些发现和应用都相互补充,相互完善,因此,库萨的尼古拉斯(Nicholas of Cusa,1401—1464)禁不住发出感叹"上帝绝对就是精确本身"。这种思考形式直接导致了尼古拉斯·考波尼卡斯(Nicholas Copernicus,1473—1543)著作的问世。此书帮助发起了这场科学革命,并且使空间更大了,然而却更精确了。

———— ★ ★ ★ ————

标点

艾尔-花拉子密的关于印度数字和代数的著作由切斯特的罗伯特(Robert of Chester)于12世纪翻译成了拉丁语。从那以后,新数字的影响开始增强(最后一部使用罗马数字编写的教科书成书于1514年)。[98]然而,产生了一个欧洲人使用两种体制的古怪重叠期。一位作家将这一年纪年为MCCCC94,也就是在哥伦布发现美洲新大陆两年之后。而德克·布茨(Dirk Bouts)将他在卢万的祭坛图纪年为MCCCC4XVII,很可能就是指1447年。

数学的运算符号产生得晚一些。直到15世纪的后半叶意大利和其他国家的人仍然在用 $\bar{P}$ 代指"加", $\bar{M}$ 代指"减"。现在人们常见的"加""减"符号+和-于1489年出现于德国印刷物中。阿尔弗雷德·克罗斯比说它们的起源是模糊不清的:"或许产生于仓库保管员在大包和箱子上划下的一些表示超重或分量不足的简单标志。"[99]1542年,英国的罗伯特·瑞考德(Robert Recorde)宣称"+表示增加,而-表示减少"。看来还是瑞考德在16世纪创造了"等于"号=来避免"相等"这个词的重复使用,因为"没有其他的符号能更好地表示相等的意义"。[100]表示乘法的符号"×"几个世纪来都没有最终确定:起初在中世纪的手稿中它有多达11个义项。分数主要用于贸易,在中世纪可能非常复杂,比如197/280。有一次,竟然出现了3345312/4320864这样的例子。小数还处于萌芽阶段,其系统又过了300年才最后完成。

随着印度和阿拉伯数字的到来,代数终于可以发展了。在13世纪早期,莱昂纳多·斐波那契(Leonardo Fibonacci)用了一个字母来代替一个数字,但是却从没有发展这一想法。与他同时代的乔德纳斯·奈莫拉里厄斯(Jordanus Nemorarius)用字母做大家知道的和不知道的数量的标志,但是他没有表示加或减或乘法的符号。是法国的代数家在16世纪成就了这一系统。弗朗西斯·维艾塔(Francis Vieta)用元音字母代表不认识的数量,用辅音字母代表认识的数量,然后,在17世纪,笛卡尔引进了现代系统,位于字母表前面的a和b以及它们的相邻字母表示认识的数量,位于字母表后面的x和y以及它们的相邻字母表示不认识的数量。[101]

音乐符号

与写作和数学并肩齐进共同发展的是音乐符号。中世纪最著名的教堂音乐形式格里高利圣歌,其显著特点就是没有定律。其乐符排列是由拉丁语的起伏来决定的。可是,大体上说来,到10世纪时圣歌数量有了很大的发展,没有哪一个人能把它们都记住,因此需要一个系统来记录它们。起初人们创造的系统,一位学者称为"装满空气的乐符",它是一个标志系统,来表示声音在应该提高(剧烈音符)或者降低(低沉音符)或者时升时降时(抑扬音符)的用气。修道士们轻轻地随着乐章上一行,然后两行或者更多的平行乐行(歌唱),这使得高音符和低音符容易辨认,他们的做法改进了这一系统,这也是五线谱或者五线谱表的开始。传统上人们将五线谱归功于圣本笃教团唱诗班的指挥阿雷佐的古多(Guido),不管是不是他发明了五线谱,肯定是他使之标准化。说到他和他唱诗的同行,他有一句话很有名:"我们好像不是在赞美上帝,而是在我们当中作斗争。"[102]古多发现在大家所熟悉的那首在施洗者约翰节日上唱的圣歌 *Ut queant laxis* 里音调和五线谱里的一样上升:

Ut queant laxis *Re*sonare fibris

*Mi*ra gestorum *Fa*muli tuorum

*So*lve polluti *La*bii reatum

Sancte Iohannes*

上面斜体的音符 *ut*,*re*,*mi*,*fa*,*sol* 和 *la*,成了今天所有孩子都学习的教授音符的基本方法的基础。后来 *do* 代替了 *ut*,很可能是因为 *ut* 里的这个 *t* 唱不出来。[104]

格里高利圣歌的基础就是男高音(来自拉丁语 *tenere*,意思是坚持),它组成定旋律(固定旋律),或者我们可以称之为基本单音。从9世纪晚期开始,其他的比如高音已开始脱离,尽管一开始它们还保持平行,但是后来,它们甚至走得更远,形成了西方复调音乐的基础。看上去复调音乐也是第一种以音符形式写下来的特定谱写而成的音乐,而不是通过试验性的错误颇多的声音发展而来。在巴黎这种现象尤其多,在那里专业音乐家首先出现了。音乐是四大学科的一部分,这是在中世纪所有高级学者都要学习的高等数学科目。鹿特丹的皮卢汀(Perotin)提出了休止符(有可能从零发展来的一个概念),科隆的佛朗哥(Franco)把这一音符系统编写成书,确定了所有音符和休止符的节拍价值。他列出了四个音乐符号中的单音符:双重长音符,长音符,二全音符,全音符,里面的每一个都是相邻音符的二倍。基本的单位是一拍,其定义为:"最小的音高和最小的单音被完全呈现或者能被完全呈现的间隔。"[105]这种写下来的新音乐形式复调音乐,能更好地控制音乐的细微的细节,和"古艺术"相比,它成为大家所熟知的新艺术。并不是每一个人都喜欢这种音乐形式,包括——也许是

---

* 圣约翰,从我们不洁的嘴唇上清洗掉罪过吧,这们,我们,您的仆人,可以自由地表达出习深处的情感,赞美您的不凡之举。[103]

不可避免——教皇。在第一份教皇关于音乐的法令《充满智慧的教父》(*Docta sanctorum patrum*)中，他愤怒地反对复调音乐，因此，复调音乐被教会禁止。[106]

复式簿记

量化发展的最后一个要素是复式簿记的引入以及与之相关的技术，普拉托商人弗朗西斯科·迪·马可·达蒂尼（Francesco di Marco Datini）从1366年到1410年的书籍的持续记录表明印度—阿拉伯数字大约在1366年就出现了，但是直到1383年账目都是以叙述的形式进行的，然而，在那之后，这种做法改变了，资产和债务开始以平行柱来表示，要么标注在同一页上，要么在旁边那一页上。从那以后，一项买卖是盈利了还是赔钱了，变得一目了然，这和以前刚好相反。[107]在托斯卡纳（Tuscany），这项技术按照威尼斯人的方式被称为威尼斯标示，表明在那里更早就使用了。平衡商业账册从那以后成了我们时代的一件严肃的事情，但是对于发现年代而言它是一项重要的革新，当企业在世界几千英里外投资经营时，它使商人得以控制自己的企业。

★ ★ ★

文化的蓬勃发展／印刷术的发明

量化的发展速度并不亚于知识的传播速度。随着印刷术的发明，其发展不断得到加强，速度不断提高。在13世纪，大部分学生不能支付起他们所学科目的书本费，要支付也得作出巨大的牺牲，这是因为书稿费用非常高。结果，学生非常依赖于在大学时老师对原稿的阅读和解释。这种情况在13世纪后期随着一种更便宜实用的书稿生产方法的发展得到缓解。这种方法得到了大学的鼓励，后来又受到其严格控制。[108]这种方法基于对样本的多次抄写。这些样本都是教授过程中使用的课文和注解的原稿。每一份"样本"都独立成册或者卷，通常每册是4张对开的纸（8页），而且和课文的不同部分相关联。因此，几个抄写员能够分工合作共同来抄写同一份样本。这种方法能够使学生以较便宜的价格买到或者租到需要的特定的那一部分。这种更加自由的发行使学生可以不再依赖于老师的每一个字，减轻了他们记忆的压力，使学习可以在更加轻松的私人环境里进行。[109]

在纸张到来之前,动物皮纸书是贵,但还没有贵到像一些现代学者所说的那样,一本书要用掉一千张动物皮,这种说法太言过其实了。如果一张动物皮的平均面积为大约半平方米的话,它可以制成大约12～15张24×16厘米的纸,也就是说一本150页的书需要10～12张动物皮。随着读书愿望的上升,随着大学越来越受欢迎,人也越来越多,对书的需求也上升了,随着出版册数的增加,牛皮和羊皮纸书越来越行不通。[110]在每一座大学城都有了聚集抄写员和书商的代笔人行会和文具商行会,而且它们经常成为大学的半官方附属机构,有权利接受大学法院的问询(这在一定程度上和大学权威人士坚持要监督课本在学说上的正确性这一事实有关)。[111]这一方法效率相当高,从13到14世纪2000多本亚里士多德的书得以发行。这也表明,13世纪,一个新的阅读群体出现了。

到14世纪,至少是在意大利,纸张得到了广泛应用。造纸工厂一般位于城镇的上游,那里水更清澈,在这个时候人们经常见到收集破布碎骨头的人(那是一个利润很大的行当)。当时即使旧绳子也变得很值钱(从此出现了"容易赚钱"['money for old rope']这个习语)在15、16世纪交接的时候,造纸者行会也成立了。如同抄写员和书商行会一样,它们也和大学有着很紧密的关系。[112]

西方印刷术的"发明"取决于三项革新:金属活字模版、以脂肪为基础的墨水、印刷机。在诸多先驱中,我们先要提到金匠,他们知道如何制作皮革封面的印花;白蜡制作者,他们有印花钢模;以及13世纪的金属铸工,他们知道如何使用雕刻了浮雕的冲床来制作陶模,使用这些空心铸模他们在饰章上做上浮雕刻字。[113]当然,硬币的生产已经使用手锤打造的钢模。印刷的原理当时人人都明白。

以此作为背景,我们可以进一步看一下发生于1439年斯特拉斯堡(Strasbourg)的一起著名的诉讼案件。在幸存下来的一些谜一样的文档中,我们可以得知当时一个叫做乔安·根斯弗雷奇(Johann Gensfleisch)的人,他还有一个名字——古登堡(Gutenberg),他是一名金匠,和另外三个人,汉斯·里夫、安德里·德里兹恩、安德里·希尔曼,一起合伙做生意。古登堡改良了大量的秘密工序,而另外三人投资支持他。此案件缘起于德里兹恩去世,他的继承人想取而代之。这些秘密的工序包括:给一些珍贵的石头打光、制作镜子、一种使用印刷机的新工艺、一些"部件"或者叫做"斯图刻"(*Stücke*)可以任意的分装组合、一些铅做的模型和最后"涉及印刷机运作的东西"。古登堡不是当时实验印刷术的人。另一位金匠,来自布拉格的普罗考比厄斯·瓦尔德沃杰尔(Procopius Waldvogel)于15世纪40年代中期与阿维尼翁的市民签署了一项协约来制作一些"与书写相关的钢模"。这一说法也是有些神秘莫测。1499年的科隆编年史第一次无可争议地提到印刷术。书中作者提到他当时接触过科隆的第一位叫做乌利希·泽尔(Ulrich Zell)的印刷匠,而乌利希·泽尔(Ulrich Zell)又与古登堡的一位合伙人瑟法(Schoeffer)有些往来。他写道:"印刷的高贵技艺首先发明于德国的美因茨,是于公元1440年诞生的。从那时起一直到1450年,技艺和与之相关的一切都不断得以改进……尽管刚才我们说过这项技艺产生于美因茨,但是首批实验却是在此之前在荷兰印刷多那图斯(Donarus)的作品时进行的。这项技艺的诞生都要追溯到这些书;事实上,现在这项技艺就比其最初的方式而言要权威精确得多。"这样,对于荷兰和美因茨到底谁是印刷术的诞生地的争论从来就没有令人满意地得到解决。[114]但是,美因茨是第一个印刷工业的诞生地是没有任何问题的。

古登堡看来已经于15世纪40年代末从斯特拉斯堡回到了美因茨。在那里他与乔安·法斯特(Johann Fust)和彼得·瑟法结成合伙人。乔安·法斯特是一位有钱的新拥趸,而彼得·瑟法以前是巴黎大学的学生,在成为印刷匠之前做过抄写员。一切看起来进行得很顺利。直到1455年,法斯特和古登堡闹翻了,又打起了一桩官司。这回古登堡输了官司,被迫赔偿贷款利息。印刷之都只剩下了法斯特和瑟法继续印刷事业。1457年10月14日,第一本有日期可考的用新印刷术印刷的书印刷成功。这就是所谓的美因茨诗篇集。这第一个印刷业的产品畅销了100多年。吕西安·费弗尔估计诗篇集质量这样好,不应该是首次尝试。现在,历史学家们大多一致认为其他的印刷机也于1450年至1455年开始运行了。他们印刷了很多以盈利为目的的书籍——文法、日历、弥撒用书、著名的42行和36行三卷本的《圣经》。[115]古登堡后来负债累累,但在他向当时的美因茨大主教候选人提供个人服务——或许安装了一台印刷机——之后却平步青云。当时字母样式没有一致性,直到18世纪法国启蒙运动才统一起来。当时印刷的标准尺寸"点"已经得以采用,其长度是国王脚长的1/144。这种标准沿用至今。[116]

斜体和罗马体

当印刷时代到来的时候,有四字体很受欢迎。"黑字"哥特体很受学者们的青睐;一种大一些的哥特体,没有"黑字"哥特体那么圆,更竖直一些;一种"仿哥特体",一般用于精装本书籍;一种"古字母体",这种罗马字体一般由人文学者使用。受加洛林五朝(Carolingian)草写小体的启发,彼特拉克将此做得更时髦。同时,这种字体也与一种被称之为 *Canceleresca* 的草书字体有密切的联系。这种草书字体是在当时非常流行的梵蒂冈大臣手写体的基础上产生的——这也是斜体的前身。罗马体也经彼特拉克这位狂热的书法家之手而变得很流行。他和其他的书法家尽力使一些刚发现的古典文本在形体上恢复原貌。[117]但是罗马体和斜体的成功与著名的威尼斯印刷工匠阿尔德斯·马努蒂乌斯有很大关系。在1501年,他让弗朗西斯科·格里弗(Francesco Griffo)根据 *cancelleria* 体刻制罗马体和斜体,这样大大缩小了文字所占的空间。这种威尼斯体迅速在德国和法国得到采用,并很快成为标准。各大学一度坚持使用哥特体,但是在本国文献中罗马体更受欢迎。然而,从16世纪中叶开始,罗马体越来越多受学者们的青睐。阿尔德斯也引入了页码标记方法,尽管直到1525—1550年,这种方法才成为一种惯例。

有了印刷术,书籍不再是价格昂贵的东西。读者们在选择书籍时都想拥有出行时便于携带的书籍,因此,书籍的尺寸做得越来越小。一开始印刷的都是四开本书籍(折叠一次,有4页)和八开本书籍(折叠两次,有8页),但是还是阿尔德斯,他急于满足古典学者们的需要,发行了著名的"袖珍本",一种广为接受的版式。因此,到了16世纪末,书籍生产业务分成了两类:一类专供图书馆的厚重的学术大卷;一类是为普通大众而设计的辩论著作。[118]

一些大胆的书籍会因为引起一些流言飞语而销售更好一些,这是出版的本质。因此,早期的出版商们经常会隐去有异端嫌疑的作家的名字。由于出版商们是第一批阅读新书稿的群体,因此,他们自然而然就会与新思想保持一致,经常是第一批接受新观点的人。以这种方式,印刷工匠们就成了第一批皈依新教的人。但是,他们也最容易成为牺牲品——他们有工厂,他们销售的书的标题页也写着他们的名字。宗教裁判所很容易可以确定就是这些印刷机在散布异端邪说。因此,在16世纪早期,很多印刷工匠被迫逃亡法国就是为了避开间谍、告密者和调查者。奥格鲁(Augereau)被烧死在立柱上,他就是一位出版商。艾笛扬·多莱(Étienne Dolet)就是最著名的"书籍烈士"。他原先是一位作家,后来成为书商和印刷工匠。他除了自己写书、与伊拉斯谟(Erasmus)展开论战之外,还为格莱弗(Gryphe)工作。但是,在1542年他出版了一些怀疑宗教的著作。此举震惊了当局。他们在搜查他家房屋地基的时候发现了一本卡尔文写的小册子。多莱于1544年连同他的书一起被烧死在立柱上。

版本印数

古登堡

起初,在印刷业的早期,出版商是不付给作者稿费的。他们可以免费拿一些自己的书,然后送给有钱的资助人,写上精心创作的奉承话,希望以此种方式获得酬劳。但是这种方式越来越无法奏效,到了后来,"有些作家到了无法糊口的地步"。一些作家被迫同意出版商的要求,出钱购买他们自己的书。作家塞里昂那斯(Serianus)就曾于1572年购买了186本(总版数300本)他自己写的《读莱韦提茨有感》(*Commentarii in Levitici Librum*)。[119]然而到了16世纪末17世纪初,现代做法已经引入,作家把手稿卖给出版商。随着阅读的现象越来越普遍,越来越多的书得以出售,预付款不断攀升。到17世纪的时候,数目已经很可观了(比如,在法国已经达到数万法郎)。[120]英国开始于17世纪中叶引入版权。[121]版本印数跟现代标准相比已经没有多少差别——有些时候可以少至100册。《圣经》可以发行930册或1000册,但是因为数目巨大,出版商经常冒着财政困难的风险。[122]然而,随着技术的改进,书的制作成本下降,书商多印一些册数也无大碍了——到16世纪后半叶,发行2000册甚至更多已经司空见惯了。尼古拉斯·克雷纳德(Nicholas Clénard)1564年出版的希腊语法书和1566—1567年出版的《民法大全》都是发行2500册。荷兰出版的一些《圣经》甚至达到3000~4000册。[123]

早些年版权法的欠缺导致了盗版横行。当国王和议会试图采取行动阻止这种行为、打击盗版书商的时候,却只把盗版业赶到了地下。从15世纪至18世

第三章 知识的传播和精确的兴起

纪,书籍审查的意图使这种情况变得更糟。早在1475年,科隆大学就得到教皇颁发的执照,有权力审查印刷商、出版商甚至读者是否拥有非法书籍。[124]许多主教试图行使同样权力。1501年,教皇亚历山大六世发布了牛气冲天的《内部多项法案》(*Inter multiplices*),禁止德国在没有教会批准下出版任何书籍。在1515年的拉特兰会议上,这种禁令推广至整个基督教界。这种权力直属于宗教法庭和总检察官。当然,审查制度结果却反而使被审查的书籍至少对某些人来讲更具有吸引力。在16世纪,随着时间的推移,禁书的数目急剧增加,后来到了有必要编写一部禁书目录的地步了。而且这部目录需要不断更新。1559年,教皇保罗四世向天主教颁布了禁书书单。尽管非常认真加以选取,但是很快一个事实很明确地摆在面前:在很多地区(比如距离罗马并不远的佛罗伦萨),如果将所列书籍全部禁掉的话,那无疑会毁掉整个刚刚繁荣起来的图书市场。因此,在很多地方,这一禁令只不过象征性地加以实施。比如,宗教裁判所在佛罗伦萨的代表同意律师、医师和哲学家所需要的书可以免除禁令。[125]法国实行的是另一套体制:任何一本书要出版需要预先从国王那里获得许可。这种做法也迫使出版业转为地下,大多数出版商对这种法律嗤之以鼻,"禁"书照样可以大行其道。[126]

——————★ ★ ★——————

毫无疑问,除了印刷术很快流行起来以外,这种做法使很多还未出版的书在很多人中间已经广为流传了。据统计,1500年之前印刷的书不下2000万册。[127]虽然起初图书市场主要围绕大学和其他知识分子而形成,但是,书籍很快流向普通大众。一种全新的文学作品开始反映并且鼓励一种流行的崇拜——比方说崇拜处子仍然极度流行,赞美圣母生活和美德的作品很受欢迎,关于圣徒的作品亦然。和人道主义的发展一样,印刷术帮助推动了人们对古代物品的兴趣。文法类书籍和中世纪早期骑士传奇文学书籍也有大幅度的增加。但是,科学和数学也在科学家和古代数学家之间引起了极大的兴趣。占星术和旅行也很流行。

因此,印刷术的到来与其说改变了文化的形态,还不如说它使文化飞入寻常百姓家(按照原先预计的那样)。它所产生的变革越深入,需要处理的变革就越多,比如宗教改革传播方面和人文主义成功方面的准确性标准(为了树立名著典范,学者们想使用手头上最佳范例)。印刷术使越来越多的人熟悉古代作家，特别是异教作家，越来越意识到纯文学和文体的品性（与学说内容相反），更加致力于生活世俗化。成为希腊语、拉丁语和希伯来语三语皆通的三语博士，成为人文主义者的目标，印刷术增添了一臂之力。[128]但是无论如何，没有哪个人可以做到三语皆通，因此，印刷图书的另一个影响便是激发公众对于名著的欣赏，同时也激发了公众对于译成了本国语的名著的欣赏。这些译著在传播思想和知识方面起到了更加重要的作用。[129]同样，译成本国语的著作也推动了人们对于本国语的兴趣。这一进程先开始于意大利，但是在法国推行得最深入。1539年，维莱科特雷法令在法庭上将法语定为法国官方语言。作为国际通用语言的拉丁语直到17世纪不再使用时，各国民族文学正快速发展，分享着图书市场。

拼写

印刷术最后的冲击是拼写，拼写在此时已经固定，和发音越来越不相称。换言之，拼写越来越注重词的起源。[130]民族语言的发展进一步加强了这一点。越来越明显，1530年后，拉丁语力量开始变弱。例如，在巴黎，1501年出版的88个标题里只有8个是法语的，到了1530年，其时发表的456个标题里有121个是本地语。这是从9%到26%的一个上升。这不奇怪，很多读者都是新兴资产阶级商人，他们没有做三语博士的抱负。可是在一些国家，带有反罗马倾向且支持地方文化的宗教改革进一步促进了这个进程。在印刷术的帮助下，路德对德国语言的发展起着关键的作用。当然，最后，《圣经》更不用说公祷书都翻译成了本国语，这使得基督教经文比以前任何时候都容易获得。我们将在本书其余部分论述这一现象的结果，但是就目前而言，我们可以说，总体上，印刷"确定"了本国语言的地位。正是因为翻译过程，国外语言和表达丰富了本国语言。但是，现在，词的拼写和用法已经固定。印刷工刻意把一致性引入到语言里，比如下面这些摘自亚里士多德译文的例子可以看出：

手稿	印刷稿
bee	be
on	one
greef	grief
thease	these
noorse	nurse
servaunt	servant [131]

拉丁语的消亡是缓慢的。笛卡尔用法语写了《方法论》(*Discours de la Méthode*)但是他的信函通常是用拉丁语写的。如果演讲的对象是欧洲人,如果演讲者本人愿意的话,用拉丁语写还是很有必要的。拉丁语直到17世纪才真正退出舞台,在那之后,法语成为科学、哲学和外交的语言,当时,每一位受过教育的欧洲人都得熟悉法语,当时法语书在全欧洲发行。[132]

因此,印刷术成为欧洲一元化拉丁文化的毁灭者。这种文化一度帮助推进欧洲超越了印度、中国和阿拉伯世界,它也标志着大众文化的开始。这是一次翻天覆地的变革。但是,这些轮廓需要好几个世纪才能显现出来。

注　释

[1] 乔治斯·杜比 (Georges Duby)，《大教堂时代》(The Age of the Cathedrals)，芝加哥：芝加哥大学出版社，1981年，第97页及后文。

[2] 同上，第98页。

[3] 同上。

[4] 安德斯·皮尔茨 (Anders Piltz)，《中世纪的求学》(The Medieval World of Learning)，牛津：布莱克维尔出版公司，1981年，第26页。同时可参见：穆那，《信仰》，伦敦：奥兰姆出版社，2002年，第269页。勒·高夫，《中世纪的想象力》，芝加哥大学出版社，1985年，第54页。

[5] 杜比，如前所引，第100页。

[6] 同上，第101页。

[7] 同上，第111页。

[8] R.W.S.萨森，《巴黎学派和沙特尔学派》，本森与康斯特布尔（编辑），《中世纪政治思想史，300—1450》，伦敦：罗德里奇出版社，1996年，第114页。

[9] 同上，第115页。

[10] 同上，第124—128页。

[11] 同上，第129页。

[12] 切斯特·乔丹，《中世纪盛期的欧洲》，伦敦：艾伦·莱恩/企鹅出版社，2001年，第116页。R.W.S.萨森，《西方社会与中世纪宗教》，《企鹅宗教史》，伦敦：企鹅出版社，1970/1990年，第94页。同时可如前见：勒·高夫，如前所引，第179页，中世纪的国家。

[13] 鲁宾斯坦，《亚里士多德的子孙》，纽约、伦敦：哈克尔特出版社，2003年，第127页。同时可参见：切斯特·乔丹，如前所引，第113页，杜比，如前所引，第115页。

[14] 杜比，如前所引，第115页。

[15] 同上，第116页。

[16] 艾伦·科班 (Alan Cobban)，《中世纪的大学》(The Medieval Universities)，伦敦：梅苏恩出版社，1975年，第8页。

[17] 同上，第9页。

[18] 同上，第10页。

[19] 同上，第11页。

[20] 皮尔茨，如前所引，第18页。

[21] 科班，如前所引，第12页。

[22] 同上，第14页。

[23] 鲁宾斯坦，如前所引，第104页。

[24] 科班，如前所引，第18页。亚历山大也在蒙特派立尔（Montpellier）学习过。参见：内森·沙赫纳（Nathan Schachner），《中世纪的大学》(*The Medieval Universities*)，伦敦，艾伦&安文出版公司，1938年，第263页。

[25] 同上，第15页。如前所引沙赫纳，第132—133页，中世纪医生的繁荣。

[26] 鲁宾斯坦，如前所引，第17页。

[27] 同上，第162页。

[28] 同上。

[29] 同上，第186页。

[30] 同上，第187页。

[31] 同上，第42页。

[32] 同上，第210页。

[33] 同上，第197页。

[34] 同上，第198页。

[35] 同上，第220页。

[36] 同上，第221页。

[37] 科班，如前所引，第22页。

[38] 同上，第23页。沙赫纳，如前所引，第62页，着装要求。

[39] 科班，如前所引，第23—24页。

[40] 同上，第24页。

[41] 同上，第25页。

[42] 黑斯丁·拉什多尔，《欧洲中世纪的大学》，F.M.包韦克与A.B.艾姆敦编辑，牛津：牛津大学出版社的克拉伦登分社，1936年，卷二，第22页。

[43] 同上，第24页及后文。

[44] 科班，如前所引，第31页。

[45] 同上，第37页。如前所引沙赫纳，第51页，为腿瘸眼瞎者。

[46] 切斯特·乔丹，如前所引，第125页。科班，如前所引，第41页。

[47] 奥拉夫·彼得森，《首批大学》，英格兰剑桥：剑桥大学出版社，1997年，第22页及后文。

[48] 科班，如前所引，第44页。

[49] 同上，第45页。

[50] 希尔德·德·里德尔－西莫恩斯（编辑），《欧洲大学史》(*A History of the Universities in Europe*)，卷一，英格兰剑桥：剑桥大学出版社，1992年，第43页及后文。

[51] 科班，如前所引，第49—50页。

[52] 切斯特·乔丹，如前所引，第127页。科班，如前所引，第50页。沙赫纳，如前所引，第151页，提到伊洛勒里乌斯历史上是否真有其人值得怀疑。

[53] 科班，如前所引，第51页。

[54] 同上，第52页。

[55] 同上，第53页。

[56] 拉什多尔，如前所引，第23页。

[57] 科班，如前所引，第54页。沙赫纳，如前所引，第153页，为博罗尼亚学生的年龄和地位。

[58] 科班，如前所引，第55页。

[59] 卡洛·马拉格拉，《博洛尼亚大学与学院的地位》，1888年。林恩·桑代克（编辑），《大学记录与中世纪生活》(*University Records and Life the Middle Ages*)，纽约：八角形出版社，1971年，第23页及后文。

[60] 科班，如前所引，第58页。

[61] 同上，第62页。

[62] 里德尔－西莫恩斯（编辑），如前所引，第148页及后文。

[63] 同上，第157页。沙赫纳，如前所引，第160页及后文。

[64] 科班，如前所引，第65页。

[65] 同上，第66—67页。

[66] 桑代克（编辑），如前所引，第27页，巴黎大学的规章制度，第35页，教皇的规章制度。

[67] 科班，如前所引，第77页。

[68] 同上，第82—83页。沙赫纳，如前所引，第74页及后文。

[69] 科班，如前所引，第79页。

[70] 同上，第96页。

[71] 里德尔－西莫恩斯（编辑），如前所引，第342页，介绍通过北安普敦、格拉斯

哥和伦敦进入英国。

[72] 同上，如前所引，第98页。

[73] 同上，第100页。

[74] 桑代克（编辑），如前所引，第7—19页。

[75] 科班，如前所引，第101页。

[76] 彼得森，如前所引，第225页。描述牛津的早期生活。

[77] 科班，如前所引，第107页。

[78] 沙赫纳，如前所引，第237—239页。鲁宾斯坦，如前所引，第173页。

[79] 科班，如前所引，第108页。

[80] 切斯特·乔丹，如前所引，第119页。科班，如前所引，第116页。

[81] 科班，如前所引，第116页。下设学院是巴黎、牛津和剑桥的特别之处。这些学院通常是法律实体，它们自我管理，通常会得到一些慈善基金会慷慨的捐赠。学院的建立要反映这样一种理念：贫穷不应该成为学业进步的绊脚石。在巴黎的确是这种情形。作为学院理念的发祥地，这就意味着学院首先在那儿建立起来。艾伦·科班说："关于欧洲最早的学院有这样一个情况：18学院于1180年在巴黎创立。当时，一位叫做乔休斯·伦敦尼斯(Jocius de Londoniis)的人购买了他在巴黎祈福玛丽医院的房间，并把他永久捐赠给了18位穷苦的牧师。"很快人们争相效仿这种做法，但是，由罗伯特·索邦(Robert de Sorbon)开始于约1257年创立的索邦神学院才真正建立了今天我们所熟悉的体制。这些学院是为毕业生、已经获得硕士学位而又着手攻读神学博士学位的学者而设立的。到1300年，巴黎大约建立了19所大学，而到14世纪末，大学至少已经增加到36所，"这是一个西欧优秀大学发展的世纪"。又有11所大学建于15世纪，这样大学总数达到66所。巴黎各所学院在1789年法国大革命时遭受镇压，这样大学再也没有回到学院行列中去。

英国的学院比法国产生得要晚一些，一般只为研究生开设，后来加以革新，也招收本科生。默顿学院(Merton College)最初于1264年设立在酒馆或客栈中，后来，在大约1280年，建立了大学学院，1282年建立了贝列尔(Balliol)学院。在剑桥，彼得豪斯(Peterhouse)学院建于1284年。到1300年，剑桥拥有8所学院、137名员工。在14世纪早期的牛津，国王学院第一次招收本科生。研究生院逐渐变成了本科生院，很大程度上是由于经济原因——辅导费。这一过程的转变很大原因在于宗教改革。本科学院引入了授课辅导体系，因为公共大课体系正陷入混乱。科班，如前所引，第123—141页。

[82] 同上，第209页。

[83] 同上，第214页。沙赫纳，如前所引，第322页及后文。

[84] 克罗斯比，如前所引，第215页。

[85] 克罗斯比，《现实的尺度：量化与西方社会，1250—1600》，英格兰剑桥：剑桥大学出版社，1997年，第19页。这或许已得到雅克·勒·高夫（Jacques Le Goff）称之为记忆新教育的帮助。这种新教育是应拉特兰四世（Lateran IV）一年作一次忏悔的要求产生的。勒·高夫同时也提到此时的布道要更加精确。如前所引，第80页。

[86] 克罗斯比，如前所引，第28—29页。

[87] 同上，第33页。

[88] 同上，第36页。

[89] 保罗·萨恩杰（Paul Saenger），《词际空间：默读的起源》（*Space between Words: The Origins of Silent Reading*），斯坦福与伦敦：斯坦福大学出版社，1997年，第136页。

[90] 克罗斯比，如前所引，第42页。数字在当时仍然很神秘。6是一个完美的数字，因为上帝在6天之内创造了世界万物。7也是一个完美的数字，因为它是第一个奇数与第一个偶数的和，也是因为它是上帝创世纪之后的休息日。表示戒律的数字10代表律法，而逍遥法外的11代表罪过。数字1000也代表完美因为它是三个戒律之数的积，而3可以表示三位一体，也可以表示耶稣受难日和复活日之间的天数。同上，第46页。

[91] 雅克·勒·高夫，《作为文明中介的城镇，1200—1500》，卡洛·M.斯坡拉（编辑），《欧洲丰塔纳经济史：中世纪》（*The Fontana Economic History of Europe: The Middle Ages*），哈索科斯，苏塞克斯：丰收者，1976—1977年，第91页。

[92] 克罗斯比，如前所引，第57页。

[93] 萨恩杰，如前所引，第12页，17页，65页。约翰·曼，《古登堡革命》（*The Gutenberg Revolution*），伦敦：评论／标题，2002年，第108—110页。

[94] 切斯特·乔丹，如前所引，第118页。克罗斯比，如前所引，第136页。萨恩杰，如前所引，第250页。

[95] A.J.古热韦赤（A.J.Gurevich），《中世纪文化的种类》（*Categories of medieval Culture*），伦敦：罗德里奇&可根·保罗出版公司，1985年，第147—150页。勒·高夫，《中世纪的想象》（*The Medieval Imagination*），如前所引，第12—14页，中世纪对于时空的思想。

[96] 克罗斯比，如前所引，第82页。

[97] 同上，第101页。雅克·勒·高夫提到当时有一股反对知性主义的潮流延缓了人们

第三章 知识的传播和精确的兴起

对一些革新的接受。雅克·勒·高夫,《中世纪的知识分子》(*Inetllectuals in the Middle Ages*),牛津:布莱克威尔出版社,1993年,第136—138页。

[98] 克罗斯比,如前所引,第113页。

[99] 德国标记一直为P和M的至高无上的斗争贯穿了整个16世纪,直到法国代数家才最终加以采用。

[100] 克罗斯比,如前所引,第117页。

[101] 同上,第120页。

[102] 查尔斯·M.拉丁(Charles M.Radding),《人类创造的世界:认知与社会,400—1200》(*A World Made by Men :Cognition and Society,400–1200*),礼拜山:北卡洛莱纳大学出版社,1985年,第188页。

[103] 皮尔茨,如前所引,第21页。

[104] 克罗斯比,如前所引,第146页。

[105] 阿尔伯特·加罗(Albert Gallo),《中世纪的音乐》(*Music of the Middle Ages*),英格兰剑桥:剑桥大学出版社,1985年,卷二,第11—12页。

[106] 尤其以打嗝作为切分形式,当第一声部演唱到一段的时候,旋律被打断,接着由第二声部继续进行,形成了多次交替演唱的这种形式。这个法语词最终成为英语词hiccup(打嗝),克罗斯比,如前所引,第158页。

[107] 皮尔茨,如前所引,第206—207页。

[108] 曼,如前所引,第87页。大学激发需求。

[109] 克罗斯比,如前所引,第215页。在知识术语中,辩驳或许是大学最重要的一项革新,让学生不迷信权威。在神权和教会法规占统治地位的时代,这是至关重要的。手稿流通的标本体制也使更多的自学成为可能,是对有创意学生的另一支援,也在15世纪末因为印刷书籍的到来而有所增加。

[110] 即便如此,一个像法国这样的国家每年轻而易举地生产10万捆牛皮纸,每捆40张。费弗尔与马丁,如前所引,第18页。

[111] 同上,第20页。

[112] 曼,如前所引,第135—136页。

[113] 费弗尔与马丁,如前所引,第50页。参见早期印刷:阿里斯特·麦克格拉斯(Alister McGrath),《最初:詹姆斯王圣经的故事》(*In the Beginning The Story of the King James Bible*),伦敦:霍德&斯托顿出版公司,2001年,第10页及后文。

[114] 费弗尔与马丁，如前所引，第54页。同时可参见前引：穆那，如前所引，第341页。

[115] 费弗尔与马丁，如前所引，第56页。穆那，如前所引，第341页。早期书籍印刷质量部分。

[116] 道格拉斯·麦克莫垂（Douglas MacMurtrie），《古登堡档案》（*The Gutenberg Documents*），纽约与牛津，牛津大学出版社，1941年，第208页及后文。

[117] 费弗尔与马丁，如前所引，第81页。麦克格拉斯，如前所引，第13页，古登堡活字。

[118] 马丁·楼里，《马努蒂乌斯的公开运动》，大卫·S.齐德伯格与F.G.苏博比（编辑），《阿尔德斯·马努蒂乌斯与文艺复兴文化》（*Aldus Manutius and Renaissance*），佛罗伦萨：利奥·S.奥斯克，1998年，第31页及后文。

[119] 麦克格拉斯，如前所引，第15页，早期印数。

[120] 费弗尔与马丁，如前所引，第162页。

[121] 第一股潮流是出版商同意没有作者允许就不出版书籍的第二版，除非作家得到另一笔酬金。费弗尔与马丁，如前所引，第164页。

[122] 同上，第217页。

[123] 麦克格拉斯，如前所引，第15页，一部古登堡《圣经》的价格等同于1520年德国一座大房子的价格。从一开始，书籍在欧洲书市销售。里昂就是书市之一，部分原因是它有很多贸易市场，书商们非常熟悉这一过程。它同时也是一个重要交通交汇处，罗纳河与萨奥纳河上桥梁很多。而且，为了保留这一集市，国王给了里昂的商人一些特权——商人们自愿接受账册审查。在集市里大约有49家书商和印刷厂主，主要沿着商业街，尽管其中好多是外国人。这就意味着各种语言的书籍在里昂的书市买卖，这个城市已经变成重要的思想传播中心（律法类书籍尤其受欢迎）。其主要的对手是法兰克福（距离美因兹不远）。那里也有很多市场——酒市、香料市、马市、啤酒花市、五金市。书商们在16世纪之交赶到那里，还有一些威尼斯、巴黎、安特卫普和日内瓦的出版商也赶到那里。在赶集的时候，他们集中在缅因河与圣利奥纳德教堂之间图书一条街上。新的出版物在法兰克福做广告，那里可以看到出版商们的出版目录，印刷设备市场也比较有名。因此，法兰克福也逐渐成为一个从事图书行业的中心——现在也在每年10月份举办为期两周的国际书展。吕西安·费弗尔与亨利－让·马丁在他们研究书籍影响的时候搜寻这些法兰克福的图书目录时发现，1564—1600年间，有2万多个不同的标题由61个城镇的117家公司出版。30年战争（1618—1648）给图书生产和法兰克福书市带来灾难性的影响。莱比锡书市的

政治条件更好一些。过了一段时间，法兰克福的书市重新取得了优势地位。费弗尔与马丁，如前所引，第231页。

[124] 同上，第244页。

[125] 里萨·贾丁 (Lisa Jardine)，《世界货物》(*Worldly Goods*)，伦敦：麦克米伦出版社，1996年，第172—173页。

[126] 费弗尔与马丁，如前所引，第246页。

[127] 同上，第248页。

[128] 例如，拉尔夫·海克斯特，《阿尔德斯，希腊，"古典诗集"的形式》，齐德伯格与苏博比（编辑），如前所引，第143页及后文。

[129] 费弗尔与马丁，如前所引，第273页。麦克格拉斯，如前所引，第24页及后文，第253页及后文，印刷业引起本国语兴起。

[130] 费弗尔与马丁，如前所引，第319页。

[131] 同上，第324页。麦克格拉斯，如前所引，第258页，罗伯特·考德里(Robert Cawdry)，《难词字母表》(*The Table Alphabetical of Hard Words*) (1604年)，罗列了2500个非常用或借用词。

[132] 海克斯特 (Hexter) 讲到阿尔德斯除了拉丁语之外，还推动了希腊语的发展。海克斯特，如前所引，第158页。

人类思想史

第四章
世俗的到来：
资本主义、人文主义和个人主义

对文艺复兴的观念转变

让·凡·艾克(Eyck)著名的双人肖像画《阿尔诺菲尼的婚礼》(*The Arnolfini Marriage*)完成于1434年，被誉为文艺复兴早期佛兰德艺术的杰出代表作品，可谓实至名归。这幅作品表现的是意大利商人乔凡尼·阿尔诺菲尼和他新婚妻子，并肩站在婚房内，丈夫握着妻子的手。依靠精美的绘画风格和微妙地灯光效果，这幅画巧妙地捕捉到了这对中产阶级新婚夫妇那虔诚而平静的又带有些许自鸣得意的表情——这真是一幅惊人的表现人物心理的作品。然而，它又完全不同地表现了其他内涵。这幅画吸引观赏者把注意力放在屋内那些特别的装饰物上，它们是用来向这对新婚夫妇表达祝福的。地板上铺有来自东方的小而精致的菱形小地毯；一把裹着布的高靠背椅，椅背上雕刻着图案；一张带有红帐子的床；一面威尼斯凸镜，华丽的镜框上嵌有小片的珐琅，表现的是耶稣受难时的情景——顶部有一个亮闪闪的铜制枝形吊灯，吊灯被做成了繁复的植物形状。画中的两个人物衣着都十分华丽，衣服袖口处饰有毛皮，束腰外以上饰有褶皱。新娘头上的乔凡娜式头巾做工精细，褶皱繁复。最后，地上放有一双厚底儿木制拖鞋。有了这双鞋，阿尔诺菲尼才得以在泥泞的城市街道上走路而不致湿了脚。正如历史学家莉萨·贾丁评论中所说，这不仅仅是对一对夫妇的描绘——更是对财富的颂扬。"画家期望观赏者对画中所有细节的描绘报以兴致，以此来帮助我们更好地理解画中人物的重要性，而不只把它当做对佛兰德当地特殊情

第四章　世俗的到来：资本主义、人文主义和个人主义

况的描绘。这幅作品是对这位成功的意大利商人精神世界的赞颂——赞颂他强烈的占有欲和控制欲。"[1]

　　这幅画与这一篇章的主题密切相关，因为文艺复兴时期或许是历史上唯一最令人亲切的时期。除了发生于1350—1600年间思想和文化的"文艺复兴"，以前的几代人没有对过去的其他方面那样做过如此深刻的重新审视。从19世纪开始，人们逐渐形成这样一个观点：文艺复兴对现代世界的发展具有"卓越的历史重要性"；继中世纪文化发展停滞之后，一个"文化上的春天"伴随着对古典文学的重新审视和视觉艺术的蓬勃发展传遍欧洲大陆。这一观点的发展主要归功于《意大利文艺复兴时期的文化》(*The Civilisation of the Renaissance in Italy*)(1860)一书的作者——瑞士历史学家雅各布·伯克哈特(Jacob Burckhardt)。然而有些是毋庸置疑的：文艺复兴运动现如今在人们眼中已远非一场文化运动或者一场经济革命。[2]

　　细细想来，鉴于文艺复兴本身就是一些重要的发展活动（其中很多是经济活动）的结果，这一点也就没有什么值得奇怪的了。伯克哈特所写最后三章的内容显示出，大概从10世纪起，更确定的是从11世纪起，宗教、心理、城镇的发展、农业以及知识的传播等各方面的重要变革已经开始酝酿了。那时出现了新形式的建筑；重新探索了非宗教的科学界、医药学和心理学；计时、数学、阅读、音乐领域出现重要的革新；在艺术领域还出现了透视画法。因此，把中世纪鼎盛时代称做一个发展停滞时期是没有道理的。从20世纪20年代美国哈佛大学的历史学家查尔斯·哈斯金斯(Charles

《阿尔诺菲尼的婚礼》

Haskins)开始,学者们已经开始谈论12世纪的文艺复兴这样一个当今被广为接受的概念。[3]

在一些地区,对历史上的"大"时期,现在存在着一种怀疑的态度。19世纪必胜主义者对过去就持这样的态度,他们认为文艺复兴与中世纪格调不合。正如20世纪历史学家欧文·帕诺夫斯基(Erwin Panofsky)所指出的那样,当时还存在另一种情况,那就是历史上曾出现过其他的"复兴":查理曼的文艺复兴、奥图文艺复兴、盎格鲁—撒克逊文艺复兴和凯尔特—德意志文艺复兴。因此,不仅仅是14、15世纪的意大利人对古典文化进行了再探索。然而,说意大利人比其他任何人都意识到发生了什么也是实事求是,尽管这种说法有些保守。甚至帕诺夫斯基也不得不承认,意大利文艺复兴是一次"转变",是走向"进化"的具有决定性意义的、无可替代的一步,但是却不是"进化"。[4]

看来,各种各样的因素——主要是科技和经济上的——结合在一起创造出了我们所说的文艺复兴本身。从科学技术角度来说,这些因素有:来自中国的罗盘,它成就了欧洲人许多次不同寻常远程航海的壮举,并因此推开了欧洲人探索世界的大门;还有同样来自中国的火药,为旧的封建制度的颠覆和新的民族主义的崛起作出了贡献;机械钟表,改变了人与时间特别是工作的关系解除了人类活动与自然的节奏之间的关系;还有印刷术,解释了为什么知识的传播能取得一个重大的飞跃,而且打破了教会的垄断。另外,默读促进了独立思考,并在潜移默化中把人们从更加传统的思考方式和"集体控制的思考方式"中解脱出来,帮助促进人们颠覆传统,形成非基督教思想,勇于创新,培养独立个性。

黑死病

人们用许多笔墨来描述当时一种大规模的瘟疫——黑死病——对文艺复兴的巨大影响。比如,在14世纪,由于这场瘟疫,许多乡下地区几乎看不到人迹。这迫使许多地主屈服于农民的要求,农民的生活水平也随之改善,后来据考古学家发现,当时人们使用的烹饪器皿已经由陶器变成了金属器具。[5]这场瘟疫对教会和宗教生活看来有两个主要的影响。大批的死亡使人们悲观厌世,他们变得自闭,追求更加私人化的信仰。比以往任何时候都要多的私人礼拜寺和慈善

第四章 世俗的到来：资本主义、人文主义和个人主义

机构尾随这场瘟疫建立起来，同时神秘主义也开始抬头。人们对基督教会也产生了新的关注：尽管拉特兰四世许诺天主教徒至少一年吃一次圣餐，可是忠实的教徒则尽可能经常参加。[6]同时，从心理学上说，许多人当然也会走向另一个极端，他们开始怀疑万能上帝的存在。这场瘟疫带来的第二个主要的影响是对教会本身的影响：大约40%的牧师被夺去了生命，在很多时候，极为年轻的神职人员被指派来替代那些死去的人。这些年轻的牧师们比他们的前辈受的教育少得多，这进一步说明：教堂在知识领域的威信已经大大降低了。在许多地区，天主教堂的学校教育瓦解了。黑死病和文艺复兴之间的任何关联都因此而极为微妙，一些显而易见的迹象从两方面表现出来。是的，那些没有受过良好教育的年轻牧师们确实造成教堂威信的降低，但他们在那场瘟疫之后表现出来的更大的虔诚却是我们在文艺复兴中所看到的一个反例。或许我们所能说的就是，在促使旧的本已摇摇欲坠的封建体制瓦解方面，黑死病给以致命一击，推进新体制的发展。

为什么文艺复兴自意大利开始

更加具有说服力的是那些说明了为什么文艺复兴起源于意大利并且在那里走得最远的解释。这和意大利那些小型的城邦有极大关系。它们因为罗马教皇和帝王之间的长期争斗，极大程度地保持了独立性。另外，意大利的地理环境——1/5的面积为山地，3/5为丘陵，一个海岸线极长的狭长的半岛——抵制了农业的发展却鼓励了商业、航海业、贸易活动和工业的发展。这一政治和地理结构一起推动了城镇的发展：到1300年，意大利已拥有了23座城市，人口达2万甚至更多。相对较多的城市居民，较大程度的独立性，连同它在北欧和中东地区之间的贸易地位一起，意味着意大利的商人比其他大多数都受过更好的教育，并且拥有从正在进行的变革中获利的更好的地位。

意大利的学校教育

在前面一章，我们看到，12世纪的文艺复兴同学校教育的变革联系在一起——从修道院学校转变到教会学校，还在具体教学上作了改变：开始是少数

具备超凡魅力的老师在一对一基础上进行教学活动,后来改变为在更大的教室里用书本教学。同样,保罗·格伦德勒(Paul Grendler)在他的《论文艺复兴时期意大利的学校教育》(*Schooling in Renaissance Italy*)中说到,意大利的文艺复兴有更深远的变革,这一点应给予高度评价。"这一政治、社会、经济甚至语言上的多样性(在意大利)——差异性或许更恰当——好像随时都要把这个半岛撕开。"但是学校教育却使意大利人联合起来,并且在促进文艺复兴发展中扮演了重要的角色。人文主义教师开辟了新的有别于15世纪早期欧洲其他地区教育的教育道路。从那时以后,意大利的统治者、自由职业者以及人文主义者精英共同使用古拉丁语。他们使用同样的修辞学。他们共同拥有在校期间学来的道德观念和生活事例。人文主义的课程统一了文艺复兴,使之成为一个成就卓越、富有连贯性的文化和历史新纪元。[7]

格伦德勒说,隐藏在文艺复兴时期教育背后的是一种乐观的预测,这种预测认为这个世界不是无法理解、无法控制的。到14世纪中叶,当中世纪的教会学校教育体制土崩瓦解的时候,在意大利出现了三种学校体制,分别是:由市政当局经营的社区拉丁学校,独立学校(又或者我们称之为私立学校),还有用来训练商人、传授商业技巧的算术学校。根据格伦德勒为威尼斯所报出的数字,有89%的学生进了私立学校,相比较而言,只有4%的学生去了社区学校。他还说,有33%的适龄男童和12%的女童具备基本的文化素养,到1587年,威尼斯有23%的居民受过教育,具备了文化素质。[8]他称威尼斯是个典型。

在15世纪,人文主义者修改了课程。诗篇文法和术语表、道德诗甚至秘书文案从课程表里拿掉。取而代之的是语法、修辞学、诗歌作品,还有不久前才被人们承认的古典作家编写的历史。最重要的是,他们引入了西塞罗的作品"作为拉丁语散文的范例"。大多数的教师都是人文主义者。格伦德勒称,到1450年,意大利北部和中部城市的大部分学校都教授人文学。[9]那时候的教学注重教授阅读、写作、诗歌和"在中世纪的教学课程中从未曾见过的科目"——历史。有人批评说学习拉丁语抑制了学生的创新,使他们变得温顺听话,格伦德勒对此予以驳斥。他称文艺复兴时期的事实可以驳斥这一点。因为正相反,那时候大多数学生都"热爱拉丁文和它彰显出来的文明"。他认为,这一点正好帮助阐释了文艺复兴。他把当时对拉丁语的学习比做如今对音乐和运动的学习。年轻人如此热爱他们所从事的学习,热爱在努力之后呈现在他们面前的东西,并没

第四章 世俗的到来：资本主义、人文主义和个人主义

有把这些付出看做一种辛苦：人们被这样的技巧迷住了，并且知道掌握它对以后有多重要。首先，这种教育是非宗教的，当然，它对这一体系下那些数不清的大学毕业生的前景产生了极大的影响，无论他们是艺术家、公务员或是商人。

算术学校的重要作用

算术学校得名自写于13世纪早期的《算盘书》^①，作者是莱昂纳多·斐波那契，他的父亲是一位比萨政府的官员，曾被派往比萨的贸易殖民地阿尔及利亚的布日伊（Bougie）去做管理工作。在那儿他接触到了阿拉伯数字和阿拉伯数学的其他方面。斐波那契从未对大学里的数学理论有过多大影响，但是，对文艺复兴时期的意大利商业来说，他可是一个很有影响的人。男孩子们在接受教育的过程中，大约需要学习两年的算术。例如，尼科洛·马基雅弗利（Niccolò Machiavelli），在他10岁8个月的时候就到算术学校上学，在那儿学习了22个月。当时几乎所有在这样的学校上学的男孩子都在11岁到14岁之间。有时候社区雇用老师来教算术，有时候他们独立来完成。[10]在莱昂·巴蒂斯塔·阿尔贝蒂（Leon Battista Alberti）的《论家庭》（*Della famiglia*）中，作者建议孩子们应当学习算术，这表明了这些技能的重要性。"学生们也应该回到'诗人、演说家和哲学家的行列中来'。"[11]算术包括基本的数学知识、指算、会计、利息的计算、乘法表记忆和一些几何学方面的知识，还有整个学习体系的核心——对多达200种的商业上的数学问题的研究：度量衡，流通变化，以及当存在合伙关系时的分配问题、贷款和利息还有复式记账。算术学校所用的书本——尤其是有关商业问题的部分——成为课外的参考资料：当商人遇到解决不了的难题时，他可以翻阅这些书直到找到大体上说来有可比性的解决方法为止。这些书籍还教授优良的商业惯例做法——如何将整个财政年度的所有文书包扎成捆，如何记录争端，如何预先处理遗产问题等。但是没有关于"公平价格"的参考资料。[12]

重申一遍，对于学校我们所能说的不应该超出我们在这里谈到的内容，但是我们也不可忽视这样一个事实：这是第一次一个文明社会正规地系统地在优

---

① 又译作《计算书》。——译者注

良的商务做法方面培养孩子或者青少年。文艺复兴以此著称的这一创造力的迸发,不仅仅是基于商业的繁荣,而且那时的计算能力和商业技巧也被认为是14、15和16世纪意大利儿童教育的一个完整的要素。它们对社会发展的贡献是不应被忽视或低估的。

———— ★ ★ ★ ————

羊织品贸易、国际贸易、银行业和资本主义的起源

在意大利城邦之中,佛罗伦萨脱颖而出。居民约有9.5万人,这一人口数大约有米兰、威尼斯或者巴黎的一半之多,和热那亚以及那不勒斯的人口差不多。[13]由于离海较远,因此佛罗伦萨没有港口,但是到15世纪晚期,它把米兰或者威尼斯的与手工业相关的服务业同银行业结合起来。彼得·伯克称,当时有270间织布车间、84家木刻店、83家丝绸店、74家金首饰店和54家碗柜店。这座城市的许多新的宫殿是经过铅锤①测量建成,正如我们从同时代的文献表述中看到的,里面提到很多次井、蓄水池、污水池和厕所。街道已经被铺设整齐,保持干净,下水道将污水排进亚诺河。[14]所有这些都反映出一个事实:在12—14世纪期间,佛罗伦萨的经济已经发展到其他城市不可匹敌的规模。这基于三个基本条件:纺织品贸易、纺织工业本身以及银行业。总的来说,意大利尤其是佛罗伦萨是商业革命的发源地,在那时国内贸易和国际贸易是一切其他事物的根本。[15]这里有一个实例,在14世纪中叶,巴蒂一家在塞维利亚、马略卡岛、巴塞罗那、马赛、尼斯、阿维尼翁、巴黎、里昂、布鲁日、塞浦路斯、君士坦丁堡和耶路撒冷都有代理商。达提尼(Datini)一家从事着从爱丁堡到贝鲁特200个城市的生意。[16]罗伯特·洛佩兹(Robert Lopez)说,没有哪次经济剧变对世界产生过如此大的影响,"大概除了18世纪的工业革命之外……意大利在这第一次的资本主义变革中扮演着同400年后英国在第二次资本主义变革中同样的角色,这样说并不夸张"。[17]

尽管当时有了科技的发展,比如小型轻快帆船和活动帆大帆船的发明,商业革命主要还是组织意义上的革命。"原始的对利益的追逐被权益的、深思熟虑

---

① 这种工具我们现在还在使用——译者注。

第四章 世俗的到来：资本主义、人文主义和个人主义

和理性的、长期的计划所取代"。[18]记账货币同复式记账几乎同时发展起来，海洋运输保险在国际商务繁荣发展的托斯卡纳市（Tuscan）诞生。这使货运关税变得更加复杂，反过来又增加了文书工作的强度。普拉脱（Prato）的达提尼家族档案包括从1382年到1410年的500多本账本和12万封信。这代表每年平均有4285封信，一天就12封。"写信成为所有活动的基础。"[19]这也标志着资本主义的诞生吗？是的，资本的稳定累积，银行存款的不断增加，对资金所有权的管理与对劳动者的管理分开，从这一意义上来说，这是资本主义。是的，同时还存在着经过深思熟虑通过更大规模的经营来扩张市场的努力，就这层意义上来说，这也是资本主义。还有，年轻人自觉接受教育来学习贸易技巧。但是，当然，当时的规模比现在的要小得多。[20]

但是，最显而易见的资本主义标志大概是佛罗伦萨另外一项主要活动——银行业——的成功。它本身就是一场经济革命。在13、14世纪晚期崛起了几个重要的银行业家族——阿齐亚奥里家族，艾米埃瑞家族，巴蒂家族，派尼茨家族和斯噶利家族——到1350年，他们的子公司遍布所有主要的贸易中心：布鲁日、巴黎（1292年达20家）和伦敦（14家）。大部分现在的运作方式在当时已经被引进：货币兑换、交纳保证金、过户、存款取息、透支等。需求主要来自欧洲的一些王子，他们数量相对较少但是特别富有。他们大量消费的激情刺激了对奢侈品特别是对服装的需求，以及对金融服务的需求。[21]理查德·高德斯维特（Richard Goldthwaite）说这一小股贵族家庭可被誉为文艺复兴的创始者。[22]

封建贵族和资产阶级价值观的结合

随着越来越多的人从事商业，财富而不是出身首次成为体现阶级差别的主要根据。商人，甚至是普通店主，只要他们足够富有，就可以被授以爵位，因此，他们每每效仿老牌贵族，建立宫殿，购置乡村田产。彼得·伯克称，正是这些老牌贵族和上层资产阶级鱼龙混杂的现状，造成了价值和品质的混合，"贵族的骁勇善战和资产阶级的经济头脑相融合"。由此，产生了一种新的企业精神，"半尚武的、半以金钱为目的的精神首先在海上贸易中展示了出来"。最终，回归为更加平静的、不十分冒险的内陆贸易，但正是海盗精神点燃了伟大的商

业革命。[23]

封建贵族和资产阶级的紧密结合也造就了新的城市精英——文化水平高，受过良好教育，有理性——形成了新的社会秩序。复式簿记、机械钟表，还有阿拉伯数字的广泛应用为其典型代表。但这仍然是一个手工劳动者的社会。脑力行为仍然只是功能性的，同具体职业和专业目的相关，旨在满足世俗世界里的社会需求。[24]从心理学角度讲，那时出现了对艺术的狂热。人们把自己置于所有的宗教传统惯例之上，只依靠自己的力量——这同希腊人的英雄观相比而言并非是一个完全偶然的雷同。[25]对个人来说，人们意识到只能靠自己的力量，意识到理性优越于传统，并且意识到对时间和金钱的掌控才是关键，生活节奏也随之加快了。那时，意大利的钟表一天敲响24回。

艺术上从教会赞助到世俗赞助的转变

当这些都揭示了为什么佛罗伦萨到处都充满了新的财富的时候，却没有告诉我们为什么这些财富会带来如此巨大的文化冲击。一位城市研究专家彼得·霍尔（Peter Hall），把这些归因于这一事实（这一事实适用于古代雅典，也适用于19世纪的维也纳），"财富制造者们和那些知识分子从一开始就密不可分"。因此，封建贵族不仅仅是艺术和学术的赞助人，他们也与之密切相关。"几乎每个声名显赫的家族都有一位牧师兼做律师和许多位人文主义学者——考西莫·德·梅第奇（Cosimo de'Medici）本人是一位金融家、政治家、学者，同时还是多位人道主义者（布鲁尼、尼克里、马苏皮尼、波基奥）、艺术家（多纳提洛、布鲁奈莱斯奇、米歇尔洛佐）和博学牧师（阿姆布朗吉奥、特拉瓦萨里、教皇尼古拉斯五世）的朋友和赞助人"。正是因为这种现象，艺术赞助模式得以改变和拓宽。在大约2000多幅作于1420—1539年间的标注有日期的意大利绘画作品中，彼得·伯克指出87%属于宗教题材，大约一半有关圣母玛利亚，$1/4$表现了耶稣（其余的则表现了圣徒）。就在同一时期，变革正在酝酿之中。变革的第一个征兆是有关教会作品的制作订单来自教会本身的越来越少，相反，更多来自大的行会或者精神互助会或者私人赞助。[26]事实上，是那些新近富起来的市民，而不是牧师，来选择那些出色的艺术家，并与之讨论作品的细节，比如是画一个屋顶还是整座教堂。

第四章　世俗的到来：资本主义、人文主义和个人主义

当这些世俗的资助从教会建设转向城市中用做各种委员会办公的公共建筑时，第二个变革也随之而来。例如，14世纪数位重要艺术家——乔托（Giotto）、杜乔（Duccio）和 A.洛伦泽蒂（Ambrogio Lorenzettio）——将事业的大部分用在政府服务上。同这一变革联合在一起的，是介绍全新的世俗主体的运动，其中最显著的就是14世纪意大利的艺术变革，它确立了叙述体。[27]

艺术家地位的提高

第三个变革是艺术本身和艺术家的地位的变革。首先，在文艺复兴早期，就像雅典时期那样，艺术只是一门手艺。画一幅画是为了某次特别的宗教活动，雕刻一件小雕塑是为了放在某个特定的壁龛里。但是，随着14—15世纪意大利人们需求的不断增加，要求工匠艺人发展一些新的思想，而且最重要的，要能够展现他们对新知识——透视画法、解剖学、光学、古典艺术甚至理论——的通晓。自那时起，便有了艺术的市场，首先是针对教堂和女修道院建筑群的需要，然后是大约14世纪中叶私人家庭住宅的需要。[28]实际上，可能是艺术家们自己来招揽生意，但是那些出资人对完成的作品起到相当大的作用。无论是从哪一方面来说，合同成了商业文件——详细说明原料、价格、如何交付、型号、辅助作用和其他需要包括的细节（小天使和青金石另外计酬）。一份合同可能指明完成这项工作的人。1485年，乔瓦尼·达瑙罗·戴·巴蒂（Giovanni d'Agnolo dei' Bardi）和波提切利之间就祭坛装饰定了一份合同，详细注明了色彩和画笔的使用。另一件1445年的作品，皮耶罗·德拉·弗朗西斯卡的圣母像，用斜体字详细说明了"该作品只由皮耶罗独立完成"。[29]乔托大概是第一例：他在生意上极为成功，他似乎把高超的艺术技巧和敏锐的商业头脑完美地结合在一起——到1314年，他有多达6位公证人打理他的利息。[30]

与之相符合的是，艺术家们开始在自己的作品上盖章。捐资者家人的名字可以出现在作品上，画家本人亦如此，正如贝纳佐·戈佐利（Benozzo Gozzoli）所作的《三贤之旅》（*Procession of the Magi*，1459年），和波提切利的《贤士来朝》（*Adoration of the Magi*，大约在1472—1475年间）。到15世纪，艺术家的社会地位发生了显著的巨变：吉尔伯提（Ghiberti）和布鲁内勒斯基（Brunelleschi）二人都在佛罗伦萨担任政府要职，后者甚至是市政府的一员。

人类思想史

公众对艺术家的尊崇也在无限制地增加；到16世纪，当"非凡"这一形容词被加注于米开朗基罗身上的时候，几乎可以认为是一种奉承。艺术史学家阿诺德·豪赛尔（Arnold Hauser）说过："文艺复兴中艺术概念的根本元素是天才的发现；这是一个从前为人所不知的概念，这在中世纪世界观中是难以想象的，而中世纪世界观中，人们认为那些天才的创新性和自发性没有任何价值，他们只承认模仿，许可剽窃行为，而忽视智力的竞争。这种天才的新概念当然是个体崇拜的一种合理的表现：在自由的市场环境下，自由竞争的思想取得了胜利。"[31]

随着情感变化而来的是建筑上的变革。1450年之后不久，建筑师们开始精心设计每座建筑的外观，使之看起来不仅互不相同，而且和附近的中世纪建筑也不一样。住宅开始拥有更加引人注目的大门。不再设有店铺，这样人们可以清楚地看到一座住宅的壮美。也就是从大约1450年开始，住宅内部也在变化，购买艺术品成为一种时尚，人们购买这些东西不是仅仅因为它们的实用价值，而是为了他们的艺术价值。这其中包括一些早期的艺术品。当然这一收藏行为表明人们对艺术和艺术史的了解。"精致成为一个不变的主题，它体现在意大利人购买的货物中——餐具，乐器，艺术作品。"[32]

因此，高等资产阶级的崛起和艺术家的崛起是并进的。教会和君主政体不再是唯一的——或者主要的——艺术赞助者。艺术品的收藏仍然局限在少数人中，但已经成为与过去相比更加普遍的行为。到15世纪末期的时候，艺术品的价格开始上涨，到1480年以后，当艺术家们开始被授予贵族头衔的时候，画家和雕刻家们可以向往拥有像拉斐尔和贝鲁齐那样富足的生活。[33]

———— ★ ★ ★ ————

对古典文化的重新发现和对生活的强调

文艺复兴中其他重要的变革，据汉斯·拜伦（Hans Baron）说，它超越了天才这一概念，就是对中世纪克己意识的摒弃。"修道士们已经不再是唯一能够对美作出评判的群体。"现在的理想人选是亚里士多德，一个断言能够决策自己所需的人。佛罗伦萨人，就像他们之前的希腊人那样，信仰功绩，把生活看作一场比赛。如托马斯·阿奎那所叙述的，每个人"在生活中都有一个固定的

第四章　世俗的到来：资本主义、人文主义和个人主义

位置"的说法已经不复存在。[34]"计算已经是意大利城市生活的中心"；人们普遍掌握了计算的技艺；时间宝贵，应当通过理性的计划充分地利用；节俭和计算是生活的准则。15世纪早期佛罗伦萨的整个人文主义思潮，是趋向与现实生活的融合，含蓄地有时又清楚地表示了反对放弃一直以来和宗教的官方关系。[35]结果，造成许多截然不同的世界观，为知识创新蓄积了力量。

我们现在要说的人道主义，从本质上说，替代了人们对神的信仰，建立了基于人的实践经验的理性的社会秩序。"整个世界好像是一个伟大的精确的实体，充满了抽象的、交互变化的、可以测量的、更重要的是非个人的特质。"[36]因此，美德也是个人的，可以通过个人努力获得的，它同一个人的出身和财产毫无关联，和自然的力量就更没有关系了。那些古典文化为这种看法提供了依据，在教堂之外，那些墨守成规的学说都在很大程度上被抛弃了。[37]教会影响力的衰退给政府提供了很大的空间。雅各布·伯克哈特在他著名的论文中指出，"在意大利的城市里，我们第一次看到了政府作为一个有计划的有意识的产物出现，就像一幅艺术作品"。[38]

★ ★ ★

彼特拉克与对柏拉图的重新发现

在其著作《欧洲霸权之前：公元1250—1350年间的世界体系》中，纽约的学者珍妮特·阿布·卢格霍德主张说，在13世纪，"多元资本主义体系在世界许多地区共同存在，没有哪一股有足够的力量超越其他"。[39]她继续补充说，14世纪黑死病的出现，是反面影响远东贸易的因素之一，它对欧洲贸易的影响却没有这么大，并帮助说明了西方世界的崛起。这次瘟疫成功地起了作用，而且是极其重要的作用。但是，这一纯粹的经济学分析却忽视了当时还存在于14世纪意大利佛罗伦萨的心理学和知识领域变革的影响。这就是人文主义崛起和个人主义的加速发展。文艺复兴时期人文主义的第一个代表人物是彼特拉克（1304—1374）。彼特拉克是认识到"黑暗时期"的第一人，他称他出生之前的那1000年左右的时间，即从古罗马帝国时期甚至更早的古希腊时期以来是一个衰落期。他的关于希皮欧·阿非利加（Scipio Africanus）的诗歌，展望了过去，也预见了历史上一个重要的转折点：

那时或许，当黑暗被驱散，我们的子孙能够重新回到纯洁而又古老的光芒之下。那时你会发现赫利孔山重新焕发生机，而庄严的月桂树茂盛起来；那时伟大的天才将会再次出现，对于文学的真诚研究的热情来自于包容的精神，这种包容的精神会使我们对古老文化的热爱倍增。[40]

彼特拉克

彼特拉克本人无疑是幸运的，在他生活的时代，中世纪学者的努力已经见到成果。在前几个世纪，古典作品被逐渐发掘并翻译出来。但是，彼特拉克却以完全不同的眼光看待这些古典作品。如我们所看到的，中世纪鼎盛时代的学者，到托马斯·阿奎那这里达到最高峰，都专注于亚里士多德的著作的研究，并尝试把它们和基督教的神旨相结合。彼特拉克的创新是双重的。它不仅关注亚里士多德的科学和逻辑理论，以及基督教的教义中新的内容，还按照它们的方式对古代诗歌、历史、哲学等作出回应。我们应该视他们为早期文明的"闪光的榜样"。他感到，欧洲已经完全忘记早期的伟大成就，而他开始努力理解这些术语本身所赋予的想象力。"因此，" 理查德·塔那斯（Richard Tarnas）说，"彼特拉克开始了欧洲的再教育。"[41]

在他生活的世界里，甚至连彼特拉克都认为基督教汇集了所有非凡的思想。但是他补充了一种思想，认为生活和思维不是直线性的，古典文明世界值得研究，因为这是耶稣出现之前最好的生活形式。在鼓励他的同伴回顾过去的同时，彼特拉克因此又开始了对失去的古文化进行进一步的新的研究。说到此，西方世界是幸运的，因为这与君士坦丁堡某一时期的变革相一致。由于受到土耳其入侵的威胁（城市于1453年陷落），许多学者离去，前往西方世界，尤其是意大利。他们带去了很多著作，其中包括柏拉图的《五大对话集》，新柏拉图主义哲学家普罗提诺（Plotinus）的《六部九章集》，还有柏拉图主义的其他论著。这是彼特拉克的第二个贡献，在带着对12世纪亚里士多德复苏的回忆中激发了柏拉图的复苏。事实上，尽管彼特拉克对柏拉图十分着迷，在他生活的14世纪，刚出现的原稿还未曾到达西方世界。直到15世纪早期，原版的希腊语著作才

第四章　世俗的到来：资本主义、人文主义和个人主义

出现（西方人在1450年之前几乎没有人懂希腊语）。之后，就需要其他的人文主义者——像马尔西里奥·费奇诺和皮科·德拉·米兰德拉（Pico della Mirandola）——在彼特拉克的基础上，将这些思想介绍给他们同时代的人。

尽管亚里士多德学说对学者们的思想有好处，但是，柏拉图学说给人文主义者提供了适合他们看待这个他们将要改变的世界的更好的方法。柏拉图主义最基本的观点是人的思想是神的映象和相似物。用威廉·克里甘（William Kerrigan）和戈登·布兰登（Gordon Braden）的机智的话来说就是："神性的知识"。更重要的仍然是"美是寻求最终的事实的基本要素这一观点，在探索的过程中，想象力和视野比起逻辑和教条来更为重要，人可以对神圣的事物有直观的了解——这些思想对于欧洲正在发展的感性认识有着莫大的吸引力"。首要的是，柏拉图式的流畅的风格比起亚里士多德的纯粹评论更有吸引力，在此基础上出现了12世纪的复兴，也帮助塑造了这种新式的感性认识。许多人认为，亚里士多德对柏拉图的阐释是极为不准确的。克鲁西阿·萨鲁特提（Coluccio Salutati）和尼克洛·尼克里（Niccolò Niccoli）都相信，柏拉图优越于亚里士多德，苏格拉底的文采是后人追求的典范，而莱奥纳多·布鲁尼（Leonardo Bruni）在书中称赞了人道主义，苏格拉底、柏拉图和西塞罗的体裁上唯美的作品成为畅销书：西塞罗的250页牛皮纸的手稿仍保存于世。[43]汉斯·拜伦（Hans Baron）称布鲁尼的《彼得与保罗对话录》（*Dialogi ad Petrum Paulum Histrum*）是"新纪元的出生证"。[44]

同样，到现在，在阿奎那之后的近两百年间，随着学者们为了说明白究竟他本人和中世纪的老师们所表达的观点是什么这样的一些小事儿而深陷其中不能自拔的时候，经院哲学在大学里已经变得古板僵硬，毫无生机。因此，当一个柏拉图学派于15世纪下半叶成立于佛罗伦萨之外的时候，也就成了完全在意料之中的事情。它的所需不是来自大学，而是依赖考西莫·德·梅第奇的私人赞助，并且由一个内科医生的儿子马尔西利奥·费奇诺领导。正是在这儿，在一个极为不正式的地方，传统的学习的观点被改变了。柏拉图的诞辰日人们会举行盛宴庆祝，他的半身像前蜡烛长明。费奇诺最终把柏拉图的整个文集翻译成拉丁语。[46]

在柏拉图哲学里，或者新柏拉图哲学里，人文主义者们看到了一股远古精神潮流，和基督教本身一样古老，在很多方面又和它有不同之处。这反过来又

人类思想史

帮助说明了这一信仰。基督教可能仍旧是上帝对这个世界意旨的最终表达形式，但是，柏拉图主义的存在却暗示出这并不是这一深层真相的唯一表现方式。在这种格调里，人文主义者并没有止步于希腊文学。佛罗伦萨的学院（实际上是在城市之外的卡勒奇）鼓励对所有充满智慧的、理智的、富有想象力的著作的研究，无论它们在哪里发现的——在埃及和美索不达米亚的文本中，在索罗亚斯德教教义中，在希伯来卡巴拉教教义中。存在于此的观点就是，在新柏拉图主义——它既包含普罗提诺也包含柏拉图的观点中，整个世界弥漫着神性，每样事物都被一种超自然的力量所影响，自然实际上被施了魔法，而上帝的意图，如果认真思考的话，是可以被解码的，它的神旨是可以被数字、几何、形式——最重要的是美所阐释的。柏拉图主义教授学生以美学的方式来理解世界，这帮助解释了为什么文艺复兴时期在艺术方面蓬勃发展，以及为什么艺术家的地位得以改善。马尔西利奥·费奇诺写了一本命名为《柏拉图神学》（*Platonic Theology*）的书，在书中他主张：“人几乎是和上帝一样的天才。”[47]因为柏拉图哲学最重视美学，所以，想象力现在被认为优于亚里士多德学派所强调的仔细观察，也就是我们所说的研究。由上帝通过数字、几何和直觉，向天才人物透露的超自然的真理，被认为打开了通向最终知识的更宽的通道。作为这种观点的一部分，占星学连同占星和十二宫图以及神秘的数字命运学都卷土重来了。古老的希腊罗马神话并没有向犹太基督教这样，拥有如此的尊严荣耀。但是，古典神话又有一段新的生命力且重新受到了尊重，被怜悯地看做是道成肉身之前的宗教真理。人们甚至盼望着未来有那么一个金色时代，基督教可以和柏拉图共存。[48]

学堂贵族/异教徒价值观

除此以外，财富积累的重要性也不应被低估。用一位历史学家的话来说："文艺复兴时期的人，如现实所表明的那样，生活在两个世界之间，他被悬挂于知识和宗教信仰之间，随着中世纪超自然主义控制的放松，对于世俗的兴趣和对于人的兴趣更加突出。现世个人的经历变得比死后的阴暗生活更有趣，对上帝和宗教信仰的依赖削弱了，当前世界成为它自身的一个结束，而不是为即将到来的世界作准备。"[49]很明显，财富的积累帮助了这一变革，这一变革因为这

第四章 世俗的到来：资本主义、人文主义和个人主义

位历史学家将其视为历史上感性认识的三大变革之一而变得更加显著。"其他的两大变革为约于600年到来的民族一神论，达尔文在13世纪中叶促成的变革。"在这里，文艺复兴被理解为三个相互关联的发展过程，它们一起组成了这个新的感性认识。这三大要素是人文主义、资本主义和美学运动——对美的追求导致了有史以来艺术方面最大的增殖。资本主义现在更多地被理解为一种自我表达形式，而不仅仅是一种经济形势，没有了人文主义者们认为"今世"最重要的观点，资本主义就不可能发展成熟；没有了早期资本主义者们积累的财富，艺术的增殖也根本不可能出现。

与重新探索古人的自然科学相比较，人文主义更关注重建一套异教徒的价值观，事实上是希腊和罗马人的世俗观的全貌，在他们的世俗观念里，人是所有事物的衡量标准。就像彼特拉克首先意识到的那样，这种看法已经失去大约1000年了，这是由于基督徒们非常在意奥古斯丁的警戒，他警告人们不要太投入尘世的利益和兴趣，要不然就不能进入新耶路撒冷（人类之城而不是上帝之城）。[50]但是，生活在远古时期的人们却更加关注幸福的和富有成效的生活，就在这里，在地球上，很少去理会他们（死后）灵魂的永恒的命运。比方说，古典哲学更在乎如何在此时，而不是在去世后，过上成功的生活。人文主义者们也持有如此观点。例如，下面是伊拉斯谟（Erasmus）的话："任何虔诚的有利于好的习惯发展的行为都不能被称为亵渎。《圣经》的权威当然应该置于第一位，但是，我有时发现一些由古人，不，甚至由不信奉上帝的人，不，由诗人他们自己说的话或者写的东西，它们是那么纯洁，那么神圣，那么庄严，我只能相信，当他们写下这些内容的时候，是神赐给了他们灵感。在朋友面前我可以直率地坦白说，我每次读西塞罗的《论老年》和《论友谊》，我都要亲吻书本。"[51]伊拉斯谟坚持说诸如圣苏格拉底和圣西塞罗这样的头衔都不是对神灵的亵渎。

人文主义概念的核心是：事实上，在意大利有一个具有审美性和教育性而不仅仅是建立在继承特权、土地甚至是金钱基础上的贵族政府。它产生于在艺术及研究方面的文化欣赏和成就，其价值高于一切自我表现。文艺复兴或许是一个高于一切的审美理论的巅峰时期（尽管恩斯特·卡西尔[Ernst Cassirer]强调18世纪是一个更加注重阅历的时期）。而诗歌和艺术被认为是拥有和谐社会的秘诀。这一点在下一章里有更详尽的描述。

123

人类思想史

中世纪早期,在其他一些方面知识革命已然表明:早期的权威人士并不认同他们的观点,而且,这些权威人士经常是在没有任何手稿的帮助下过活,与此同时,圣会、行业协会和大学共同组织的一些活动也贯穿了他们的一生。然而,在钟表、火药的发明使用以及瘟疫等的发生之后,随着大量财富的慢慢集聚,利己主义开始在大教堂和大学的学术界中蔓延。另外,由于黑死病爆发时教会中大量神职人员的死亡,使一些中世纪时受过良好教育的牧师们的经验也随之消亡。随着印刷制品的出版和阅读的出现,利己主义或多或少得到了一些完善。无论是它造成了资本主义还是其本身就是早期资本主义的产物,利己主义加之财富共同构成了我们目前称之为现代生活方式的最初元素。但丁、彼特拉克、马基雅弗利和蒙田他们用自己不同的方式写关于知识自由、个体表达的文章时,经常会添加对基督教教义的质疑。[52]印刷术发明之后,本国文学作品的增长引起了均一开支的多样性。正是这种信仰方面的百家争鸣使文艺复兴的思潮更具有其自身特点。

伊拉斯谟

在文艺复兴时期,哲学体系的代表人物皮耶特罗·鲍姆帕纳兹(Pietro Pompanazzi,1462—约1525)尽管不否认精神的永恒存在,但认为亚里士多德学说并不能证实精神和思想的独立存在,因此,他认为有一个问题是不能解决的,即死后建立于奖惩基础上的道德规范体系毫无意义,反而应该构建一个与今生有关的道德体系。他说:"对美德的奖赏就是美德本身,对恶的惩罚就是恶行。"皮耶特罗·鲍姆帕纳兹的观点受到宗教权威的反对,但由于好友红衣主教皮耶特罗·白姆博(Pietro Bembo,1470—1547)本身就是异教或正统思想的敬慕者,所以他逃过了火刑,但是,所著书籍全部被毁。

尽管如此,他的哲学思想开始引起变化,这一变化包括怀疑论的兴起。伊拉斯谟、彼得·拉马斯(1515—1572)、米歇尔·德·蒙田(1533—1592)、皮埃尔·沙龙(1541—1603)、弗朗西斯科·萨昂什(1562—1632)与布莱兹·帕斯噶勒(1623—1662)都被称为怀疑论者。尽管他们中还没有人成为像休谟或者

第四章　世俗的到来：资本主义、人文主义和个人主义

是伏尔泰一样的怀疑论者，但是，他们都反对学院派们的玄学、空头理论家们的教条主义和神秘家们的迷信。伊拉斯谟说，读神学家邓斯·司各脱（Duns Scotus）的书让他"愤怒和厌倦"。[53]（引自理查德·波普金的说法，17世纪思潮中的"第三力量"，详见后文。）

邓斯·司各脱是和最著名的经院哲学家阿奎那、唯理论者伏尔泰齐名的著名人文主义者。[54]约1466年出生于荷兰，其思想控制了一代欧洲文人。他的一位朋友曾经说过："有人当众说我收到过伊拉斯谟的信。"[55]伊拉斯谟的父母在他十一二岁的时候都去世了，监护人把他送到了修道院，这一切似乎已经到尽头了，但是在1492年，他成了一名牧师，搬到了坎姆布莱的牧师法庭，然后实现了他的目标——前往巴黎大学。然而，令人失望的是，在那里有一次他发现这个伟大的机构被贬低了很多，经院哲学家们终日讨论一些毫无结果的细节，争吵激烈且无休止，不断重复邓斯·司各脱、奥坎姆的威廉和阿奎那的争吵。曾经盛极一时的学府的思想已经没落了。[56]

如果巴黎对伊拉斯谟有负面的严重影响，那么相反的，他1499年去英格兰则从根本上改变了他的人生，在那里他见到了托马斯·莫尔、威廉·克劳希恩、托马斯·利纳克尔、约翰·考莱特还有其他一些英国人文主义者们。对于伊拉斯谟来说这些虔诚的甚至是苦行僧似的人们似乎是古典文学学者和虔诚的基督教徒的完美结合。他感觉这是些慷慨的灵魂，真诚地追寻着真理，在巴黎学派的小型争论和沉闷的自卫中逐渐完美起来。在托马斯的屋子里，他突然发现他慢慢意识到的东西应该才是他一生的事业，即作品与基督教的和解。当然不是如阿奎那所理解的亚里士多德学派的教规，而是一些以柏拉图思想为核心的新发现。柏拉图、西塞罗以及其他一些类似的人对他来说都是一个新发现。在书中他写道："当我读到这些伟人们的某一章节时我会情不自禁地重复说，愿苏格拉底先生保佑我！"[57]这种感觉是如此的强烈，以至于当伊拉斯谟返回英格兰时尽管已经34岁了，他还是着手学习希腊语，以便研读他所热爱的著作原稿。三年语言学习后，他开始了一生中最疯狂的时期——翻译编辑古代著作。到1500年为止，他已经编纂了一本容纳800多篇文章的合集，包括《格言》（*Adages*）、谚语和拉丁著作中的称号，这本书还被印成了好几种流行版本广为流传。然而，他并不去追溯基督教，仍然找时间进行自己的《圣经》翻译（一页希腊文，正面拉丁文）并与教父的版本合在一起。

125

1509年，英格兰的亨利七世去世时，亨利八世继位，朋友力劝伊拉斯谟到英格兰寻求发展，当时在意大利的伊拉斯谟直接出发前往英格兰，在翻越阿尔卑斯山的时候，构思出了后来成为他代表作的《愚人颂》(*The Praise of Folly*)，后来又在托马斯·莫尔的小屋里用一个星期的时间完成了这部描写修道士生活的讽刺小说。作为一种认可形式，伊拉斯谟把这部作品称做《愚人颂》，出版于1511年，随即一夜成名，还被翻译成多种语言。1517年，小汉斯·豪尔贝恩（Hans Holbein）18岁时在页边的空白处加了一些图画，毫无疑问地使这本书成为当时最漂亮、最有趣和最有价值的书籍。这也激励了所有讽刺文学流派的人们，包括那些受拉伯雷影响的人们。这本书的诙谐之处在于似乎对当今社会的我们非常的严厉，就像是伊拉斯谟用言词攻击懒惰和愚蠢以及修道士的贪婪一样，但是，他似乎在时代精神方面已经断定自己的品质是正确的，因为读者们能和他一起大笑而不去认真地质疑自己的信仰。书中的傻子是中世纪故事和戏剧中我们所熟悉的角色，这也是伊拉斯谟引导形成的一个流派。由于彼特拉克已经提供了两种讯息——审美学和柏拉图思想，所以伊拉斯谟也提供了两种讯息，即名著是知识和快乐的高贵且可敬的来源，而教会却日益空洞、华而不实和褊狭。[58]

人文主义和宗教宽容的发展

就长期形成的结果来看，宽容尤其是宗教宽容是人文主义的一个特别的方面，克罗特斯·罗比阿那斯（Crotus Rubianus）、乌尔利奇·万·哈特恩（Ulrich von Hutten）与米歇尔·德·蒙田在这一方面赫赫有名。罗比阿那斯和万·哈特恩合著的《无名者的书信》(*Letters of Obscure Men*)，经常被称做是乔纳森·斯威夫特之后最具破坏性的讽刺文学。它的起源非常复杂，德国犹太教徒乔安·费弗尔考尔恩改信基督教，像许皈依者一样，他狂热地信奉着基督教，并号召应该迫使那些像他一样还没有看到光明的犹太教徒参加基督教的教会并且严禁他们放贷赚取利息。他还想把所有的为《旧约》著的犹太书籍烧毁。由于他的声望或者是曾经的声望，他的观点得到了重视，许多德国传教士和学者的主张受到了细究。其中，约翰·留什林（John Reuchlin）尽管的确承认有些迷信书籍应该被抛弃，但在思考过这个建议之后总结道：与之相反的，基本上应该赞扬犹太文学。他不赞成费弗尔考尔恩的想法，并表现出了对立的姿态，还继

第四章 世俗的到来：资本主义、人文主义和个人主义

续建议应该在所有大学里开办希伯来人的讲座，"为了使非犹太人更好地熟悉犹太文学，以此来增加对犹太文学的宽容"。[59]各地的反犹太分子被他的建议所激怒，但是留什林受到了很多有声望朋友的信函支持，有些信函他发表在《无名者的书信》里面。也正是这一点启发了罗比阿那斯和万·哈特恩写一本关于受迫害者留什林的讽刺文体的书。这本书出版于1515年，据说是由一些不出名的牧师和无知的传教士写给德国多米尼会修道士领袖奥尔图伊恩·格拉蒂厄斯（Ortuin Gratius）的信件构成的一个合集，奥尔图伊恩·格拉蒂厄斯在当时成为经院学家们顽固和玄学的一个缩影。这本书的部分观点是粗劣和荒谬的（一个醉酒的传教士问是否向犹太人敬礼是人类的罪过，还是因为蛋壳里即将孵出的小鸡要变成肉时，因此我们就禁止在每周五斋戒日的时候食用鸡蛋呢），这是对经院哲学家们玄学的主要攻击，就这一点上后来再也没有获得过如此大的声望。[60]

人道主义的另一个主要的成就或影响是教育。它的成功在于使异教徒的残留物得到了完善，变成了课程设置的基础，这一卓越地位在很多地方仍然存在。在意大利的大学里首次容纳了古典文学课程，从此传播到了巴黎、海德尔堡、莱比锡、牛津和剑桥。人文主义的课程是伊拉斯谟亲自介绍到剑桥去的，而阿格利科拉（Agricola）、留什林和米兰什泽恩（Melanchthon）将其介绍到了德国的一些大学里。伊拉斯谟提倡在全欧洲实行人文主义教育，他的这一主张在英格兰得到了托马斯·莫尔和罗杰·阿斯科姆的支持，在法国得到了勒·费乌菏·第达普勒斯和纪尧姆·布德的热情支持。在人道主义者们的影响下，大学变得更能接受科学，特别是数学。在后面一章我们能看到，医药也得以传播。

★　★　★

在1517年，即小汉斯·豪尔贝恩在《愚人颂》一书中加入插图的那一年，马丁·路德把论放任的《九十五条论纲》（Ninety–Five Theses）钉到了维藤贝格大教堂的门上。伊拉斯谟和马丁一样，对教堂很是担忧。但在性情上，他们二位却非常不同。早在1517年，在路德作出其关键行动前数月，在写到伊拉斯谟时，他这样说："他身上人性的考虑比神性更多。"对于一位人道主义者而言，这是间接的赞美。

和路德不同，伊拉斯谟知道过分的批评教会只会导致双方的互不妥协，这

是一种纵容不作为行为的逃避状态，它实际上很可能遏止双方都想实现的变革。他们之间信笺上的交流，总结了差异，直奔人道主义想实现的根本。"您好，"路德写道，"伊拉斯谟，在我和你对话或者你和我交谈时，我们谈论我们的光荣梦想，但是我们却互不相识，这难道不特别吗？有谁的内心世界不被你看穿，有谁不从你那里获得知识，又有谁其内心不被你控制？因此，亲爱的伊拉斯谟，如果你乐意，请了解一下这位教弟，他肯定是你非常热忱的朋友，尽管从另一方面说，考虑到他的无知，他只能被埋葬在一个角落里，不被任何人所知。"伊拉斯谟的回答是圆滑的，也是明确的："亲爱的教弟，你的书信表明了你心灵的敏锐和说出你基督徒的精神，这很让我高兴。我说不出你的书在这里（在卢万）激起了多大的波澜，这些人坚持认为你的书是由一个助手帮助写成的，因此，他们称，我就是你的最合适不过的合作人。我已经向他们说明你完全不认识我，我没有读过你的著作，也不会支持或者反对什么。我尽量保持中立，以便尽我全力帮助知识的复兴。在我看来，内心的谦逊比冲动能完成得更多。"[61]

在路德于1520年被驱逐出教会之后，阿尔布莱什特·杜赫尔（Albercht Duer）请求伊拉斯谟站到路德一边，但是他回信说他没有殉难的力量，并说到，如果"骚乱"发生，"我会仿效彼得"。

但是，尽管他不是那么极端，伊拉斯谟还是不能完全置身这场斗争之外，天主教顽固派们指责他撒下了种子，而路德和兹韦恩格里（Zwingli）让种子发芽生长。《愚人颂》一书被放在了禁书的目录里去，伊拉斯谟本人被特伦特公会谴责为无信仰的异教徒。也就是说，双方都不欢迎他。这也许是不可避免的，但是这太悲惨了。伊拉斯谟一直过着或者试图过着人道主义的理想生活，他希望自己是这样一个人：相信精神生活，相信美德可以基于人道主义，认为宽容和狂热的信仰一样富有美德，认为有思想的人可以成为一个好人，熟读历史的人可以在他们的时代过得更幸福、更公正。

在前面的一章里，我们看到了拉丁学者的出现是如何帮助欧洲成为一个整体的。后面一章里谈到的文艺复兴带有浓重的国家主义因素——例如，路德是不可否认的德国人，亨利八世是如假包换的英国人。继伊拉斯谟后，有数位学者，他们（里皮修斯[Lipsius]，格老秀斯[Grotius]）的无国家主义看法不亚于伊拉斯谟，但是在某种程度而言，他是最后一位真正的欧洲人。

★ ★ ★

第四章　世俗的到来：资本主义、人文主义和个人主义

万撒利

吉奥尔吉奥·万撒利（1511—1574）认为，佛罗伦萨文艺复兴是由人性的变化引起的，在他看来，竞争、妒忌、对荣誉和名声的追求帮助促进了城市里的变化，而且现在，在商人和金融家的资产阶级世界，生活节奏加快。当今，我们更加趋向于把这些情感和行为方式视为变革的后遗症而不是原因。然而，的确有必要对这种新的感性理解作深入的探究。

比如说，我们认为艺术家是依照他内在标准工作的天才和放荡不羁的人，这一观念是在佛罗伦萨这里诞生的，起源于古代医学的使用。当时，希波克拉底确定的四种性情（易怒的、乐观的、冷静的、抑郁的）依然在使用中，尽管后来被补充了相应的体系。比方说，乐观型性情被认为由于体内血液占优势，所以这种人从容、开心，有恋爱倾向，与金星和春天有关联；抑郁型，由于黑胆汁（后文"草木犀浆"、"胆汁"）过多，与土星和秋天关系紧密。但是亚里士多德早就暗示过：所有的伟人都是抑郁型的，人道主义者马尔西利奥·费奇诺在此基础上补充了柏拉图的灵感观点：认为天才都是神赋予灵感的狂热分子。将艺术家描述为喜怒无常的天才的说法证明是经受得住验证的。[62]

但是，在文艺复兴时期最大的心理变化是个性的出现，这一变化首先被雅各布·伯克哈特注意到，后被其他的人补充。彼得·伯克说这种现象有三个方面：自我意识的出现、竞争的发展（和资本主义相关？）以及对人的独特性的关注。自画像、自传、日记的增加，甚至比1150—1200年间还要兴盛，另外一方面是以"怎样做"为主题创新书作，比如马基雅弗利的《君主论》（*Prince*），卡斯汀里奥尼（Castiglione）的《拍马屁的人》（*Courtier*）和阿瑞提诺（Aretino）的《对话录》（*Ragionamenti*），在这些书中，通常强调科技和选择，这和以前是不同的。意味着个人可以从众多选择中挑选任何适合他们性格、收入和念头的东西。[63]同时，平的不扭曲的镜子第一次大批量地在意大利生产（主要在威尼斯），这也被认为对于提升自

马基雅弗利

我意识很重要。

16世纪一首关于镜子的狂欢歌曲强调了这一点。翻译成简单点的文字就是："一个人自己的缺陷可以在镜子里看出来，这些缺陷在没有镜子以前可不像别人的不足那么容易看出来。所以人们可以自我评价，然后说我要比以前更好。"[64]然后是卡斯汀里奥尼有关从容、冷淡的观点：一切事物都要适当，以便看上去自然——这也是自我意识的一方面，体现了个人风格很重要。[65]伯克哈特进一步说："对于名声的现代感也是诞生于文艺复兴时期，尽管其他学者不同意，认为中世纪的骑士精神体现了同样的心理。彼得·伯克发现在文艺复兴时期的文学里，意味自作主张、竞争和追求名声的愿望的词很普遍，比如说竞争、竞赛、荣耀、敌对、妒忌、光荣、耻辱以及用得最多的英勇或价值。[66]伯克哈特本人注意到了将"非凡的"和"独一无二的"作为赞美词语的新用法。例如，万撒利曾说："通过竞争和对比，一个人试图写出能够胜过或者超出比自己更卓越的人的伟大的作品，这样来得到荣耀和光荣，这种行为是值得赞美的。"[67]名誉崇拜被视为人道主义的一个最为重要的产物。"对古文学的研究，使得人们对公认为异端的个人荣耀观点有了新的接触，'*famam extendere factis,/hoc uirtutis opus*'(意思是：用行为来拓展名声，这是美德的任务——《埃涅伊德》10.468-469)，展示这方面成就的古典著作的幸存说明当代所进行的努力同样也可能在历史上存在下去。"[68]威廉·克里甘和戈登·布兰登曾说，和个人主义密切关联的是一种"眩晕"的感觉，他们还引用了马基雅弗利的话："我完全相信这一点：冲动比谨慎要好，因为财富是位女士，如果你想压制住她，那么，打败她、和她斗争是有必要的。"[69]

★ ★ ★

世俗艺术

和这一切联系在一起的，是对成就而不是对出身的强调。这是又一个有别于中世纪的显著的特点，那时候"血统"的价值是至高无上的。这一点和认为人是理性的能计算的动物的观点有关。在意大利语里，理性（ragione）这个词使用方式不同，但是都暗含计算的意思。商人把他们的账簿称为理智之书。在帕多瓦有一个法庭被叫做理智的殿堂，因为公正需要计算。在艺术上，理智这

第四章 世俗的到来：资本主义、人文主义和个人主义

个词意味着比例和比率。*ragionare* 这个动词在意大利语里依然表示说话的意思，表明人能在说话的时候推理（和计算），这一点把人和动物区别开了。如我们所见，在12世纪后就出现在各行各业里的计算在文艺复兴时期已经是根深蒂固了。伊拉斯谟注意了威尼斯和佛罗伦萨两地的进出口统计，以及罗马教堂的预算情况。[70]到14世纪末为止，时间一般被分成一天当中的几个部分，最小的单位以万福来计算，这是说"向圣母致敬"这句话所需要的时间。然而到了15世纪的后半叶，公共钟表出现在博洛尼亚、米兰和威尼斯，很快就发明了便携式钟表。在安东尼奥·佛拉瑞特的乌托邦——斯佛尔兹恩达——里，连学校都有闹钟。在莱昂·巴蒂斯塔·阿尔贝蒂关于家庭的论述里，他甚至说时间是"宝贵的"，并表达出对无所事事的极大的厌恶。[71]对于效用的关注也在上升，佛拉瑞特在他的乌托邦里走得更远，认为应该废止死刑，如果强迫罪犯去从事其他人都不乐意做的那些令人讨厌的工作的话，那么它们更"有用"。这是粗糙的，但是它却是一种计算。

佛罗伦萨的人文学科

如同教育可以帮助人们提高计算能力，人们感觉到学习可以提升人的尊严。文艺复兴时期的作家们非常关注他们所说的"人的状况"（*humana conditio*）。人道主义者的理想就是变得尽可能的理性。所以，诸如语法、修辞学、历史、诗歌和道德学等学科在佛罗伦萨是公认的"人文学科"（*studia humanitatis*），因为它们使人成为一个完整的人。自我了解被认为是人的完整性的基本的一部分。[72]这一观点带来了一种全新的教育理念，又或者我们应该称之为一个复兴的理念，教育被理解为不仅仅是（对知识的）学习，更可以造就好的公民，此为那个古典的观点的遥相呼应：即一个完整的人会很自然地投身到城市生活中。中世纪的人道主义不关注周围的事情，文艺复兴时期的人道主义是市民人道主义的一部分，就这方面来说，它体现了古文化再现的另一方面。[73]

我们不应该夸大这些变革，但是也不应该不予重视。文艺复兴有一个下降的趋势，街道上有暴力存在，家族间存在长期的痛苦的争执，政治上有派别之争，还有不道德的残酷行为存在。盗版和盗窃行为看起来在某些地方很普遍。对巫术和魔鬼的崇拜在增生扩长，教皇授意的暗杀也变得不再陌生。"西方的基

131

础统治"教会看起来是要崩溃了。[74]这是因为财富的迅速积累,还是因为传统价值的瓦解?它是猛烈的个人主义的副产品吗?现在也有人怀疑文艺复兴时期的个人主义是否像伯克哈特所说的那么新潮、那么猛烈。事实上,他本人在他在世的最后的那段日子里也开始怀疑。[76]这是12世纪文艺复兴时期有可能发生了真正变革的另一个领域。中世纪存在的观点是,人是堕落的痛苦的创造物,在地球上等待,期待别的地方的天堂。与这个观点不同,文艺复兴时期的人道主义者更加看重"此时,此地":此生的可能性,此生的快乐和机会,以及在地球上能够实现的东西。[76]同样的,积极生活的热情和对财富的赞美代替了空想和匮乏所带来的困扰。例如语言学家、辩论家、古文物研究家鲍吉奥·布拉齐奥利尼(Poggio Bracciolini)写了一篇《论贪婪》(*On Avarice*)的文章,在文章里他为一直被认为是恶习的某样东西作了辩护。他说,人必须生产出比他的所需更多的东西,否则的话,"城市里所有的辉煌将不再存在,对神的崇拜和美饰也将消失,不会再有教堂和道路被修建,所有的艺术也将走到末路。什么是城市,国民整体,省,王国?无非都是对贪婪的公众崇拜。"[77]就其在个人名誉和名声上所造成的影响而言,大量消费,文艺复兴时期的另一项变革,本身就是计算的一种形式。考西莫·德·梅第奇说,他"一生"最大的错误就是没有在十年前就开始花自己的钱。[78]尽管伯克哈特在个人主义方面有原路返回的行为,但他坚持他的说法:意大利人是文艺复兴时期"欧洲现代之子的第一批"。非宗教世界有了巨大的延伸,尽管基督教信仰还没有退却。

第四章　世俗的到来：资本主义、人文主义和个人主义

注　释

[1] 贾丁，《世界货物》，伦敦：麦克米伦出版社，1996年，第13—15页。

[2] 哈利·埃尔默·巴恩斯，《西方智力文化史》，卷二，纽约，Dove出版社，1965年，第549页。

[3] 查尔斯·霍莫·哈斯金斯，《12世纪的文艺复兴》，马萨诸塞坎布里奇：哈佛大学出版社，1927年，尽管威廉·切斯特·乔丹在《中世纪的欧洲》一书中怀疑是否12世纪真的见证"一系列杰出的人物"。

[4] 欧文·潘诺夫斯基 (Erwin panofsky)，《西方艺术的复兴与复活》，斯德哥尔摩：阿尔姆维斯特与韦克塞尔，1960年，第3页、25页、162页。

[5] 诺曼·康德，《瘟疫的苏醒》，纽约：哈珀柯林斯出版公司，2001年，第203页。

[6] 同上，第204—205页。关于佛罗伦萨与瘟疫，参见基恩·布鲁克，《佛罗伦萨的文艺复兴》(*Renaissance Florence*)，洛杉矶：加利福尼亚大学出版社，1983年，第40页及后文。

[7] 保罗·F.格伦德勒，《论意大利文艺复兴时期的学校教育：文化教育与学习，1300—1600》，巴尔的摩与伦敦：约翰斯·霍普金斯大学出版社，1989年，第410页。

[8] 同上，第43页。

[9] 同上，第122—124页。

[10] 同上，第72—73页。

[11] 同上，第310—311页。

[12] 同上，第318—319页。

[13] 豪尔，《文明的城市》，如前所引，1998年，第78页。

[14] R.A.戈德斯维特，《佛罗伦萨文艺复兴的构建：经济社会史》，巴尔的摩：约翰斯·霍普金斯大学出版社，1989年，第20—22页。

[15] 基恩·布鲁克，《佛罗伦萨的政治与社会，1343—1378》，新泽西普斯顿：普林斯顿大学出版社，1962年，第33页及后文，旧式商人与新式商人。

[16] G.霍姆，《佛罗伦萨、罗马与文艺复兴的根源》，牛津：牛津大学出版社，1986年，第39页。布鲁克，如前所引，第71页。

[17] R.S.洛佩兹，《中世纪欧洲的贸易：南方》，M.珀斯坦等人（编辑），《剑桥欧洲经济史》，卷2：《中世纪的贸易与工业》，英格兰剑桥：剑桥大学出版社，1952年，第257页及后文。

[18] 豪尔，如前所引，第81页。

[19] J. 拉莫尔（J.Lamer），《但丁与彼特拉克时代的意大利：1216—1380》，伦敦：朗文出版社，1980年，第223页。

[20] 豪尔，如前所引，第81页。羊毛工业显出了资本主义萌芽的各个不同方面。例如，200个羊毛公司大多有两个甚至更多的拉奈瓦立（*Lanaiuoli*）——工业生产的投资人，一般不参与管理。而管理工作一般由领取薪水的代理人负责。其麾下有多至150人——染工、漂洗工、织工和纺工。1427年人口普查时，羊毛商人在佛罗伦萨各行业从业人数中排在鞋匠和公证人之后，处于第三位。资本主义的精神也随着公司数目越来越少、公司规模越来越大而更加明显。公司数目从1308年至1338年间由300家减少为200家。"的确有人发了财但也有人破了产"。同上，第83页。拉莫尔，如前所引，第197页。

[21] 豪尔，如前所引，第84页。布鲁克，如前所引，第105页。吟游诗人家族的傲慢态度。

[22] 豪尔，如前所引，第85页。

[23] 布鲁克，如前所引，第105页。商人与贵族之间价值观的冲突。

[24] 豪尔，如前所引，第101页。

[25] 同上，第87页。

[26] 布鲁克，如前所引，第217—218页，具有相同思想群体的会议。

[27] 豪尔，如前所引，第94—95页。

[28] 同上，第98页。

[29] 对于画家和雕塑家而言，最基本的单位就是工作室，经常制作各种各样的物品。例如，波提切利就制作大箱子或婚礼柜子和横幅。像现代的工匠一样，师傅和徒弟一起干活。基兰达约、拉斐尔和佩鲁基诺（Perugino）等人都有工作室，都是家庭作坊。豪尔，如前所引，第102—103页。M.万科纳杰尔，《佛罗伦萨文艺复兴艺术家的世界：项目与资助人，工作室与市场》，新泽西普林斯顿：普林斯顿大学出版社，1981年，第309—310页。由A.朗茨斯翻译。

[30] 布鲁克，如前所引，第215—216页。

[31] 豪尔，如前所引，第108页。

[32] 布鲁克，如前所引，第26页。

[33] 豪尔，如前所引，第98页、106页。

[34] 同上，第108页。

[35] 布鲁克，如前所引，第214—215页，但丁的任务。

第四章 世俗的到来：资本主义、人文主义和个人主义

[36] D·黑（D.hay），《历史背景下的意大利文艺复兴》，英格兰剑桥：剑桥大学出版社，1977年，第139页。

[37] 豪尔，如前所引，第110页。

[38] 同上。

[39] 同上，第371页。

[40] 威廉·克里甘与戈登·布拉登，《文艺复兴的思想》，巴尔的摩与伦敦：约翰·霍普金斯大学出版社，1989年，第7—8页。

[41] 塔那斯，《西方心灵的激情》，如前所引，第212页。

[42] 布鲁克，如前所引，第226—227页。

[43] 詹姆斯·哈斯金斯（James Haskins），《意大利文艺复兴的柏拉图》，雷登：E.J.布里尔，1990年，卷一，第95页。

[44] 汉斯·拜伦，《早期意大利文艺复兴的危机：古典主义时代的公民人文主义和共和自由与专制》（两卷），新泽西普林斯顿：普林斯顿大学出版社，1955年，卷一，第38页。

[45] 克里甘与布拉登，如前所引，第101页。一些学者怀疑是否有学院存在。

[46] 同上，费奇诺发现柏拉图比亚里士多德更合其意的原因（最近刚得到前面提及的事实）是他相信行为比行为的原因更能使我们动摇，身体力行的范例（苏格拉底的生活方式）要比亚里士多德式的道德说教好得多。

[47] 塔那斯，如前所引，第214页；布鲁克，如前所引，第228页。哈斯金斯，如前所引，第295页。

[48] 塔那斯，如前所引，第216页。哈斯金斯，如前所引，第283页。

[49] 巴恩斯，如前所引，第556页。

[50] 同上，第558页。

[51] A.J.克莱尔什摩尔，《伊拉斯谟》，A.J.克莱尔什摩尔（编辑），《欧洲大陆的文艺复兴》，伦敦：企鹅出版社，1971年，第393—394页。

[52] 麦克格拉斯，如前所引，第253页及后文。克莱尔什摩尔（编辑），如前所引，第47页及后文。关于蒙田。

[53] 巴恩斯，如前所引，第563页。

[54] 同上。

[55] 布朗诺夫斯基与麦兹利希，《西方思想传统》，纽约：哈珀柯林斯出版社，1960年，第

61页。

[56] 克里甘与布拉登，如前所引，第77页。

[57] 布朗诺夫斯基与麦兹利希，如前所引，第67页。

[58] 克莱尔什摩尔（编辑），如前所引，第388—389页。《格言》背景及其成就。

[59] 巴恩斯，如前所引，第564页。

[60] 同上，第565页。

[61] 布朗诺夫斯基与麦兹利希，如前所引，第72页。同时可参见前引：穆那，第339页。伊拉斯谟记录路德其他方面。

[62] 弗朗西斯·阿莫斯-刘易斯与玛丽·罗杰斯（编辑），《文艺复兴时期艺术美的概念》(*Concepts of Beauty in Renaissance Art*)，奥尔德肖特：阿什盖特出版社，1998年，第203页。

[63] 彼得·伯克，《文艺复兴时期意大利的文化与社会(1420—1540)》，伦敦，班茨福德出版社，1972年，第189页。

[64] 同上，第191页。

[65] 克里甘与布拉登，如前所引，第17页。

[66] 伯克，如前所引，第191页。

[67] 克里甘与布拉登，如前所引，第11页。

[68] 同上，第19—20页。甚至但丁家庭的早期经济纪录——之前更早一些时间——也为"子孙后裔"保存着。好像这些记录就像某种文学档案文件可以换钱。同上，第42—43页。

[69] 同上，第62页。

[70] 伯克，如前所引，第194页。布鲁克，如前所引，第100页。批评伯克哈特和他所得出的结论。

[71] 伯克，如前所引，第195页。

[72] 同上，第197页。

[73] 豪尔，如前所引，第90页。布鲁克，如前所引，第218—220页。佛罗伦萨德大学与宽容。

[74] 塔那斯，如前所引，第225页。

[75] 彼得·伯克，介绍约伯·伯克哈特，《意大利文艺复兴的文明》，伦敦：企鹅出版社，1990年，第13页。

[76] 他们甚至感到他们可以战胜死亡，感到可以获得一丝微名，延续他们的生命，让

第四章　世俗的到来：资本主义、人文主义和个人主义

人们记住他们。比如，15世纪的坟墓雕塑完全与死亡没有关系。伯克，《文艺复兴时期意大利的文化与社会》，如前所引，第201页。

[77] 同上，第200页。布鲁克，如前所引，第223—225页。布拉齐奥利尼和佛罗伦萨人对于金钱和名誉的态度。

[78] 伯克，如前所引，第201页。

第五章
想象力的爆发

空虚的火焰

1497年,佛罗伦萨狂欢节的最后一天,以及次年的同一天,从韦奇奥宫眺望,可以看到在市政广场上出现了一座古怪的建筑。这个建筑的中心是一段楼梯,样式和金字塔中的楼梯相似。在它的最下面一层排放着一些狂欢节用的假胡须、面具和伪装物。在它们上面一层是一些或印刷或手写的藏书,那是一些拉丁文和意大利文的诗歌,其中包括薄伽丘和彼特拉克的著作。再上面一层是各种各样的女性用品,像镜子、面纱、化妆品、香水等以及一些琵琶、竖琴、扑克、象棋之类。在最上面的两层是一些特别的油画,它们表现出了女性之美,特别是一些著名的人物,如卢卡里蒂娅、克利奥帕特拉、福斯蒂娜、本西娜等。随着"空虚的火焰"被点燃,人们在他们的宫殿阳台上就可以看到市政广场。人们演奏着音乐,唱着歌曲,教堂的钟声被敲响。然后人们都到圣马可广场,在那儿人们围成三个同心的大圆圈跳舞。最中间是僧侣们,他们和一些男孩装扮成天使,在他们外面一圈是另一些神职人员,最外面是市民们。[1]

这些表演都是为了让多明我会的先知佛拉腊(Ferrara)的弗拉·基洛拉莫·萨瓦纳洛拉(Fra Girolamo Savonarola)满意,他是一个严厉且具有超凡感召力的人,他证明了自己是上帝派来拯救意大利人民的,他坚持认为传教士是具有"仅次于天使的"较高地位的人。另外,他寻求教会的重建,他有许多悲哀的故事来严厉地警告人们,如果改革不能立即彻底地执行,那么罪恶就会发生。因此,在他看来,经典文学及知识已无存在的意义。他说:"柏拉图和

第五章 想象力的爆发

亚里士多德做的唯一的好事就是他们为我们提供了许多可以用来驳斥异教徒的论据。现在他们和一些其他的哲学家已经下了地狱。即使是一个老妪也比柏拉图懂得更多的真理。许多看似有用的书被毁掉,对于宗教信仰来说其实是有好处的。"[2]

美丽的画像及服饰的毁坏是尤为令人感到痛苦的经历,正如我们在前些章节所提到的,以艺术性为目的以及对于美的追求正是文艺复兴时期文明的主要特征。[3]至少对于伯克哈特来说,"甚至(意大利)男人和女人的外貌及其日常生活习惯都比同时期欧洲其他国家的人们更完美一些"。[4]在文艺复兴时期,审美理论统治的地位比任何其他时期都要强,因此,"延长了"的16世纪(1450—1625)被称为美术时期是无可厚非的。

油画的发明

15世纪是艺术领域的一次革新时期,在这个时期出现了油画,发明了直线透视画法,推进了解剖学以及对自然界产生了新的关注,所有影响中,最普遍的最基本的是柏拉图的普遍主义理论。

油画这门技术传统上归功于凡·艾克兄弟——休伯特(Hubert)和詹(Jan),他们两人都是活跃在15世纪20年代根特、布鲁日和海牙这几个城市周围的画家,尽管如今这种说法已经站不住脚,但是,毫无疑问的是他们完善了油画技术和上漆技术,而且这些技术能够使得油画色彩及其效果几百年不会有任何变化。油画不同于壁画的最大特点是颜料干得很慢,而壁画颜料干得太快,基本上没有给画家任何改进的机会,迫使画家不得不动作敏捷、判断准确。但是,如果把颜料和油混合到一起,那么几个星期内都不一定会干透,这样,画家就有足够的时间去改进自己的作品或者有时还可以彻底推翻,重新再来。这样一来,画家就会更多地思考,表现出更多的思想性,而且有充足的时间去调试颜色、修补细节。这些在凡·艾克兄弟身上体现得尤为明显,他们对物品及其表面的细致的描绘(这对于壁画几乎是不可能的),意味着无论从形式还是空间上都比壁画更加贴近现实一些。这些也同样能够突出传达油画作者想要传达的感情色彩。油画颜料给画家提供充足的时间去探究人物面部表情的一些细节,同时也拓宽了对于人物情感情绪的表现范围。

透视画法／更强的真实性

尽管直线透视画法是由阿尔贝蒂和皮耶罗·德拉建立并改进,但最早这种画法可能是由布鲁内莱斯基(Brunelleschi)在15世纪早期构思出来的,最初在意大利被命名为 costruzione legittima。这种方法可能是成熟于教堂时期,这一时期的作品注重距离感,产生了大量的三维雕塑作品。透视法不仅仅是给画增加了现实感而且是因为它影响了人们对于当时属于文科的数学的理解。如果画家因为依赖并得益于数学而能更好地表现自己的艺术,那么就更能说明绘画不是一门机械艺术,而是属于文艺领域。直线透视画法的基本点是,原本永远不会汇合的平行线却汇合在了一起,所有的平行线最终都在地平线上的一点汇合。这种方法改善了优化的逼真程度,因此大范围地普及开来。[5]

15世纪许多艺术家对于解剖学的进一步研究,也提高了绘画和透视的真实性,这都得益于医学的发展,它使人们对于肌肉组织的描绘更加精确。由于人文主义者的积极呼吁,大自然景观对人们的吸引力也增强了许多,这同样使艺术家在关注人物描绘之外,也对自然景色产生了浓厚的兴趣。这是一个新的令人感兴趣的表述方式,也就是说,绘画现在不仅仅是歌颂上帝,同时也向大多数普通人讲了一个吸引人的故事。正像前面所提到的,彼得·伯克发现在那一时期2000张标有日期的画中,在1480—1489年有5%的画像是具有世俗特征的;从1530—1539年,具有世俗特征的画提高到了22%。在半个世纪中,这个数字增长了4倍。当然,我们也不应夸大事实,因为即便是在更晚的时期,大量的画作还是以宗教为特点的。

寓言画／异教神话

在那些非宗教特征的绘画中,寓言故事在1480年之后流行起来。讽刺寓言画看起来相当的奇怪而且在现在看来并不流行。在废墟中跳舞的吝啬女人,拿着弓箭或丝带的丰满的小丘比特,半兽人或者是长着鱼尾巴的山羊,都很难适合现代人的口味。但是,在人文主义洪流中的文艺复兴时期,寓言画在当时就像印象主义画作在当代一样,都是十分流行的。大约在波提切利完成他那幅被现在人们认为世界上最著名的画作之一的《春》的时期,经典文学中的寓言画

第五章　想象力的爆发

波提切利的《春》

流行起来。在那幅画中，包括了九个人物，如墨丘利、丘比特和最著名的人物——披着成百支鲜花的花神。这些都充满了宗教和神话的暗示。在16、17世纪，寓言画变得相当流行，但是在那个时期的最后阶段，严重的象征主义把原本用于表达特定意义的神话极大地削弱了。

在整个文艺复兴时期，寓意画的兴盛是具有重大意义的。经典神性的流行使人明白他们从没有真正消失，只是改变了形式，以使基督教的传统适应其他的旁支。这使中世纪的人们如此信仰基督教，这也是教会所期望的。当然，异教徒在基督教中是不可避免地要存在的。而且，在基督教艺术盛行的13和14世纪，意大利的占星家直接指导整个城市的生活。到14世纪初期，异教徒的上帝不仅出现在文学作品中，甚至也树立起了纪念碑。在威尼斯，他们被用于哥特式的总督府宫殿，而在同一时期的帕多瓦、佛罗伦萨和西耶纳出现了更多的异教上帝。[6]到15世纪初期，异教神话和占星术的使用变得更加公开。在佛罗伦萨古老的圣洛伦佐圣器收藏室，就在祭坛之上的穹顶上，描绘着一些神话人物以及和当时佛罗伦萨夜晚星相相同的星空图。之后，一些同样的异教饰物甚至出现在了大主教的宫殿里。马尔西里奥·费奇诺建立了一个学校，它告诉人们在古典的寓言中是可以寻找到智慧的，这就使寓言变得不仅仅是对于神话的一种暗示了。费奇诺的追随者皮科·德拉·米兰德拉（Pico della Mirandola, 1463—1494）能够更好地在寓言中发现与当时的时代相对应的内涵。他认为，那些古老的神话是一种代码，其中包含了神秘的智慧，这种智慧被隐藏在寓言之中，一旦被译解，就会发现整个宇宙的秘密。皮科引用了摩西的例证，摩西曾经在西奈山中与上帝交谈了40天，最后只拿着两块写字板回来。上帝和他说了许多话，但摩西把他们当做秘密保守了起来。耶稣在向他的门徒布道时曾亲口承认，你们理所应当知道天国的秘密，而对其他人来说却不知道这些秘密。米兰德拉和其他一些像他一样的人认为，所有的宗教都有它们的神秘之处，但是，这种秘密只是通过对古老神话的阐释透露给极少的人，如哲学家。其中的一种方法是把经典神话和基督教义联系起来，从中探求秘密。[7]

普遍论

但是，在中世纪艺术家中的统治思想还是柏拉图的普遍论，普遍论在历史上是古老而又有深远影响的思想。虽然它主要源于基督教思想者在公元1世纪对古希腊思想的改编，但同时它又部分源于古希腊柏拉图和毕达哥拉斯的理论。到文艺复兴时代，普遍论已经演变得相当繁杂。

翁贝托·艾柯在对中世纪的艺术与审美的研究中提出，中世纪的审美充满了重复与回流，并且构建了一个世界，在其中，"一切都在其应处的位置……中世纪文明试图捕捉到事物永恒的本质，美像其他的任何东西一样，都应该有精确的定义"。[8]从艺术家的地位上，我们可以看出很大的不同，中世纪的艺术家是一些"谦卑的服务于信仰和社区的人"（社区有可能指的是地处偏远乡村的修道院）。[9]在文艺复兴时期的普遍论认为，"自然"并非中世纪所说的神的世界，而是属于人的，特别是艺术家和天才们。按照这个理论，自然的知识可以被归纳为一些简单的道理，这就是"自然法则"。像培根这样的人认为，了解自然是上天赋予每个人的权利，而且人类掌握全部知识的时代马上就要到来。不论有意或是无意的，基督教徒们还是采用了柏拉图的理论，特别是他们也认为，因为人有一些神的思想，所以通过适当的观察自然，把艺术与科学联系起来，就会使人特别是艺术家和科学家发现那些隐藏的、宇宙的普遍真理。在文艺复兴时期，这就意味着智慧。马尔西里奥·费奇诺说得更加详细，"上帝仅创造你可能领会的，因为上帝造物，所以人类便思考。人类的理解力是和上帝创造相同的，人类的智力和上帝是一样的"。[10]皮科·德拉·米兰德拉言词更为激烈："他心中说有一切事物，所以他就能变成任何事物，一旦理解了一切事物，那就能变成上帝。"自然是赋予人类特别是艺术家去改变的，可以变成任何的事物。这就是作为艺术家的意义，因此作为一个艺术家是如此的重要。

―――★ ★ ★―――

全能型人才

　　文艺复兴时期的思想者同样认为，整个宇宙是神的意志创造的，人是造物主之后的另一个创造者。这主要反映在美的概念上，美就是神的意志创造的一种和谐的形式。它对人的眼睛和心灵都有益处，其自身具有精神意义。更重要的是，美揭示了上帝对于人类的计划，因为它说明了部分与整体的关系。文艺复兴的审美理想认为美具有两个功能，并且适应所有的学科。一方面，建筑、视觉艺术、音乐和正式的文学及戏剧作品是灌输思想；另一方面，他们通过其规范性、风格和对称性也愉悦了思想。正是以这种方式，审美和教化结合在了一起。这正显示出了智慧。

　　产生的一个必然的结果就是对于个人的普遍性以及全人类的普遍知识的集合的需要。把所有的学科汇集到一起，实际上就是在通过探求不同领域知识的相似之处，从而深入地寻找到普遍性。由于对希腊和拉丁经典实用性的再认识，这个假设中存在的"普遍性"前所未有地引起人们的关注。结果导致文艺复兴时的人们经常会把一门学科和另一个领域的活动卷在一起。维特鲁威（Vitruvius）注意到，尽管各学科在实践和技巧上有很大的不同，但是，所有的科学和艺术都具有共同的理论。他因此建议"一个建筑师不仅仅要会建筑，同时也要掌握文学知识，能熟练地撰写文章，还要是一个懂得调查的数学家、哲学家，还要掌握音乐，懂得医学、法律、天文等"。[11]文艺复兴时期的人便具有这种想法，像当时的人文主义者和佛罗伦萨学院的理念都持有这种观念。雅各布·伯克哈特在他的《意大利文艺复兴的文明》一书中写道："总之，15世纪的人们是多方面发展的，当时所有的人物自传总会在他的主要成就之外列出一些其他的著作或提及他对于其他领域的知识的追求。但是在这些多方面发展的人中，确实有一些可以称为是全面的发展的天才。"他列举了阿尔贝蒂和莱昂纳多（莱昂纳多有私人数学顾问卢卡·帕乔利）。[12]

他这样评价阿尔贝蒂："除了对文学和美术的追求，他还致力于科学和武器、马匹及乐器的研究。他通过自己让人们明白了，一个人只要想去做就可以做到任何事情。"像莱昂纳多一样，阿尔贝蒂自己写了很多关于普遍性的文章，例如，他说过："人是上帝为了取乐而造的，在多样性、各异性、美、由各种不同外貌、结构和不同颜色组成的不同的动物中来鉴别最原始的各种各样的东西。"[13]他在书中告诉我们，对于和谐和美的意识是人潜在的能力，对于这些真实的存在的东西的感知便是人的感官的直接感觉。在对真实的美的判断方面，要紧的不是人们的观点，而是大脑中的一种本能的感觉。阿尔贝蒂说人胶有思考的独特能力，这跟神富有的特质是一样的，尤其是认知和创造的能力。所有的生物都通过挖掘他们的天赋来完善自己。[14]

阿尔贝蒂进一步阐明，自然是被上帝和谐地安排的，它是以数学的思维构成的神圣的模式。阿尔贝蒂的这一观点被其他的一些人如开普勒所认同。人们内在品质的自觉意识，比如对于审美的意识，是可以通过大量的优秀的榜样来得到迅速提高的。这正是艺术的目的。在他寻找自然界美好真实的形式的过程中，艺术家不断地寻找美的范例，比如说人体美。在这些范例之中，他逐渐提炼出更清晰的概念。比如说，到底什么是人体美。最终，在许多这样类似的寻找过程中，艺术家找到了美的概念。人都有发现美的能力，但是，艺术家却在实践中完美了这种能力，然后向其他的艺术家传达自己的观念。他通过向我们展示艺术性的范例来教导我们什么是美。对于美的认识归功于上天赋予人的能力。阿尔贝蒂的课程从未提到基督教作家和《圣经》，而是出自于经典著作。[15]有大约43篇对美的论述是出自文艺复兴时代。它们的共同特征是，都提到了人的全面发展的理念。

———— ★ ★ ★ ————

建筑的突出地位

彼得·伯克认为文艺复兴时期有15位全能型人才（所谓全能是指在至少三

第五章 想象力的爆发

个领域里都有较高造诣的人）：费利波·布鲁内勒斯基（1377—1446），建筑师，工程师，雕塑家，画家；安东尼奥·菲拉莱特（Antonio Filarete, 1400—1465），建筑师，雕塑家，作家；莱昂·巴蒂斯塔·阿尔贝蒂（1404—1472）建筑师，作家，奖章获得者，画家；洛伦佐·维奇耶塔（Lorenzo Vecchietta, 1405/1412—1480），建筑师，画家，雕塑家，工程师；伯纳德·泽纳勒（Bernard Zenale, 1436—1526），建筑师，画家，作家；弗朗西斯科·迪·吉奥尔吉奥·马尔蒂尼（Francesco di Giorgio Martini, 1439—1506），建筑师，工程师，雕塑家，画家；窦纳托·布拉芒特（Donato Bramante, 1444—1514）建筑师，工程师，画家，诗人；莱昂纳多·达·芬奇（(1452—1519），建筑师，雕塑家，画家，科学家；乔瓦尼·吉奥康多（Giovanni Giocondo, 1457—1525）建筑师，工程师，人文主义者；西尔维斯托·阿奎拉诺（Silvestro Aquilano, 早于1471—1504），建筑师，雕塑家，画家；塞巴斯蒂安·塞利奥（Sebastiano Serlio, 1475—1554），建筑师，画家，作家；米开朗基罗·博纳罗蒂（1475—1564），建筑师，雕塑家，画家，作家；圭多·马佐尼（Guido Mazzoni, 早于1477—1518），雕塑家，画家，戏剧作家；皮耶罗·利高里奥（Piero Ligorio, 1500—1583），建筑师，工程师，雕塑家，画家；吉奥尔吉奥·万撒利（1511—1574），建筑师，雕塑家，画家，作家。[16]

值得注意的是在他所列出的这15个人当中，有14个建筑师，13个画家，10个雕塑家，工程师或作家各6个。为什么这些人中有那么多建筑师？其实在文艺复兴时代，许多的艺术家都想研究建筑学。因为在15世纪，建筑学属于文科，而油画和雕塑却只是机械的艺术。这种情况当然会有所改变，但他却能帮助我们解释在当时的意大利人怎样看待各种艺术。

有些全能的天才，他们的工作是超乎寻常的。比如弗朗西斯科·迪·吉奥尔吉奥·马尔蒂尼就设计了许多的堡垒和军事工程。他是西耶纳的一个议员，而且，据说他还是一个间谍，专门监视教皇和佛罗伦萨军队的一举一动。他是被作为一个作家来培养的，但是在15世纪80年代，他却从雕塑到建筑样样精通，而且还发表了一篇十分重要的建筑学论文。在这篇论文中，他把鸟巢和蜘蛛网进行了比较，他认为动物建筑的一成不变证明了只有人才被上帝赋予发明创造的能力。[17]乔瓦尼·吉奥康多是多明我会的修道士，但他是一个"掌握各种技能的少有的极有才华的人"。万撒利说他首先是一个学者，其

145

次还是优秀的神学家、哲学家及希腊学者，同时他又是一个精通透视法的建筑师，这种情况在意大利是非常少见的。在他生活的城市维罗纳，他在修建一座桥的工程中起到了重要的作用，从此名声显赫。而这座桥是在极易塌陷的土地上修建而成的。他年轻的时候在罗马待过很长时间，熟悉了各种文物，他把许多美好的事物收编成一本书。穆格朗尼(Mugellane)称吉奥康多是一个"造诣极深的文物专家"。他为恺撒写传记，向他同时代的人讲述维特鲁威的著作，并且在巴黎的一个图书馆发现了普林尼的作品。他为法国国王在塞纳河上建了两座桥。当布拉芒特去世后，他和拉斐尔一同被任命完成布拉芒特未完成的作品。他负责保证地基的重建，在此过程中他发现并填死了很多的水井。但是，他最伟大的功绩是他解决了在威尼斯开运河的问题，他从布伦特河引来了河水，并且使威尼斯共和国得以保存至今。他还是阿尔德斯·马努蒂乌斯的好朋友。[18]布鲁内勒斯基是一个比上面提到的所有人更具有天赋的人，他除了设计建造了圣玛利亚百花大教堂令人称奇的大圆屋顶外，他还是一个钟表制造者、金匠和考古学家。他是多纳泰罗和马萨西奥的朋友，但是却比他们更有才华。[19]

全能的天才或多才多艺的人的概念是不是有些过分呢？公元12世纪的学者们，诸如阿奎罗等，他们可以说是拥有全部的知识。(但是不要忘记，在那个时候所有的文献也不过只有几百卷而已，那就意味着确实有人可以掌握几乎所有的知识。)也许文艺复兴时期所谓全能的天才的定义并非指人才们的知识有多么全面，而是看他们的态度，他们的自觉性，以及他们对待知识与生活的乐观态度、这些当然也是那个时代智慧和想象力爆发的一个重要原因。

———— ★ ★ ★ ————

绘画 V. 雕塑

是否更接近普遍性的问题，正是人们所关心的。是绘画高于雕塑，还是正好相反呢？这是15世纪人们争论的焦点，同时也是作家们的一个中心议题。阿尔伯蒂认为绘画高于雕塑，因为绘画具有色彩，可以表现许多雕塑不能表现的事物，而且绘画属于文学艺术。莱昂纳多认为浮雕是绘画与雕塑的结合，它优于绘画或雕塑。另一方面，崇尚雕塑的人认为，雕塑的三维特征要比绘画更真实,而且绘画正是从中得到启示的。菲拉莱特却说雕塑永远都不能摆脱它石头或木料的本质,而绘画却可以,绘画能够画出皮肤的颜色、金色的头发,可以描绘火焰中的城市、黎明的晨光、大海的波光,所有的这些都是高于雕塑的。为了向人们展示绘画优于雕塑之处,芒特格纳(Mantegna)和提香在石头上作画,以此说明绘画可以模仿雕塑,但雕塑却不能模仿绘画。[20]

像将绘画和雕塑无休止的比较一样,当时的绘画和诗也是如此。很快,这两种活动的共同之处被人们所发现。洛伦佐·瓦拉(Lorenzo Valla)在1442年的作品中提出,绘画、雕塑和建筑都是属于最靠近文学艺术的活动。巴托罗密欧·法吉奥(Bartolomeo Fazio)在他1456年出版的《论名人》(*On Famous Men*)这本书的绘画与画家这一章的导论里作出了更详尽的论述:"画与诗有着密切的联系,绘画就是一首无言的诗。对于他们的创新和安排,付出的是相同的精力。诗人和画家的任务也是相同的,都是要表现他们各自领域的特点,因此他们发挥的作用都是被人们所认可的。"[21]阿尔贝蒂的《论绘画》(*On Painting*)一书要比法吉奥的画家自传早20年,阿尔贝蒂在书中第一次详细地论述了艺术家应该从诗歌中寻找灵感,因此诗歌和绘画应该是平等的。他希望画家能够"尽可能地学习所有的文化艺术",所以,"更好地学习诗歌和演讲对于绘画是有好处的,因为它们和绘画有很多的共同之处"。[22]阿尔贝蒂还建议"那些勤奋的画家应该熟知诗歌和演讲等其他的文化艺术,因为这样不仅能为他们的绘画增光添彩,甚至还能促使他们完成那些给他们带来至高赞誉的艺术上的新发现。著名的画家菲迪亚斯曾经说过,他从荷马那学会了怎样描绘至高的天神朱庇特。我相信通过阅读诗歌,我们都会变成更富有、更优秀的画家……"阿尔贝蒂的画作像诗歌一样用到了包括算术和几何在内的四门学问作为他的理论基础。因此,绘画像诗歌一样,都应该被算做文化艺术。[23]

在莱昂纳多·达·芬奇为写他的《绘画论》准备的许多笔记中,他明确地表明了自己的观点——绘画是更优秀、更高雅的艺术。他具体地说明了许多关于绘画和诗歌的观点:"如果人们把绘画叫做无声的诗,那么画家就可以把诗称做看不见的画,但是既然

达·芬奇

绘画是为了使更为高贵的感官得到愉悦,那么绘画就应该是更加高贵的。"换句话说,视觉是更加高贵的感官。他坚持认为绘画模仿自然的能力对于观者来说要比诗歌更加高明。"应当说,绘画之于诗歌,就像身体之于影子。"[24]

有些文艺复兴时期的画家通过自己写诗来锻炼他们自己的创造能力。在文艺复兴时期的知识圈里面,尽管有阿尔贝蒂为绘画作辩护,有达·芬奇为画家的优处作渲染,诗人的社会认可程度要远远高于画家。在这样的情况下,画家们想他们能够作为诗人而被认可。关于佛罗伦萨的圣罗伦佐教堂里的装饰问题,布朗尼莱斯奇和窦纳特罗(Donatello)一直存在着争论,为此布朗尼莱斯奇写了一系列的十四行诗来为自己辩护。这些十四行诗有的保存至今。布拉芒特也是这样,他努力地尝试写诗歌,在他的有生之年共完成十四行诗33首。在文艺复兴的艺术家中,是年轻的米开朗基罗写出了真正的有文学意义的诗歌。[25]

普遍性的观点意味着所有的人都是一些有着特殊性的人,都是理想中的模范。在15世纪,全能的天才应当在运动的最前沿,这也是自然不过的事情了。正是通过这种方式,艺术家的地位得到改善。一个展示他自己的方式便是自画像。安东尼奥·菲拉莱特在15世纪中期便有了自画像的这种意识,这使得他显得与这个世纪格格不入。他在圣保罗教堂的铜门上画了两张自画像。第一个是以罗马硬币和奖章为基础的侧画像,那是一个小的奖章,在左叶门的底部的中间。另一个则在右边的那一扇门上。[26] 菲拉莱特的第二部著名作品是一个显示他和他助手跳舞的浮雕,这个浮雕被放在底楼的门的内侧。他有一个想象中的理想国——斯佛尔兹恩达(Sforzinda),为此他写了一个专题论文,所以这个作品比它看上去要深刻得多。在论文中他写道:如果从第一个到最后一个所有的人都在同时工作,这将看上去像是一个舞蹈。如果有好的领舞者和好的舞曲,那么第一个和最后一个的舞蹈便会看上去几乎一致。[27]

与越来越多的成名的艺术家一致,典范和自画像的想法便是神奇、创造和想象的孪生概念,这些或许就被称做是艺术家的执照。在15世纪,尤其是这些人中,越来越被接受的是艺术家们不再被期待总会按照他们的赞助者的言行而作为了。这是一个巨大的变化。在这里,举一个例子,在1501年3月,伊莎贝拉(Isabella d'Este)给弗拉·皮耶特罗·德拉·瑙沃拉腊(Fra Pietro della Novellara)写了一封信,说道:如果你认为达·芬奇将会在这里持续待一段时间,你的这种尊重将会使他为我们的画室作绘画。如果他愿意这样做,我们将会把主题和时间都留给他让他来做。换句话说,我们将不会试图确定给他一个主题。[28]

★ ★ ★

宗教裁判前的韦罗内塞

在宗教裁判之前,韦罗内塞在1573年的出现或许便很好地概括了在可视的艺术方面发生的最巨大的变化。宗教裁判在之后更加广泛地被使用。但是在改革之后和天主教的回应之后,特伦特公会将在1544—1563之间多次召开会议,以决定罗马的政策,这个政策的一个影响便是艺术作品将会依赖于审查制度。桑地·吉奥瓦尼·帕奥罗的多明我教神父需要一幅作品替代火灾中烧毁的提香的《最后的晚餐》,韦罗内塞画了一张巨大的宴会的画来替代。从作用上来讲,韦罗内塞的作品是一个在帆布上的三联画。除却它的宗教主题,这幅画在帆布上非常生动地显示了复杂细致的宴会庆祝活动,整个宴会充满了美酒佳肴,还有黑人、狗、猫等,这些画还运用了明显的透视画法。宗教裁判所因为这幅画把他带回去审问。

审判者:这些流鼻血的人代表什么?那些全副武装的好像德国人的人们又代表什么?

韦罗内塞:我试图表现一个因为某种事故而导致流鼻血的人。我们画家和诗人有着同样的特许证。我描绘了两个士兵,一个在楼梯上喝酒而另一个在楼梯上吃着东西。因为有人告知我房子的主人是富有的,按理来说应当能有这样的仆人。

审判者:圣彼得在做什么?

韦罗内塞:切羊肉而且在往桌子的另一边递送羊肉。

审判者:靠近他的那个人呢?

韦罗内塞:他在用牙签清理牙齿。

审判者:有人要求你去画德国人和小丑以及类似的东西吗?

韦罗内塞:我的主人,并没有人要我这样做,但有人让我去装饰空间。

审判者:那些额外的装饰合适吗?

149

人类思想史

韦罗内塞：我只画那些我觉得合适画和我能够画得出的画。

审判者：难道你不知道在德国和一些其他的国家，有人用画来将不好的教义教给那些无知的人吗？

韦罗内塞：是的，那是错误的。但我重复一点，我一定会遵循我的前辈们在艺术上的作为。

审判者：他们有什么作为呢？

韦罗内塞：罗马的米开朗基罗画了主、主的母亲、圣徒，以及赤裸的耶稣，还有圣母玛利亚。

审判者要求韦罗内塞忏悔，并限定他在三个月内修改他的画作。韦罗内塞做了，但却并非按照宗教裁判所的要求。他只是把名字改成了《利维家的宴会》(*The Feast in the House of Levi*)。这样便安全多了，因为按《圣经》的记述，发生这事的时候"税吏和罪人"也同样出现了。[29]

这样的改变在一个世纪之前是不可想象的，这也说明了艺术家地位的改变。即便人们认为人道主义一无是处，但它至少给予了艺术家足够的自由，直到现在仍然如此。

———— ★ ★ ★ ————

歌剧

1470年，为纪念匈牙利国王马提亚斯·科尔维纳斯(Matthias Corvinus)的婚姻，许多的喇叭和弦乐同时为新人演奏起来。这具备了我们现在所谓的交响乐的基本特征。大约100年后，1580—1589年之间，许多人们定期到佛罗伦萨的乔瓦尼·戴·巴蒂伯爵家聚会。这个组织就被称做*camerata*，听起来好像是黑手党的前身，但实际上他们是由一个著名的笛手文森佐·伽利略（天文学家伽利略的父亲）、两个音乐家雅克珀·佩里和基乌里奥·卡契尼以及诗人奥塔维奥·里努契尼（Ottavio Rinuccini）组成的。他们主要讨论的是经典戏剧，从中孕育了"以演说的形式"表演的戏剧。[30]于是歌剧便诞生了。现代音乐可以说就是在1470年到1590年之间孕育成形的，这也正是绘画技艺蓬勃发展的时代。

音乐上的"乐曲重复"/韦拉厄尔特

音乐的发展分为三个方面。第一个方面是技巧、乐器和发声法的发展,其中一些仍保存在现代音乐中。第二个方面是音乐形式的改变,产生了许多我们现在所见到的音乐形式。伴随着前面提到的两方面的发展,在第三个阶段,也就出现了一些现在仍被人们所熟知的作曲家。

随着音乐技艺的发展,首次出现了"乐曲重复"(imitation)的方式。这是佛兰德(Flemish)乐派的发明,代表人物有奥克盖姆(Jean Ockeghem,约1430—1495)和奥布雷赫特(Jacob Obrecht,约1430—1505)。在15世纪和16世纪的相当长的一段时间里,佛兰德乐派都占有统治地位,他们影响了北欧甚至是意大利的音乐。无论是在罗马教皇的教堂,还是威尼斯的圣马可大教堂,无论是佛罗伦萨还是米兰,佛兰德乐派的乐手们都大受欢迎。"乐曲重复"就是说在拥有复调的乐曲中,歌手并非一起演唱,而是一个接一个地唱,后面的歌手重复前面的歌词。这种方式增加了音乐的表现力,所以时至今日,在所有的音乐形式中都大受欢迎。同时,唱诗班和合唱团的和声也已具雏形。虽然在威尼斯佛兰德人艾德里安·韦拉厄尔特(Adrian Willaert,约1480—1562)发明了二声部,但是教皇的唱诗班地位却尤为重要。那更具有舞台表现力。[31]

加布里埃利

也是在威尼斯开始了管弦乐方面的改变,人们有了用特定乐器演奏每部分音乐的想法。[32]这与另外一件事实——1501年也是开始与威尼斯的音乐印刷术——有关,印刷术使人们可以携带音乐理念,"不是存在大脑里,而是放在行李中"。[33]威尼斯孕育了两位杰出的音乐家,安德里·加布里埃利(Andrea Gabrieli)和他的侄子乔瓦尼。也正是这两个人完善了合唱的平衡:弦乐器、吹管乐器和铜管乐器组合,放置于唱诗班舞台的对面,交互演奏音乐,两个大大的风琴放在底部。耶胡迪·梅纽因(Yehudi Menuhin)把这视为标志着西方音乐中独立器乐演奏真正开始的时刻;特别是整个现代都至关重要的一个特征:悬浮不谐和音。这种精心设计的不谐和音,引人注目且需要分析(至少一直持续到阿诺德·勋伯格[Schönberg]，1907年）。它突出了音乐的情绪性，并由此带来了振幅亮度调制技术，这种技术指音乐基调的自由移动。如果缺少了它，音乐中的浪漫主义运动就无从谈起（比如瓦格纳[Wagner]）。[34]

管弦乐队的起源／拉巴琴／吉塔尔／翼琴／阿玛蒂的提琴和小提琴

15、16世纪大量音乐器材得以发展。从初步意义上讲，管弦乐队开始出现。最重要的是，首先，琴弓从中亚途经伊斯兰和拜占庭传播开来。在10世纪之前，在伊斯兰和拜占庭两地拉巴卜琴就和单弦或两弦的琴弓同台弹奏了。琴弓最初出现在欧洲的西班牙和西西里，但迅速蔓延到北部。演奏用的琴弓是由狩猎使用的弓发展而来的。拉动弦线产生的声音很快消失，但人们却发现加上弓以后，当拉动弓的时候弦却能持续音符的震动。西方音乐变革的第二个决定性事件是12、13世纪的改革。中东的新乐器快速发展，特别是小提琴。小提琴最初出现在11世纪的拜占庭插图中，已经有好多种形状：卵形、椭圆形、长方形，而且那时候的小提琴通常都有了腰，这是为了适应弓法的需要。其他的乐器有三弦琴和吉他的前身吉塔尔（一种厚重的乐器，由挖空的大型木头制作而成）。[35]

带弦键盘乐器最初出现在15世纪的前半期，也许开发于一种神秘工具——格子（一种只有绘画时才使用的器材，现在已经没有模型展示了）。当时也出现了早期的翼琴，即大家所熟悉的monacordys，或许是毕达哥拉斯发明的；早期的大键琴也出现了，它比较大，后来的小型立式钢琴和16、17世纪的小型有键乐器由此发展而来。到16世纪的时候随着人们对富有半音音阶的音乐作风的欣赏，鲁特琴、吉他、提琴、小提琴都有了很大的发展而且很受欢迎。在1560—1574年间统治法国的查理九世曾从克雷默那的著名的小提琴制造者安德里亚·阿玛蒂（Andrea Amati）那里预订了38个提琴。并且详细指明12个大提琴及12个小提琴、6个中提琴和8个低音乐器。

在管弦乐器中，管风琴从罗马时代就已经开始应用。从10世纪起，管风琴一直是教堂专有乐器。从东方引进的最重要的乐器是芦笛。芦笛由波斯的唢呐（surna）发展而来，是一种双簧片的乐器，上面有手指大小的孔以及向外展开的铃。近代双簧管是由17世纪中期的奥戴荷家族中的一个成员发明的。当时的双簧管主要应用在法国宫廷。[36]双簧管被看做和小提琴起到互补作用,并且辅助键盘乐器的低音部。

小调／歌谣／奏鸣曲

从11世纪起出现了新的音乐形式,有无伴奏重唱歌曲、奏鸣曲、赞美诗、协奏曲、圣乐以及我们前面提到的歌剧。到1530年左右,在意大利的有文化修养阶级中主要的世俗音乐形式是无伴奏重唱歌曲。它起源于佛罗脱拉 (*frottole*)歌曲。佛罗脱拉歌曲通常是一些爱情歌曲,只有一种乐器伴奏。创作不是出于对心底感情的评论而是为了取乐。在维拉尔特(Adrian Willaert)的影响下,无伴奏重唱歌曲日趋发展。对于他来说,五重奏五声部演唱是一种标准,它可以使合唱更丰富,更能给人美的享受。法国人民创作出了歌谣、小调,虽然我们不能轻视这一重大贡献,但是随着无伴奏重唱歌曲的成熟,音乐领导地位从弗莱明斯转移到意大利特别是罗马和威尼斯。歌谣在其他地方又叫做法兰西坎佐纳 (canzon francese),非常的轻快,活泼愉快。爱因斯坦说歌谣经常是一些表达多愁善感的"爱情小调"。在歌谣里歌唱家去模仿鸟鸣、战争场景等。正是出于这一习性,奏鸣曲最终出现了。乔瓦尼·皮耶路易吉·达帕莱斯特里纳 (Giovanni Pierluigi da Palestrina, 1525—1594) 和奥兰多·迪·拉索 (Orlando Lassus, 1532—1594) 是无伴奏重唱歌曲、歌谣及奏鸣曲主要倡导者。奥兰多·迪·拉索从1571年起在圣彼得就是无伴奏合唱的音乐大师 (maestro di cappella),他创作了94首弥撒曲和140首无伴奏重歌曲。但他最终是个宗教作曲家。在他的音乐中他写进了理想的纯洁。但他作为无伴奏重歌曲和赞美诗的大师也赞美生活中、社会中的爱。对于乐器风格和音乐卓越性的追求使得音乐演奏名家,特别是键盘乐器和木管乐器演奏家,最终出现。在这里,我们看到另一项与绘画并行的艺术——音乐家逐渐成为艺术家,受到了应有的尊敬。[37]

协奏曲／交响乐／宣叙调／和谐(纵向)音乐

接近世纪末的时候,法兰西坎佐纳演变为两种音乐类型:管弦乐器演奏的奏鸣曲和弦乐器演奏的坎佐纳。前者发展为协奏曲(后来发展为交响乐),后者演变成室内奏鸣曲。协奏曲最初的意思是大合奏,人声和乐器区分不明显。事实上协奏曲、器乐曲和奏鸣曲交互使用。但后来奏鸣曲的意思经过纠正专门用来指一种乐器的组成;在17世纪的最后10年,协奏曲专门用来指除人声之外的整个的乐器组合。因此,我们曾一度认为协奏曲本质上是指管弦乐队,直到18世纪中期管弦乐队这一用语得以应用的时候才作罢。从那之后协奏曲和今天的意思就差不多了,成为一种指独奏乐器和管弦乐队的标准说法。

创作歌剧的佛罗伦萨人文主义学者深信音乐的首要功能是强化语言文字的情感作用。开始这种有音乐伴奏的新式道白叫做宣叙调。这是指在包括一系列和音或者间或有些增加戏剧效果的不和谐的音调组合的背景音乐下背诵或高声朗读剧本。然而开始的时候是和谐的,叫做纵向音乐(与横向音乐相对)。和音(纵向书写)作为一个同时有许多音调组合的音乐体已在歌剧中成为一个重要的元素。[38]这与复调音乐极其不同。歌剧也促进了管弦乐队的发展。管弦乐队的名字正是来源于这样一个事实——合[重]奏的乐器是放置在靠近舞台的地方(在古希腊管弦乐队是位于合唱队所在的地方,剧院表演区的前方)。

蒙泰威尔第和阿丽安娜咏叹调

第一位歌剧风格的作曲家是克劳迪奥·蒙泰威尔第(Claudio Monteverdi, 1567—1643)。他1607年在曼图亚为六弦提琴和小提琴演奏所创作的《奥菲欧》(Orfeo)比起早期的佛罗伦萨的戏剧是一个非常重大的进步。蒙泰威尔第具有一种独特的和声天赋。这使得他能够创作出大胆的、富有想象力的不和谐的音调组合。但他的音乐的主要特点是音乐富有表现力色彩,这一点在早期的歌剧作品中是非常先进的。《奥菲欧》受到人们极大的喜爱,因此它的完整的乐谱很快被刊登了出来。这种事情还是首次,也表现了印刷技术的重大突破。一年之后也是在曼图亚他又发表了《阿丽安娜》(Lament of Arianna)。有证据证明这部作品更加有戏剧色彩,也更加和谐融洽。在写这部作品的时候他的妻子去世,使他陷入深深的痛苦之中,也正是这种悲痛使时他谱写出了著名的《阿丽安娜》。这也可能是第一首演变成全意大利都能哼唱的流行歌曲的歌剧式的咏叹调。幸亏有了蒙泰威尔第的成功,剧院在欧洲开始兴建,尽管到1637年的时候才有私人剧院,但那种剧院只为贵族服务。从这一年起,威尼斯的观众可以付钱进剧院欣赏戏剧。17世纪时威尼斯已有16家剧院,其中4家通宵开放。[39]

宗教剧

同时发展的还有宗教剧(神剧、圣剧)。这是一种庄严严肃的歌剧,音乐贯穿于剧的始终。以前也有人作过尝试,但是,直到佛罗伦萨艺术家群体的一员埃米利奥·卡瓦列里(Emilio Cavalieri,约1550—1602)为《灵与肉的表现》(*The Representation of the Soul and the Body*)配乐为止,才是现代版的宗教剧的开始。该剧是在罗马圣菲利普·尼利教堂的一个小礼拜堂首次上演,宗教剧也由此得名。在剧中,歌手们全副武装,音乐家和合唱团也上台了,但其中没有复杂的舞台装置和戏剧动作表演。[40]

在音乐里描绘故事要比这一技巧在绘画中的应用晚一些。但是,一旦得以应用,它便全面发展开来。17世纪音乐开始世俗化,这使得音乐摆脱了宗教的束缚。所以,可以用新颖的方式、以不同的长度、不同的严肃程度讲述各种各样的故事。这可能是音乐史上最大的变革。

★ ★ ★

伦敦剧院的大发展

韦罗内塞出现在威尼斯的宗教裁判所,卡梅拉塔会社则在佛罗伦萨集会,差不多在相同的时间里,伦敦也在发生着值得瞩目的事情。这些事情同时代的人注意到了,外国游客也非常吃惊。在费恩斯·莫里森(Fynes Moryson)在其1617年的著作的《旅行日志》(*Itinerary*)里记载着:"依我看来,在伦敦我见到的剧作比世界其他地方的都要多,同样的道理,它的演员和喜剧演员也是最优秀的。"他们看到的是伦敦舞台艺术的大爆发,这种爆发也反映了各种文学形式的创造发展,比如说莎士比亚和马洛的戏剧、多恩和斯宾塞的诗歌,以及授权版《圣经》的翻译。[41]但最为突出的还是戏剧艺术。

彼得·豪尔说定位点是在1576年的春天。一家大剧院的演员詹姆斯·伯比奇在市郊建造了第一家固定演出戏剧的剧院,从而也使戏剧从一种娱乐活动转变成一种职业。仅仅在45年后,这个创意达到了顶峰,那就是莎士比亚和马洛。

他们的戏剧对演员有了更新、更高的要求，舞台传统也在演变发展。在12家新建的剧院里上演了大约800部戏剧。尽管大家不清楚有多少没能成功上演的剧作，但人们知道除了莎士比亚和马洛还有些剧作家也都写出二三十部作品。他们是：托马斯·海伍德、约翰·弗莱彻、托马斯·戴柯、菲利普·马辛格、亨利·凯特、詹姆斯·雪莱、本·琼森、威廉·哈舍维、安东尼·满德、温特华兹·史密斯和弗朗西斯·博蒙。[42]海伍德说他主要参与了220部戏剧。

戏剧的大爆发反映了紧随佛罗伦萨，伦敦也成功地发展成了资本主义城市。对伦敦很关键的是16世纪航海事业的发展。美国金银的发现极大地提高了欧洲货币供应，通货膨胀致使劳动力贬值、资本家获取暴利。专业阶层明显增加。进入牛津大学和剑桥大学学习的人数1500年是450人，到了1642年增加到1000人。学习费用也相应增加，1600年需要20英磅，1660年就需要30英镑。1500年到1600年间进入法学院（培训律师的地方）学习的资费翻了两番。"在1540年到1640年之间，大量资产从教会和皇族转移到中上层阶级。"[43]理查德·斯特恩说道。佛洛伦斯也发生了相似的变化。另外一个报道说"富人们的领域扩大来"，"我们可以看到大批人们在购物、买房，饮食中肉类居多、饮茶、举办宴会，最明显的是挑选精致的服饰"。[44]这种描述使人们想到了凡·艾克《阿尔诺菲尼的婚礼》。

美人鱼酒馆

伦敦发生了根本的变化。寺院、小教堂以及医院被卖掉，宗教人士也随之消失。贵族由商人和技工取代。"法律替代暴力成为最受欢迎的解决问题的方法"，法院迅速发展。圣保罗大教堂现在成为传播小道消息的主要场所，有点像俱乐部。"伊丽莎白镇的居民习惯了每天早晨看看都有谁在那里，打听一下是否有些主要的新闻、小型的绯闻，关于最近的书或戏剧的评论，或者任何可以给家人转述的讽刺短诗、逸闻趣事。"[45]美人鱼酒馆是当时最好的俱乐部，也是伦敦的文学戏剧中心。在那里聚集了伦敦的诗人、戏剧家和智者。集会每月的第一个周五举行一次。伊丽莎白时代参加集会的名人有：本·琼森、尼戈·琼斯、约翰·邓恩、迈克尔·德雷顿、托马斯·卡本恩、理查德·卡儒、弗朗西斯·博蒙、沃尔特·雷利。博蒙曾在给本·琼森的信中写到美人鱼酒馆的迷人之处：

第五章 想象力的爆发

……我们看到了邓恩!

听到了聪敏的谈话,

接触到了充满辨别力的激情……

包括梅纳德·凯恩斯(Maynard Keynes)在内的经济学家认为英国剧院的出现与其商业的发展有着直接的关系。[46]于1588年击败了西班牙无敌舰队的英国充满了放任和傲慢。人们认为没有什么是神圣不可侵犯的,女王经常诅咒,还朝她喜欢的人吐口水。[47]

最初的戏剧/詹姆斯·伯比奇

尽管伯比奇转移到西尔狄区(Shoreditch)对英国剧院的复兴起到了催化作用,但是,剧院的成长吸收了中世纪的各种传统,中部和北部的神奇剧、奇迹剧、道德剧,持续两周的皇家圣诞狂欢(后来演变成化装舞会),行会中发展起来的露天表演。即使是这样,在莎士比亚成长的年代,伦敦是没有户外演出的,也没有专业剧院。1538年在亚马斯有一种游戏式的剧院曾出现过;14世纪在艾克斯特出现了叫做"观看节目的地方"上演滑稽戏。但专业演出是没有的,自宗教改革以来耶稣受难剧也停止上演了。大学里研究一些传统剧院。从16世纪20年代开始,学校的男孩子演一些柏拉图和特伦斯的喜剧以及塞涅卡的悲剧。[48]在这一过程中,大学里的教师用传统的方式编写剧作。约1550年,伊顿公学的一位教师以节奏打油诗方式编写了《佗伊斯》(*Ralph Roister Doister*)。十年之后,另外一部更有名的《盖莫·格顿的针》(*Gammer Gurtom's Needle*)在剑桥的耶稣学院上映。但在这之后的三年莎士比亚出生,并没有证据说他上过大学,因此关系也并不是十分密切。威斯敏斯特教堂的档案里记载显示,整个16世纪70年代学者们一直是在英国枢密院秘密地演出戏剧。与此同时,统治者保留了两个剧团,其中每个剧团由八个人组成。他们主要表演一些娱乐节目(本质上类似于马戏团),有时也上演一些严肃剧。这时候戏剧开始向人们讲述故事情节,有个性的人物开始出现。[49]

就结构来说,那时的伦敦剧院主要是两个循环团体:分别叫做斗牛场和熊坑,位于泰晤士河南岸,有着几百年的历史。但是话剧从未在室内演出,相反,开始的时候，都是使用旅店的院子作为天然剧院（一个木质的O，莎士比亚如此称呼它们），用一个绞形台做舞台。这样做非常便利，但同时也存在着问题。当权者担心瘟疫和暴乱，因为酗酒是非常平常的事情。一些有权力的赞助商建立了一些由演员们组成的同业公会来阻止流浪者。他们逐渐把道德剧加进了幕间表演，主要取自于时事性话题及激动人心的事件。因此当伯比奇建立了剧院，在所有的发展中所体现出来的精力和欲望都找到归宿。"同业公会，从原本的封建性机构一夜之间变为一个资本主义机构。"[50]

演说者成为演员／常备剧目

剧院产生于商业投机，所以基本上没有职业演员。我们依然记得最初的戏剧不是用来阅读的，而是用来聆听的。而读者是在伦敦迅速成长起来的。在17世纪早期，不能够写自己名字的商人和工匠仅仅有四分之一，大约百分之九十的女性是文盲，但也正是她们构成了剧院观众的主体部分。这也说明了为什么壮丽的场面在那时远比今天要重要得多，也说明了为什么那时高等文化和通俗文化并不像今天这样有着真正的区别。[51]

到了17世纪早期，"表演"这一术语已经在应用于伦敦的戏剧表演家身上，这就反应了"演说家们"自身有了重要的提高；人物塑造及个性塑造上都正在深入发展。演员们还是没有受到充分意义上的尊重。但常备剧目（不能接连两天上映同一剧目）确实让人们注意到了在接连的表演中演员们的优秀表演能力，这是大众很容易就能欣赏的才能。然而，当约翰·邓恩在1604—1605年间创作《王子宫廷图书馆目录》(*Catalogus Librorum Aulicorum*)的时候，他没有把话剧加入其内，因为他认为那不是一种文学形式。

因此，在这种环境下诞生的戏剧主要有两种元素：现实主义（尽可能地用现实的手法来表达）和情感的直接性（伴随着其他事物的发展，伦敦出现了初期的新闻业）。但是，剧院的最重要元素还是能够反映变化的世界，观众们能够在戏剧中找到自己。社会形势在变化，旧的规定正在被打破，私人阅读正在扩大，许多人购买能力大大提高。

莎士比亚/李尔王和法尔斯塔夫

莎士比亚步入了戏剧世界。正如哈罗德·布鲁姆（Harold Bloom）恰当提问的那样，莎士比亚的存在是偶然的吗？不，不是的。别忘了他迅速成为非凡、杰出的剧作家。布鲁姆还指出，如果像马洛那样莎士比亚在29岁的时候也被刺死，那么他的作品就不会在世界各地让人如此印象深刻了。在莎士比亚的《爱的徒劳》出现之前，马洛的《马耳他岛的犹太人》、《帖木儿》、《爱德华二世》，还有不完整的《浮士德博士的悲剧》，都是远比莎士比亚重要的、不可忽视的成就。马洛去世5年后，莎士比亚

莎士比亚

远远超过了这位先驱。写出了《仲夏夜之梦》、《威尼斯商人》还有两部《亨利四世》。从人物形象伯纳德、夏洛克、法尔斯塔夫及《约翰王》中的法肯布立基、《罗密欧与朱丽叶》中的茂丘西奥中，我们发现了一种新型的舞台形象。这种形象使马洛的才能得以继续发扬。继法尔斯塔夫之后的十三四年里，我们又接触到了其他的人物：罗莎琳德、哈姆雷特、奥赛罗、伊阿古、李尔王、爱德蒙、麦克白、克莉奥佩特拉、安东尼、科利奥兰纳斯、泰门、伊摩琴、普罗士丕罗、卡利班……到1598年莎士比亚得到了肯定，而法尔斯塔夫则是给他带来这个肯定的天使。没有一位作家能够和莎士比亚的语言能力相媲美。在他的《爱的徒劳》中，我们感觉到了语言的缺陷都能得以弥补。[52]

莎士比亚来伦敦时没有任何在舞台艺术方面的职业计划，也没有想成为一位受欢迎的雇佣文人或作家。在他成名之前他是一名演员。他将严肃剧和轻喜剧加以修改使它们适用于每位演员。他不大注重拼写和语法，一直杜撰一些需要的词汇。然而，历史认为莎士比亚比任何人都优秀，因为他的两项创造性的发明。第一，可变性。莎士比亚的人物（至少他的重要的人物）能够听到自己，并且心理和道德上发生变化。哈姆雷特、李尔王身上都有所表现，在法尔斯塔夫身上表现得最为突出。这种特点是全新的手法，无疑是莎士比亚的重大创造。第二点也是很容易被忽视的一点。这一点与城市化有关，那就是他的作品"反对基督教化"。他的作品存在于完全属于自己的世界，这一点我们非常易于接

受。他们不是公然的人文主义者,因为他们从过去的传统中找去到感。他们也不充分地利用所学知识(米兰是由排水渠与海连起来的)。"莎士比亚似乎不是一个有激情的人(总之在婚姻里他不是),他没有宗教信仰,也不是形而上学,没有伦理学的理念,政治理论方面也几乎没有",但是从肯定的意义上讲,他创造了我们今天使用的术语"精神"。 或许最能说明莎剧的作品就是《李尔王》了,在剧终的时候,剧里的幸存者还有观众们一起被投入了一种被布鲁姆称做"宇宙的空虚"里。"《李尔王》的结局没有违背常规……死亡对李尔王来说是一种解脱,但对于幸存者不是……对我们也不是。自然与国家一起受到了伤害,几近死亡……最重要的是自然的毁损,而我们的想法是,到底在我们的生活中什么是正常的或者什么不是。"[53]这是一项史无前例的成就。

堂吉诃德

塞万提斯

莎士比亚与塞万提斯在同一天去世。另外一个重要的巧合是,差不多和伦敦产生近代喜剧的同时代,在西班牙《堂吉诃德》的发表标志着我们现代的一种非常常见的文学形式——小说——的诞生。西班牙早期文学处于重要地位的是作品《塞莱斯蒂娜》(1499年版的有16场,1526年版的有22场)。[54]如果说有故事情节的话,是这样的:故事围绕专业红娘塞莱斯蒂娜展开,她介绍卡里斯特和麦莉碧认识,最终又把两人推向死亡的深渊,自己也没有幸存。

《塞莱斯蒂娜》中着力描绘了下层人的生活。这有助于西班牙文学中流浪汉小说风格的形成。《托尔美斯河上的拉撒路》(*Lazarillo de Tormes*)(描述了犯罪分子家庭级冒险的故事)和《堂吉诃德》是流浪汉小说的突出成就。这本书几乎与《李尔王》出现在同一时间,可以称得上是一种完全的创新并且是史无前例的。[55]不同于莎士比亚,塞万提斯是一个很有英雄气概的男人,他来自于一个被宗教审判所逼迫着背弃自己犹太教的家庭,而且几乎肯定的是一位伊拉斯谟的信徒,他参与了勒班多(lepanto)海战并立下赫赫战功。尽管他多病,他依然在摩尔人的囚禁下和之后的西班牙的监狱生活中生存了下来。甚至他的《堂吉诃德》一书都可能是在西班牙的监狱里开始的。这本书和《李尔王》出现的时间差不多,但可以断言,它是完完全全原创而史无前例的。故事的中心也是它的最伟大的地方是堂吉诃德与侍从桑丘·潘萨之间的"忠实却时而暴躁的"关系。我们读到《李尔王》的结局时感到由衷的凄凉,而《堂吉诃德》中人物的个性、大大小小的英雄主义让读者们的心中充满了无限的温暖。这部小说里面好多偏僻的地方没有加以注解。塞万提斯告诉我们堂吉诃德是个疯子,但没有告诉我们他为什么疯,也没有医学方面的介绍。或许是阅读不同时期骑士们的冒险故事后他使自己疯狂。他便开始带着那些不可能实现的梦开始旅行。在旅途中,随着相互交流看法,主仆之间的友谊(被比喻成彼得与耶稣间的关系)进一步深化。出现一些温和争吵的时候,或者争吵逐渐激烈的时候,就会有一段空白,留下余地让读者思考。[56]尽管阶级不同,堂吉诃德和他的男仆关系却"密切且平等"。故事时而严肃时而使人捧腹(有些插曲是一些纯粹的闹剧)。堂吉诃德急切盼望战斗,他经常幻想,因此把风车错当成巨人,把木偶看成真人。桑丘·潘萨的愿望不是为了得到财富与金钱而是获得荣誉和名声。他幻想能够遇到季涅斯·德·帕萨蒙特(一个远近闻名的危险的爱耍诡计的罪犯)。这些都是最初的想法,最重要的是:堂吉诃德和桑丘·潘萨通过相互倾诉相互聆听,双方都发生了变化。如同莎士比亚的创造一样,可变性,是《堂吉诃德》的主要心理方面的创新。

正如同莎士比亚,塞万提斯创作了著名的人物形象。塞万提斯远远超过了人文主义者,超越了历史上的任何一个时代,远离了教会,到达了一个新的水平。"它不是哲学,"艾瑞克·奥拜科(Eric Auerbach)这样描述《堂吉诃德》,"它没有说教的目的……它代表着一种对世界的态度……勇敢和沉着应该在这种态度中占据主要成分。"从某种意义上讲,《堂吉诃德》不仅仅是第一部小说,而是还是第一部"旅行片",这种题材我们今天还在使用。[57]

———★ ★ ★———

想象爆发的原因并不是单一的,故事讲述及讲述技巧也是这样。但我们应该注意这些巨作已远离了基督教的信仰。没有用多大的气力,想象这一技巧就为我们提供了一个选择、一个避难营,它异于讲述礼拜仪式的传统戏剧,也不同于《圣经》的记叙讲述。

注 释

[1] 有多处说明。如赫伯特·卢卡斯·SJ,《弗拉·基洛拉莫·萨沃纳洛拉》,伦敦:Sands 公司,1899年,第40页,皮尔·凡·派森,《火之冠:基洛拉莫·萨沃纳洛拉的时代》,伦敦:哈奇森出版公司,1961年,第173页及后文,萨沃纳洛拉的其他战术。

[2] 伯克哈特,《意大利文艺复兴》,如前所引,第302—303页。同时可参引:穆那,《信仰》,奥兰姆出版社,2002年,第334—335页,其他注解。

[3] 伊丽莎白·科伦坡,介绍弗朗西斯·阿莫斯-刘易斯和玛丽·罗杰斯(编辑),《文艺复兴时期艺术美的概念》,奥尔德肖特:阿什盖特出版社,1998年,第1页。

[4] 同上,第2页。伯克哈特,如前所引,第2卷,第351页。

[5] 浓淡远近法用来处理可视物体的变化趋势,随着与观察者距离的增大,物体的声音变得越来越小,而颜色变得越来越蓝,这源于大气密度的变化。(这就是为什么作为背景的山峦看起来是带着青色的。)彼得和琳达·默里,《艺术与艺术家辞典》(第七版),伦敦:企鹅出版社,1997年,第337—338页。

[6] 这是密乌克斯主教,他在长诗《奥维德教化》中说,彼得·伯克的神话在许多基督教指南中都能找到。同时可参考穆那,如前所引,第335页,在萨沃纳洛拉影响下波提切利的改变。

[7] 寓言文学适时地成熟了起来,随着像费奇诺学派在佛罗伦萨之外的城市的推广,解读寓言成了其追随者的一大荣耀。寓意图书开始出现,通常在图画旁边有一幅神话画作和几行解释寓意的诗句。比如维纳斯就是一只脚站在一只龟的上面,告诫人们女人是应当待在家里的,还要知道什么时候要管住自己的嘴巴。参考:彼得·沃森,《智慧和力量:文艺复兴名著传记》,纽约:双日出版社,1989年,第47页。箴言也是在当时出现的,它主要是为个人所设计的,由一张肖像和图文组成,是用来纪念某个人的一生中重要的事情,或是他的秉性。箴言不是以艺术的形式出现的,它通常是一个奖章、雕塑或浮雕,后者常常放在个人的卧室中,人们在睡觉前阅读他的文字便可以进行反思。在16世纪还出现了很多大受欢迎的小册子,比如利利奥·格勒高里奥·吉拉尔迪写的《众神的起源》(1548年),纳达尔·康迪的《众神的肖像》(1556年)。康迪对这些书的意义作出了最好的解释:从上古时代开始,首先是埃及,然后是希腊,思想者们故意将科学和哲学的真理隐藏在神话的面纱之后,这是为了使它们不受粗俗平民的亵渎。他因此写书揭示那些他认为是被隐藏起来的信息,诸如自然的秘密和道德教育之类。让·瑟兹奈克总结那个时代的精神时说,寓言画开始被认为是"表现可见的思想"的一种方式。让·瑟兹奈克,《幸存的异教徒众神》,普林斯顿,新泽西:普林斯顿大学出版社/珀林根系列,1972/1995年。

[8] 翁贝托·艾柯(休·布雷丁翻译),《中世纪的艺术和美》(*Art and Beauty in the Middle Ages*),纽黑文和伦敦:耶鲁大学出版社,1986/2002年,第116—117页。

[9] 同上,第114页。

[10] 阿莫斯－刘易斯和罗杰斯(编辑),如前所引,180—181页。

[11] 多罗希·寇尼斯贝格尔,《多才多艺的人与创造性思维》(*Renaissance Man and Creative thinking*),海瑟克斯,苏塞克斯:收获者出版社,1979年,第236页。

[12] 伯克哈特,如前所引,第102页。

[13] 寇尼斯贝格尔,如前所引,第13页。

[14] 同上,第19—21页。

[15] 同上,第22页。同时可参引布鲁克,如前所引,第240页。

[16] 伯克,《意大利文艺复兴时期的文化与社会》,如前所引,第51—52页。

[17] 阿莫斯－刘易斯和罗杰斯(编辑),如前所引,第113—114页。

[18] 伯克,如前所引,第51—52页。

[19] 同上,第55—56页。布鲁克,如前所引,第243页,布朗尼莱斯奇也"学了一些数学"。

[20] 阿莫斯－刘易斯和罗杰斯(编辑),如前所引,第32—35页。

[21] 同上,第33页。

[22] 寇尼斯贝格尔,如前所引,第31页。

[23] 阿莫斯－刘易斯和罗杰斯(编辑),如前所引,第81页。

[24] 同上,第72页。

[25] 人文主义对于艺术的影响之一是引入了ekphrasis的概念。有些画作经典作家见过,但现在已经消失。基于对这些画作的描写而进行的再次创作就是ekphrasis。以这种方式,文艺复兴时期的艺术家们效仿古代的艺术家。比如,普林尼讲过一个著名的故事,那是宙克西斯获得一张葡萄的图,它是如此真实,以至于鸟儿都误以为是真的葡萄而飞下来啄食。同样的,菲拉莱特也讲了一个乔托和希玛布的故事,乔托形如画苍蝇的时候,他的主人希玛布都以为那是真的,所以用了一块布驱赶它们。同上,第148页。

[26] 伯克,如前所引,插图第148页。

[27] 同上。

[28] 事实上,这种方法毫无作用。

[29] 沃森,如前所引,第31页。

[30] 巴恩斯，如前所引，第929页。

[31] 同上，第931页。

[32] 耶胡迪·梅纽因和科蒂斯·W.戴维斯，《音乐人》，伦敦：梅苏恩出版社，1979年，第83页。

[33] 同上，第83页。

[34] 同上，第84页。

[35] 阿尔－法拉比认为拉巴卜(一种擦弦乐器)与声音最搭配。安东尼·贝恩斯（编辑），《乐器的演变》，伦敦：企鹅出版社，1961年，第216页。

[36] 琼·贝瑟等人（编辑），《管弦乐》，纽约：广告牌出版社，1986年，第17页。参考，贝恩斯（编辑），如前所引，第68页，关于毕达哥拉斯。同上，第53页，联系芦笛与乐器，参考约翰·西布雷茨和尼尔·贾西洛，《管弦乐的诞生：风俗的历史，1650—1815》，英格兰剑桥：剑桥大学出版社，2003年。

[37] 阿尔弗雷德·爱因斯坦，《音乐简史》，伦敦，卡塞尔，1936/1953年，第54页。

[38] 巴恩斯，如前所引，第930页。

[39] 贝恩斯，如前所引，第117页，他说奥菲欧也用竖琴，第192页。

[40] 巴恩斯，如前所引，第932页。

[41] 霍尔，《城市的文明》，如前所引，第114页。谢尔登·切尼(Sheldon Cheney)，《戏剧：三千年》，伦敦，视觉，1952年，第266页，只有三分之一的戏剧流传下来。

[42] 霍尔，如前所引，第115页。

[43] 理查德·斯通，《英国革命的起因，1529—1642》，伦敦：罗德里奇＆开根·保罗出版公司，1972年，第75页。

[44] L.C.奈茨，《琼森时代的戏剧与社会》，伦敦：查托 ＆ 温达斯出版社，1937年，第118页。同时可参引切尼，如前所引，第261页，戏剧兴起背后的社会转变。

[45] N.兹万格(N.Zwager)，《本·琼森时期的伦敦》，阿姆斯特丹：斯威茨与兹特林格，1962年，第10页。

[46] 霍尔，如前所引，第125页。

[47] 同上，第126页。

[48] 参考 安娜贝尔·帕特森，《莎士比亚与流行话语》，牛津：布莱克威尔出版社，1989年，第20—21页，不断尝试控制戏剧。

[49] 参考切尼，如前所引，第264页，另一个候选者。帕特森，如前所引，第30页，

指出哈姆雷特的至少五个性格特征是人们普遍具有的。

[50] 霍尔，如前所引，第130页，切尼，如前所引，第169页。参考后面的资料来源，第271页，对莎士比亚戏剧少有的无争议的描绘。

[51] 参考帕特森，如前所引，第33页，当时的文化分离，第49—50页，莎士比亚对文盲的攻击。

[52] 哈罗德·布鲁姆，《西方的教规》(*The Western Canon*)，纽约：哈考特·布雷斯出版社，1994年，第46—47页。

[53] 同上，67—68页。切尼，如前所引，第273页，莎士比亚的改编和他被雇佣撰写的文章。

[54] 巴恩斯，如前所引，第620页。

[55] 克莱尔什伊莫尔（编辑），如前所引，第325页，关于塞莱斯蒂娜。

[56] 安格斯·弗莱彻，《思想的光芒》(*Colors of the Mind*)，曼彻斯特剑桥：哈佛大学出版社，1991年。同时可参引，威廉·拜伦，《塞万提斯》，伦敦：卡塞尔出版社，1979年，第124页，关于勒潘托战役，以及第427页，关于堂吉诃德和桑丘·潘萨之间的关系。

[57] 拜伦，如前所引，第430页。

人类思想史

第六章
克利斯托弗·哥伦布的精神视界

"直到生命晚期哥伦布依旧坚持他到达了最初预定的'印度群岛'。他曾在靠近齐潘戈（日本）的岛屿以及中国登陆过，也曾沿马可·波罗笔下的中国海岸线航行过，甚至距离大汗帝国的版图仅有几里格之遥。"[1]中世纪时的一里格是大多数船在一小时内所能航行的距离，大概也就是7英里到12英里之间。今天我们可能对哥伦布临终前的错觉付之一笑，但他的坚持己见却向我们讲述了他的那个时代以及空前壮观的航海大发现。所有这些尤其说明了发现新大陆的这个人来自中世纪而非现代。

不论哥伦布自己是否意识到，他代表了当时的最高航海技术。首先，他的航行是先于他几个世纪就已开始的一系列大型航海成就的最高峰。[2]虽然以往的某些航行里程超过了哥伦布的航行，但没有一个比他的更充满危险性。在很多方面，所有这些探索航行都共同显示出了人类的最显著特征：求知欲。如果没有太空旅行的话，中世纪人们对于未知世界的冒险探索是今天我们现代人难以企及的，从而也根本性地将我们与哥伦布时代明显分割开来。既然当时探险者们的旅行很少出于商业欲望，他们的旅行必定在很大程度上只是单纯地显示出了人们的求知欲。

希腊人发现了大西洋

正如前文所述，曾有一段时间西欧在探索旅行领域处于劣势。7世纪，希

第六章 克利斯托弗·哥伦布的精神视界

腊发现了大西洋并将直布罗陀海峡命名为赫拉克勒斯之柱（the Pillars of Hercules）。据希腊旅行家赫克特斯（Hecataeus）之说，地球基本上是一平面圆盘，其中心靠近特洛伊也就是现在的伊斯坦布尔。陆地被海洋环绕，地中海是通向海洋的门户。[3]6世纪晚期，意大利南部的一位毕达哥拉斯学派学生提出地球是一个球体，与另外九个类似球体共同围绕太空中的一个火球旋转，这些球体包括太阳、月亮、星星、五大恒星以及逆行地球。[4]实际上，我们无法看到这个中心火球以及逆行地球，因为我们星球的人类居住区总是背离中心火球。对于多数人来讲，地球明显呈平面状，但是，苏格拉底和柏拉图却赞成毕达哥拉斯的观点。苏格拉底大胆地解释，地球之所以呈现平面状是因为它太大了。

希腊人认为陆地从西班牙一直向东延伸到印度，更有甚者传说陆地会从印度继续向东延伸。至于南北方向的陆地则鲜为人知。亚里士多德认为南北方向的陆地大约是东西方向陆地的五分之三。更重要的是他认为亚洲陆地一直向东延伸几乎覆盖了全球，在亚洲和赫拉克勒斯之柱之间只有很小一片水域。这一观点影响颇大，在几个世纪后哥伦布出航时，仍对人们有深刻的影响。[5]

极北之地

皮西亚斯（Pytheas），我们所了解的第一位航海家，生活在马萨利亚（今天的马赛）。马萨利亚的居民从航行过罗纳河并遇到过其他航行者的船夫那里获知，北部是一片足够吞没所有岛屿的无际海洋，那里盛产稀有金属和一种被做琥珀的珍稀的褐色树脂状物质。当然罗纳河本身并非向北无限延伸到北海，也没有人知道这条河有多长。后来，大约330年，从地中海西部出发重回港口的船员报道，赫拉克勒斯之柱是一个无任何看守的自由之地。这对于马萨利亚的商人来说是千载难逢的机遇，为他们探索北海开辟了道路。皮西亚斯正是此时被选中带领一艘长达150英尺的轮船进行航行的（这是哥伦布用的船远不能及的）。[6]沿着陆地，皮西亚斯最终发现了通向法国北部的航道，然后，在寒冷的雨雾之中，他继续航行到了英格兰和爱尔兰，到达了他所称做的奥克尼（今仍称做奥克尼郡），之后越过设得兰群岛和法罗群岛，直到到达陆地，在那里夏季的第一天，太阳终日不落。他把这个地方称做极北之地，以后的几个世纪，人们一直把这个地方视为北方世界之端——这个地方很有可能是冰岛或挪威。皮西亚斯经由丹麦和瑞典返回时发现了通向内陆的大片水域——波罗的海，并开始他的琥珀之地探索。他发现了贯通南北的河流（如奥得河和维斯瓦河），同时还发现北海的消息也正是由此传入地中海的。然而当他返回家乡后，没有人相信他。之后迦太基人控制了赫拉克勒斯之柱。从此，通向大西洋的道路再次被切断。[7]

东方的亚历山大

另一方面，希腊人也知道在波斯的尽头有一个称做印度的地方。他们听到很多关于那个地方的传说：国王非常威严，可让十万头大象参战；那里有长有狗头的人；那里还有巨大无比的虫子，可把牛或骆驼拖入水中并吞掉。[8]331年，亚历山大大帝开始了一系列的征服战，这使得他越过了波斯、阿富汗，直到印度河。在这个地方，他真正见到了传说中的大虫——鳄鱼。[9]他沿着印度河南下，到达了广阔无垠的海洋。所有这些都证实了古人对于陆地被海洋环绕的说法。[10]

★ ★ ★

埃拉托色尼和地球周长

埃拉托色尼

所有这些航海细节都被学者搜集了起来，尤其是亚历山大大帝时期，建立了有名的图书馆。[11]其中一位有名的图书管理员，埃拉托色尼（Eratosthenes）可以被认做世界上第一位数学地理学家。正是他开始了制作一部精确的世界地图。依据以前所提到的方法，他计算出地球的圆周不到2.5万英里，这一数字并不是太离谱。当然这也不是埃拉托色尼的唯一成就。基于气候，他也同样计算出了可居住陆地的面积。根据太阳的角度，他发明了纬度，这使得人们能更精确地确定亚历山大、马萨利亚、阿斯旺和麦罗埃等地方的位置。阿斯旺和麦罗埃都是人们沿尼罗河航行时所发现的。[12]140年喜帕恰斯将地球圆周调整到2.52万英里（25.2万个赛场），依据这一数据，埃

第六章 克利斯托弗·哥伦布的精神视界

拉托色尼进行了自己的工作,将地球圆周精确地分为360度,各为70英里。这同样使得他能在地图上每一度划一条纬线,他称此klimata,今天我们所使用的climate就是由此词演化而来。[13]

托勒密

在罗马时代,贸易的发展促进了知识的进步。罗马人对于丝绸的需求意味着不论是内陆的丝绸之路还是到中国的海路都得以发现并延伸。这些都在一位来自亚历山大的希腊匿名商人所著的航行指南书中得以证实。《厄立特利亚海航行记》(*Periplus of the Erythraean*)一书描述了对非洲东海岸的探险,向南一直到拉夫它(大约1500英里),然后是印度海的北海岸,从红海到印度河,接着到锡兰(现更名为斯里兰卡),从那里进一步向东,但信息逐渐变得模糊了。但希腊匿名作者似乎也知道恒河以

克劳迪亚斯·托勒密

及泰尼(丝绸之国,即中国)甚至更远的地方。正如前面所提到的,丝绸增进了人们对于世界地理的认识,并促使这一知识不断更新。140年,继埃拉托色尼之后,下一位便是克劳迪亚斯·托勒密(Claudius Ptolemy)。

尽管托勒密比埃拉托色尼掌握了更多的信息,但并非所有信息都准确可靠。人们误以为哥伦布与他同航,对此,他也要负有责任。正是托勒密引入了纬线这一概念,尽管当时还无法实际确定纬线起止点。他的想法是把世界平均分成相等的方格,以便有助于精确地定位。除了在地图上标注出中国外,他还加入许多关于大西洋的信息,据说幸运岛便是位于非洲的沿岸。[14]

在托勒密之后,进入正统派基督教运动时期,正如多数学科,地理学出现了下滑。6世纪,航海商人和僧人考斯马斯(Cosmas)坚持认为地球是矩形的。他的这些理论基于《出埃及记》,其中记述了上帝将摩西召集到西奈山并向他讲述了很多秘密,并教给他制造神龛——世界的雏形,这就暗示考斯马斯世界的形状必定也像神龛。[15]这立即促成了"基督教的地形学",即天地在地缘相接,天堂即在东方海尽头近天处的"旭日升岛"。[16]事实上,考斯马斯认为,尽管地

球是平的，也是倾斜的，这就解释了山脉的存在以及太阳夜晚消失的原因（他说地球只有42英里宽）。他认为这同样解释了为什么北流的河要比南流的河缓慢（北流之河都是上行）。考斯马斯认为地球必须是平的，否则居住在地球另一端的人们必定倒立生活——显然是不可能的。依据他的理论，尼罗河事实上也是由低向高流淌，这对于考斯马斯来说也是完全可能的。

对于基督教徒，尤其是教父，天堂的定位至关重要。根据基督教本身的说法，因为底格里斯河和幼发拉底河始于天堂，所以这两条河流的定位与布局必须与早期的说法保持一致，即天堂本身应位于世界的最东端。一种解决方案是伊甸园的河流在地下流经一段距离后流出地面。但这无济于事，因为这样人们便无法沿河到达天堂。[17]另外一个问题便是经文中所提到的怪物种族的下落，尤其是从北方侵略古世界的皋格（Gog）和马皋格（Magog）之族，根据传统，他们会再次出现。他们到底在哪里呢？而另外一个问题则是地球的中心在哪？《以西结书》中所提到的两首赞美诗及参考将耶路撒冷定位为世界中心，这也是为什么这一城市在中世纪的地图上常被标注出来。[18]不久耶路撒冷的中心地位明显难以保持。

圣布伦丹／希望之地

继皮西亚斯之后，爱尔兰僧侣圣布伦丹（St Brendan）成为历史上的第一位基督徒探险家，也是第一位重要的大西洋冒险家。布伦丹于约484年生于特拉利附近，并于512年被委任为牧师。许多爱尔兰渔夫经常出海打捞并带回大洋西部岛屿的故事。布伦丹就是听着这样的故事长大的。[19]正如我们所了解的那样，布伦丹是要谨慎一些。为寻找"圣人的乐土"，他与16位僧侣追随者于539年左右开始了大规模的航行。"400年来，他的旅行故事并没有被记载下来，而这一时期，又有很多僧侣进行了深入大西洋的探险。然而布伦丹的声誉日隆，因为其他僧侣的航行功绩皆归于他的名下。他与他的同伴没有指南针，却能依据星辰和候鸟而行。他们向西航行了52天登陆了一个小岛。小岛上只有一只小狗迎接他们，并把他们带到了一所屋宇，在此休息片刻后，正当他们离开之际，岛屿主人出现在了他们面前，给他们以丰盛的食物。之后他们四处漂泊，又到了一个小岛，岛上到处是成群的纯白色绵羊，河里满是肥美的鱼。他们打算在

第六章 克利斯托弗·哥伦布的精神视界

那过冬，受到僧院的热情款待。后他们继续航行，来到一荒芜岛屿，正当他们做饭时，岛屿晃动起来，于是他们拼命奔向他们的小船，同时岛屿沉入海中。布伦丹解释说，岛屿其实是一条大鲸。"[20]

在随后的七年中，布伦丹又到了大西洋的其他几个岛屿。有一个"壮人岛"长满了白色和紫色的花朵；他们曾经过海中漂浮的水晶柱；他们还穿越过到处是"巨大工匠"的岛屿，这些工匠向他们抛出大块燃烧的炉渣。(他们认为这就是地狱边缘。)在他们的北行路途中，他们看到有些山向天空喷出火焰。[21]但是他们一直未到达他们的最终目的地——圣人乐土。最后，绵羊岛的代理人同意将他们带到圣人乐土。他们在浓厚的雾云中航行了40天，到达了陆地，又在陆地上探索了40天，最后来到一条可航行的河流，于是他们坐船顺流返程，穿过云层，驶向家园。

人们对于这些"发现"进行了深思。法罗群岛源于丹麦语羊这个单词。[22]开满白色与紫色花的"壮人岛"则有可能是加那利群岛或者西印度群岛。水晶柱则只可能是冰山，"巨大工匠"岛有可能是冰岛，而北部喷焰岛屿则可能是狭小的詹·马耶恩岛。那么希望之地在哪呢？如果有层层云雾，那可能是北美洲。不管怎样，这一故事不断被人重复，直到希望之地变成了圣布伦丹岛，而且1650年之前一直成为大西洋地图的显著特征，尽管这一岛屿的确切位置从未确定。[23]

——— ★ ★ ★ ———

文兰岛

10世纪挪威人有了不同的看法。如果你在挪威的西部画一条线，你会发现设得兰群岛、法罗群岛、冰岛、格陵兰岛以及巴芬岛。冰岛很早就被发现了，并不仅仅是爱尔兰僧侣的专利，挪威人一直以来也有将无法管教者作为流犯驱逐到冰岛的惯例。任何航行去冰岛的人都有可能见到格陵兰岛。格陵兰岛在986年标注在了地图上。格陵兰岛的人们饲养牛羊、猎捕海象和北极熊。他们也向南"探索"陆地，但"探索"一词对于巴迦尼·荷里奥森(Bjarni Herjolfsson)这位年轻的冰岛商人来说还不太准确，因为他从格陵兰岛返回时，偏离了航向，向南驶去，穿越了一团厚雾。结果他到了一个岛屿，上面有山，有森林，一点也不像格陵兰岛和冰岛。在他驶回格陵兰岛的时候，他的所见极大地吸引了其他人士。有一位叫莱夫·埃里克森（Leif Eiriksson）的年轻小伙于1001年仿效荷里奥森出航。

起初，他到了一些荒芜的岛屿。他把他们叫做黑卢兰岛、平石岛或者石板岛。继续向南行进，他也发现了巴迦尼所看到的森林茂盛的岛屿。埃里克森把这个岛屿叫做马克兰岛或森林岛。他继续向南走，到了一个长满葡萄和浆果的岛屿，他把它叫做文兰岛，并在此过冬。有一些人仿效莱夫，但都发现了土著人，并把他们叫做斯克莱菱人（Skraelings）。这些人充满敌意，要么杀掉来访者，要么把他们驱赶回去。不来梅的亚当1070年书中对于文兰岛的叙述被看做是权威的表述。1117年，来自格陵兰岛的教皇使节访问文兰岛，这就意味着那里的确生活着一群人，至少在一段时间内有过（1960年在这一新发现的土地上挖掘出的建筑物与格陵兰岛的建筑非常相似，而且可追溯到约14世纪到11世纪）。罗马教皇对于格陵兰岛的记载直到5世纪末。[24]

------ ★ ★ ★ ------

普兰诺·卡尔皮尼的约翰／鲁布鲁克的威廉姆

在另一个方向上，亚洲也显示了出来。关于亚洲一个相当出名的说法是在这一大陆上有一位叫祭司王约翰（Prester John）的基督教统治者，他权力之大乃至国王也必须在他到来后才能开饭。尽管很多伟大的航海探险家和旅行者这么说，但没人发现约翰这个人（有些人认为这仅仅来自亚历山大大帝的一个腐败传说）。关于中世纪的三大旅行记述之一是由普兰诺·卡尔皮尼的约翰（John of Plano Carpini）1245年所著的《蒙古国历史》（*History of the Mongols*）。约翰代表罗马教皇从里昂出发。他持续庄严地行进，远到基辅。由于他身体超重，骑马而行并非易事。在基辅，他发现蒙古人已建立了相当高效的通讯系统，沿路到处是信息站，使得信息员一天可五六次换乘马匹。[25]用这种方式，他又到了克里米亚、顿河、伏尔加河、乌拉尔河、咸海北部，后又穿越西伯利亚到达古代蒙古帝国，贝加尔湖南部，也就是大汗帝国的朝廷所在地。约翰受到了热情的款待，拜见了可汗。可汗母亲赠与他狐皮大衣，对他的返程起了相当大的作用，因为路有积雪，而他也不得不露宿荒野。当他返回家园后，基于他的旅行，约翰写了一本书，大获成功，只可惜他并未提及任何有关祭司王约翰的故事。

然而，他的旅行极大地丰富了人们对于东方的了解。《蒙古国历史》一书销遍欧洲（英语"horde"一词常与蒙古人联系在一起，此词便是来自土耳其语"ordu"，意思是"露营"）。因此，罗马教皇决定派传教士去蒙古帝国，希望能够说服可汗。1253年，所选之人鲁布鲁克的威廉姆出发去完成教皇使命，结果非常失望地发现可汗根本无意于皈依罗马教皇。[26]然而在蒙古帝国期间，他却发现了其他几位欧洲人，其中有巴黎金匠，曾被匈牙利人和英国人绑架的法国妇女。普兰诺·卡尔皮尼的约翰极大地激起了欧洲人对亚洲的兴趣。

马可·波罗与忽必烈可汗

威尼斯人的兴趣最为强烈，原因是自古以来威尼斯商人就与阿拉伯的穆斯林有着良好的贸易往来，而这些人的物品都来自更远的东方。这就是为什么波罗兄弟——尼克罗（Nicolo）和马非罗（Maffeo）1260年决定跨越亚洲。这次旅行非常成功，因为当时的蒙古统治者忽必烈可汗对于欧洲有着同样的强烈兴趣，故把他们兄弟作为大使送了回去。1271年，当他们再次到达东方的时候，他们带来了尼克罗17岁的儿子马可·波罗。这一旅行一直以来成为伟大的旅行。他们沿着丝绸之路旅行52天直到到达中国边境喀什葛尔（Kashgar）和莎车市（Yarkand）。他们穿越沙漠最终来到甘拜卢

马可·波罗肖像

（Kanbalu，现在北京所在地），蒙古国的新迁首都。马可波罗把这一城市描述成"远远超出了人们的想象……每天都有不下千辆装满丝线的马车进入城里，各种各样的金制品和丝制品大量生产出来"。[27]正如其父，马可·波罗也是位精明的商人，有着敏锐的市场嗅觉力，而且像他的父亲一样成为可汗的受宠人物。15年来，他一直作为大使游遍中国和东方。[28]事实上，波罗一家人仅有一次回家，那时忽必烈可汗与波斯统治者签订一份婚约，依据其条款，年轻的新娘要被送往西方。护送队由14只船组成，波罗一家人成为新娘的保护团。船队由太平洋岸的载通（Zaiton，现在的厦门）出发（波罗兄弟认为从这可以直达欧洲），

但他们首先航经肯塞（Kinsai，现在的杭州），这又是一次奇妙的旅行——杭州地广100英里，有10大市场、1200个桥梁。"每天在杭州市场流动的胡椒粉就有43车，每车重达243磅。"[29]从护送队的船员那里马可了解到了齐潘戈（Zipangu，日本），听说距离中国大约1500英里（事实上距离上海600英里，离朝鲜200英里）。当波罗兄弟返回家园时，其友人大为震惊，都以为他们早就不在人世了。在马可出版了他的旅行记述《马可·波罗游记》（*The Description of the World*）后，没有人相信他的描述，他也因老说大话，描述东方事物时出口必称百万，从而获得一个绰号"百万先生"。他养成了讲故事的习惯（事实上他有一位代作者，比萨的鲁斯提契洛）。然而，波罗兄弟的确到达了亚洲的边缘——另外一片广袤的海洋。

伊本·巴图塔

中世纪的第三位伟大旅行家是阿拉伯人——伊本·巴图塔（Ibn Battuta）。1325年他离开了丹吉尔，起初是为了朝圣麦加。然而到那后，他决定继续向前。他沿非洲东海岸而下，然后转向小亚细亚，再后来穿越亚洲中部到达阿富汗和印度。伊本·巴图塔在印度也受到了热情款待（做过卡迪即大法官，因为他受过高等教育），他在那里生活了7年，就像先前的马可·波罗，他也被任命为大使，出使德里苏丹（sultan of Delhi）。伊本·巴图塔作为他的代表开始了中国之旅。一路遇到很多危险，受过袭击、抢劫，扮死，但最终于1346年也可能是1347年到达中国，并在港口城市发现很多穆斯林教徒。然而这些教徒看到伊本并不惊讶。返回家园后，他又到了西班牙，然后去了西非，到了尼日尔河，在这里受到了穆斯林黑人的热情招待。他的旅行成为地理学、天文学、航海学的基础，而且在科尔多瓦和托莱多的穆斯林学术中心不断向外传播。所有这些都对哥伦布思想的形成起到了重要的作用。[30]

第六章　克利斯托弗·哥伦布的精神视界

基督世界地图／怪物种族／T-O地图

因此，早期旅行者们的经历至少部分决定了哥伦布的精神视界。旅行是艰辛的，也总是危险频出的，但这长途跋涉极大地丰富了人们对于世界的认识，也激起了热那亚将军的兴趣。然而，除了早期旅行者们的影响外，哥伦布思想也受到了很多其他方面的影响。其中首先是 *mappae mundi*，也称为基督世界地图。哥伦布的其中一条日记是1492年10月24日关于古巴的："这些岛屿的印第安人以及那些由我带来的人都是通过符号向我传达信息，因为我不懂他们的语言，这是齐潘戈岛，上面有大量绝妙的故事。根据我在这里的所见及图上的标注，我认为就是这个区域了。"[31]基督世界地图与基督教共同传播出去，的确他们成为基督教的传播代理。例如，在圣马太福音中，要求使徒要向"所有的民族"传教，因此，地理学带有很强的宗教性质。正如瓦莱利·弗林特所说，基督世界地图"在很大程度上，地理描述是次要的，宗教宣传是主要的；地图色彩较轻，宗教道德色彩较重"。[32]这些地图截取了很多圣经启示录，福音、圣诗集和其他一些圣经书籍的篇章作为他们主要方针。《以西结书》中写道："因此主——上帝说到，这是耶路撒冷；我把她定为所有国家的中心，其他的国家只能环绕在她的周围。"耶路撒冷因此成为世界的地理中心。同样原因，东部位于地图的上部，依据创世纪，这一特权位置——东部是天堂所在地，伊甸园的四条河流便由此流出。[33]可居住陆地分成三个大陆，依次是"洪水"过后，上帝在三天时间分给诺亚的三片旱路。[34]这三片陆地被划成圆形，四周环绕着海洋，内陆的河流皆成大写字母T型分布。莱昂纳多·达迪（Leonardo Dati，1360—1425）是第一个在他的诗《球》中将他们描绘成"T-O地图"的。*[35]基督世界地图中值得一提的还有：东方三博士（Magi），他们来自东方的某一地方；祭司王约翰以及怪物种族，他们在地图制作者中也享有盛名。尤其是印度，已被看做怪物家园。那里可见长有狗头的人们，脚向后长，口鼻眼长在胸膛上，或者有的长有三排牙齿。印度也以"大胡椒林"著名。随着时间的流逝，地图制作者似乎注意到了旅行者的发现。例如，里海并没有注入北部海洋，而

---

* 当时人们认为世界上只有三大洲——欧洲、亚洲和非洲，绘图者把世界粗略的描绘成一个圆盘，三大洲当中最大的亚洲占据了上面的半圆同上半部是一个"T"，T的纵线代表地中海，横线的左右分别代表多瑙河和尼罗河，被T分割开的两部分就是欧洲与非洲。这张世界地图后来被人们称为"T-O地图"。

是完全被陆地环绕。中国大陆周围的岛屿被发现得越来越多，证实了马可·波罗的说法。1375年制作的所谓的"加泰兰地图集"（*Catalan Atlas*）画出了大西洋的一些岛屿——马德拉群岛和亚述尔群岛，这些岛屿的位置精确性都还算说得过去。印度很明显是一个半岛，印度海洋的一些大型岛屿也被标注出来。中国在最东部，其中一些城市也被标了出来。

基督教地图不是"区域和气候图"，而区域和气候图将地球传统地分为五大区域——北部极寒带，温带，可居住的地带；继续向南，地球中部靠近赤道位置，无法居住的"热带"；继续向南，又有两个带，一个温带，一个寒带，与北半球的各带相对。[36]热带无法跨越，尤其是热带海洋无法跨越，这一想法最初源自古希腊，后为基督教所接受。这一观点使得人们认为北半球海道不可能寒冷，而南半球海道不可能炎热。这就暗示人们全球旅行的唯一方法便是向西航行。

早在15世纪，2世纪地理学家托勒密的《地理学》被再次发现。这一希腊教科书由克里索罗拉斯（Chrysoloras）带到西方，而在1409年左右被翻译成的拉丁语版本则由雅各布·安吉罗·德·斯卡尔皮里亚（Jacopo Angelo de Scarperia）向世人销售。[37]多亏了红衣主教圭劳姆·菲拉斯特尔（Guillaume Fillastre），这些著作都配上了地图，而且所谓的"新地理学"广泛流行起来（尽管有人质疑托勒密对于亚洲面积的描绘）。[38]1450年在罗马举行的教皇大赦年集会时，学者们的聚集使得越来越多的地图采纳了托勒密的说法。其中一大影响便是激起了许多学者的极大兴趣，力图进一步精确地图的尺寸。尽管哥伦布没有接受已有的最小估计，塞缪尔·莫里森（Samuel Morison）在他伟大的探险生命里，揭示了一位与哥伦布经常通信的佛罗伦萨医生保罗·托斯卡内利是如何从其对地图的重新绘制到15世纪的地图制作者们乘船到马可·波罗曾提到的齐潘戈（日本），离中国大陆海岸大约有1500英里—1600英里，其间有很多岛屿。基于这一想法载通（现在的厦门，也是他离开返乡的地方）很有可能位于"靠近加利福尼亚的圣地亚哥的东部边缘"。[39]

———— ★ ★ ★ ————

第六章 克利斯托弗·哥伦布的精神视界

哥伦布的知名读物

瓦莱利·弗林特对于哥伦布著名读物的重构说明他除了懂意大利语，还精通拉丁语、卡斯提尔语和葡萄牙语，还说明他的书分为两大部分，其中有很多对磨损部分加以注释。正如本章开始所强调的那样，亚洲，外乡人，以及那里的财宝，极大地吸引了他，而且强化了他的想法，即终有一天他要发现一条到东方的新路线。他在书中很少涉及这些新国家是如何进行统治与管理的。这有悖于你从探险身上所期待的一般知识——天文学基础、数学、地理学、几何学以及历史与哲学。[40]看起来，哥伦布似乎阅识不广，但他的确思想深刻。有五本由这位舰队司令注释的书存留下来。其中包括皮埃尔·戴利（Pierre d'Ailly，1350—1420，坎巴拉主教，后为红衣主教）的《世界形象》（*Imago Mundi*）。这本书印于15世纪80年代，提到世界某些地方有六个月全是白天，六个月全是黑夜。[41]哥伦布的第一版书中包含898个批注。由埃涅阿斯·西尔维斯·皮克劳米尼(皮乌斯二世，1458—1464间在位)所作的第二版《万物史记》书中包括862个批注。由多米尼加博洛尼亚的修道士皮皮诺（Pipino）于14世纪所著的《东方的习俗与情况》书中仅包含366条批注。哥伦布的许多精神视界都可从这些批注中得以恢复。例如，我们可以通过书中的某些方面观察哥伦布。他对于人们提到的东方财宝非常感兴趣，也想知道不同区域对于人们本性的影响——例如，他认为太阳升起的东方世界的人们比其他民族更加机敏，热衷于高尚的事业和天文学。[42]哥伦布尤为关注自然界的反常事物。他认为极端气候会使人畸形，突出的表现为人吃人，这一点遍布全书。在这些怪异的人群中，他似乎对亚马逊人有着持久的兴趣，一个与传统性别统治地位相悖的社会群体，在这个群体中，女性处于统治地位。[43]他与同时代的许多人有着同样感受：穿戴丝织品会致使道德恶化，但对中国非常着迷，因为，他认为，跨越大西洋后，形成了与西班牙相反的情形，与冰岛相反的北部。

当然，他也对航海事业感兴趣，正如你所想象到的，尤其是对海上可能会产生的疾病感兴趣。治疗肾结石的方法是使用酒泡制过的海蝎子，或者水蛇的肝脏，再或者酒泡制过的海荨麻。关于哥伦布读物的另外一个意想不到的方面便是《普鲁塔克的生活》，这本书仅1470年被全面翻译成了拉丁语。[44]哥伦布除了对于历史及历史性传记感兴趣外，似乎也在寻找能在新国家发现的的确需要的政府统治形式。[45]他引用了许多例子,其中有关于光明磊落、慷慨大方的例子,关于使市民产生归属感的措施的例子,关于可允许财富公示数量的例子。

———— ★ ★ ★ ————

航海家亨利

关于哥伦布的一般背景知识太多了。但对哥伦布知识与思维的最直接的一系列影响主要来自于葡萄牙恩鲁克王子,即历史上有名的航海家亨利。亨利对航海感兴趣,据说主要是因为1412年葡萄牙对摩洛哥发动的一场战争。当时,葡萄牙胜利后,休达市场使亨利大为吃惊。"在那里,他看到物品穿过沙漠,送往南部的廷巴克图——非洲的心脏,以及向东到达红海。亨利回到葡萄牙后一直困惑不解:走海路是否要比穿越沙漠区南部和东部更便利。"他定居在利波希拉小镇来研究地理、天文和航海,并采访了停泊在圣文森特角船上的船员。圣文森特角位于欧洲的西南角。[46]几乎没有比这一地点更好的位置了,因为在这他可以学到地中海与大西洋两处的航海技术。[47]

指南针

指南针

人们从地中海的航海员那里了解到了指南针。指南针是中国人发明的,这多亏了中国人一直盼望着死后埋入风水宝地的习俗。(因为人世短暂,死后永恒,所以坟墓自然要比房屋重要多了。)正确的葬礼仪式之一便是借助一个特制盘,上面再放上一个可转动的勺子。(之所以用勺子是因为其形状大致与天上的大熊星座相一致,而这一星座固定在极点位置。)随着习俗的发展,越来越贵

第六章 克利斯托弗·哥伦布的精神视界

重的材料用来制作这一神圣的勺子——玉、无色水晶、天然磁石。应当注意，除了天然磁石勺总是指向南方外，其他材料做成的勺子每次指向的位置都是不固定的。这就是指南针的雏形，发明于6世纪左右，并逐步传到西方。这就取代传统的航海方法，即，带一些鸟出海，每隔一定时间放几只。鸟本能知道，陆地在何处，而航海员便跟随它们。正是靠这种方法，冰岛得以发现。[48]指南针的使用才使伟大的航海发现成为可能。

航海图／磁北和真北

地中海船只常备有航海图，用此记录每日的航行线路，这就是所谓的"航迹法"。这些图表包含大量基于常规旅行的确凿信息，但是海洋航行的要求有些不同，这也是逐步出现的。一个明显事实就是海洋如此之大以致地球的曲率成为航行的非常重要的因素。人们花了很长时间才意识到这点，也同样花了很长时间才找到解决办法。

"图解航海手册"这一术语最初只是指手写航海指示，但慢慢用来描述地中海海图。这些图解航海手册都是手制的，而且依据航海经历标出了主要港口、航海路标，以及居间城镇和港口。它们的形状很难有所变化。一切都画在了一张长达3英尺—5英尺、有18英寸—30英寸厚的羊皮纸上。海岸线为黑色，城镇也为黑色，与海岸线垂直相对，重要地方红笔标出。内陆信息相当少，更别说河流与山脉了。[49]上面也用点或×号标出了离岸航行的危险地方，但没有标出海流、深海及急流。制图员的主要目的是距离的精确性，并未考虑地球的形状。这对于地中海方面的地图影响不大，但对于东西方之间的海洋来说却缩减了很多，纬度的区域也随之减小。

然而，自15世纪中叶开始，随着葡萄牙探险者对于非洲西部海岸线和大西洋岛屿认识的扩展，他们对地球这一部分的地图需求呈现上升趋势。（最早的大西洋地图绘制于1448年到1468年之间。）这些新的专业地图的绘制源自子午线的引用，即通常从圣文森特角沿地图自上而下画一条线，标示出纬度。尽管这是一大进步，但问题是图解航海手册的北极是磁北极而非事实上的地理北极。因此，有些地图画有两条子午线，在地图上倾斜地画出第二条，与中心子午线成一定角度，以适应这一变化。[50]15世纪晚期和16世纪早期的一些地图显示了一些最新的发现,例如,精确地标出了印度尼西亚岛屿和摩鹿加群岛——长久以来一直寻找的香料海岛。

最早包含已知大陆和新大陆的世界地图是由比斯坎制图员和领航员胡安·德·拉·科萨(Juan de la Cosa)于1500年绘制的,他们都参加过哥伦布的第二次航行。这张地图没有标示纬度,两个半球也分配不均。之后不久,坎提诺地图问世,此命名来自一位名叫坎提诺(Cantino)的人,他把这张地图从葡萄牙偷运出来。这张地图基于瓦斯科·达·伽马的发现标识了整个非洲西部甚至印度西海岸,同时还有新大陆的海岸线,一直到西北部的安德列斯群岛,清楚地标着"亚洲部分"。整个地图的题目是"印度后期发现的岛屿航海图"。

这一时期最重要的地图是西班牙的《皇家调查》,一张关于发现的官方正式记录。这张地图于1508年按皇室要求制作,并保存在塞维利亚的康特拉塔西奥之家里,随发现的不断增多而及时更新。[51]尽管这些地图没有保存下来,但根据它们由迪亚戈·里贝罗制作的地图显示出了世界的各部分比例有了明显的改进,这张地图现存于梵蒂冈。地中海的比例缩小到它应有的尺寸,非洲和印度也精确地绘制出来。当然还有一个重大错误:亚洲的东西跨度被拉大了。人们依旧觉得亚洲不可能远及西班牙西部。[52]

中世纪《圣经》影响下的"T—O地图"中的以耶路撒冷为中心、大陆天堂位于东方的说法,在15世纪中叶的地图中已经不存在了。一张有名的世界地图是1459年在威尼斯由毛罗(Fra Mauro)所制作的,这张所谓的"中间地图"说明了人们思想的进化(但非革命)。这也是张图示航海图,耶路撒冷位于纬度中心,但在经度上偏西,因此欧洲与亚洲的比例就正常了。非洲部分地区用阿拉伯语命名地名,而亚洲也带有很多马可·波罗所描述的特征。亚非两洲的南部都有无尽的海洋。怪物人类和陆地天堂消失得无影无踪。

未发现的地域/麦卡托和"逐渐增大的纬度"

随着人们发现了越来越多的区域,图解航海手册的传统制作法在很多方面已不再适应航海者们了。这里也加入了托勒密地理学的发现,其中考虑如何处理地球表面的曲率并同时假设热带以南有大片未知陆地。现在人们已经意识到,

第六章　克利斯托弗·哥伦布的精神视界

其实并没有古代意义上的热带区域，也不存在大片未知领域，至少在与亚非相连的大陆这个意义上。

1506年第一张由吉奥瓦尼·马提奥·康达里尼（Giovanni Matteo Contarini）制作的标出了美洲的印刷地图的确显示出了地球的曲率，并把世界分成三大部分——北部与中国相连，西印度群岛距离日本不远，南十字之地——南美洲——作为南半球独立的一个巨大的大陆。一年以后，马丁制作了他的有名的世界地图。将12页投影到一张心形图上，标题为"根据托勒密学说及阿美利哥·维斯普西等人的航海记录"（这是第一张用美洲一词描述新大陆的地图）。这张地图标明原来的已知大陆跨越经度230度，但马丁后来放弃了托勒密的理论，并使亚洲的比例更为合理。[53]

但是托勒密的影响仍旧继续，鼓舞着人们更好地理解地球曲率并改进航海技术。第一位探索这一问题的是葡萄牙数学家及宇宙结构学家佩德罗·努涅斯（Pedro Nunes）。尽管他没有实际去设计地图，但其他人完成了这一工作，尤其是佛莱明·杰哈德·克莱曼（Fleming Gerhard Kremer），或麦卡托（Mercator）。麦卡托是一位土地测绘员、雕刻师、数学和天文仪器制作者，也是位绘图员。他是当时最博学的地理学者（除了这些工作，他还再版托勒密的著作），但他的名声主要在于世界地图——24页组成的超大尺寸地图。[54]这张地图用他的新投影法绘制而成，尽管后来被修改过多次，仍旧用他的名字命名。地图的最基本原则就是采用了平行的经纬度直线构成的格子线（或小方格），但是，麦卡托通过在一曲面上以同样比例向两极延伸纬线，最终子午线汇集于一点，从而解决了地球曲面问题。用当时的语言表述的话，也就说他的地图"面积随纬度增大而增大"。依据这一方法，两地之间的正确角度得以维持，而且这也意味着航海员可以在地图上用直线绘制两地间的路线。麦卡托的投影地图在某种程度上说是一个理论突破，因为他将稳定性引入航海，似乎没有相应地增加过去使用的地图的参数。经线依旧是一个航海遇到的问题，主要因为这一难题，整个16世纪由海员和探险者们发现的大部分地区无法安置到地图上。麦卡托地图犯了一个奇特的错误，正如约翰·诺贝尔·威尔福特（John Wilford）所指出的——希腊人意识中的南方大陆（*Terra Australis*）覆盖了整个极地并向北延伸至南美和南非。[55]

这些工作没有一项是轻而易举的，因为在海上记录时间是相当困难和棘手的。通常船上有两套计时系统,每个记录4小时。时间用沙漏计算,每半小时翻转一次,由看钟男孩大声报点。(这些沙漏主要是在威尼斯制作,由于易碎,通常携带很多备用品,例如麦哲伦的船上就带了18个。)中午是通过罗经卡的影子的长短进行确定的。[56]

舵柄和方向舵

掌舵也是一个问题,至少18世纪以前是这个样子。舵柄很长,直接铆在了船舵的榫眼上。舵手根本无法知晓船的行进方向,只能听从看守官的命令。方向舵在顺风海中行驶时根本起不了什么作用,即使用船舷靠。在遇到暴风雨时差不多需要14个人才能驾稳舵柄。17世纪引入了动臂杆——这是一根长杠杆,支点固定在后甲板上,通过一个螺圈连接到舵柄上。这使得舵手可以看到船帆,而且给舵手增加了杠杆作用,但在恶劣的天气中,这也存在很大的缺陷。最后,在船舵的头上加上了轭状物,在滑轮上加上线后引到后甲板的水平金属圆柱上,以便用舵轮转动。但这种舵轮直到18世纪才出现。[57]

测深锤和测深绳/航海图书

除指南针外(欧洲首次使用),还有测深锤和测深绳。通过使用深海测深锤和测深绳,船员可以预知前方是否有陆地——众所周知,靠近欧洲的海域深达

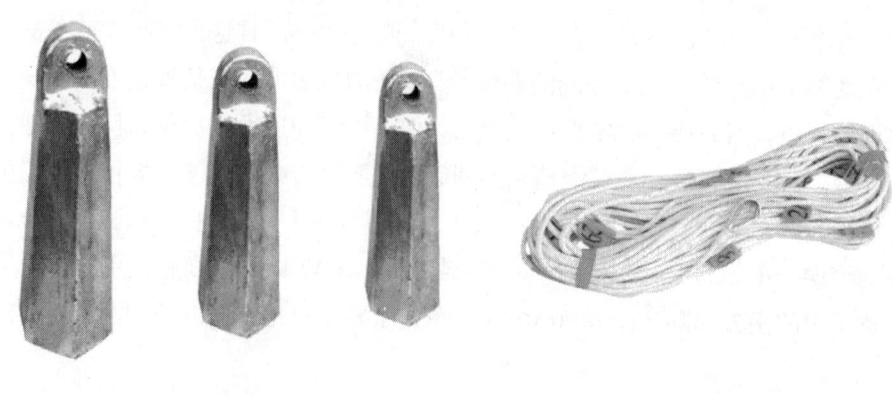

测深锤　　　　　　　　　　测深绳

第六章　克利斯托弗·哥伦布的精神视界

100英寻（600英尺），之后随距离加大深度也急剧变大。再例如，船员了解到葡萄牙周围的大陆架向外延伸20英里，然而向北，比如说靠近大不列颠，则延伸大约100英里。测深锤重约14英镑，接有200英寻长的测深绳，在20英寻处开始标记，每10英寻作一标记，标记用结表示。在类似的海岸，探测同样有助于确定方位——船员已经熟悉掌握海底形状。测深锤有时是中空的，这样再次收起时拾起的一些碎石就有助于经验丰富的船长判别它们的方位。[58]其他有助于航行的装备还包括《航海指南》（*Compasso da Navigare*）——一本全面的导航书，其中覆盖了13世纪晚期编辑的地中海与黑海全部航海知识。这类书籍很久之后才在北部一些国家使用，这就是北部地区人们所熟悉的"*routiers*"，英语称之为"航海常识"。直到16世纪他们才给出了探测的详细记录。[59]

象限仪

船进入公海以后，地表导航被正规领航所取代。早期遇到的一个问题便是无法测算船速。最初的方法是将一根圆木拴上带有结的绳子，放入海中后，用沙漏记录船尾跑过所有绳结的时间，从而计算出船行速度。但这一方法并不准确。很多水手，包括哥伦布，一般都高估了船速。由于忽略了海流，计算一直都是一个难题。自从13世纪晚期开始，人们使用航海表，从而使航海员们可以计算出抢风航行时的位移如何受到影响。船速基本知识有助于船员推算航位，但航行的距离越远，误差就会越大，尤其是不懂得海流和急流。另外一种方法是借助天体。夜晚的最显著特征就是北极星，它距离地平线的高度会随着船的南行逐步降低。于是引入象限仪以便确定纬度。在哥伦布时期，纬线推算 $16^2/_3$ 里格（大约50英里），这是已很明显的错误，可追溯到托勒密时期。大约到达北纬9度时，北极星完全消失，人们依靠与北极星成一定角度的可知星座了。北极星在视野中的消失当然证实了地球是圆的（对那些不接受其他证据的人来说）。

借助天体纬向航行，最后需要考虑的一个因素是地理北极与磁北极的变化，这也是非常重要的，这时航海员要将他们的行驶路线与地理北极而非磁北极相联系。起初大家以为这一变化是稳定的、系统化的（无一例外子午线会穿过亚述尔群岛）。随着时间的流逝，印度洋和大西洋等世界海洋的旅行经验使人们认识到问题要比目前复杂得多。只有具有16世纪航海员的实际经验方可最终理解这一问题,这是需要记录在年鉴里的地域知识。经度也是一个非常棘手的问题,因为它是时间与速度的结合体。问题是,由于球面曲度,经线长度是有变化的:在两极为零,而赤道几乎等同于纬线长度。因此,如果某人知道他的纬度,他就可以算出他所在的经度,当然前提是他能精确地测算他的速度,这也需要精确的计时。正如帕里(J.H.Parry)所评论的那样,整个15世纪和16世纪,公海航行就是航位推算的问题,"由观察纬度核实并补充"。[60]

———★ ★ ★———

三角帆船和横帆船

在15世纪中叶,在短短的20年里,航海发生了一次大革命。[61]这是地中海装大三角帆的船只与北欧—大西洋横帆船只的结合。"结合产物便是最基本的三桅帆船,这是侦察横帆船与后来的帆船的直系祖先。"[62]

地中海主要军舰是用帆和桨推进的单层甲板大帆船,直到16世纪这一直是地中海海军的组成部分。[63]它的主要缺陷是需要大量的船员,使得它无法远距离出海航行。地中海帆船的另一理念来自阿拉伯人——大三角帆船。阿拉伯唯一能够见到的船就是大三角帆船,船帆成三角形,束于前倾的桅杆上和长长的帆桁上。不论这种船是否由阿拉伯人发明,确由他们传播到印度洋和地中海。此船形体使得它最大限度地利用了风力,用途广,操作灵活。[64]

北欧的大西洋沿海国家制造了一种坚固的、矮壮的、更为灵活的小船,带有一个巨大横帆,以"小帆船"著称。它们笨拙缓慢,至少开船时如此,但它们空间宽广,需要的人员也少。大三角帆船需要50人所做的工作,对这些北欧横帆小帆船只需20人即可。

15世纪的船都配备了帆装——前用横帆后用三角帆。这时的船只,其龙骨脊及甲板上部结构都发生了一些变化,但是帆装与人员的要求对于世界大发现起着重要的作用。结合两大主要形式就是大帆船和轻快帆船。当时大帆船的标准是600吨位甚至1000吨位。轻快帆船相当小,只有60吨或者70吨,但很快。它们采纳三角帆,相当便捷,可用来探索港湾和岛屿,虽小,却相当安全。哥伦布就曾在他的第一次旅行中带了两只轻快帆船,其中一个为"尼娜"(*Nina*),就是三角帆船,这支帆船从未出问题,而且随哥伦布还进行了第二次旅行。

第六章 克利斯托弗·哥伦布的精神视界

★ ★ ★

非洲东海岸探险

除了将天文学家、航海员以及地理学者的工作汇聚一起外,航海家亨利与他的弟弟佩德罗王子将王室的绅士血统带到了他们的船队管理中,而且教导他们要志向远大,目标放远,记录详细,全力以赴,去探索人力所及的最远地。在亨利的资助下,葡萄牙船队1434年到达了博哈多尔角,1442年到达了布兰科角,1444年到达塞内加尔,同年,又到达佛得角,两年后又到达冈比亚。1460年发现塞拉利昂。在这些海边发现了穆斯林教徒以及裸体异教徒,还发现了卖鸵鸟蛋和狒狒皮的市场。探险家们还发现了大象、河马和猴子。贝宁湾(Benin)进行奴隶胡椒交易。

1460年亨利去世,探险因此暂时停止,附加原因是已到达塞拉利昂,北极星如此之低,船员怀疑他们的航海能力,并担心北极星会完全消失。1469年国王将几内亚号租给个人佛尔纳奥·玛噶尔哈伊斯。在他的五年租期内,每年他都沿海岸线探索100里格。在这五年里,葡萄牙人又到了圣凯瑟琳角(今天的加蓬)位于南纬2度。另一方面,这些发现令人感到沮丧,原因是这就表明非洲向南延伸到了大多人所能想象到的位置,这就意味着从这到印度的便捷途径越来越没有可能了。约翰二世并未因此停止脚步,相反,他资助了一系列沿非洲海岸南下的进一步探险。巴尔托洛梅乌·迪亚士(Bartolomeu Dias)1487年离开里斯本,到达南纬40度(好望角为南纬34度),之后转向东行,然后又向北行,在玛赛尔湾着陆。玛赛尔湾位于今日的开普敦和伊丽莎白港之间。他到达了这个角后并没有上去观光,而迪亚士的船员也非常疲倦,担心缺乏供给,劝他返程。返程途中,他看着这角猜测,但没有真正意识到他已经找到了去印度的路线。1488年12月,他回到了里斯本。他把这角称之为"风暴海角",但根据传统由国王将其名改为"好望角"。[65]

达·伽马绕过好望角到达印度

1497年7月迪亚士返回家园的8年后,瓦斯科·达·伽马离开里斯本开始

185

了他的伟大航行。帕里认为在这段时间内发生过很多次大西洋南部旅行，只可惜现在已找不到那些记录了。帕里还认为达·伽马的探险肯定也利用了这些旅行记录。帕里之所以这样认为，是因为达·伽马探险在大西洋海上漂流了13周却没有见到任何陆地——"直到那时欧洲海员所做的距离最长的旅行"。[66]达·伽马绕过好望角，从与他同来的玛赛尔湾出发的粮食补给船那里获得必需品后，继续向北航行。他把在圣诞节时经过的海岸命名为纳塔耳（Natal）最终到达莫桑比克和穆斯林势力盛行的地区。在蒙巴萨岛（Mombasa）他被迫使用枪支击退强行登船的人们，在马林迪（Malindi），南纬3度，今日的肯尼亚海岸，达·伽马受到了热情的接待。达·伽马很幸运地获得了当时最有名的阿拉伯航海家艾哈迈德·伊本·马吉德（Ahmad ibn Majid）的帮助，遇到了有名的航海常识和航海指南书——《阿尔·玛赫特》（*Al Mahet*）的作者，并由他将这位葡萄牙人带过印度洋于1498年到达卡利卡特（Calicut）。在东方，不论达·伽马到哪他都失望地发现穆斯林令他甚为困惑。除此以外，他还发现他旅行所带的物品——布料与五金，虽流行于非洲西部，却一点也不适合东方的人们。费了一番周折后，他终于凑齐了返程所带的货物——胡椒粉和肉桂。穿越印度洋的返程路途中，他遇到了恶劣的暴风雨，但在大西洋却是一帆风顺，终于1499年9月返回里斯本。他在海上度过了300天，失去了一半多同伴。比勒姆大教堂和杰罗尼莫斯修道院就是为纪念他而建造的。[67]

———— ★ ★ ★ ————

哥伦布发现巴哈马群岛

哥伦布，一位热那亚织布工的儿子，曾乘葡萄牙船航行至几内亚，与其说他是位职业航海员，倒不如说他是非常善于游说的地理理论家。[68]批准哥伦布1492年航行的协议规定他将要去"探索并占有海洋里的岛屿和大陆"。由好望角他并未到达印度，这也被理解成为齐潘戈和古中国。这种期待绝非特别：大家已知道地球是圆的，也就难免会有些中间大陆。哥伦布1484年第一次向葡萄牙国王提

哥伦布

第六章　克利斯托弗·哥伦布的精神视界

好望角

出建议。他遭到了拒绝，而且在法国与英国遭受了相同的待遇。1488年，哥伦布再一次向葡萄牙提出请求，而这一次本有可能成功，但巧遇迪亚士成功返航，这一事件将人们的精力和注意力都吸引了过去。因此，哥伦布来到了卡斯提尔。在这里他最终成功了，寻求到了王室的支持与富商的资助。1492年他在帕洛斯起航，乘坐"幽灵海"号。[69]

现代学者认为哥伦布并不是一个各方面都走在最前沿的航海家，但他非常细心谨慎。哥伦布朝正西方向加那利群岛（北纬27度）航行，但后来顺风向南驶去。不过，哥伦布还是很幸运的，在32天的与水草和海鸟为伴的航行后，他看到了巴哈马群岛的近海礁岩（圣萨尔瓦多在北纬24度）。毫无疑问，哥伦布认为这些礁岩就是日本这样的大群岛的周边小岛。（这正是马丁·贝海姆[Martin Behaim]1492年全球报道中的原话。）前人的错误"汇聚一堂"：马可·波罗对于亚洲的东西跨度和日本距离中国1500英里—1600英里的说法，以及托勒密对地球尺寸的低估（比实际小25%）。因此，哥伦布认为欧洲到日本大约有3000英里，而实际是10600海里＊。

因此，下一步就是找到日本。哥伦布加速行程，发现了古巴和伊斯帕尼奥拉岛（今天的海地和多米尼加共和国）。后者盛产砂金，然而只能与当地人用物品交换金鼻塞和手镯。因搁浅失去旗舰号以后，他决定返回故乡，只留下少数人以建造基地并寻找金矿。返程中，哥伦布发现他需要向北航行到北纬32度的百慕大附近以便借助西风。接近欧洲时，哥伦布遇到了风暴，最终不得不在里斯本海港避难。因过去听到意大利人的夸张说法，葡萄牙人询问哥伦布的经历后仍有疑虑。[70]不过为防万一，葡萄牙人还是坚持要求对哥伦布这些发现的所有权。

但西班牙人也是精明细心的。他们要求哥伦布尽快进行第二次航行，以抢在葡萄牙人的航行和定居得到教皇的认可之前。因为教皇本身就是西班牙人，所以得到教皇支持并不困难。1493年9月哥伦布开始了第二次航行，此次航行哥伦布发现了多米尼加、处女岛、波多黎各和牙买加。1498年，哥伦布第三次航行中，已没有志愿者了，相反，都是一些被逼无奈者或监狱释放人员。这一次，哥伦布进一步向南行驶，发现了特立尼达岛以及奥里诺科河的入海口。这条河流要比欧洲人所知的其他河流都要长，而且河流入海时的淡水量也很大，这些都说明河流所在的陆地也是相当巨大的。哥伦布曾开玩笑地认为南方之远足可以形成一部分亚洲了。而后，哥伦布转向北方航行，但在伊斯帕尼奥拉岛他留在那的人发生了叛乱。只会探索，不会统治——这使得他作为囚犯被送回了故乡。1502年，他再次受命出航，并在洪都拉斯和哥斯达黎加发现了美洲大陆。1506年，哥伦布逝世。[71]

直到今日，人们已知道当时哥伦布所发现的多数岛屿并非邻近中国的大岛屿的一部分。这些岛屿与中国遥不可及。奥里诺科河的发现已给出了最初暗示——其间有一个完整的大陆。早在1494年，彼得·马特（Peter Martyr）就写到："当面对此国时，人们必须提及一个新的世界，这个世界如此之大，却全无文明与宗教。"[72]

数年后，英国人和葡萄牙人也发现了北美洲（没有丝绸和香料），而且也逐步发现了广阔无垠的南美洲。随着人们在委内瑞拉发现珍珠，在巴西树林中

＊海里就是1度纬度所对应的经线的长度，等于2025码，大致是1法定英里的$1/4$多一点，即1760码。

第六章　克利斯托弗·哥伦布的精神视界

发现珍贵的红色染料以及在纽芬兰发现鳕鱼，人们对于亚洲的兴趣逐步减淡。最终，1519年9月，佛尔纳奥·玛噶尔哈伊斯或麦哲伦在塞维利亚出航，五条大船组成的舰队装满了葡萄牙人用来与东方人交换的物品。他与哥伦布同样认为，外乡人是很难控制西班牙人的。[73]在巴塔哥尼亚（Patagonia）的叛乱之后，麦哲伦不得不绞死叛乱魁首。在一海峡丢失两条以他命名的船后，麦哲伦驶入了太平洋。在这一广阔的海洋上穿行似乎是永无尽头的，最后人们不得不吃老鼠和皮革。后来他们在菲律宾的宿务岛（Cebu）登陆，并卷入一场战争。40个人包括麦哲伦自己死于这场战争。

麦哲伦应与哥伦布和达·伽马同样享有伟大探险家的美誉，但我们也应知道他自己的旅行还未结束，他只走过了半个地球。而这一旅行最终由塞巴斯蒂安·戴尔·卡诺（Sebastian del Cano）完成，他逃过了这场战争，穿越了印度洋，绕过好望角，回到西班牙，五条船只剩下了最后的一条——维多利亚号，以及15位船员。这是可论证的史上最伟大的航行。这改变了人们的精神视界。

麦哲伦

注　释

[1] 瓦莱利·弗林特，《克利斯托弗·哥伦布的想象世界》，普林斯顿，新泽西和伦敦：普林斯顿大学出版社，1992年，第115页。

[2] 比阿特丽斯·帕斯特·波德莫，《征服的铠甲》，斯坦福，加利福尼亚：斯坦福大学出版社，1992年，第10—11页。

[3] 约翰·帕克，《发现》，纽约，斯克雷纳出版社，1972年，第15页。

[4] 同上，第16页。

[5] 同上，第18—19页。

[6] 哥伦布的船只的大小和速度，参考E.凯卜·查特斯，《航海》(*Sailing the Seas*)，伦敦：查普曼和霍尔出版社，1931年，150—151页。

[7] 帕克，如前所引，第24页。

[8] 同上，第25页。

[9] 同上，第26页。

[10] 亚历山大为了证明这一点，就派了他非常信任的一名军官涅彻斯（Nearchus）起航向西回到波斯，在那里和亚历山大会合。涅彻斯的船队遇到了很多事故，他们遇到了以捕鱼为生的人，他们甚至用鱼肉做面包；他还看到了可怕的鲸鱼，它喷出来的水像是间歇泉一样，他的船队还被大风吹散了，但是一些船只还是到达了目的地，涅彻斯和亚历山大在波斯湾会合，由此他们发现了水路和陆路到达印度的两种方式。帕克，参前引，第30—32页。

[11] 同上，第33页。

[12] 约翰·诺贝尔·威尔福特，《绘图师》(*The Mapmakers*)，纽约，温特出版社，1982年，第19—20页。

[13] 埃拉托色尼的世界地图，参考，伊恩·卡梅伦，《矿脉和晚星：海上探险传奇》(*Lode Stone and Evening Star:The Saga of Exoploration by Sea*)，伦敦：霍德&斯托顿出版公司，1965年，第32页。

[14] 帕克，如前所引，第48—49页。

[15] 同上，第50页。

[16] 伊夫林·艾迪生（Evelyn Edson），《时空地图》，伦敦：大不列颠图书馆，1997年，第108—109页，其中包括了在东方的天堂，那是一个阳光的光束照耀下的岛屿，有四条河从中流出。

[17] 帕克，如前所引，第54页。

第六章　克利斯托弗·哥伦布的精神视界

[18] 同上，第55页。

[19] 参考，垂格·J.奥尔森(Tryggi J. Oleson)，《早期航行和北方的通路，1000—1632》，牛津和纽约：牛津大学出版社／麦柯克兰德·斯图尔特，1964年，第100页，其他神话般的航行。

[20] 诺贝尔·威尔福特，如前所引，第38页。

[21] 帕克，如前所引，第62页。

[22] 同上，第63页。

[23] 奥尔森，如前所引，第101页，布伦丹到达圣劳伦斯。

[24] 同上，第6章。菲利普，《中世纪欧洲的扩张》牛津：牛津大学出版社，1988年，第166—179页，中世纪美洲的发现。保存在耶鲁大学的《文兰地图》据称是1440年成书，但是它却是一本伪造物，由此我们知道，这些西方的岛屿一直都在地图绘制者的思想中，他们因此而形成了对北大西洋地区的固有观念。

[25] 帕克，如前所引，第83页。菲利普，如前所引，第192页，祭祀王约翰和亚历山大的传奇。

[26] 波德莫，如前所引，第13—14页。菲利普，如前所引，第69页。

[27] 帕克，如前所引，第89页。

[28] 波德莫，如前所引，第15页。

[29] 穆那，如前所引，第188页，马可·波罗的其他冒险。

[30] 罗斯·E.邓恩(Ross E. Dunn)，《伊本·巴图塔历险记》，洛杉矶和伯克利：加利福尼亚大学出版社，1986/1989年。菲利普，如前所引，第113页，比萨的鲁斯提契洛。

[31] 弗林特，如前所引，第3页。

[32] 同上，第7页。

[33] 这种形势与当时的道德情况相一致，暗示了艰苦的攀升的旅程。

[34] 弗林特，如前所引，第9页。

[35] 同上，第10页。

[36] 同上，第26页。

[37] 同上，第36页。

[38] 波德莫，如前所引，第13页。

[39] 弗林特，如前所引，第40页。关于塞缪尔·莫里森的《水手——克利斯托弗·哥伦布》，由欧文·雷兹绘图，伦敦：费伯出版社，1956年，第103页。

[40] 弗林特，如前所引，第42页。

[41] 波德莫，如前所引，第15页。

[42] 弗林特，如前所引，第53页。

[43] 按照他的解读，他应该建立一个委员会来管理他发现的第一个岛屿。约阿希姆·G.利思，《地平线外的世界》(*World beyond the Horizon*)，休·麦雷克翻译，纽约：克诺夫出版公司，1955年，第73页。

[44] 同上，第44页。

[45] 波德莫，如前所引，第4章，其中包括对于用来建立新社会的典范的讨论。

[46] 弗林特，如前所引，第95页。

[47] 同上，第96页。

[48] J.D.伯纳尔，《人类的扩张：早期的物理学历史》，伦敦，威登菲尔&尼克尔森出版社，1954年，第124—127页。

[49] J.H.帕里，《勘测时代》(*The Age of Reconnaissance*)，伦敦：威登菲尔&尼克尔森出版社，1963年，第100页。同时可参引，艾迪生，如前所引，特别是第1章，和诺贝尔·威尔福特，如前所引，第4，5章，第34—72页。

[50] 帕里，如前所引，第103页。

[51] 同上，第105页。

[52] 同上，第106页。

[53] 诺贝尔·威尔福特，如前所引，第75页。

[54] 帕里，如前所引，第112页。

[55] 诺贝尔·威尔福特，如前所引，第75页。

[56] 每24小时，被称为北极星的守卫者的星星们便会围着它转一个整圈。每夜星星会转一圈，并且沿着旋转点成一排，指向小熊星。在圆圈的外围有一系列的标志，指示着在一年不同的日子里，午夜时分所在的不同角度。这是测量每一年的每一天午夜的一个原始的方法。诺贝尔·威尔福特，参前引，第77页。

[57] 同上，第79页。

[58] 同上，第82页。

[59] 在大西洋，潮汐的水流尤其重要。人们必须知道在哪潮水比地中海高出或低出几英尺，还要知道在墨西拿(Messina)海峡最危险的海流在哪。潮汐与月亮的关系现在变得引人注目，因为那会影响到在大西洋沿岸海港的停泊。诺贝尔·威尔福特，如前所引，第

85页。

[60] 帕里，如前所引，第98页。菲利普，如前所引，第194页，北极星消失的暗示。

[61] 帕里，如前所引，第63页。

[62] 同上。

[63] 对乘坐大型船只出海的生动描写。参考：查特顿，如前所引，第139页。

[64] 帕里，如前所引，第58页。参考：查特顿，如前所引，第144页，三角帆传动技术的发展和它在1571年勒潘托战役中的应用。这种技术可以使船更好地利用风来航行。同时可参考142页图例。

[65] 罗纳德·J.沃特金斯，《未知的海洋：瓦斯科·达·伽马怎样打开通向东方之门》，伦敦：约翰·默里出版公司，2003年，第118页。

[66] 帕里，如前所引，第140页。

[67] 他还在马拉巴尔海岸发现了使用叙利亚式的礼拜仪式的基督徒。穆那，如前所引，第553页。

[68] 帕里，如前所引，第149页。

[69] 波德莫，如前所引，第10页。

[70] 帕里，如前所引，第151页。

[71] 菲利普·佛尔纳恩德兹-阿尔莫斯托，《哥伦布和难以置信的征服》，伦敦：威登菲尔&尼克尔森出版社，1974年，第166—167页。

[72] 帕里，如前所引，第154页。同时可参引：彼得·马特，《德·奥尔波·诺沃》(*De Orbo Novo*)，F.A.麦克纳特编译，纽约，1912年，第一卷，第83页，引自帕里，同上。

[73] 同上，第159页。

第七章
"印第安人"的观念：
新大陆的思想

在很多方面，1492年发生的事件既是开始又是结束。如果人们接受这样的迹象，即在1.8万年至1.2万年前之间的某个时间，早期人类经过白令海峡从西伯利亚迁移到美洲，那么15世纪的结束代表着一场独特的自然实验：有两只数量庞大的人群，生活在两块辽阔的大陆上，我们可以将他们称为新世界和旧世界，这两个新旧世界彼此完全分割，并肩发展着，忘却了彼此的存在。虽然这种状态作为一场设计完美的实验有很多不足，但是它应该依然能告诉我们很多：什么是人类本性固有的东西，什么可以归结为环境的作用。思想同样如此：什么是新世界和旧世界共有的思想，什么思想是各自独有的？为什么如此？

具有同样基本性的问题是：为什么是欧洲人发现了美洲而不是相反的情况？比方说为什么印加人（Incas）没有从西往东越过大西洋征服摩洛哥人和葡萄牙人？最近，贾德·戴蒙德（Jared Diamond）考察了这个问题。贾德·戴蒙德是加利福尼亚医学院一名心理学教授，但同时他也是一位人类学家，一直在新几内亚从事研究，并在1998年因《枪炮、病菌与钢铁》（*Guns, Germs and Steel*）一书获得罗纳普朗克科学书籍奖(Rhone-Poulenc Science Book Prize)。通过对证据的考察，戴蒙德发现问题的答案在于地球这个行星的总体布局，特别是陆地在地球表面的布局方式。简单说来，美洲大陆和非洲大陆的主轴线是南北走向的，而欧亚大陆的主轴线是东西走向。这种布局的意义在于驯养的动物和植物在传播上从东向西或从西向东比从北到南或从南到北要容易得多，因为相似的纬度意味着相似的地理和气候条件，例如平均的温度、降雨量和白昼

第七章 "印第安人"的观念：新大陆的思想

时间。而另一方面，从北向南或从南向北的传播相对比较困难，戴蒙德认为生命的这种简单的地理学事实限制了驯养动物和栽培植物的传播。因此，牛、绵羊和山羊的扩散在欧亚大陆要比在非洲或美洲快得多和广泛得多。他认为，如此一来，与其他大陆相比，农业的扩散意味着欧亚大陆逐渐形成更大的人口密度，而这进一步带来两个方面的后果：一是不同的人类团体之间存在的竞争促进了新的文化实践的发展，特别是武器的发展，武器的发展在征服欧洲方面发挥了很大作用。第二方面的后果是从动物（主要是驯养动物）身上感染来的疾病得到传播。这些疾病只有在比较大的人群中才能传播而当传播到那些还没有形成免疫系统的人群时，例如传播到印加人或阿兹特克人（the Aztecs）中时，这些疾病会毁掉这些人群。戴蒙德认为全世界的发展模式就这样确定下来。尤其是非洲，与世界其他地区相比，虽然在600万年前就开始了它的进化史但却没有能够发展起来，因为三面环绕着的广阔海洋和北面的沙漠使它与世隔绝，加上非洲几乎没有能够沿南北轴线驯养的动物品种或栽培的植物品种。[1]

美洲的情况同样如此。除了白令海峡，美洲同样被广阔的海洋环抱着，几乎没有能够驯养的动物或栽培的植物。美洲具有地中海气候，面积相对小，这意味着一年生植物品种也较少，而且南北走向使得农业活动的扩展也比较慢。例如，相比较而言，欧亚大陆有33种大颗粒的草，而美洲只有11种。在已被驯养的动物品种中，欧亚大陆有13种（来自欧亚大陆所有的72种哺乳动物），而美洲只有2种（来自美洲所有的24种哺乳动物）。因此新世界的发展被"阻止"了。美索不达米亚在公元前3000年前就发明了书写，而中美洲直到公元前600年才发明书写。陶器在公元前8000年就在富饶的土耳其和中国被发明了，但在中美洲直到公元前1250年才被发明。酋邦大约在公元前5500年就在富饶的土耳其出现了，而在中美洲直到约公元前1000年左右才出现。[2]

虽然戴蒙德的论述被人们批评为是一种推测，而且它无疑就是一种推测，但是如果被接受,确实不失为一种给人类思想的一个领域画上句号的一种方法，它说明为什么不同的民族在公元前1500年前达到不同的发展水平。

———★★★———

《圣经》中没有记载美洲／对哥伦布发现的反应

美洲的发现对欧洲人来说在知识上意义重大，因为新的大陆和新的民族对传统的地理、历史、神学甚至人的本性的思想提出了挑战。[3]就被证明是欧洲需求商品的来源地这方面来说，美洲具有经济意义，因此也具有政治意义。"很明显的事实是，"巴黎律师艾蒂安·帕斯奎尔(Étienne Pasquier)在16世纪60年代早期写道，"古典作家对我们称之为新世界的美洲全然不知。"[4]"这个美洲"不仅在欧洲的阅历之外，而且在人们的意料之外。虽然非洲和亚洲对大多数人来说是遥远而陌生的，但是人们知道它们的存在。美洲却完全出乎人们的意料，这有助于说明为什么欧洲对这条消息适应很慢。

适应是关键词。首先，正如约翰·埃利奥特（John Elliott）使我们想起的一样，哥伦布登陆的消息使得群情激奋。"打起精神，听听关于新发现的消息！"意大利人文主义者彼得·马特1493年9月13日在写给格兰纳达主教的信中写道。克利斯托弗·哥伦布"已经安全返回。他说他发现了奇迹，并且拿出金子证明这些地区存在矿藏"。[5]马特接着解释说哥伦布发现了属于"文雅的原始人"的人，"他们赤身裸体地四处走动，凭借大自然所赐予他们的一切心满意足地生活着。他们有国王；彼此之间用木棍及弓和箭搏斗；尽管赤身裸体，但是他们为争夺权力而战斗，而且他们也结婚。他们崇拜天体，但是，他们的宗教信仰的确切性质还不为人所知"。[6]

对哥伦布发现的最初影响我们可以从这样的事实中略知一二：他的第一封信在1493年印刷了9次，至15世纪末达到20次。[7]法国人路易斯·勒·鲁雷(Louis Le Roy)写道："不要相信还有比印刷机的发明和新世界的发现更为伟大的事情……我经常想这两件事情不仅可喻为久远而且可喻为不朽。"[8]弗朗西斯科·洛佩兹·德·戈马拉（Francisco López de Gómara）（不一定是可靠的编年史家）1552年在《印度群岛通史》(General History of the Indies)一书中提出了关于1492年的最著名的论断："自世界创始以来最伟大的事件（除了创造世界的上帝的诞生和死亡），是印度群岛的发现。"[9]

然而，约翰·埃利奥特恰当地告诫说事情还有另外的一面，很多16世纪的作家不能从历史本身的角度看待哥伦布的成就。例如，当哥伦布在瓦拉杜利德(Valladolid)去世的时候，该市的编年史没有提到他的去世。[10]哥伦布逐渐获得

第七章 "印第安人"的观念：新大陆的思想

英雄的地位。有许多意大利诗歌写的是哥伦布，但这是在他死后100年才发生的。直到1614年他才成为一部西班牙戏剧的主角——这是罗佩·德·维加（Lope de Vega）的《发现新大陆的哥伦布》(*El Nuevo Mundo descubierto por Cristóbal Colón*)。[11]

首先，人们对新世界的兴趣局限于在那里能发现黄金以及有很多新的灵魂可以皈依基督教。然而，一般而言，读者对土耳其和亚洲要比对美洲更加感兴趣。[12]直到16世纪的最后二三十年，人们依然认为世界的构造如同在斯特拉博（Strabo）和托勒密的经典宇宙学中所规定的。(哥伦布似乎使用的是由埃涅阿斯·西尔维亚斯[Aeneas Sylvius]在15世纪80年代出版的版本。[13]）在某种意义上，文艺复兴本身应担当责任：由于人文主义者的作用，古代的而不是新生的事物受到人们的尊崇。[14]

最初到达新世界的是军人、牧师、商人和受过法律训练的官员，对所见所闻进行评论就成了他们最初的任务。一种结果是土著居民的情况得到详细描述而美洲的自然地形被忽视。[15]哥伦布本人第一次看到印度群岛的居民时有些失望地发现他们根本不可怕，身体也不是畸形的。[16]他注意到他们是多么"贫穷"。同时，他们既不是黑人也不是摩尔人，黑人和摩尔人是中世纪基督教徒最为熟悉的种族。那么他们如何符合《圣经》的叙述呢？[18]新世界是伊甸园，抑或是天堂？早期对新世界的描述详细叙述了土著人的无知、单纯、生育能力以及众多的人口，他们赤身裸体，四处走动而表现不出任何羞耻感。[19]这种情形对宗教人士和人文主义者格外有吸引力。教堂教士对欧洲教堂的状况感到愤怒和绝望，他们在新世界看到了在一个没有被欧洲文明的恶习所腐化的大陆重新建立早期传道者教堂的机会。

———— ★ ★ ★ ————

对印第安人起源的解释／早期人类学

1607年，西班牙多明我会修道士格雷戈里奥·加西亚（Gregorio García）发表了一篇范围广泛的调查，调查了很多人们用来解释美洲"印第安人"的理论。16世纪的欧洲人信奉"设计好的世界"，美洲一定包含在其中。但是，这依然留有许多问题需要作出解释。加西亚认为人类的关于任何"给定事实"的知识都来自四种来源之一。其中两种来源——神的信念（像《圣经》所揭示的）和科学（ciencia）(它通过原因解释现象)——是不会有错的。美洲印第安人的起源构成问题是因为《圣经》中没有探讨过这个问题，"而且这个问题出现时间太短，还不能对令人信服的引证进行搜集，形成文献"。[20]

如果说使新大陆符合《圣经》中所概括的历史框架是最难处理的问题，探险家和传教士同样发现如果要继续传教，对当地居民的习俗和传统进行一定程度上的了解是必需的。因此，他们开始对印第安人的历史、土地所有制和遗产法进行详尽的调查，在某种意义上，这是应用人类学的开始。[21]早期的传教士坚信人类天生是善良的，认为当地人的头脑"单纯、温顺、易于说服和纯洁"，或根据巴托洛梅·德·拉斯·卡萨斯（Bartolomé de las Casas）的说法，是 *tablas rasas* 即白板，"可以很容易地在上面写入真正的信仰"。[22]传教士们将会失望。在《新西班牙的印度群岛》（*History of the Indies of the New Spain*，1581）一书中，多明我会修道士福莱·迪亚哥·杜兰（Fray Diego Durán）认为我们是不能改变或改正印第安人的头脑的，"除非我们了解他们所有的宗教活动……最初的那些人满腔热情但却鲜有谨慎，他们焚烧和毁坏掉了印第安人所有的古画，因此铸成大错。这导致印第安人在我们眼前崇拜邪神而我们却茫然无知"。这种观点使16世纪晚期的传教士认为有必要对印第安人在被征服前的历史、宗教和社会进行详细的调查。[23]西班牙国王积极参与并在其中引入调查问卷，要求在印度群岛的官员广泛采用这一新的工具。[24]最著名的问卷是在印度群岛政务会（the Council of the Indies）主席胡安·德·奥万多（Juan de Ovando）的命令下于16世纪70年代起草的。正是在这个年代人们越来越迫切地感到需要对各个领域的知识进行分类，包括关于美洲的知识。[25]1565年塞维利亚医生尼克拉斯·莫纳德斯（Nicolás Monardes）写出了关于美洲药用植物的著名的论文，1577年发表在约翰·福兰顿（John Frampton）的《来自新世界的令人振奋的消息》（*Joyfull Newes out of the New Founde Worlde*）的英译本中。1571年，菲利普二世派遣由西班牙博物学家兼医生弗朗西斯科·埃尔南德斯博士（Dr Francisco Hernández）率领的远征队，目的是系统搜集植物标本（同时也是为了评估使印第安人皈依基督教的可能性）。[27]同年，西班牙国王设立了一个新的职位"宇宙志学家暨印度群岛编年史家"，不过这一举措既有科学目的也有政治目的。其政治目的是详细记述西班牙在新大陆取得的成就，反驳外来的批评，同时，人们感到科学是消除印度

第七章 "印第安人"的观念：新大陆的思想

群岛的管理者对管理地区普遍无知的必要工具。[28]

但是，直到1590年即哥伦布发现新大陆后的整整一个世纪，随着何塞·德·阿科斯塔（José de Acosta）的西班牙文名著《印度群岛自然和精神史》（*Natural and Moral History of the Indies*）的出版，新大陆才最后纳入到旧大陆的思想框架中。[29]这种融合本身就是长达一个世纪的人类知识改造的最大成就，在这个过程中，新大陆的三个完全不同的方面融入了欧洲人的思想意识中。首先是欧洲人完全没有想到自然界会另有一个美洲大陆。还有就是欧洲/基督教对人类的理解不得不将美洲印第安人包括在内。再就是美洲作为时间上的实体，其存在改变了欧洲对历史过程的理解。[31]所有这一切首先对传统知识构成挑战。[32]根据《圣经》和经验，世界上只有三个大陆——欧洲、亚洲和非洲，并且，改变这种观点意味着从根本上抛弃南半球没有热带的传统观念。而且直到1728年白令海峡才被发现，在此之前人们并不清楚美洲是否是亚洲的一部分。当雅克·卡地亚（Jacques Cartier）1535年在后来成为蒙特利尔的地方的圣劳伦斯河上遇到急流时，他将其命名为湍流中国（*Sault La Chine*），即中国急流。一个世纪以后，法国冒险家吉恩·尼柯莱（Jean Nicolet）在1634年被派往西部调查关于一个通往亚洲的巨大的内海的传言。当他到达密歇根湖看到眼前格林湾的悬崖时，他认为已经到达中国，为了庆祝他穿上了一件中国丝绸长袍。[33]权威知识在解释新世界的发现方面同样无益。既然古代那些伟大的作家根本不知道美洲大陆的存在，又怎么可能解释它的发现呢？新世界的发现再一次证明个人观察要比传统权威有优势。这同样是重大的观念转变。[34]

西班牙的"监护征赋制"/印第安人的理性及其接受信仰的能力

发现美洲时一个最有影响力的（如果不是明晰的）的思想是对人类的双重分类，即根据宗教隶属关系（是犹太—基督教的，还是异教的）与文明和野蛮的程度来划分不同的人群。[35]这种分类在16世纪也不得不被修正。至于印第安人的文明，这似乎很大程度上取决于评论人是否真正见过。任何长期同土著印第安人接触的人都不可能认为他们是无知的原始人。[36]昌卡医生（Dr Chanca）陪同哥伦布作第二次航行，他观察到伊斯帕尼奥拉岛的印第安人吃植物的根茎、蛇和蜘蛛，因此断定说，"在我看来他们比世界上任何野兽都更具有兽性"。这种矛盾的观点（印第安人是否是野蛮人或无知的人），是新大陆发现和早期殖民文学的一个主要论题。如果印第安人不属于人类，那么就没有宗教信仰的能力。保罗三世1537年在诏令《伟大的天主》（*Sublimis Deus*）中宣布"印第安人是真正的人类"时也是这样考虑的。基督教徒是根据接收上帝恩惠的能力来定义人类的。另一方面，关于人类的经典定义为有理性的生物。《伟大的天主》发布之后，多数基督教徒认同根据两种标准都可以将美洲土著人划归人类。[37]

然而，印第安人如何有理性却令人怀疑。费尔南德斯·德·奥维耶多（Fernándzde Oviedo，他对中世纪骑士制度史诗保有持久的兴趣）深信印第安人是劣等人，"天生懒惰，生性邪恶"。[38]他认为他在他们头骨的尺寸和厚度方面发现了他们劣等的标志，他认为这些标志包括与人的理性能力有关的躯体部分的变形。[39]福莱·托马斯·德·梅卡度（Fray Tomás de Mercado）在16世纪60年代将黑人和印第安人划归"野蛮人"，因为"他们从不为理智所动，只有强烈的感情才能打动他们"。这种观点几近于声名狼藉的"天生奴隶"理论。这同样是当时的一个主要论题。16世纪的异教徒分为两类，即"易于征服的无知者"（犹太教徒和穆斯林教徒，他们听过真理又背叛了真理），和"难于征服的无知者"，即那些像印第安人一样的人，他们从来没有机会听从上帝的教诲，因此不能责备他们。然而这很快被讹用，因为像苏格兰神学家约翰·马尔（John Mair）这样的人认为有些人天生就是奴隶，而有些人生来自由。[40]1512年西班牙国王费迪南（King Ferdinand）召集政务审议会（*junta*）讨论雇佣当地劳动力的合法性。保存下来的文献表明，当时很多人认为印第安人是野蛮人，是天生的奴隶。但是正如安东尼·派格登(Anthony Pagden)所描述的，这是"有条件的奴隶制"。西班牙人有一个惯例，监护征赋制（*the encomienda*），根据这一惯例，印第安人被强迫劳役，但可以从西班牙人那里学会如何"像人一样的"生活。[41]大约在1530年名为萨拉曼卡的学派对这一观点作了进一步的修饰，这一学派由一群神学家组成，包括弗朗西斯科·维多利亚（Francisco Vitoria）和路易斯·德·摩里纳（Luis de Molina）。他们认为如果印第安人不是天生的奴隶，那么他们是"大自然的孩子"，处于人类发展的较低阶段。在论文《关于印第安》(*De Indis*）中，维多利亚提出美洲印第安人是介于人和猴子之间的第三种动物，"由上帝创造来更好地为人类服务"。[42]

但是，并不是每个人都同意这种观点，有些人更同情印第安人，他们寻找印

第七章 "印第安人"的观念：新大陆的思想

第安人具有才能的证据。罗纳德·赖特认为，对这一文明冲突的记述从任何一方来看都最为准确的是，在16世纪50年代由一些阿兹特克人写给博纳迪诺·德·萨阿贡修道士（Friar Bernardino de Sahagún）的书，现在被称为"佛罗伦萨抄本12卷"（Book 12 of the Florentine Codex）。作者是匿名的，可能是为了保护他们不受宗教裁判所的审判。然而，约翰·埃利奥特认为正是这种寻找印第安人优点和才能证据的活动，促使形成了16世纪关于什么是文明人的思想。例如，巴托洛梅·德·拉斯·卡萨斯指出，上帝创造了大自然，在这些与世隔绝的土地上，印第安人是上帝的创造物，因而他们能够接受宗教信仰。他使人们注意到墨西哥的建筑（"非常古老的拱状的类似原始人的建筑物"），"很能说明他们是精明的，有良好的管理形式"。塞普尔维达（Ginés de Sepúlveda）彻底否定了这一观点，他指出蜜蜂和蜘蛛能生产无人能仿效的作品。[43]但是，印第安人社会和政治生活的很多其他方面给欧洲观察员留下了印象。维多利亚在16世纪30年代写道："他们的事务有特定的方法，因为他们有组织有序的政治组织，有明确的婚姻，有地方行政官和最高统治者，有法律、讨论会和交换制度，所有这一切都需要理性，而且他们也有一种宗教。"[44]

这比看上去的还要重要。理性特别是在社会中生存的能力被认为是文明的标准。但是如果在基督教以外存在理性，那么该如何看待古老的对基督教徒和野蛮人的区分？"这种区别不可避免地开始模糊起来，而且作为一种划分方法，其意义也在下降。"[45]拉斯·卡萨斯持令世人惊讶的现代观点，认为在历史的坐标上任何人都有一个位置，对任何人都是一样的，那些接近坐标底层的人只是比处在较为上层的人"更年轻"。换句话说，他是在朝着人类和社会的进化论的观点探索。

★ ★ ★

诺亚的后代

即使是在没有产生令世人惊讶的新思想的时候，美洲的发现也迫使欧洲人返回自我，使他们面对存在于自身文化传统中的思想和问题。例如，崇拜权威的古人意味着他们意识到其他文化的存在，这些文化有着与他们自身文化不同的价值和态度并且在很多方面一直优于他们自己的文化。事实上，正是异教徒古人的存在和成功成为16世纪两篇最著名的论文的基础,这两篇论文尝试将美洲纳入到统一的历史视野之中。

第一篇论文是巴托洛梅·德·拉斯·卡萨斯的长篇宏论《历史道歉》(*Apologética Historia*),写于16世纪50年代,但是在作者有生之年未曾发表,直到20世纪才重新被世人发现。此文在作者愤怒的情绪中写成,回应塞普尔维达的文章《民主第二》(*Democrates Secundus£*),该文对印第安人进行粗暴无情的攻击,将他们比做猴子。[46]事实上,这两个人1550年8月或9月在瓦利阿多里德(Valladolid)上演了一场著名的辩论。拉斯·卡萨斯主张印第安人是完全有理性的,完全有能力控制自我,因此适合接受福音。[47]拉斯·卡萨斯以亚里士多德为指导从身体和道德角度对印第安人进行考察,标志着他的论文可能是比较文化人类学的第一篇文章。文章在政治、社会和宗教制度方面将希腊人、罗马人、埃及人、古代高卢人以及古代不列颠人和阿兹特克人以及印加人放在一起进行考察对比。根据拉斯·卡萨斯的观点,比较之下新大陆的人并不处于劣势。他对阿兹特克人、印加人和玛雅人的艺术品质进行了恰如其分的评价,并且评论了他们在吸收他们发现有益的欧洲人的思想和做法方面的能力。

何塞·德·阿科斯塔(José de Acosta)的《向受管辖的印度致敬》(*De Procuranda Indorum Salute*)写于1576年,稍晚于拉斯·卡萨斯的论文。他最具创造性的贡献首先在于将野蛮人划分为三种类型,其次是区分了三种类型的土著人,这促进了人们对人类学的理解。他说处于最顶层的是那些像中国人和日本人一样的人,他们有稳定的共和政体,有法律和法庭、城市和书籍。其次是像墨西哥人和秘鲁人一样的人,他们缺乏书写艺术和"公民及哲学知识",但是却有政府。处于最低层的是那些生活中"没有国王,没有契约,没有地方官员或共和政体,并且他们居无定所,或者(如果有固定居所的话)居所像野兽的洞穴一样"。[49]阿科斯塔的文章是建立在研究基础之上的,可以说这使得他能够区分墨西哥人和印加人(他们建立了帝国,定居生活而不是"像野兽一样四处游荡")以及珍可斯人(Chuncos)、基里关尼斯人(Chiriguanes)、斯盖因厄斯人(Yscayingos)和其他生活在巴西的人群(他们是游牧民族,没有任何形式的公民组织)。[50]他还认为印第安人生活在对上帝的恐惧之中(他认为这是基督教和异教的重要区别)。印第安人有一些法律和习俗,但是不完善或者和基督教的做法相冲突,这样的事实表明撒旦先于哥伦布发现新世界。[51]

第七章 "印第安人"的观念：新大陆的思想

同样，这些论点要比它们乍一看上去更重要。旧的理论认为地理和气候是造成文化差异的主要原因，正被新思想取代。新的论点是迁移。"如果美洲的居民确实是诺亚的后代（正统思想坚持他们一定是），那么很明显他们一定是在迁移过程中忘却了社会美德。阿科斯塔认为他们是从亚洲通过陆路到达新大陆的，在迁徙的过程中变成了猎人。后来一些人逐渐聚集在美洲的一些特定地区，重新获得了社会生活的习惯，并且开始建立政治组织。"[52]这一论点的重要性（和现代性）在于它假设或设想从野蛮到文明有发展顺序。而这进一步暗示现代欧洲人的祖先曾经像美洲15和16世纪的居民一样。根据拉斯·卡萨斯的观点，佛罗里达的土著人仍然"生活在那种最初的原始状态，任何其他民族在有人对他们进行教化之前都曾生活在这种状态中……我们应该考虑在耶稣基督来教化我们之前，我们以及世界上所有其他的民族是什么样子"。[53]同样，新大陆原始人的存在似乎支持犹太—基督教的时间观念，即时间是线性的而不是循环的。[54]

关于美洲发现的最后一点是现代人取得的成就是古人没有取得的思想。因此，那种远古的黄金时代的思想无形之中受到削弱。同时还有这样的思想，即发现毫无疑问地表明直接经验优于传承的传统。"他们所称的黄金时代，"法国16世纪哲学家让·布丹（Jean Bodin）写道，"如果同我们的时代比起来，感觉只是冷冰冰的……"[55]

★ ★ ★

1492年新大陆人口规模

关于欧洲人的观点和美洲发现的直接影响就论述到这里（一些长期影响在后文中探讨）。在思想领域，确切地说，欧洲人发现了什么呢？回答这个问题需要很多年（世纪）的时间，但是，在1986年达西·麦克尼卡尔美洲印第安人研究中心发起了"1492年的美洲"（*America in 1492*）的研究课题，来纪念1992年新世界发现500周年。该研究中心创办于1972年，目的是提高印第安人研究和教学质量。下面的很多论述基于这个研究课题的发现。[56]

1492年大约有7500万印第安人生活在美洲。现在对美国大陆部分的人口数量有不同的说法。达西·麦克尼卡尔（D'Arcy McNickle）的数字是600万，而史密森学会（Smithsonian Institution）的道格拉斯·尤贝拉克尔（Douglas

人类思想史

Ubelaker）在《北美印第安人手册》（*Handbook of North American Indians*）中说，按照平均人口密度每100平方米11人计算，最准确的估计是189万。[57]不论数字是多少，印第安人的实际扩散是另外一种样子。例如平原印第安人（Plains Indians）当时还没有马——因为欧洲人还没有引进。"印第安人远非陈规所认为的戴着头帽，都是斗士，他们在本质上是农民，沿平原上的河流种地，步行打猎。"[58]

习俗和信仰

印第安人的很多习俗与欧洲人的习俗大不一样。亚北极区的人（我们称之为爱斯基摩人或因纽特人[Eskimos or Inuits]）总是同部落中的其他成员分享食物，因为他们相信猎物更加青睐慷慨的猎手。[59]太平洋海岸部落以巨大的图腾柱为特征，他们使用100多种药草和植物，对它们的营养和药用特征非常熟悉。[60]他们有特殊的小屋或房子用于仪式场合的洁身或用于治疗疾病。[61]许多部落有可怕的启蒙仪式以及由青年转为成人的通过仪式。烟草广泛用于仪式活动（这种做法给人类带来毁坏性的后果）。部落还建造大地穴（*kivas*），是巨大的地下大会堂，用来举行仪式和用做成年男子的聚会室。尽管每当仪式举行完毕，通常都要将大地穴的墙壁粉刷一遍，有时却用举行仪式的图画装饰大地穴的墙壁。艺术在美洲和在文艺复兴时期的欧洲有着不同的意义。

然而他们也有很多与旧世界相类似的做法。印第安人逐步形成了"灵魂"的概念，虽然某些部落的成员有多样的灵魂。他们同样形成了婚姻制度，发展了农业（家庭管理的带状耕作、火耕、涝原耕作以及山区的梯田）。像世界其他地区一样，妇女收获庄稼，男人打猎。围绕死亡有复杂详尽的仪式，很多部落懂得如何将尸体制作成木乃伊。在某些地区寡妇为丈夫殉葬，使人想起印度类似的做法——妻子的殉夫。烹饪非常发达（"barbecue"是泰诺人的词汇），和在旧世界一样，与宗教仪式有关的斋戒很流行。有多种多样的用树薯粉酿造的啤酒。黑曜岩像在旧世界一样受到人们的尊崇和广泛使用。他们还有一种计算形式和税收，有些部落甚至有一个"只能被称为文职官员的"阶层。[62]

日常生活方面最显而易见的区别是美洲印第安人普遍住在"长房子"里。易洛魁族人（Iroquois）的房子会长达300英尺，同时住着几个家庭，他们同属

第七章 "印第安人"的观念：新大陆的思想

于一个宗族。男人在长房子中结婚，如果所有的房间都已住满，就再加长长房子。"多达30个的核心家庭或者说一到两百个有血缘和婚姻联系的人共住一处住所。传统上，长房子的中间走廊纵向将房间分开。婚配家庭的房间彼此面对，像是在卧车中的小房间，共用的炉膛在中间走廊。"[63]只有两堵墙柱将每个家庭分开，每个家庭都有自己的炉火，通常都是闷烧。"家庭吊床（新大陆的词汇）悬挂着，同时成为空间分割的标志。"[64]

食人

巴西的图皮南巴族（Tupinamba）是食人族。他们和加勒比人（Caribs）以及库贝欧人（Cubeos）信奉圣体共存论，而吃人肉是宗教仪式的一部分，对于种族的存续和确保先祖灵魂对他们的保佑是非常重要的。[65]对于早期的探险家来说，蒙都鲁库族（Mundurucú）的猎取人头的做法同样野蛮，蒙都鲁库族居住在亚马逊河盆地的茂密森林中。这些蒙都鲁库族人令人恐惧，因为他们好战，通过砍掉敌人头颅这种令人作呕的做法实现他们的愿望。但是，外出猎取人头的斗士有很重的负担，因为他为此要有持续长达三年的仪式。"当人头被猎取时，就立即开始了仪式的准备工作。早在斗士返回村庄之前，脑髓已被去掉，牙齿被敲掉并保存。然后将人头煮至半熟后脱水干燥，头皮像是羊皮纸。用绳索通过嘴和鼻孔将人头穿起，用蜂蜡把张开的眼睛封起来。成功的人头猎手受到人们的敬畏，被赋予神圣的地位。他不得从事日常活动，包括同妻子或任何其他女人发生性关系。总是早上洗澡这样就可以避免看到女人。在男人的房间度过大部分时日，除了有重大问题，他很少讲话。吃饭时背对着妻子坐在妻子的旁边……在猎取人头的周年纪念日，在另外一次复杂的仪式中将头皮从头上揭下，一年后举行最后的仪式，将牙齿穿起，挂在英雄房间的篮子里。这样经过三年，英雄重新开始正常生活。"[66]

语言（名词和动词的不同概念）

在早期，对新的资料事实的收集是随意的。但是，随着时间的推移，学者跟随商业探险家来到新世界，开始较为系统地搜集资料。我们可以从语言开始

205

谈起。"1492年西半球有多达2000种彼此间都听不懂的语言。当然，大约250种是在北美洲，大约350种在墨西哥和中美洲，1450多种是在南美洲。"[67]美洲土著人的语言不如旧世界的语言复杂，它们缺少某些特征而其他的一些特征比在欧亚大陆更常见。"例如，印第安人的语言中的名词很少用后缀来表达主格、宾格和与格（例如像在拉丁语中那样），很少有名词性和代词性的性别指代词（像英语中的"he"和"she"，西班牙语中的"*el*"和"*la*"）。"[68]同时，很多印第安语言区分代表有生命的和无生命的物体的名词以及明确隶属的物体（如亲属关系和躯体部件）和随机所属的物体（如刀子或工具）。可能不可避免地有很多声音是旧世界所不知道的，特别是声门塞音（突然关闭声带产生的气流中断，例如在英语短语"uh–oh"中"uh"和"oh"之间的停顿）。[69]有些字缺乏元音，还有很少见到的为了改变词的意义重复或双写词或词的一部分。例如，北美洲大盆地沃绍族印第安人（The Washo Indians）用"*gusu*"表示"野牛"（"buffalo"）而"*gususu*"则表示"各处的野牛"（"buffalo here and there"）。[70]在其他情况下，动词根据信息的有效性而变化，例如，传达的信息是说话者亲自了解的，还是只是流言，或只是梦中的事情。[71]

其他的差异似乎更具有根本性质。例如，在欧洲，语言主要区分为名词和动词。与此不同，亚利桑那州的霍皮人（the Hopi of Arizona）将持续很短时间的事物（例如、闪电、波浪或激情）看做动词，而持续时间较长的则是名词。[72]在纳瓦霍（Navajo）可以有12种翻译方法，"根据物体是圆形且坚固的，还是长且软的；是有生命的，还是像泥浆一样的东西，等等"。[73]隐喻的用法和欧洲的差异并不这么大（诗歌被描述为"鲜花的歌声"，女人是"裙子"），但是"无言"却富含意义。例如，阿帕契人（Apaches）在遇到陌生人时，求爱初期，或久别后见亲人时，保持沉默。[74]有些部落有贸易语言，这种语言从不在家里讲，只是商人在和陌生人交换商品时才用到。

对男性和女性的不同概念

除了个别人所共知的情况，印第安人没有文字。这就是说他们没有书面的历史、哲学或手稿可供我们查询。[75]但是这并不妨碍他们有宗教，即关于灵魂的观念以及许多有关起源的神话，这经常包含太阳、月亮和地下世界，地下世界

第七章 "印第安人"的观念：新大陆的思想

分成很多层。孩童期受到公认，而青春期和有月经却需要通过仪式。有趣的是，在有些部落青春期仪式的目的在于使青少年摆脱童年的环境。例如，霍皮人不允许儿童在不戴精心制作的面具的情况下见到某些宗教人物，鼓励儿童将他们看做神灵。但是在青春期仪式上，这些人物戴着面具出现在他们面前，似乎在警告新成年的人要抛弃幼稚的信念。[76]

新大陆的宗教通常有祭祀等级制度，有时"太阳的处女"（Virgins of the Sun）在她们只有10岁时就被选出，担当的角色"包括神殿服务和祭品"。[77]献祭非常普遍也会很残忍：波尼族印第安人（Pawnee）的处女在被射中心脏之前要参加为期四天的仪式。[78]然而，在宗教意义上最根本的差异或许是迷幻剂的广泛使用。这里的部落由巫师领导，这些巫师像在旧世界一样发挥医学—宗教作用。部落有首领（虽然有些部落只是在战时才有），首领可能同时担当巫师的角色。某些部落认可六种性别：超级男子（斗士）、男子、男性假扮异性并被给予异性的社会地位的人（berdaches）（穿着、外表或行为上不能辨认女性还是男性）、彪悍强壮的女子和超级女子（比方说擅长女性手艺的女子）。男性假扮异性并被给予异性的社会地位的人以及彪悍强壮的女子有时担当争执的调停者。[79]心脏而不是大脑或面部被看做是人的本质，巫师会对病人唱着"心的歌曲"来为病人治病。[80]很多部落同动物和植物交谈，认为它们能够听得懂。

美洲土著人对"自我"或"人"有完全不同的理解。[81]从根本上说，他们强调忘我，因为人们通过社会中不同的子群体获得身份，并没有单独的社会地位。自私的人会变成巫婆，可能既像女子又像男子。

婴儿是父亲、母亲和神灵的共同的产物。父亲提供坚硬的部分，如骨头；母亲提供柔软的部分像肉和血液。在太平洋西北部，人们相信未出生的婴儿居住在一个特殊的地方，在那里他们像其他人类一样生活着，一直到在世上寻找到父母。一般而言，在出生的创伤已经结束并确信婴儿会活下去之前，是不给婴儿命名的。[82]女孩以鲜花的名字命名，而男孩则以食肉动物命名。但是为了庆贺孩子的第一声笑声、第一次哨声、第一句话，甚至第一次理发，会给孩子起另外的名字。[83]最大的庆祝活动要留到孩子第一次完成经济上的任务时，例如采集浆果。有时女子成年的标志是去掉阴蒂。人们认为这会去掉她所有的男性特征。[84]据说男子只有有了孙子才算完全"成年"，很显然这是使家族保持在一起的方法。[85]

207

人类思想史

极其不同的死亡经济学

可以说两个半球的最重要的差别在于经济学思想的差异。对阿兹特克人和印加人来说,作为旧大陆被征服时两个最杰出的文化,任何统治者的死亡都给社会带来沉重的负担。皇帝和王后的尸体被制成木乃伊,放置在特制的富丽堂皇的宫殿里。大量的奴隶和妃妾被祭杀供皇帝死后使用。然而事情并非到此为止。此后还要拨用大量的财产来保护死者的宫殿,维护木乃伊。这一切意味着每一个朝代结束时都会给帝国本已十分紧张的财政雪上加霜。[86]换句话说,每一位新死去的国王都会使浪费更加严重。[87]最后的结果是,因"为木乃伊服务"而失去的劳动力只能通过征服更多的人、占领更多的土地来补偿,而这一方法也是有风险的。所有这一切的一个主要后果是私人企业产生所必需的资金从未形成。[88]

在新大陆也有像科学一样的东西以及原始的技术,但是,美洲土著人几乎没有像旧世界一样关于现象的理论。新旧世界的人们都认为太阳围绕地球转,并与生长、发育、季节相联系。印第安人有同欧洲人使用的同样种类的简单机械,类似希腊经典力学的五种简单机械:楔子、斜面、杠杆、滑轮和螺杆。(机械的优点是扩大作用在它上面的力。)美洲土著人对其中的每一种机械都知道,并将它们用于从伐树到制造独木舟的活动中。然而到15世纪,当欧洲人开始寻找终极原因时(其结果经常是通过预测得到的),美洲土著人却更喜欢依靠与控制着自然界力量的神灵的密切关系控制这些力量,这种控制是通过仪式和梦实现的。[89]"对于欧洲人来说,自然界由规律控制着;对土著人来说,自然界具有意志……欧洲人和土著人科学的差异主要在于实验。霍皮人不可能想到停下仪式看一看太阳是否确实是继续北行而不是改变方向。"[90]

有几个民族,例如纳瓦霍人根据尺寸、硬度和柔软性将植物分为雄性和雌性。这种概念是基于与人类有男女之分的类比中得出,而不是基于植物本身的实际性器官。例如,在阿兹特克人中,植物的名称含有一个后缀,表明它们是食物或药材,是否可以用来做衣服或用于建筑。[91]事实上,他们对自然界分类的基础与欧洲人的思想大相径庭。纳瓦霍人将昆虫和蝙蝠分为一类,因为在古神

第七章 "印第安人"的观念：新大陆的思想

话中这两种动物在前世生活在一起。[92]

计算和时间

对欧洲人来说，夜空中的星星是占星术的基础，但是在美洲，地平线更为重要。[93]这是个非常普遍的观念，在整个美洲大陆，部落建造神殿是根据地平线上与著名的神圣事件相吻合的地貌特点。"卡萨林克纳达(Casa Rinconada)是墨西哥西北部查科峡谷地区的一个圆形的大地穴，在内部的石墙上均匀地分布着28个壁龛，在这些壁龛下面还有6个分布不均匀的稍大一些的壁龛。夏至左右，有四到五次，日光会从大地穴东北面一个高高的窗子照到这六个壁龛中的一个。"[94]但是印第安人利用月亮发明了历法，在这个过程中他们形成了自己的记数系统。最初这是玛雅人的主意，阿兹特克人将其加以改进。[95]数学对玛雅人的主要用途（事实上是唯一用途）是立法计算，虽然在印加帝国（Inca）的结绳文字（quipu）中似乎已经有数学知识的记载。[96]这是一种利用一连串结在一起的绳子的信息记录系统。这些绳子有不同的颜色，颜色和绳结按顺序排列，有些绳子有附属的线。结绳文字的"语言"或符号从未被解读过，只是支持了这样的观点即它们是某种宗教记录，由留存下来的两条织物编织而成。在织物上的编织非常复杂，其中一条有10行，每行由30个环组成，这些环以斜纹形式织成小组，加起来总共是365组。而在另一条则总共有28个长方形。这些绳子肯定起着日历的作用。[97]

书写和纺织品

现在，有些学者认为，中美洲精致的编织品"所代表的是像欧洲的冶金术一样复杂的知识体系"。战争结束时，织物往往作为进贡的贡品，而棉线吊索则用于战争。[98]骆驼和羊驼作为驮畜和驼毛的来源被饲养和使用。纺织品可能比作为贮藏容器的陶器还要重要。"最为精致的衣服用直径为1英寸的1/125的丝线织成，并且在印加的纺织品中已经分辨出大约125种不同的色彩和颜色深浅的差异。1492年欧洲所拥有的所有主要纺织技术印加人都知道——挂毯、锦缎、薄纱，而且他们还掌握另外一种称为联锁经的纺织方法。"[99]

人类思想史

医学思想

虽然在1492年前，有很多动物还没有在新大陆饲养，但是数量众多的作物的栽培已经为人们掌握——包括很多欧洲人了解并在此后熟悉的作物：玉米、白甘薯、可可豆、南瓜、花生、鳄梨、西红柿、菠萝、烟草和红辣椒。在安第斯山脉有3000种不同的马铃薯。[100]新大陆的文明非常了解植物的药用价值。例如，人们知道菊科植物阿司匹林亚（*Aspilia*）可以用做抗生素，派尤特族（Paiute）部落妇女用来避孕的紫草后被发现可以抑制老鼠的促性腺激素。火疗（*Tlepatli*）在阿兹特克医学中被用做利尿剂和治疗坏疽的有用药物，现在已经发现它含有矾松素（*plumbagin*），这是一种抗菌剂，能有效地抑制葡萄球菌。[101]然而，美洲土著人本身还没有化学概念。对他们来说植物的药用作用是一种精神上的事情。

关于艺术的不同思想

新大陆没有"为艺术而艺术"意义上的"艺术"，而美洲土著语中也没有表示艺术的词（在这方面，宗教也没有）。[102]这是因为每一件雕刻的物品、每一首歌或每一种舞蹈都有非常强的实用目的，如果离开了这个目的是不可想象的。阿兹特克人有时雕刻在器物上绝不会看到的一面，然而这并不重要，因为它们有象征意义，这比能被看到更为重要。换句话说就是没有美感，只有功能，是功能赋予器物意义。[103]因此，在新大陆的任何地方几乎没有器乐，因为在常规活动中，歌曲、舞蹈和音乐是共同交织在仪式中的。只有在中美洲更为发达的文明中才出现艺术的专业化。只有在这里才有高雅艺术和民间艺术的划分，就像在欧洲一样。[104]因此，只有在这些文明中，艺术家才享有较高的声誉——而在其他所有地方，人们认为任何人都有某种程度的艺术能力。在印加帝国，某些行业如银器匠和挂毯编织者是政府的世袭仆人，因此可以免税。[105]使事情更为复杂的是，占星术——或巫术——参与其中。例如阿兹特克人认为出生时有 *xochitl*（花）记号的人是命中注定会成为工匠或演艺人员。[106]艺术家的作用与创物神话有重叠。在新大陆这些神话有趣的不同之处在于新大陆土著人不是设想上帝创造了完美的世界（理解这一点当然是学者、神学家和艺术家的任务），而

第七章 "印第安人"的观念：新大陆的思想

是认为世界被创造得不完美，而改善这个世界是艺术家的任务。[107]印加人认为最早的人类是巨人，是用石头做成的。但是上帝，即Wiracoqa，对作品不满意，又把他们变回石头——这些就是印加人崇拜的巨型雕像。后来上帝Wiracoqa创造了第二种人，大小和他一样（"依据他的形象"）。[108]玛雅雕刻家在雕刻作品过程中不允许过性生活，但是他们却将自己的鲜血洒在雕刻作品上，因为他们认为这会使他们变得神圣：正像是多才多艺的人，这些艺术家是神圣的。乐器对于玛雅人来说也是神圣的，乐器的雕刻工在制作过程中会祈祷，并用酒擦拭乐器，这样乐器会"令人满意，调音准确，产生悦耳的声音"。[109]艺术家不在作品上签名，即便是在艺术家是专业艺术家的那些文明中，艺术家也不签名，他们永远不会像欧洲的艺术家那样出名。唯一的例外是诗歌，属于贵族阶级的诗人即使在他们去世后很久依然可能为人们记起。内扎华科约特（Nezahualcoyotl）就曾作为"诗人国王"为人铭记。然而，即便是在这种情况下，使他出名并以诗人身份获得几乎是同样名声的是他的国王身份。[110]

到1492年，新大陆的文字体系已经在衰落，很多经典时期（公元100—900年）的铭文已经不可能读懂。[111]阿兹特克人和米斯特克人的文字主要是象形文字和划痕，这种文字除了适合于雕刻字符外，还要记录对雕刻文章的口头评论（口头表达一直是主要的形式）。我们所掌握的（印第安人）法律涉及部落过去的神话历史，可能是宗教仪式中主要因素，而其中划痕形式的文字是对它们的评论。当然那些文字都已经失传了。作为几个哥伦布发现美洲之前的民族之一阿兹特克人是有意识地搜集外来和古代艺术品——特别是奥尔梅克人（Olmec）的艺术品。这似乎证实阿兹特克人至少对过去感兴趣，他们或许认为奥尔梅克文明是中美洲的"母亲文化"。[112]

★ ★ ★

新大陆对旧大陆思想的影响

印第安人本身是怎样对待战争的呢？有些印第安民族有圣书。其中最为有名的是基切人的《波波尔·乌》（*Popul Vuh*），相当于《旧约》和梵语《吠陀经》。不甚有名但却同样有趣和更适于了解印第安人对待战争的态度的是《喀克其奎编年史》（*Annals of the Cakchiquels*）。像基切族（the Quichés）一样，

211

后者有双重君主体制，国王和副国王分别从王室的直系后代中选出，分别称为 Ahpo Zotzil 和 Ahpo Xahil。在被西班牙征服以后，Xahil 家族幸存者写下了喀克其奎历史，并以日志的形式一直记录到 17 世纪。叙述有条不紊，它描述了大屠杀但同时也表扬了设法帮助印第安人的西班牙人。所记述的事件中包括 1604 年瘟疫的爆发，当时作者去世，由另外一个人接过他的笔，还记述了交换大使和家谱。玛雅人编写了类似的文献《齐兰经》(*Books of Chilam Balam*)，是用玛雅语言写成，但是使用的却是西班牙字母。这些书故意写得很含糊，充满双关语和谜语，因此外界人不可能理解。这些书同样续写到 19 世纪：每一个玛雅城都有自己的一本，记录当地的事情。《齐兰经》将入侵看做是历法或编年表的战争。西班牙人带来了他们的历法——对于玛雅人的思维方式来说是相当拙劣的——并强加给当地土著人。因此对于玛雅人来说，这是关于思想的主要战争，这就是他们看待敌对宗教体系的方式——看做是关于时间的战争。[113]

★ ★ ★

我们简单看一下哥伦布发现美洲大陆以前，美洲缺少什么。最缺乏的无疑是车辆。如果考虑到球类运动在全美洲得到开展并具有宗教意义这样一个事实，这一点同样是非常令人吃惊的。虽然人们驯养骆驼，但是，正如我们在本章开始时提到的那样，牵引用动物同样非常缺乏。同样缺乏的还有帆船，这可能与环绕美洲的浩瀚的海洋有关。但是这一点与缺乏车辆一起使得美洲人与欧洲人比起来更加局限于一地，更加缺乏旅行。哥伦布发现美洲大陆以前的美洲缺乏的创意或创造还有铸币、民族一神论、实验的思想和文字（一般而言）。没有窑——因而也就没有陶釉和弦乐器。美洲缺乏的任何一种——牵引用动物、大帆船、文字、铸币——都会限制经济的发展，特别是限制贸易的发展和盈余的积累。我们已经看到，不论有多少剩余，通常都被为死人举办的复杂精致的仪式消耗掉。这种经济发展的差异，以及缺乏民族一神教和实验，也许是旧世界和新世界不同之处中最为重要的三个方面。

★ ★ ★

在思想领域，美洲的发现可能给几乎同时发生的天主教反宗教改革运动 (the Catholic Counter-Reformation) 带来一定的影响，因为它使天主教失

第七章 "印第安人"的观念：新大陆的思想

去了一些最积极、最有才能的新教传教士。同样，罗马教堂对美洲发生的事情几乎没有发表什么言论（特伦特公会在很大程度上忽略了这一点），正如约翰·埃利奥特所言，其结果之一是提高了西班牙王权的权威，"不仅在这一问题上而且还在这一问题与教堂的关系上"。从当时的作家到当代的史学家，不止一人思考过这一问题，即"印度群岛的探险"是否吸引了比较激进的人，从而增强了留下来的人当中的独裁主义和保守主义。

在美洲的发现的确带来了经济影响，经济影响又带来思想上的革命。例如，1521年到1544年间，哈普斯堡（Habsburg）地区的矿山的产银量是整个美洲的4倍。但在1545年到16世纪50年代末，这些数字倒过来了，导致这些年中经济力量的决定性转变，经济重心从德国和荷兰转移到了伊比利亚半岛。[114]约翰·埃利奥特指出，在16世纪下半个世纪，"谈及大西洋经济是……合理的"。[115]政治影响是西班牙在崛起，而与她的传统敌人——伊斯兰——相比，整个欧洲也在崛起。（只有在这时，穆斯林世界开始对西班牙强大的历史原因表现出好奇心。[116]）

西班牙的崛起及其崛起的原因自然吸引了外界的注意力，可以说从这一时刻起人们开始意识到海上力量在未来政治中起着最为重要的作用；可以通过阻止西班牙向欧洲运输金银来遏制西班牙的力量；在被宗教——新教和天主教——分裂的世界中，新世界是下一个战场。在一定意义上，全球政治自此开始。[117]

对美洲的不断争夺加剧了16世纪日益增长的民族主义，"黑色传说"在增多，特别是西班牙人以及人们所说的他们的暴行（据估计他们屠杀了2000万印第安人）。[118]但是不管怎么说，越来越多的西班牙人开始怀疑印度群岛的价值，并且在西班牙出现了所谓的"反金银通货主义者的情绪"，对突然暴富的道德意义提出了疑问。相对的观点认为，真正的财富在于贸易、农业和工业，财富应当诚实地获得并被有效地使用。[119]

然而，对美洲的争夺却适时地产生了国际法最初级的形式。新大陆自身面积太大，单独一个国家很难控制整个大陆，西班牙人在开发新大陆的过程中拒绝承认罗马教皇的权力，在整体上给人们对待权威的态度带来了冲击。正如我们所见，很多人认为印第安人完全有能力管理自己的事务，他们的自由和自主权应当受到尊重。16世纪中期，阿方索·德·卡斯特罗（Alfonso de Castro）指出，海洋不应当为某一个国家所有；在这个背景下，荷兰法理学家和政治家胡果·格老秀斯（Hugo Grotius）提出了处理国际关系的理论框架。新大陆成为正在欧洲出现的国家结构和它们之间协议的一部分。可以说，征服美洲促使人们意识到并可能使人们明确了作为国际权力指导原则的存在于资源、地理、人口和贸易方式之间的关系。

厄尔·J.汉密尔顿在一篇著名的文章《美洲的宝藏和资本主义的兴起》（*American treasure and the rise of capitalism*）中，研究了可能说明民族国家、战争和新教出现的各种因素，断定美洲的发现特别是美洲银子的发现是形成欧洲资本的主要推动力量。"在征服墨西哥和秘鲁后贵金属的生产成比例迅速增长，历史上还不曾有过这样的一个时期。"[120]事实上，这是欧洲强大起来的决定性因素，支持了前面探讨过的欧洲早些时期的变化。这一观点由得克萨斯历史学家沃尔特·普雷斯科特·韦伯（Walter Prescott Webb）发展和扩充，他在《大边疆》（*The Great Frontier*，1953）一书中指出，美洲的发现"决定性地改变了人口、土地和资金这三者之间的比例，创造了经济繁荣"。[121]他指出1500年欧洲的人口密度大约是每平方英里27人。美洲的发现开辟了另外2000万平方英里的土地，直到1900年左右才最终布满人口。韦伯因此指出1500年至1900年是独特的历史时期，"在这个时期，美洲大边疆塑造并改变了西方文明"。当欧洲再一次向城市发展的时候，大边疆的开发提供了一种反向的力量。[122]

在中世纪，在基督教世界和伊斯兰世界的货币制度之间已经取得了稳定的测量标准，一个世界出产银子，另一个世界出产金子。但是，美洲的发现打破了这个平衡：1500年至1650年间大约180吨金子和1.6万吨银子输送到欧洲。这导致价格的剧烈变动，先是从西班牙开始而后传播开来，促进了参与新的探险事业的那部分人的资本积累，但是也使得价格在16世纪上涨了5倍，引发了通货膨胀、社会动荡和社会变革。在这种情况下，人们同样有理由担心"财富所带来的道德上的危害性后果"。[123]加尔西拉索·德·拉·维加（Garcilaso de la Vega）就对贵金属的大量涌入持怀疑态度。他在17世纪初写道，"财富的大量涌入，弊大于利，因为财富往往产生邪恶而不是美德，财富的拥有者很容易产生傲慢、野心、贪婪和骄奢淫逸……[我的]结论是新大陆的财富，如果得到正确认识，并没有增加像衣服和食物那样的人类生活所必需的有用物质的数量，反而使它们变得更加稀缺，使人们的理解力下降，使人们的身体娇弱，穿着和习惯变得女人气。人们凭借过去所拥有而生活得更加幸福，但是对周围的世界

第七章 "印第安人"的观念：新大陆的思想

却更加恐惧。"[124]对此，厄尔·汉密尔顿坚决予以反对，认为资本主义因价格和工资的上涨而得到加强。这一争论远未解决——这个问题很复杂，多数理论都有很多漏洞，但是，毋庸置疑的是美洲的开发，包含着创造巨大财富的巨大机会，而这个时期欧洲财富上的社会不平等明显地加剧了。

最后一个因素是人口。印第安人口的灾难性减少影响了劳动力的供给，而人口减少的原因部分是由于西班牙的残忍，部分是由于输入的疾病。而在16世纪大约有20万西班牙人移居到美洲。他们的智力、才干和精力似乎在一般人以上，所以，他们很可能给在西班牙留下的人口的遗传素质带来了有害的后果（但是很多移民将钱寄回西班牙）。

美洲的发现对欧洲以及世界其他地区产生的影响还未被充分地评价，这种评价可能永远都不能得出，因为它的影响太深刻、太深远了，正如蒙田所说，"乱七八糟的"。但是，不久人们接受了加尔西拉索明智的观点："只有一个世界，"他写道，"虽然我们谈论旧世界和新世界，但是，这是因为后者是我们晚近发现的，而不是因为有两个不同的世界。"[125]

注 释

[1] 戴蒙德(Diamond),《枪炮、病菌与钢铁:人类社会的命运》(*Guns, Germs and Steel*),伦敦:凯普出版社,1997年。

[2] 同上,第140页。

[3] J. H.埃利奥特(J. H. Elliott),《旧世界和新世界》(*The Old World and the New*),英格兰剑桥:剑桥大学出版社/坎托,1970/1992年,第7页。

[4] 同上,第8页。

[5] 同上。

[6] 比阿特丽斯·帕斯特·波德莫(Bodmer),《征服的铠甲》,斯坦福,加利福尼亚:斯坦福大学出版社,1992年,第33页。

[7] 埃利奥特,如前所引,第9页。

[8] 同上,第9—10页。

[9] 波德莫,如前所引,第65—66页和第88页。关于戈马拉的阐述,参见迈克尔·D.科(Michael D. Coe),《破译玛雅密码》(*Breaking the Maya Code*),伦敦和纽约:泰晤士&哈德逊出版社,1992年,第78页。

[10] 埃利奥特,如前所引,第10页。

[11] 同上,第11页。

[12] 同上,第12页。但是,参见杰克·P.格林(Jack P. Greene),《美洲智力构建》(*The Intellectual Construction of America*),教堂山:北加利福尼亚出版社,1993年,第15页,美洲人的期望。

[13] 波德莫,如前所引,第12页。

[14] 埃利奥特,如前所引,第15页。

[15] 最初的探险者也有粗野的一面。参见琼吉姆·G·利思(Leithäuser),《地平线外的世界》,休·麦雷克翻译,纽约:克诺夫出版公司,1955年,第38页及后文,阐述哥伦布用来使他的队员保持平静的诀窍。

[16] 同上,第24页。

[17] 波德莫,如前所引,第32页。

[18] 埃利奥特,如前所引,第25页。

[19] 同上,参见布莱恩·穆那(Brian Moynahan),《信仰》(*The Faith*),伦敦:奥兰姆出版社,2002年,第510页。

[20] 埃利奥特,如前所引,第29页。

第七章 "印第安人"的观念：新大陆的思想

[21] 在比较科学的另一方面，尽管新大陆有许多野生动物，印第安人最害怕的还是西班牙的大猎犬。这种动物在人的指示下有时将印第安人撕成碎片。利思，如前所引，第160—161页。

[22] 波德莫，如前所引，第212—213页。

[23] 埃利奥特，如前所引，第34页。

[24] 同上，第36页。

[25] 同上，第37页。

[26] 利思，如前所引，第165—166页，印第安人关于这些活动的图画。

[27] 波德莫，如前所引，第60—61页。

[28] 埃利奥特，如前所引，第38页。

[29] 同上，第39页。

[30] 阿科斯塔有一种理论认为在新世界矿物就像植物一样"生长"。波德莫，如前所引，第144—145页。

[31] 埃利奥特，如前所引，第39页。

[32] 同上，第39—40页。

[33] 艾金·G.库什纳廖夫（Evgenii G. Kushnarev）（由 E. A. P. 克朗哈特·沃恩编辑和翻译），《白令海峡的发现》（*Bering's Search for the Strait*），波特兰：俄勒冈历史学会出版社，1990年（最早于1968年在列宁格勒[即现在的圣彼得堡]出版）。关于卡地亚和尼柯莱，见菲利普斯（J. R. S. Phillips），《中世纪欧洲的扩张》（*The Medieval Expansion of Europe*），牛津：牛津大学出版社，1988年，第259页。

[34] 埃利奥特，如前所引，第40页。

[35] 波德莫，如前所引，第209页及后文，关于这种环境中"残暴行为"含义的讨论。同时参见：P.J.马歇尔（P. J. Marshall）和格林多·威廉斯（Glyndwr Williams），《人类的伟大地图：启蒙时代对世界的理解》（*The Great Map of Mankind: Perceptions of the World in the Age of Enlightenment*），第7章（187页及后文）《土著人的文明和野蛮：北美印第安人的观念》，伦敦：登特出版社，1982年。

[36] 利思，如前所引，对墨西哥特诺兹提朗(Tenochtitlán)及其复杂的工程和艺术作品的生动描写。

[37] 埃利奥特，如前所引，第42—43页。

[38] 波德莫，如前所引，第67页。

[39] 埃利奥特，如前所引，第43页。

[40] 安东尼·派格登 (Anthony Pagden)，《自然人的失败》(*The Fall of Natural Man*)，英格兰剑桥：剑桥大学出版社，1982年，第39页。

[41] 同上，第49页。参见穆那，如前所引，第508页，关于背后的法律思考。

[42] 这种观点认为印第安人有一天会成为自由人，但是在这一天到来之前，他必须"在西班牙国王的监护之下"。派格登，如前所引，第104页。

[43] 乔纳森·赖特 (Jonathan Wright)，《耶稣会士：使命、神话和史学家》(*The Jesuits: Mission, Myths and Historians*)，伦敦：哈珀柯林斯出版社，2004年，第23页。参见波德莫，如前所引，第143—144页。参见穆那，如前所引，第510页。

[44] 派格登，如前所引，第45页。

[45] 同上，第46页。

[46] 穆那，如前所引，第510页。波德莫，如前所引，第144页。

[47] 派格登，如前所引，第119页。

[48] 关于美洲详细地图的发展，参见利思，如前所引，第197页及后文。

[49] 埃利奥特，如前所引，第49页。

[50] 派格登，如前所引，第164页。

[51] 同上，第174页。

[52] 也有一种理论认为世界上贵金属集中在接近赤道的一个传说中的地方，美洲土著人知道这个地方在哪里。阿科斯塔，《印第安人的道德自然史》(*Historia Natural y Moral de las Indias*)，马德里，1954年，第88—89页，在波德莫前引书，第155页中被引用。

[53] 埃利奥特，如前所引，第49—50页。

[54] 同上，第51页。

[55] 同上，第52页。

[56] 阿尔文·M. 约瑟夫 (Alvin M. Josephy Jr) (编辑)，《1492年的美洲》(*America in 1492*)，纽约：古典书局，1991/1993年，第6页。

[57] 威廉·麦克莱什 (William McLeish)，《美洲形成之前》(*The Day Before America*)，波士顿：霍顿·米夫林出版公司，1994年，第168页。

[58] 而且，苏族和其他因平原勇士而出名的部族在1492年还未在平原上居住。约瑟夫 (编辑)，如前所引，第8页。

[59] 同上，第34页。

[60] J. C. 弗纳斯（J. C. Furnas），《美洲：美国社会史（1587—1914）》（*The Americas: A Social History of the United States*, 1587–1914），伦敦：朗文出版社，1970年，其中包括欧洲人试图从印第安人那里学习的事情的细节。

[61] 约瑟夫（编辑），如前所引，第76页。

[62] 同上，第170—171页。

[63] 麦克莱什，如前所引，第131页。

[64] 同上，第195页。

[65] 同上，第196页。

[66] 同上，第194页。

[67] 31种玛雅语言的分类和时间深度的图表见：约瑟夫（编辑），如前所引，第251页。参见科，如前所引，第48页。

[68] 约瑟夫（编辑），如前所引，第253页。

[69] 同上。

[70] 同上，第254页。

[71] 中部阿拉斯加的尤皮克（Yupik）印第安人因为他们有许多表示雪的单词而出名，他们区分"地面上的雪"、"小雪"、"深而松软的雪"、"就要崩落的雪"、"飘浮的雪"和"雪片"。约瑟夫（编辑），如前所引，第255页。

[72] 同上，第262页。

[73] 同上，第263页。

[74] 弗纳斯，如前所引，第366页。说阿帕契族是最不容易接受耶稣会士转化的部族。

[75] 约瑟夫（编辑），如前所引，第278页。

[76] 同上，第291年。参见科，如前所引，第136页，关于霍皮语语法和他们对世界的观点的关系。

[77] 约瑟夫（编辑），如前所引，第294页。

[78] 麦克莱什，如前所引，第233页。

[79] 约瑟夫（编辑），如前所引，第309页。

[80] 几年后，以前的巫师的墓穴会被挖掘，他的剩余物被焚烧后制成特殊的具有魔力的饮剂，后在特殊的仪式中食用，这样死去巫师的后来人能获得他的一部分智慧。约瑟夫（编辑），如前所引，第312页。

[81] 同上，第326页。

[82] 同上，第329页。

[83] 同上。

[84] 同上，第330页。

[85] 罗纳德·赖特(Ronald Wright)，《偷来的大陆：印第安人眼中的"新大陆"》(*Stolen Continents: The 'New World' Through Indian Eyes*)，波士顿：霍顿·米夫林出版公司，1992年，考察了五种新世界文明——阿兹特克人、印加人、玛雅人、切罗基族人和易洛魁族人——和他们对于入侵的反应。例如，赖特描写印加人巨大的贮藏系统、复杂的灌溉系统和他们对早期文明的综合。这种努力令人着迷，先去了解印第安人的思想，然后研究他们在17、18和19世纪对于他们领土的占领的反应。

[86] 阿兹特克人／印加人的年表见：约瑟夫（编辑），如前所引，第343页。同时参见科，如前所引，第59—60页。

[87] 约瑟夫（编辑），如前所引，第343页。

[88] 同上，第367页。

[89] 同上，第372页。

[90] 同上。

[91] 阿兹特克人的文字如何能得够到发展的图表，见科，如前所引，第118页。

[92] 约瑟夫（编辑），如前所引，第375页。

[93] 同上，第375—376页。

[94] 同上，第377页。

[95] 同上，第381页。

[96] 弗纳斯，如前所引，第166页。注意在阿兹特克人宗教和基督教在教育上的相似事物，包括与夏娃、魔鬼和大洪水相当的事物。

[97] 约瑟夫（编辑），如前所引，第389页。

[98] 同上，第392页。

[99] 同上。

[100] 玛雅人对待野生动植物的态度，见科，如前所引，第58页。

[101] 约瑟夫（编辑），如前所引，第402—403页。

[102] 同上，第408—409页。

[103] 同上，第409页。

[104] 同上，第412页。

第七章 "印第安人"的观念：新大陆的思想

[105] 印加人的"工程奇迹"、覆金石和编制技能，见弗纳斯，如前所引，第179页及后文。

[106] 同上，第413页。

[107] 同上，对神的讨论，参见科，如前所引，第242—243页。

[108] 约瑟夫（编辑），如前所引，第413—414页。

[109] 神圣的其他方面在于，相似物的创作者被认为对其所代表的人具有某种控制力，还在于所制作的物品比制作者更重要——更神圣。约瑟夫（编辑），如前所引，第416页。

[110] 同上，第417页。

[111] 同上，第419页。

[112] 特伦斯·格瑞德（Terence Grieder）是奥斯汀得克萨斯大学的艺术史教授，他将美洲的早期艺术同澳大利亚、玻利尼西亚、印度尼西亚和东南亚的早期艺术作了比较，提出了一些有趣的结论。他发现在这两个区域有三种基本的文明，并且这三种文明的艺术在形式和象征性的内容上的变化是有系统的，他认为这一发现支持了这样的观点，即美洲人是由三次不同的移民组成的。格瑞德的主要观点是，有一种文化梯度表明在美洲和澳大利亚—东南亚大陆之间存在相似性。例如，在澳大利亚和南美洲大西洋海岸这些远离欧亚大陆的地区发现了"最原始的人类"，这些地区居住着猎人和采集者，他们没有永久性的居所，没有农业或专门的技术。而美拉尼西亚人和北美洲大平原的居民定居在村庄中并发展农业。最后，在印度尼西亚、马来西亚和菲律宾群岛以及亚洲大陆和中美洲有大量的人口居住在城镇中，有石制的庙宇和专门的职业。在两个地区（一方面是从澳大利亚到东南亚，另一方面是美洲）相似的文明水平有相似的象征艺术。

如格瑞德所称，第一波以原始的外阴和阴茎、标记有杯子的石头、脸和身体绘画为特点。第二波以圣树或柱、面具和树皮布为代表。第三波表现出几何符号（十字、方格图案、万字饰和S形图案）并且经常表现宇宙（天空符号体系），这也反映在将洞穴和山用做神圣的场所，包括人工山或金字塔。第三波出现了文身和树皮纸书籍。当然，不同地区的不同波的符号体系相互接触、相互影响（特别是易洛魁族人的符号体系是所有三波符号体系的混合体，血型分析支持了这一结论）。但是，格瑞德发现这三波符号体系依然很强大，很可能它们被二次创造过。他因此得出结论说，不仅美洲有三波移民而且这三波移民和从东南亚到澳大利亚、塔斯马尼亚岛以及新西兰的移民，相似。格瑞德，《前哥伦布时代艺术的起源》（*Origins of Pre-Columbian Art*），奥斯汀：得克萨斯大学出版社，1982年。

[113] "基督徒"的杀戮形式见：赖特，如前所引，第53—54页和第165页。参见

穆那，如前所引，第513页。

[114] 埃利奥特，如前所引，第81页和86页。

[115] 同上，第87页。

[116] 伯纳德·刘易斯 (Bernard Lewis) 和 P. M. 霍尔特 (P. M. Holt)，《中东的历史学家》(*Historians of the Middle East*)，牛津：牛津大学出版社，1962年，第184页。

[117] 整个过程的背后是这样一种思想，这种思想始于教父——认为文明以及与其相伴的世界强国稳步地从东向西转移。因此，开始于美索不达米亚和波斯的文明已经被埃及、希腊、意大利、法国取代而现在被西班牙所取代。对此，据说（当然是西班牙人说的），这种状况会维持，"有海洋的控制和有力的保护，情况不会改变"。埃利奥特，如前所引，第94页。奥利弗 (Fernando Pérez de Oliva)，*Las Obras*, Córdoba, 1586年，第134页及后文。

[118] 埃利奥特，如前所引，第95页。

[119] 同上，第96页。

[120] J. 汉米尔顿伯爵 (Earl J. Hamilton)，《美洲财富和西班牙价格改革 (1501—1650)》，(*American Treasure and the Price Revolution in Spain, 1501-1650*)，马萨诸塞剑桥：哈佛大学出版社，1934年，第vii页。

[121] 沃尔特·普雷斯科特·韦伯，《伟大的边疆》，伦敦：瑟克 & 瓦伯格出版社，1953年。旋转器和两种新的耕作方法的作用见第239页及后文。同时见：威尔伯·R. 雅各布 (Wilbur R. Jacobs)，《特纳、博尔顿和韦伯：美国边疆学的三位历史学家》(*Turner, Bolton and Webb: Three Historians of the American Frontier*)，西雅图：华盛顿大学出版社，1965年。

[122] 虽然迈克尔·科说，即使今天人们也不清楚，比方说，玛雅印第安人的人口数量。如前所引，第47页。

[123] 埃利奥特，如前所引，第65页。

[124] 《一流的注释》(*Royal Commentaries*)，利弗莫尔 (Livermore) 译，第Ⅱ部分《秘鲁的征服》('The conquest of Peru')，第647—648页。引自埃利奥特，如前所引，第64页。

[125] 伊丽莎白·阿姆斯特朗 (Elisabeth Armstrong)，《龙萨和黄金时代》(*Ronsard and the Age of Gold*)，英格兰剑桥：剑桥大学出版社，1968年，第27—28页。

第八章
历史走向北部：新教的理性冲击

出售免罪符

"彼得和保罗都身处贫困，但是，15、16世纪的罗马教皇们却过着皇帝一样的日子。"1502年，根据议会的一项估算，天主教教会占有着法国全国收入的75%。[1]20年后在德国，纽伦堡议会估算教堂拥有德国全部财富的50%。如此巨大的财富必然导致特权的出现。在英格兰，牧师们总是建议妇女去忏悔室，并要她们以出卖身体获得特赦。[2]威廉·曼彻斯特（William Manchester）引用的一项数据上说：在英格兰的诺福克、瑞普顿以及兰伯斯三个郡，因对妇女进行性侵犯而受到起诉的人中有23%是牧师，而牧师占当地人口的比例还不到2%。圣艾班斯市的南修道院院长被控"在修道院院内买卖圣职、放高利贷、挪用公款以及同妓女和情妇长期公开同居"。最广为人知的腐败行径就是出售免罪符，当时有经教皇授权专门出售免罪符的机构或个人。早在1450年，牛津大学的名誉校长托马斯·盖斯科恩（Thomas Gascoigne）就曾感叹："当时的有罪之人总是说：'我不在乎让上帝看到我犯了多少罪过，因为我可以用4便士或者6便士就可以买到教皇授予的免罪符，从而轻而易举地完全免除所有的罪过和惩罚。'"他说得有些夸张了，其他一些记录上说："只要2便士就可买到免罪符，或者有时只要一扎葡萄酒或者啤酒就可换到免罪符，甚至是妓女或其他妇女用肉体交易也可换得。"当时有很多人抱怨，说出售免罪符的行为以及其背后的特权阶级扭曲了教堂的形象，教堂不过是个敛财的机器罢了。16世纪早期圣保罗

免罪符

教堂的副主教约翰·柯列特（John Colet）就是抱怨者之一。[3]

约翰·特泽尔

1476年，当教皇西克斯图斯四世（Pope Sixtus IV）宣布免罪符也可让"在炼狱里受苦的灵魂"得到解脱，免罪符买卖达到顶点。这被威廉·曼彻斯特称为"天国的信任诡计"的宣言，马上获得了成功：农民们宁愿让家人忍饥挨饿也要为死去的亲人买免罪符，以使他们免除炼狱之苦。[4]许多修士趁机大发横财，多明我会的约翰·特泽尔就是其中之一，他四处游走兜售免罪符。他背着一只铜框的箱子、一包印好的收据和一个挂着天主教旗帜的大十字架，走村串户。他乘着教堂的铃声而来，在当地教堂的中殿摆下摊子，便开始兜售："我这里有通行证……可以让人的灵魂到达天国的极乐世界。"他会一直强调"价钱真是非常便宜"，尤其是当有听众犹豫不定时，他会再三强调价格的低廉。他怂恿听众给他们死去而未被赦免的亲人赎罪，他说："只要钱币撞击钵碗的声音一响，你那亲人的灵魂就会飞出炼狱，径直飞入天堂。"[5]最为过分的是，特泽尔写信向轻信的人们许诺：某个人将来可能会犯的罪行都可以得到赦免。

北部和南部天主教的差异

他做得太过分了。过去，人们通常认为，是特泽尔的过火和夸大其词引起了一个教士的注意，这个教士是德国莱比锡北部维滕堡市的一名哲学教授，名叫马丁·路德。然而最近，牛津大学的教堂历史教授迪尔梅德·麦卡洛克(Diarmaid MacCulloch)注意到了天主教其他方面的一些发展对路德的影响。例如，早在16世纪早期，北欧和南欧教堂里的讲道就有所不同，在北欧，布道的重心是听众（悔过者），而在南欧，布道把更多的注意力放在教士身上，强调教士是悔过者罪行得以赦免的中介。[6]相较于较北地区，意大利的教士比较不满意自己的地位，这似乎跟行会有关。[7]在瑞士国内及周围地区，国教会正在兴起，这是由当地自主管理的教堂，地方长官取代教士起领导作用，传授教义。[8]民间流传的《圣经》也大量增加，帮助越来越多的人内化理解他们的信仰。[9]1511年，法国国王在比萨召开了一个红衣主教会议，商讨教堂改革的问题，[10]然而在1512年，俄利根教（Origen）的一些文籍得以用拉丁文流传，这些文籍表示：正如人们传统上所理解的那样，地狱并不存在，任何人，包括恶魔，都可以得到拯救并重新回到天堂。[11]从这些文籍看来，情况没有丝毫改变。

马丁·路德

然而，正是路德点亮了变革的火花。他是一个矿主的儿子，"结实而强壮"。读大学时他曾想成为律师，但是1505年，在一场暴风雨中，他遇到了一次神秘的经历并开始相信"上帝无所不在"。[12]这是最根本的改变。那以前，他一直是人文主义共济会的成员，是伊拉斯谟的追随者和同事，曾翻译过一些经典著作。但是自从那次转折性的经历之后，他开始把自己隔绝起来，疏远了人文主义共济会的同伴，专注于内心的虔诚。

马丁·路德

1510年，在文艺复兴的鼎盛时期，当达·芬奇、米开朗基罗和拉斐尔都盛名正负时，他去了罗马。这趟罗马之行令他深感震惊。诚然，他很喜欢那里的绘画和雕塑方面的杰作以及宗教纪念物，但是真正令他感到震惊的是当地教士和红衣主教的行为，尤其是他们对礼拜仪式的玩世不恭的态度，他觉得这是他们特权的基础。[13]

1512年，他回到维滕堡，过了几年平静的生活。他对在罗马的经历深感震惊，更加远离了人文主义者们的世俗名利，同时随着他认识的加深，也逐渐远离了天主教阶级的腐败的犬儒哲学。取而代之，他认真研读《圣经》，尤其是有关教父和圣奥古斯丁的章节。继而，他对周围世界进行了观察，心里很是沮丧，正如雅各布·布洛诺夫斯基（Jacob Bronowski）和布鲁斯·麦兹利希（Bruce Mazlish）所说的，此时的他"正在孕育思想和勇气"。但是到了1517年底，他再也忍不住了，10月31日，万圣节前夜，他行动了。他的一项举动引起了整个世界的反响，他把他的95篇攻击免罪符买卖的檄文钉在了维滕堡教堂的大门上，并且宣称不惧怕任何人前来与他辩论。[14]"我，马丁·路德，维滕堡的教诫博士，现在郑重宣言，我主张反对教皇的免罪符……"

路德的攻击不只针对特泽尔或是其背后的教皇政府，而是直指免罪符所代表的神学。免罪符及相关理论的存在都是因为"过剩的恩惠"。耶稣及其后的众圣人做了太多的善行，以致地球上有过剩的恩惠。购买了一张免罪符，购买者就可以"接触到"这种过剩的恩惠。首先，路德不认为恩惠可以像土豆那样拿来交易，更重要的是，这种做法混淆了下列事实：买了免罪符只能让购买者逃避对罪行的忏悔，而罪行并不能真正获得赦免。在路德看来，免罪符的买卖极具误导性，也是违背《圣经》的。在提出这一观点不久，路德又提出了第二项新思想，即应该回归到12世纪的"真正的内在忏悔"的思想，只有经过完全的忏悔，所犯的罪行才能得以赦免。教皇也许会宣称所有的惩罚都可以得到赦免，但是，路德强调只有经过完全忏悔罪行才能得到赦免。接下来的一步也同样很简单，但却更重要。没有完全的悔过，赦免就是无效的，路德很快就得出结论，"不需要任何来自于教皇的物品"，仅完全的忏悔就可以使有罪者得到赦免。路德认为要只需要根据各人的信仰和悔过行为施以救助，从而坚决地认为圣事以及掌管圣事的阶级都是没有必要的。因此，天主教堂的基础，即仲裁的思想，就被彻底抛弃了。

第八章 历史走向北部：新教的理性冲击

这些简单的神学思想就构成了宗教改革的基础。迪尔梅德·麦卡洛克称之为"一场偶然的革命"。[16]但是之后发生的事情有了另外一面，有关政治的一面。当路德指责教堂的弊病时，许多人文主义者都表示支持。伊拉斯谟等人加入了路德队伍，把虔诚和基督徒的品格重新介绍到礼拜仪式中，而不是只依靠教义和学者们吹毛求疵的说法。但是当这些支持者们看到路德攻击的是教堂本身的基础时，便都扭转了态度，将路德所著的有关教规律条和教皇命令的书付之一炬。[18]在这里，民族主义开始萌芽，从而对后来的历史有着深远的影响。中途改变支持态度的人文主义者大多不是德国人。

在路德的文章和其他文字作品中，他丝毫都没有表示退缩。他大胆地表示，他把教皇看成是小偷和谋杀者一样的人，他希望德国牧师不要对罗马保持忠诚，他还希望建立一个全国性的教堂，以美因茨的大主教作为首领。路德一旦有足够的勇气打破沉默，他的想象力便驱使着他进入一些其他任何人都没有涉足过的领域。例如，他强调，婚姻不是圣餐，大人物的妻子可以有其他情人，直到她怀孕，并且她完全可以说她所怀的杂种是他丈夫的。他说他认为重婚比离婚"更合理"。[19]他根据重要程度给《圣经》里的各部分进行重新排列，因而有了1534年版本的《圣经》，他还把其中他持怀疑态度的章节（例如《马卡比书》第一卷和第二卷）抽出来，单独组成一章，称之为"伪经"。

对于路德的思想，我们可以想象伊拉斯谟会有异议，更别说梵蒂冈了。但是无论如何，路德并非孤军作战。毕竟，德国和教皇政府之间的不相容由来已久，可以追溯到授职冲突时期，甚至是蛮荒时代。1508年，甚至是在路德去罗马之前，德国议会投票表决，要求抵制由免罪符买卖带来的教皇增收税。1518年，奥格斯堡议会坚持认为，基督教界的"真正敌人"不是土耳其人，而是他们所谓的罗马的"地狱之犬"。[21]理论上说，德国的首脑应该是神圣的罗马大帝——查理五世。但是他有自己的野心，对因发现美洲而刚刚暴富的西班牙虎视眈眈。因此他仍然是个天主教徒，"以罗马为靠山"。这一切都有助于路德。但是他发现，尽管他的批判跟基督教界的各教堂实际情况非常吻合，但是在他的祖国推行改革更为容易："他放弃建立一个世界性教堂的想法，转而打算建立一个德国教堂。"[22]这一思想在他的《告信奉基督教的日耳曼诸贵族》（*Address to the Christian Nobility of the German Nation*, 1520）一文中有明白的阐述，在此文中，他采用不再那么革命的论调，否定了教士应该具有

"独立的宗教财产"这一信条,主张德国贵族合理处置未经改革的教士的地产。大量的骑士和皇族正跃跃欲试想要以此得利,以宗教改革开端的这一事件很快就发展成为一场全国范围内的为争取政治和经济权利而进行的斗争。

骑士之战／农民暴乱／重浸礼教徒

然而,在新教徒的"民族主义化"过程中,其腐朽性的最初表现开始显现出来。在最初的时候,路德教教徒们还认为,为了获得解放,个人不应该有所行动,也不应该违背良心被迫行动。这是完全诚实的真正过程,也是当时的理论基础,不只是新教徒们遵从这一理论,也是人文主义者和科技革命的中心理论。但是后来路德的思想发生了变化。在短短几年中,他慢慢接受甚至开始维护这一想法:应该用剑("市民力量")来支持信仰。[24]他是逐渐接受这一思想的,三件交叉进行的事件迫使他接受了这一新观点,它们是骑士之战、农民暴乱和重浸教。

这三个事件的第一件,骑士之战,其爆发的直接原因是路德倡导教堂的土地应该充公。但是,爆发于1522年的这场战争失败了。三年之后,1525年,被贵族(受大量流入的美洲银币的刺激,这些贵族开始感受到通货膨胀的危机)压迫得忍无可忍的德国农民,在路德"上帝说众生皆平等"教义的鼓舞下,起义暴动。但是很不幸的是,暴动的领导权落在了重浸教派的手里。他们是因反对婴儿浸礼而得名的,他们认为婴儿太小,根本还没有信仰,而没有信仰的赦免是无效的。重浸教的重要性和迫切性在于他们完全反对教皇阶级,取而代之,他们虔诚地依赖《圣经》中上帝的言语。在他们看来,基督即将又一次归来,世界的末日"洁礼"即将到来。20世纪的社会学家卡尔·曼海姆(Karl Mannheim)曾断言"千年说"(即相信基督即将归来)的联盟以及农民暴动,标志着现代历史的决定性转折。他的理由是,这两方面标志着社会革命阶段的开始。"正是在此时,现代意义上的政治概念开始出现,即政治指的是社会各阶层或多或少地主动参与到社会活动和政治决策中,以达到特定的世俗目的,而不是被动地接受'上级'的控制和决定。"[25]

无论曼海姆所说正确与否,需要强调的一点是这种反应并非路德的目的(又是一次偶然的革命)。事实上,他支持皇族反对农民。他的观点是:信仰和政治不应该混在一起，基督徒的本分是遵循法律的权威。具体地说，在他看来，教堂是从属于政府的。"对德国来说，路德思想的结果是把内在的精神生活和外部生活分割开来，内在的精神生活是自由的，而外在的生活是从属于不可动摇的权威的。在德国，这种思想上的二重性从路德时代一直延续到今日。"[26]

事实是，路德性格上的某些方面没有跟上时代。他一方面喜欢权威，但总体上说又是路德新教教徒毁灭了权威。说到把人们从宗教权威的统治下解放出来，新教通过另外的方式也做到了这一点。美洲的发现以及科技革命，这两者都同新教的出现不相先后，在这种环境中，抗拒权威、展示个性的人轻而易举就可以获利。路德本人并不是很喜欢周围日益增长的经济个人主义，因为这种经济个人主义并不总是跟他所看重的虔诚相一致的。但无论如何，他期待宗教上的个人主义但排斥其他由他引出的形式，这是没有道理的。[27]

★ ★ ★

加尔文

跟路德截然不同的是约翰·加尔文。他于1509年底生于法国庇卡底的诺阳，出身资产阶级家庭，起名加文那或加尔文。他原本打算去教堂供职，但是后来放弃神学转向法律。他的父亲送他去巴黎，他就读于蒙太古学院，当时伊拉斯谟和拉伯雷也正在这所学院学习神学。[28]他黑色头发，皮肤灰白，性格"很烈"。加尔文后来"忽然转向"新教，但从某种意义上说，他的这种转变也是有预示的：他的父亲因过世前已被"革除教籍"，为了给父亲按照基督徒的仪式举行葬礼，加尔文面临"多如牛毛的问题"。这激怒了他，驱使他走上跟天主教堂相对立的道路。

约翰·加尔文

转变之后，加尔文走上了与罗马对立的道路，他离开法国，在还不到30岁的年纪，开始撰写《基督教原理》(Institution of the Christian Religion) 的初稿，这被称为是"宗教改革最重要最耀眼的文章"。路德的文章滔滔不绝，可以说是受压抑的内心感情的宣泄。与路德不同，加尔文开始制定一整套论证严密、逻辑清晰的道德准则、政策和教义。这本书原先预计是包括6章的，但是16世纪50年代末，内容增加到了8章。[29]"该教义的核心是：人在万能的上帝面前是无助的"。加尔文逻辑地甚至是狂热地总结了路德的思想。他说，人无论做什么都不能改变自己的命运，他生来就注定是被拯救还是要下地狱。从这一点看，加尔文的教义是丝毫不乐观的，但是在加尔文的教义体系中，没有人清楚自己是被拯救的还是该下地狱的。他说，总的来说，"被选中的人"，即被拯救的人，总是行为上的"模范"，但是你不能确定自己到底是不是"模范"。因此，从某方面讲，加尔文的这个论点是一种宗教恐怖。

清教徒伦理

恰巧，日内瓦刚刚推翻了国内的天主教大主教，随之而来的骚乱证明了他的观点，即国家应该从属于教堂，我们首先要服从上帝，其次才是服从国家（这是换了伪装的授职斗争）。当日内瓦国内的反天主教情绪达到顶点并且宗教形象都被破坏殆尽之后，加尔文作为教义的卓越作者，被邀请去日内瓦帮助他们按照《圣经》模式建立一个崭新的城市。[30]到日内瓦之后，他被称为"读经者"，严格地说，不过是个牧师。但这就跟说尼禄只是一个小提琴手一样，以偏概全了。加尔文接受了邀请，条件是日内瓦必须采纳他所制定的规范，即《教会宪章》和《教职人员法》。从那之后，日内瓦的人们就按照加尔文的规范生活。牧师每年去拜访每个家庭一次，以保证他们对信仰的真诚。任何抗拒的人都将遭到驱逐、投入监狱或者甚至是被处死。[31]

加尔文主义的精髓是：伦理道义必须得到严格的推行。新教的教义在加尔文主持建立的日内瓦大学得到发展。[32]他为政府建立了两个辅助机构：牧师会和教会法庭。牧师会的主要目的是建立一支讲道"军"，他们必须遵循特定的程序和生活方式，给平民大众树立榜样。而教会法庭的职责是监管道德。该法庭由18名成员组成，6名政府大臣和12名长老，该法庭具有革除教徒教籍的权力。该法庭每周四开庭，负责日内瓦的恐怖独裁，丹尼尔称之为《圣经》伦理道德的统治。正是在日内瓦，一种新的生活方式受到推崇并广为人知，即早起、努力工作以及时刻注意为他人树立好榜样（例如只阅读高尚的文学作品）。节俭和

第八章 历史走向北部：新教的理性冲击

禁欲都是非常重要的品德。正如一位历史学家所说的："这是为了试图创造新人……教堂不仅是礼拜上帝的地方，还有义务培养有资格礼拜上帝的人。"[33]这被称为"清教徒"运动。[34]

但是，由路德主义和加尔文主义所引发的社会以及认识上的变化远比上面提到的更加复杂和微妙。例如，作为《圣经》原教旨主义者，他们对于科学上的新发现并不感到高兴，这一点将在下一章得到进一步说明。但是从哲学上说，这些发现来源于个人有意识的观察，新教徒是必须支持的。跟路德主义和加尔文主义密切相关的变化还有：新牧师不是调解者，并不控制着人与上帝的接触，而只是"平等的一群人"，引导教徒以本国语研读《圣经》。在加尔文教的学校里，压力和机遇并存，没有人能确知自己的将来如何。[35]

加尔文的经济观点也是前瞻的，而不是复古的（从某种意思上说，是远离《圣经》的）。传统的观点认为，"除了生存所必需的东西"，人们就不再需要什么了。加尔文认为这种观点已经过时了。这种中世纪的观点"诬蔑中产阶级是寄生虫，诽谤高利贷者是小偷"。加尔文反对为了虚荣目的滥用财富，但是认为积累财富并且加以合理利用，这是很有意义的。[36]他也认为商人应该为自己借的钱支付利息，以便让每个人都得利。[37]在 20 世纪初，德国社会主义者马克斯·韦伯（Max Weber）在他的《新教伦理与资本主义精神》(*The Protestant Ethic and the Spirit of Capitalism*) 一书中提出了一个生动的论点，他说，尽管在历史上的很多时候资本主义赖以演变的条件都曾出现过，但直到新教出现之后，随着"天命"和"世俗禁欲主义"等概念的出现，"激进的经济伦理"开始出现。后来，R.H. 托尼（R.H. Tawney）在他的《宗教和资本主义的兴起》(*Religion and the Rise of Capitalism*) 一文中强调，在对待资本主义的问题上，加尔文主义比路德主义更加仁慈。[38]

———— ★ ★ ★ ————

然而，以一种更加直接的方式，即通过帮助现代国家兴起的方式，宗教改革创造了现代政治。路德思想的成功不只毁灭了天主教阶级统治全球的野心，同时也使宗教从属于国家政权（在日内瓦以外），教士的角色只限于个人"内在生活"的守护者。在接下来的 30 年战争中，发生在德国、法国以及之后遍及整个欧洲大陆的宗教冲突，使欧洲出现了诸多主权独立的国家。[39]在现代历史上，主权国家和以商业为基础的中产阶级是最重要的两方面。路德从没有打算造成这样的结果,但是,新教主义是16世纪和17世纪之间欧洲权力中心转移的主要原因,即从地中海国家转移到阿尔卑斯山的北部。

———— ★ ★ ★ ————

对罗马的洗劫

罗马的统治者低估了北方的形势。几个世纪以来,德国跟教皇之间一直纠纷不断,但仍旧在教皇的羽翼之下。这就可以解释,为什么罗马没有对德国国内发生的事情立即作出强烈的反应,以及为什么当时的教皇利奥二十四世认为新教徒的反抗仅仅是"修道士之间的争吵"。[40]但是无论如何,让一个腐败的政府改变是不可能的。其中,唯一一个嗅到危险信号的人就是乌得勒支(荷兰城市)的红衣主教布因思(Cardinal Boeyens)。他在1522年成为了艾德里安六世(Adrian VI),他是历史上唯一一个成为罗马教皇的荷兰人。他在红衣主教学院的第一次演说中就很坦白地承认,贪污腐败的现象已经非常严重,这些"罪恶昭昭的人"已经麻木,"已经无法感觉到自己的罪行有多么昭彰"。[41]如果他能够让自己的措施得到切实实施,那么他能够让教会从上到下都得到净化。可惜的是,他周围都是意大利人,为了各自既定的利益对他横加干涉,以至于他的每个措施都没有效果。他们的阻挠没有持续很久,艾德里安在一年后就去世了。纪利奥·德·梅第奇(Giulio de Medici)继任,他成为教皇克莱门特七世(Pope Clement VII, 1523—1534)。他性格软弱,却来自一个迄今所知的非常强势的家庭,这是致命的组合。当路德在德国进行改革的时候,克莱门特开始在世界舞台上或者说是他自己想象的世界舞台上玩起了精心设计的外交游戏。他想要让自己和教皇制度的地位变得更为重要,他挑拨法国国王和神圣罗马皇帝查尔斯五世之间的关系,然后躲在了西班牙静观事态发展。克莱门特和双方都签署了秘密协议,但其行径暴露,从而失去了双方的信任。更为惨重的是,相比于法国和西班牙,教皇的错误判断让意大利在战场上变得虚弱无力。掠夺者的眼光转向了罗马。[42]

事实上,对罗马的第一次攻击不是来自西班牙或法国,而是来自于罗马的夙敌之一科隆纳。1526年,身为主教的蓬佩奥·科隆纳(Pompeo Colonna)

第八章 历史走向北部：新教的理性冲击

领导了一场针对梵蒂冈的攻击。教皇的数个亲信被谋杀，但是，教皇克莱门特却利用一条秘密走廊逃脱了，这条秘密走廊本就是为了预防这样的突发事件而修造的。发生冲突的两个家庭都轻描淡写地说这只是小小的争吵，但这种小冲突只是更加暴露了罗马的弱点。真正的大战发生在12个月之后，虽然起义的队伍在名义上属于查理五世，他们事实上是因没有拿到酬劳而新近叛变的朗士克内希特雇佣军，他们打败了法国国王的军队。军队的核心是来自中欧德国的信奉新教的条顿人（Teutons），他们对战争的毁灭性的兴趣不亚于宗教信仰，他们满怀激情地行进在西部基督教界的首都。[43]

开始于1527年5月6日的这场暴乱非常可怕。任何抵抗者都遭到条顿人的谋杀。豪宅和宫殿不是被付之一炬就是遭到洗劫。教皇、居住在当地的大多数主教以及梵蒂冈的官僚，都到圣安格鲁城堡避难，在大门被关之后，一位主教不得不坐吊篮进去。至于其他的人，"妇女，不论其年纪如何，都在街道上被强奸了，尼姑被成群赶入妓院，教士被迫肛交，平民遭到屠杀。在长达一个星期的屠戮和毁坏之后，第伯尔河上漂浮的尸体超过两千具，数以万计的尸体等着埋葬，此外还有数千被掏内脏的尸体横在街道上，被饥饿的老鼠和野狗啃食。"[44] 大约400万达克特（ducat）以赎金的形式易手，那些能交出赎金的人得以幸免，其他人被屠杀。坟茔被刨开，圣徒的遗骨被拿去喂狗，遗体上的珠宝被剥去，档案和图书馆被付之一炬，只留下足够的纸张铺设在梵蒂冈的马厩。这场屠戮和抢劫一直延续了八个月，直到食物吃光、没有人能再交出赎金并且瘟疫出现的时候才停止。[45]

查理五世在财政上的不检点可能是这场罗马暴乱的直接原因，但是当时的欧洲还有其他理论，其中最主要的是神的报应的观点。甚至皇家军队中一名高级军官也认为"事实上，每个人都认为所发生的一切是上帝对教皇法庭的暴虐和混乱的审判"。[46] 另一方面，条顿人在罗马所表现出来的野蛮残暴被认为是"新教异端的真面目"。此外，罗马终于清醒地认识到了所面临的威胁，同时这场大暴乱也让罗马变得更强硬，罗马会以牙还牙以眼还眼，"天主教的上帝就是这么要求的"。[47]

然而，非常讽刺的是，天主教的丑陋腐败，虽然迫使许多信徒背离先祖传承下来的信仰，但却仍在大行其道。天主教的高级牧师仍然荒淫放荡，像往常一样过着奢侈的生活，主教们仍然对其主教辖区不闻不问，梵蒂冈的唯亲作风也一如既往。当时的教皇对这些视而不见,委托教堂对异教徒进行恶毒的镇压。为了尽可能地消灭新教主义的各种影响,许多人遭到迫害。[48]正如威廉·曼彻斯特所说的:"所有偏离天主教信仰的思想都受到由6名大主教组成的监管委员会的严格压制,知识分子是重点监视对象……托利多的大主教因为公开表达了对伊拉斯谟的倾慕,被判监禁在土牢17年。"在法国,私藏新教文学是重罪,宣传异端思想的人将被送上火刑柱。举报异端者能得到很多赏金,他可以得到被出卖者三分之一的地产。法院被称为火刑室,广为人知。[49]

★ ★ ★

书籍审查/禁书目录

书籍审查是压制异端的必要手段。在16世纪中期,印刷的书籍仍然是稀罕之物,但是,罗马已经清楚地认识到它们是传播煽动性的异端思想的最佳方式。在16世纪40年代,教堂列出了一系列禁书。首先,地方当局搜出反动书籍进行销毁,并惩罚书籍的所有者。之后,在1559年,教皇保罗四世发布了第一张禁书单,要求所有教堂严格遵守。教皇说,这些禁书会让任何一个阅读者的灵魂受到威胁。[50]伊拉斯谟的所有著作都在单子上(这些书本来是被早先的一些教皇欣赏赞美过的),此外还有《古兰经》和哥白尼的《天体运行论》于1758年被禁,伽利略的《对话》于1822年被禁。继保罗的禁书单后,1565年又出了传统禁书单,差不多禁止了欧洲四分之三的印刷书籍。1571年成立了一个禁书会众,监控书单的执行情况并增加新的禁书目录。教会法规要求出版许可,在允许出版的书籍上必须印有"允许出版"字样,有时候还要印上"没有违禁内容"字样以及审查者的名字。[51]禁书单上还包括一些科学文章和优秀的文学作品,例如拉伯雷的《巨人传》。

但是,人们并没有因此而屈服。作家们搬离了原来的城市以逃避审查,例如搬离城市以逃避检查员,像吉恩·克莱斯班(Jean Crespin)就离开法国去了日内瓦,专心撰写他的有关胡格诺(Huguenot)受难者的文章。甚至是在天主教国家,禁书单也并不流行,原因很简单,书籍印刷是一门新技术,具有很好的商机。例如,佛罗伦萨科西莫公爵计算了一下,如果他依从教会的方针,损失在书籍上的费用共计将会超过10万达克特。他的反应很具代表性。他组织了一个象征性的焚书活动,烧掉了一些列名在书单上但又没有多少商业价值的书籍,例如魔术、占星术等方面的书。此外,地方上的禁书代表也常常表示出通融的态度,例如,他们同意赦免犹太医疗书籍,因为这些书对于科学的进步有利。依此类推,通过这样或那样的方式,要么延迟,要么耽搁,要么是认定某些书在当地是禁书中的例外,总之佛罗伦萨人想办法绕过了大部分的规则,禁书或多或少仍然在自由地流通中(这种情况也发生在其他地方,例如法国)。无论如何,信奉新教的印刷商总是钟爱禁书单上的书籍(因为会让普通大众好奇),并且把这些禁书偷渡到天主教国家。一个观察者写道:"教士、修士甚至是高级教士,都竞相在黑市上购买伽利略的《对话》,在整个意大利,黑市上该书的价格从原先的半银币涨到6银币。"[52]

★ ★ ★

天主教教会对路德思想和加尔文思想的反动反应被称为反宗教改革或者天主教复辟。罗马的审查以及禁书书目是这场思想战役早期的两个方面,并且一直持续到后来,但是并不是仅有的两方面。至于其他方面,其中四个方面对现代世界产生了持续性的影响。

廷代尔事件

威廉·廷代尔

最先的一系列事件发生在英国,被称为廷代尔事件。威廉·廷代尔(William Tyndale)是一个人文主义者,他跟他的同事一样,对亨利八世的继位表示欢迎。[53]当亨利写信邀请身在罗马的伊拉斯谟定居英格兰时,伦敦的人文主义者更加受到鼓舞。但是他们想错了,伊拉斯谟一到,亨利就失去了兴趣。慢慢的,国王变得比以前都更加信奉天主教。在亨利所统治的英格兰,异端受到严酷的对待。

正是为了反抗这样的形势(对一个人文主义者来说这种形势算是很严峻的了),威廉·廷代尔决定把《圣经》翻译成英文。当他还在读大学时（在牛津和剑桥），他就有了这种想法。1521年他一被任命为牧师就开始了这项工作。他告诉一位朋友："如果上帝给我足够多的时间，我将会让在地里耕犁的乡野小子比你还了解《圣经》。"[54]在当今翻译似乎是一件毫无危害的事情，因此，当今的我们也许很难理解当时的延代尔所面临的巨大困难。但冷酷的事实是，教会不希望《新约》被广泛阅读传播。事实上，梵蒂冈一直积极地阻止《新约》的传播，只有牧师可以阅读《圣经》，然后根据罗马的喜好给出解释并传道给普通大众。[55]在这种情况下，把《新约》翻译成大众可以读懂的版本，这可能是很危险的。

廷代尔遇到的第一个困难是，英格兰没有任何一个印刷商愿意承印他的译稿。他不得不横渡英吉利海峡到了欧洲大陆，他首先在信奉天主教的科隆纳找到了一个出版商，但在译稿即将付诸印刷的最后一刻，消息被泄漏给了当地一位教务长，教务长又告诉了当局，出版计划被迫取消。意识到自己身处险境，延代尔逃离了这个城市。德国人把这个消息告诉英格兰的红衣主教沃尔西（Cardinal Wolsey），后者警告了国王。亨利宣布延代尔是逃亡的罪犯，并在英国所有的口岸张贴告示，下令一见到廷代尔就加以逮捕。[56]但廷代尔对其毕生的事业充满了热情。1525年在信奉新教的沃姆斯，廷代尔找到了另外一位印刷商，彼得·舍弗（Peter Schöffer），他同意出版该书。6000本书（这在当时已经是数量巨大了）被运往英国。但是廷代尔仍然是个被通缉的逃犯，他不敢在任何地方定居下来生活。到1529年他才在自认为安全的安特卫普（Antwerp）定居下来，但这却是个错误的判断，他的出现引起了英国人的注意，在亨利的坚持下，他被监禁在布鲁塞尔附近的维伏迪城堡达一年多之久。他最终被审判为异端邪说，被判用螺环绞具当众处死。为了确保他不会变成殉道者，他的遗骸被焚烧在火刑柱上。[57]

但是，廷代尔的《圣经》存活了下来。虽然托马斯·莫尔批判廷代尔的翻译断章取义，因而具有误导性，但是这本译著还是很好的《圣经》英译本（成为1611年詹姆士国王版《圣经》的基础）。偷渡进英格兰的《圣经》书册非常流行，人手相传，深居在乡村的新教徒四处出借《圣经》译本，"就像公共图书馆一样"。英格兰的天主教阶级竭尽全力想要阻止这种行为，例如，伦敦的主教买下所有他能找到的书册然后在圣保罗教堂烧毁。[58]

罗马对亨利表示感激。早期的教皇曾授予西班牙国王"天主教君主"以及法国君主"最虔诚基督徒"称号。至于亨利，里昂教皇授予他"信仰卫士"的称号。[59]短短两个词，却没有比这更大的讽刺了。

特伦特公会

审查和禁书是来自天主教教堂的两个消极反应。这一态度在保罗三世的身上得到很好的体现，正是他采用了这两个恐怖措施。在西班牙，很长一段时间里，私藏书单上的一本书就足以被判死刑。[60]（该名单一直被保留到1959年，最后被教皇保罗六世废除。）保罗四世也同样不妥协。他曾是第一任调查官，成为教皇后，正是他把无花果的叶子放在梵蒂冈所收藏的著名的古代雕塑上。正是保罗找来了丹尼尔·达·伏尔特（Daniele da Volterra），并让他把米开朗基罗的名画《最后的审判》中的"裸体的醒目位置"盖住。正如班巴·盖斯科恩（Bamber Gascoigne）所说的："加尔文被称为日内瓦的教皇，但皮尔斯证明自己是罗马的加尔文。"另外一位前任的调查官提议把通奸列为死罪，并且设法消灭城里的所有妓女。但是他一件也没有做到，但至少皮尔斯最终认识到消极措施是不够的，也正是他促成了特伦特公会，该公会成立于1545年，撤销于1560年。

特伦特公会，连同尼西亚会议和第四届拉特兰大公会议，是教堂历史上最重要的三个公会。开始时，许多天主教徒希望该公会能够寻求与新教徒和解的余地，但是他们失望了。公会的官员完全否定了新教神学，并且坚决反对在弥撒上分发面包和红酒，甚至还反对在仪式过程中使用信徒听得懂的语言。这些从公会召开的日期上就可以看出来。公会的召开花了近20年，召开日期的一推再推显示了阶级内不同力量间的矛盾冲突，尽管在1541到1542年间好几个贵族已经下定决心要站在哪一方，从而有了达成协议的希望，但最终没有成功召开。[62]一直以来，罗马本能地对公会持不信任态度，因为15世纪的公会无一例外都会攻击教皇集权。所以我们永远不得而知，如果教堂更快地采取行动，新教火焰会不会已经被浇灭了。事实是，当公会召开并开始它的研讨时，路德已经不可能是攻击的焦点了。1546年，公会召开数月内，路德就逝世了。

最初，人们并不很重视公会，因为该公会只包括4位主教、4位大主教、21位主教、5位宗教制度的首领，以及各种各样的神学家和教皇法令方面的专家。[63]第一项议题是决定在公会期间红衣主教和主教该如何生活，最后的决议是他们的生活方式应该是"节约的、虔诚的和清醒的"。第二年，在参加人数加倍之后，该公会才真正开始讨论核心问题。第一项决定就矛头直指新教徒，公会决定要鼓励天主教堂的"传统"，例如，教父对《圣经》的解读跟《圣经》原文具有同样的权威性。[64]没有比这更加不妥协的行动了，因为公会把神学作者的特权授予教堂作为教堂的传统，其权威性与《圣经》原文并驾齐驱。[65]但不出所料，主要的争论还是在于对信仰概念的解读。路德的革命思想认为，有罪之人唯一该做的就是相信基督，这样才能得到赦免。公会重申这是远远不够的。教堂的观点是，即使是被地狱毁灭了，人还是有从善弃恶的能力，但是他需要基督作为其榜样才能有效地从善，而这种榜样的力量又是通过教堂的讲道来传达的。[66]公会还重申有七个圣礼——施洗、坚振礼、圣餐礼、忏悔、终傅、神品圣事和婚礼，驳斥了路德所说的《圣经》中只有施洗和圣餐礼两种圣礼的观点。[67]圣礼的数量理所当然是教会结构的核心问题，因为只有牧师才有权力听取信徒的忏悔，而牧师又是由主教任命的。此外，公会坚持，炼狱，实际上也就是6世纪的"天启"，是真实存在的。同时这也有利于维护免罪符的规定，虽然公会禁止任何商务存在其中。[68]因而，特伦特公会的主要目的是在其腐朽荣耀的基础上重塑天主教义的权威，使许多问题比以往更为严重更加颠倒黑白。正是特伦特的不妥协为17世纪惨烈的宗教战争埋下隐患。[69]

★ ★ ★

罗耀拉和耶稣会士

上面所提到的各种反改革活动都是消极的，要么是采取禁止的手段要么是暴力。但是，天主教阶级中也有人认识到真正有效的方式是要在理论上占据主动性，要进行精神上的战役，要跟敌人论战。其中一人就是依纳爵·罗耀拉（Ignatius Loyola）。他于1491年生于西班牙北部巴斯克地区的罗耀拉城堡。依纳爵很容易就可能成为日益增多的横渡大西洋的征服者中的一个，但他主动放弃了"这个世界的浮华"。事实上，他真的成了一名军人，但是，他的军旅生涯很快就结束了，因为在一场围困期间，他的腿被大炮的炮弹直接命中了。在城堡中休养的时候，他看故事书打发时间，但是他发现手头的书都令他感到乏味。郁闷中，他拿起了圣徒的活页书，这成了一个转折点。当时当地，他似乎实际上已经决定要成为一名圣徒，一种新的浪漫英雄，他觉得："圣多明尼克这么做了，所以我也必须那么做；圣弗朗西斯这么做了，所以我也必须做。"[70]他把自己训练成圣徒的方式是，尽可能地注意细节做到克制。这被称为精神锻炼，这也是罗耀拉所建立的耶稣会会士自我训练的基本过程。"字面上看，这是为时四周的训练项目，是耶稣的战士的一条精神攻击路线，目的是为了把他们的头脑同这个世界分开，专注于地狱的恐怖、福音书故事的拯救真相以及救世主的例子。"[71]其中有一项训练是为了诱导人们对自己的身体产生厌恶，"让我们看看自己肮脏和丑陋的身体，让我们把自己看成是伴随着可怕、恶心毒物的溃疡疼痛"。

33岁时，依纳爵去巴塞罗那大学学习，后来又转到巴黎。在那里，随着他思想的发展，渐渐吸引了一小批热忱的追随者，这些追随者执行他的训练，并且最终集体发誓忠诚于基督，把自己托付给罗马的教皇保罗三世，承诺"完全服从"。[72]他们在宪章中宣称他们的主要目的是"宣传信仰"，尤其是"向孩子和未受教育者教授基督教教义"。他们把自己看成是基督和教皇的战士，愿意接受教皇的指派去任何地方，"无论是去土耳其人的地方还是新世界，无论是去路德教徒的地方或是其他地方，无论要面对的是不信教的还是忠诚的信徒"。

耶稣会士在东方

在依纳爵于1556年逝世前，罗马的耶稣会教堂已经受到教皇的委任。今天，在依纳爵的墓地对面，竖立着由他发起的基督战士的纪念碑。一名来自巴黎的学生追随者，圣弗朗西斯·赛维尔（St Francis Xavier）领导了基督会的一项史无前例的任务，即把基督教传给东方的不信教者。在这项被称为灵魂征服者的活动中，塞维尔从果阿旅行到斯卑司群岛和日本。他于1552年逝世，此时他正等待许可从而进入东方明珠——封闭的中华帝国。[73]

实际上，基督会会士在东方的经历是很复杂的。在欧洲时，他们主要是教育贵族，因为他们的策略就是专注于领导者和思想家。在东方时，他们的策略也是一样的。但是无论如何，君士坦丁堡有很好的基督教基础。此外，在1580年左右他们很成功地说服身为穆斯林的印度皇帝阿卡巴（Akbar）。然而在中国,情况截然不同。基督会会士取得了中国皇帝的信任,但是是通过科学而不是神学。他们花了很多年跟中国政府谈判才得以进入北京,进入北京后,他们送给皇帝的第一批礼物是维纳斯雕像和一座会报时的时钟。皇帝很喜欢时钟,但对维纳斯雕像的反应一般,很快就转送给了他的太后母亲。基督会会士在北京待了有两个世纪,他们在数学和天文方面的高超技术为中国人所欣赏。但是他们基本上没怎么传教。相反,他们发现中国人的很多方面值得他们钦佩,因而他们很快开始穿清朝的丝绸服装并且参加他们祭祀先祖的仪式。[74]

他们在日本的情况似乎要好很多,至少最初看来是这样的。1551年,塞维尔离开日本的时候说,他已经在日本发展了大约1000名信徒,主要是大名和地方领主。17世纪早期,基督会宣称他们已经发展了15万名位信徒,某些统计甚至说信徒人数达30万。"武士阶层是最易受感化的,也许是因为他们觉得跟具有贵族或军队背景的基督会会士有亲近感。"但是,这却让基督教成为日本统治阶级的政治议案之一,大约在1614年,统治阶级的担忧转化为暴力,对新的基督徒进行了猛烈的打击。日本版的审查开始了,基督徒成为酷刑下的牺牲品,残忍程度不亚于欧洲的审查运动。例如在江户,1/3或者更多的日本基督徒遭到迫害,他们被头朝下扔在海滩上,"被涨起的潮水淹死"。[75]

基督会在远东的努力总体上说是全面失败了,他们在西方的传教要成功很多(今日,拉丁美洲的基督徒是罗马教堂中最大的一支)。但是在非改革时代,基督会并非是崛起的唯一一个修道会,此外还有西亚廷会、巴纳会、索马奇会、奥拉托利会和父钉会(因为他们的第一次仪式是在一个供奉着一枚圣钉的教堂举行,该钉子据说是耶稣被钉死在十字架上时用过的),所有这些修道会都是以传教和授道为目的的。罗马最后终于意识到,在这种新的氛围中,要保持人们对天主教的信仰,最好的方法就是培养年轻的信徒。

★ ★ ★

新教教义的多样性

宗教改革的其他作用还包括好几种新教主义的出现,除了路德主义和加尔文主义,还有英国圣公会,该公会主张更多的圣礼和礼拜祷告;而欧洲大陆则更重视讲道,把讲道放在至高无上的位置,从而导致"从爱尔兰到立陶宛,改革后教堂内部结构的巨大更改，显眼的有天篷的木制布道角塔取代法坛和圣餐成为会众瞩目的焦点"。[76]讲道是放置一个沙漏，让信徒知道讲道时间的长短。迪尔梅德·麦卡洛克说布道是剧院里的一个更加流行的形式，比喜剧更受欢迎，在伦敦，每星期有"数百"场布道，而只有13场喜剧表演。布道的流行有赖于教义问答集的增加，即有关教义的小册子，这些小册子"在一个多世纪中一直是整个欧洲最普遍的教育形式"。[77]此外，这种每周的"来自牧师的思想食粮"使新教的欧洲接触到更多的书，也比信奉天主教的南部更加自觉、更加具有文化气息。据一项统计，在1500和1639年间，在英格兰有多达750万本"主要的宗教著作"出版，此外还有160万首白话诗歌、戏剧和十四行诗，而在1580年和1639年之间，威廉·珀金斯（William Perkins）的作品再版达188次，莎士比亚的作品再版97次。[78]这些对信奉新教的北部产生了不可估量的影响。

新教主义还复兴了忏悔的群体性（悔悟凳为人所熟悉）和所谓的"饶恕剧院"，后者在今天的我们看来就像极大的干涉，但跟韦伯常说的资本主义的克制性密切相关。新教主义让犯罪率保持在很低的水平，托马斯·克朗默（Thomas Cranmer）的新婚礼服务第一次肯定"在互助的社会里"婚礼是令人愉悦的，"两个人在一起是有助益的也是很舒服的"。[79]改革后的教堂第一次注意到上帝面前妇女平等的思想，把离婚列入婚姻法中。新教主义改变了古老的礼拜是为了治病的观点，认为应该有想要礼拜的愿望，不是孤立地礼拜也不是在一个全欧洲范围的教堂内，而应该是一小群人的礼拜，这些人最终成为卫理公会教徒、贵格会教徒等。这些不同的派别代表着宽容氛围的增长，同时也意味着疑义的产生。事实上是一场偶然的革命。

———— ★ ★ ★ ————

反改革艺术／巴洛克风格／贝尼尼

1563年12月，在特伦特公会的最后一次会议上，公会把注意力转向艺术在后路德世界中的地位。[80]绘画在教授信仰方面的作用得到重申，在当时的氛围中，公会坚持神的故事必须忠于《圣经》原文，并授命牧师严格监视艺术家。负责解释公会这一决定的牧师印发了大量小册子加以宣传，其中许多条款比特伦特公会原先打算的还要严苛得多。[81]

在考察特伦特公会对艺术的影响时，鲁道夫·维特科夫（Rudolf Wittkower）说，所有这些解释者们，例如圣查尔斯·博罗梅奥（St Charles Borromeo）、加布里尔·帕里奥迪红衣主教（Cardinal Gabriele PaLeotti）、格里尔·达·法毕安诺（Gilio da Fabriano）以及拉法埃洛·波尔吉尼（Raffaello Borghini），他们都强调了三件事：艺术应该是清楚明了直截了当的，应该是现实的，应该"通过感情激发人们的虔诚之心"。[82]维特科夫说，相对于文艺复兴的理想化，这一时期的主要变化在于完全地展现真实"被看成是根本"。在任何需要的地方，都应该展示耶稣被钉死在十字架上的情景，"受折磨，流血，受雨淋，皮肤被撕毁、受伤、扭曲、苍白和惨不忍睹"。另外，要十分注意形象的年龄、性别、表情、姿态和衣着。艺术家必须重视《圣经》的内容并遵守那些"规则"。同时，公会还禁止图腾崇拜，"对绘画和雕塑作品的敬意归功于作品所代表的原型"。[83]

这些不固定的认识情况相结合导致了艺术上的巨大变化。最重要的是巴洛克风格，从根本上说就是反改革的风格。在特伦特公会之后，是精力充沛的教皇西斯笃五世（Sixtus V）的统治(1585—1590)，他试图重建罗马，以便在大暴乱之后重塑荣耀，这是新的艺术形式的第一步。帕里奥迪红衣主教对此作了总结，在16、17世纪的世纪之交总结性地描述了罗马的艺术："教会想要……既赞美受难者的勇气又把其子孙后代的异端灵魂烧毁。"这很好地描述了巴洛克艺术的目的。西斯笃的继任者保罗五世完成了圣彼得大教堂的修建，因而，在西斯笃和保罗期间，异教徒的罗马变成了基督教的罗马，目的是为了"把这奢华的景象展现在信徒的面前"，让教堂成为"人间的天堂"。为了达到这一目的，建筑和雕塑是主要的手段。[84]"最好最丰满的上流巴洛克风格，是建筑艺术、绘画艺术和雕塑艺术的统一，旨在影响观者的感情，例如，邀请观者分享圣徒的痛苦和狂喜。"[85]巴洛克最伟大的代表是贝尼尼（Bernini），他能够用石头来表现人们用画笔都无法表现的东西。

贝尼尼华美艳丽的雕塑作品是古典的巴洛克风格，但是，在17世纪初出现了人们精神信心的高涨，从而产生了一种简单但强烈的绘画风格，卡拉瓦乔（Caravaggio），非常真实，关注细节而又很虔诚。回顾巴洛克艺术，我们会不自觉地发现，虽然贝尼尼

贝尼尼

第八章 历史走向北部：新教的理性冲击

和卡拉瓦乔等艺术家在创作时时刻不忘反改革的目的，但也有很多的艺术家是为了艺术而热爱艺术的，但却为特伦特公会所弃。此时是保罗五世的在位时期，正是在此时，罗马建造了许多喷泉，使今日的罗马成为一座喷泉之城。

这种新的精神信心也反映在教堂建筑时期，尤其是在罗马，为新的宗教仪式所建的教堂通常都非常高大。这些巨大的建筑是为了威慑会众，在这些建筑里有华丽而壮观的布道坛，树着金或银制的天篷，布料讲究，镶珠嵌玉，上面悬挂着崭新的画幅，在这些地方举行了许多隆重而庄严的布道。跟传统的耶稣画像不同，这些画幅上是英雄式的人物（大卫和歌利亚，朱迪斯和赫洛夫尼斯）或是忏悔的典范（浪子回头的圣彼得），或是殉道者的无畏以及圣洁的场景和狂喜。[86]相应的，图画的尺寸和规模也在增大。正如上文提到的，这种上流巴洛克的代表是贝尼尼，被称为"剧院之人"，他曾效命于五位教皇，但最主要的是乌尔班八世（Urban VIII, 1623—1644）。他们一起对艺术采用了一种更符合审美的方法，从而提高了艺术的质量，把艺术从令人作呕的神秘主义里解脱出来，

罗马喷泉

这种神秘主义曾是世纪之交的巴洛克的重要特点。最佳的例子应该算是贝尼尼的《圣特丽萨》（*St Teresa*），一座狂喜中的圣人的雕塑，看上去就像悬在半空中。"这只是含蓄的幻想心境才能创造出来的现实"。[87]巴洛克艺术中的奇迹和精彩事件都显得非常逼真。这主要是基于亚里士多德在《修辞》中的论证，他说要说服别人最基本的因素是感情。

此时，艺术上的一系列完全不同的事件是"体裁"的发展，尤其是风景画、静物画、战争场景

243

和狩猎场景。许多艺术史学家认为，艺术在17世纪迈出了果断的一步，从一个主要是宗教内容的世界走向更世俗的形式。鲁道夫·维特科夫就是其中之一："在1600年左右，经过长时间的准备，宗教艺术和世俗艺术之间终于划清了界线。"[88]17世纪过了四分之一后，艺术家第一次可以单靠某一特定的体裁过活了。静物画和战争场景画非常受欢迎，但将在所有非宗教体裁中占据首要地位的是风景画，从而成就了普桑（Poussin）和克劳德（Claude）。

总而言之，巴洛克罗马的卓越成就在于圣·彼得，但又是一个重要的讽刺。这一壮观的复合体是经历了两代人才完成的（巴格达于1636年完工，其他部分于17世纪60年代完成）。但结束30年战争的《威斯特伐利亚和约》（1648年）很清楚地表明，从此，欧洲大国会抛开梵蒂冈自主解决事物。在物质地位达到顶点之后，罗马的智力优势也渐渐开始丧失。权力和智力上的领导权都转移到北方。

注　释

[1] 曼彻斯特，《一个只能用火点燃的世界》，纽约和伦敦：小布朗出版公司，1992年，第132页。

[2] 同上，第130页。

[3] 同上，第131页。

[4] 曼彻斯特，如前所引，第134—135页。

[5] 穆那，《信仰》，伦敦：奥兰姆出版社，2002年，第346—347页，特泽尔"祷告"的剩余部分。

[6] 迪尔梅德·麦卡洛克，《改革：1490—1700欧洲的宗教团体》，伦敦：艾伦·莱恩/企鹅出版社，2003年，第14页。

[7] 同上，第17页。

[8] 同上，第51页。

[9] 同上，第73页。

[10] 同上，第88页。

[11] 同上，第113页。

[12] 布鲁诺夫斯基和麦兹利希，《西方思想史》，纽约：哈珀柯林斯出版社，1960年，

第80页。穆那，如前所引，第347页。

[13] 布鲁诺夫斯基和麦兹利希，如前所引，第81页。

[14] 布尔斯汀，《探索者》，纽约和伦敦：古典书局，1999年，第116页，对这些论著是否真被钉在大门上表示怀疑。

[15] 布鲁诺夫斯基和麦兹利希，如前所引，第84页。

[16] 麦卡洛克，如前所引，第123页。

[17] 布鲁诺夫斯基和麦兹利希，如前所引，第76页。

[18] 穆那，如前所引，第350—351页，关于路德跟教堂的战斗。

[19] 麦卡洛克，如前所引，第167页。

[20] 麦卡洛克，如前所引，第134页。

[21] 布鲁诺夫斯基和麦兹利希，如前所引，第85页。

[22] 同上。

[23] 卡基尔·汤普森(W.D.J.Cargill Thompson)，《路德的政治思想》(*Luther's Political Thought*)，哈索克斯，苏瑟克斯：收获者出版社，1984年，第28页。

[24] 同上，第160页。

[25] 布鲁诺夫斯基和麦兹利希，如前所引，第88页。

[26] 见后文关于内在性(*Innerlichkeit*)的讨论。

[27] 穆那，如前所引，第352—353页，关于路德的著作的巨大冲击力和流行性。布尔斯汀，见前引书，第115页，认为这些著作和路德所翻译的《圣经》使德语成为一种书面语言。

[28] 布尔斯汀，如前所引，第119页。

[29] 布鲁诺夫斯基和麦兹利希，如前所引，第92页。穆那，如前所引，第384—385页。

[30] 布鲁诺夫斯基和麦兹利希，如前所引，第93页。

[31] 穆那，如前所引，第386页。

[32] 布尔斯汀，如前所引，第120页。

[33] 布鲁诺夫斯基和麦兹利希，如前所引，第94页。穆那，如前所引，第386—387页，有关宗教法庭的运作。

[34] 布尔斯汀，如前所引，第121页。

[35] 参见哈罗·霍普尔(Harro Höpfl)（编辑和译者），《路德和加尔文在世俗世界的

权威》(*Luther and Calvin on Secular Authority*)，英格兰剑桥：剑桥大学出版社，1991年。

[36] 布鲁诺夫斯基和麦兹利希，如前所引，第96—97页。

[37] 正是来到日内瓦的大批工匠开创了制表业，至今瑞士仍以制表而著称。穆那，如前所引，第396页。

[38] 在日内瓦，任何异议不被允许。但是来瑞士向加尔文学习的外国人，例如约翰·诺克斯等，他们不得不返回各自的国家，而在他们的祖国，作为少数派的他们经常要寻求宗教上的宽容。总的来说，当时的加尔文主义者成为"反绝对主义者"，支持少数派的权利。从某种意义上说，他们是民主主义的始祖。这是迈向现代政治思想的另外半步。布鲁诺夫斯基和麦兹利希，如前所引，第99页。

[39] 同上，第105—106页。

[40] 曼彻斯特，如前所引，第193页。

[41] 同上，第195页。

[42] 背景请参看克莱顿（M.Creighton）的《从大分裂到罗马大暴乱的教皇制度史》(*A History of the Papacy from the Great Schism to the Sack of Rome*)，伦敦：朗文出版社，1919年，第309页。

[43] 同上，第322—323页。

[44] 同上，第340页。

[45] 穆那，如前所引，第421页。

[46] 曼彻斯特，如前所引，第199页。

[47] 同上。

[48] 同上，第201页。一个教皇制度改革委员会于1536年成立，但是，天主教与新教徒之间的差别太大了。穆那，如前所引，第422—423页。

[49] 曼彻斯特，如前所引，第201—202页。

[50] 贾丁，《世界货物》，伦敦：麦克米伦出版公司，1996年，第172页。

[51] 穆那，如前所引，第432页

[52] 同上，第440页。

[53] 托马斯·莫尔甚至说亨利"比任何他之前的英国君主"都更有知识。曼彻斯特，如前所引，第203页。

[54] 同上，第203页。

[55] 麦克格拉斯，《最初：詹姆斯王圣经的故事》，伦敦：霍德&斯托顿出版公司，2001

年，第72页，有关翻译的确定日期。

[56] 曼彻斯特，如前所引，第204页。

[57] 同上。麦克格拉斯，如前所引，第72页，有关科隆裹尸布的重新发现。

[58] 麦克格拉斯，如前所引，第75—76页，有关英语的质量。

[59] 曼彻斯特，如前所引，第205页。

[60] 班巴·盖斯科恩，《基督徒》，伦敦：乔纳森·凯普出版社，1977年，第186页。

[61] 同上，第186页。之后伏尔特总是被称为"马裤裁缝"。

[62] 麦卡洛克，如前所引，第226页。

[63] 麦克·穆勒（Michael A.Mullet），《天主教改革》（*The Catholic Reformation*），伦敦：罗德里奇出版社，1999年，第38页。

[64] 同上，第38—39页。

[65] 同上，第40页。

[66] 同上，第45页。

[67] 同上，第47页。

[68] 同上，第68页。见雅克·勒·高夫，《炼狱时代》，见《中世纪的想象》，芝加哥：芝加哥大学出版社，1985年，第67—77页。

[69] 特伦特的影响：首先，教堂把反对新教主义的斗争看成是跟异端的战争，跟新教势不两立，就像是12世纪他们对待卡特里教派那样。例如，阿尔瓦公爵采取了恐怖统治，认为这样可以促进新教在西班牙下层人群中的传播，他让自己以十字军战士的形象出现在画布上。瓦萨里授命在梵蒂冈画两幅画，描述16世纪70年代的两个事件，"似乎这两个事件是天主教会的两个同等重要的胜利"。这两个事件是：打败土耳其海军的雷班都（Lepanto）战役和"巴黎无数的新教徒被从床上揪起并杀死在大街上"的圣巴托洛缪日（St Bartholomew's Day）惨案。对于这些可怕的"胜利"天主教堂非常高兴，还树了一座纪念碑，展示的是胡格诺教徒被屠杀的场景。盖斯科恩，如前所引，第187页。

[70] 同上，第185页。穆那，如前所引，第419页。

[71] 盖斯科恩，如前所引，第419页。

[72] 同上，第186页。

[73] 同上，第189页。

[74] 穆那，如前所引，第558页，有关塞维尔在日本的情况。

[75] 盖斯科恩，如前所引，第192—193页，穆那，如前所引，第560—561页，有

关耶稣受难。

[76] 麦卡洛克,如前所引,第586页。

[77] 同上,第587页。

[78] 同上,第589页。

[79] 同上,第651页。

[80] 鲁道夫·维特科夫,《意大利的艺术和建筑：1600—1750》(*Art and Architecture in Italy: 1600—1750*),伦敦：企鹅出版社,1958/1972年,第1页。

[81] 同上。

[82] 热尔曼·巴赞(Germain Bazin),《巴洛克》(*The Baroque*),伦敦和纽约：泰晤士＆哈德逊出版社,1968年,第36页,关于著名艺术家的宗教信仰。

[83] 维特科夫,如前所引,第12页。

[84] 圣·彼得大教堂的许多彩色大理石都来自古代的建筑。维特科夫,如前所引,第10页。

[85] 彼得和琳达·默里,《艺术与艺术家辞典》(第七版),伦敦：企鹅出版社,1997年,第38页。

[86] 维特科夫,如前所引,第17页。

[87] 巴赞,如前所引,第104—105页。

[88] 维特科夫,如前所引,第18页。

第九章
实验天才

存在科学革命吗

科学革命"使自基督教产生以来的一切事件相形见绌,使得文艺复兴和宗教改革成为单纯的历史事件,成为中世纪基督教体系内部纯粹的历史更替"。英国历史学家赫伯特·巴特菲尔德(Herbert Butterfield)在1949年出版的《现代科学的起源:1300—1800》(*The Origins of Modern Science, 1300-1800*)一书中这样评论道。[1]这代表了一种关于"科学革命"(the scientific revolution)的观点,即从1543年哥白尼(Copernicus)关于太阳系一书的出版到大约114年之后艾萨克·牛顿爵士于1687年发表《数学原理》(*Principia Mathematica*)之间发生的变化,从根本上永远改变了我们对于自然界的理解——近代科学诞生了。亚里士多德的世界观被推翻,取而代之的是牛顿的观点。(牛顿同时代的人,至少是一些人,抱怨说牛顿粉碎了人们对梦想的向往,扼杀了人们对天使的需求。)正是这个时期,严谨、连续和精确的理性取代了中世纪模糊、任意和超自然的推论。巴特菲尔德同时强调指出这是自民族一神论兴起以来人类思想上最重大的变化。

这一观点最近25年受到人们的抨击。这些抨击与人们发现的牛顿的某些论文有很大的关系。对此首先进行论述的是约翰·梅纳德·凯恩斯。这些论文表明牛顿除了对物理学和数学感兴趣,对炼金术和神学也有持久的迷恋,特别是对《圣经》年代学。这使得某些学者——例如,贝蒂·乔·迪特儿·道布斯(Betty Jo

Teeter Dobbs)和I.伯纳德·科恩(I. Bernard Cohen)——提出疑问,如果牛顿及其同代人有这样的兴趣,能否说他们具有真正的现代意识。道布斯和科恩提醒我们说牛顿力求证明"神的活动"的规律,目的是为了说明"上帝的存在及其神圣的关爱",因此,这种思想的变化是否确实具有这么深远的意义就令人怀疑。他们同时指出,近代化学的出现是在18世纪,远在牛顿之后,因此他们认为,如果我们说科学革命是"一种突然的、根本的和彻底的转变",我们确实不能说这是一场科学"革命"。[2]他们进一步指出哥白尼在个人生活中是一个"胆怯的保守派"(几乎不能说是革命派),1600年世界上几乎没有十位"太阳中心论者",开普勒是一个"畸形的神秘主义者"。这些"英雄们"没有一个是理性主义者。因此,在此提醒读者下面将要叙述的事件存在很大争议。在本章结束时我再回来讨论这个问题。

对于科学家来说,我们现在的生活中到处皆是第二次科学革命的成果。仅仅在100多年前即19世纪末20世纪初,随着量子、基因和无意识的同时发现,第二次科学革命开始了。第一次科学革命起源于一系列类似的同时发生和同样具有重大意义的事件。这些事件是宇宙太阳中心论的出现、万有引力的发现,以及对于光、真空、气体、身体和微生物的理解的重大进步。[3]现在人们还没有完全搞清楚为什么这些进步几乎在同一时间发生。新教自身就是一场革命,它强调个人意识,肯定与此有关。宗教改革的另外一个结果是它使得爱思考的人相信如果在各个方面有这么多的派别,他们确信他们的神灵启示,那么他们不可能全部正确。因此,根据定义,神灵启示肯定经常是错误的。资本主义也是一个影响因素,它强调物质主义、金钱和利益,重视计算。世界上各行各业追求精确的能力的不断提高也起到了作用。新大陆的发现,向人们展示了完全不同的地理、植物和人类,起了很大作用。最后一个一般性的背景因素或许是1453年君士坦丁堡的陷落切断了与希腊文化的联系,也停止了它的作用。在城市陷落之前不久,西西里岛手稿经销商兼收藏家乔瓦尼·奥里斯帕(Giovanni Aurispa)只去了一次君士坦丁堡就带回了不少于238本希腊手稿,向西方介绍了埃斯库罗斯、索福克勒斯和柏拉图。[4]

为什么穆斯林和中国人从未发展近代科学

托比·胡弗（Toby Huff）还使人们注意到非欧洲科学落后的方式。到11世纪，在中东穆斯林地区就已经有数百个图书馆，其中设拉子（Shiraz）的图书馆据说有360个房间。[5]但是，在伊斯兰教之下，天文学家和数学家通常有其他任务，比如在清真寺中做 *muwaqqit* 即记时员和立法编订员，因此，他们基本不可能有理由提出会对宗教信仰构成威胁的新思想。胡弗认为开普勒所知道的天文学，阿拉伯天文学家都了解，但是，他们从来没有对其进行思考得出太阳中心体系。[6]中国人和阿拉伯人从来没有提出"均等"符号（=），事实上，中国人从来没有认为实证研究能完全解释物质现象。胡弗说在13世纪，欧洲的学者数量和穆斯林世界或中国的学者数量是相等的，但是，由于学术的合法性由处在中央的国家或统治者确认，后面这两个文明从来没有形成有组织的或集体的怀疑论，这是最终起作用的因素。20世纪哲学家恩斯特·卡西尔（Ernst Cassirer）在《象征符号哲学》（*Philosophy of Symbolic Forms*）一书中也论述过这个问题。例如，他指出在有些美洲部落中"5"这个词的实际意义是"使手完整"，而"6"的字面意义是"跳跃"——即到另一只手上。在其他地方，数字没有同它所修饰的物体分离开来：例如"两个独木舟"不同于"两个椰子"，而在另外一些地方，计算形式只是简单的"1"、"2"、"许多"。卡西尔指出像这种体系要取得突破性的进展形成高等数学是根本不可能的。[7]

理解宇宙是科学最重要的目标

在16世纪，理解宇宙被认为是科学最为重要的目标，这主要是指物理学。在宗教社会中，"生命和其他一切事物的归宿与宇宙的运动紧密联系在一起：宇宙统治着地球。因此谁理解了宇宙是如何运动的，谁就能理解地球上的一切事物"。[8]科学革命的一个主要结果——到牛顿的作品被人们吸收理解后就已经清晰——就是宇宙并不统治地球。正如 J. D. 伯纳尔（J. D. Bernal）所说，当时的科学家开始认识到这个问题实际上并不重要，这当然降低了宇宙的地位。然而在这个过程中，新的科学动力学被人们发现，它有自己的数学，即关于微分方程的数学。从此，这一直是理论物理学的基础。

哥白尼

尼古拉斯·哥白尼

尼古拉斯·哥白尼（Nicholas Copernicus）是波兰人，他非常幸运有一位主教叔叔，叔叔对侄子的教育非常感兴趣，并为他支付在意大利的教育费用。我们可以说哥白尼接受过过多教育：他学习过法律、医学、哲学和纯文学。他在天文学和航海方面也有渊博的知识。[9]哥白尼对哥伦布的发现很是着迷，但是若是在哥伦布的舰队上，他不会成为一位好的航海家，因为事实上哥白尼是一位不称职的天文学家——他的观察不准确是众所周知的。然而这些不足被他的一个简短的评论远远抵消了：人们对天空的传统解释是混乱的。哥白尼深信托勒密必然是错误的，因为他认识到自然界绝不会自我形成一个复杂的"本轮"和希腊人认为的"偏心轮"体系。哥白尼致力于解决这一混乱问题，目的在于简化这种解释。他将自己的方法描述如下："在我着手解决这一非常困难、几乎不能解决的问题之后，我最后得到启发，即如何在某些假设（它们被称做公理）成立的条件下，用比较少却又简单得多的解释解决这一难题。它们的顺序是这样的：第一，不存在一个对所有天体系统的中心。第二，地球的中心不是宇宙的中心而只是地心引力和月球的中心。第三，所有天体都以太阳为中心旋转，因此太阳是宇宙的中心。第四，地球到太阳的距离和天空（换言之即那些恒星）高度的比率与地球的半径和地球离太阳距离的比率相比要小得多，因此与天空的高度相比，地球到太阳的距离非常短。"[10]

人人都记得哥白尼将地球排除在宇宙的中心之外，然而从上述他的议论中可以看出，还有另外的两个方面引人注目。一是他只是说了阿基米德两千年前说过的话。二是在理论上同他将地球排除在宇宙的中心之外同样重要的是，他认为宇宙——恒星的王国——要比任何人想象得要深远得多得多。这是令人震惊和不安的，然而同阿基米德不同，不久人们就相信了哥白尼的观点。他享有高度可信性的一个原因是，他的一系列进一步的议论同人们的观察到的事实非常一致，即地球有三种不同的运动。首先是行星每年绕太阳旋转一大圈。其次，行星绕自己的轴旋转。第三，地球对太阳的角度有变化。哥白尼指出所有这一切都说明太阳明显的运动不是始终如一的。在某些方面，这是他最为聪明的推理：几个世纪以来人们一直感到困惑，为什么地球上夏季和冬季的时间不一样长，为什么昼夜平分点不在一年的中间，或冬至和夏至的中间。当然，真正的答案是行星包括地球沿轨道不是做圆形运动而是做椭圆形运动。然而，如果没有哥白尼关于地球和太阳相对运动的论点，这一关键性的认识——我们将要讨论的——是不可能形成的。

哥白尼的新思想在他的《天体运行论》(On the Revolution of the Celestial Orbs)中得到系统化，人们一般提及这本书的拉丁文名称 De revolutionibus。这些新思想有其缺陷，例如，他依然相信中世纪的观点认为行星是固定在一系列巨大的中空的同心水晶球上。然而，除了这一点，哥白尼已经实现了他的目标，即摒弃了混乱的论述，取代了托勒密复杂的本轮说。[11]

尽管《天体运行论》是革命性的，但是并没有立刻被看做是具有煽动性的。当哥白尼最终落笔将其送给主教后，主教在同事中传阅这一手稿，他们推荐印刷这个手稿。虽然这个手稿是由新教印刷商印刷的，但是，哥白尼的新思想在整个16世纪受到人们极大的尊崇。直到1615年才有人抱怨它违背了传统神学。[12]

布拉赫

到这时，哥白尼的工作已经得到丹麦贵族第谷·布拉赫（Tycho Brahe）的发展。布拉赫家族的财富来源于分享丹麦人对通过厄勒海峡（Oresund）进出波罗的海的每一条船所征收的通行费，这条海峡位于丹麦和瑞典之间。布拉赫是个好辩的人，曾在一次决斗中被人剪掉了鼻尖，此后，每当在公众场合出现，不得不总是带着一个制作灵巧的银质鼻端，在光线的照射下闪闪发光。但是，丹

第谷·布拉赫

麦国王认识到布拉赫是一位有才华的科学家,在厄勒授予他一个属于他自己的岛屿,在那里几乎没有争论的机会,并允许他在岛上建立了"近代第一科学研究机构",被称做乌拉尼堡(Uraniborg)或上帝之门(Heaven's Gate)。[13]实验室包括一座天文台。

布拉赫的独创精神或许不如哥白尼,但是他却是一位比哥白尼好得多的天文学家,在他的厄勒实验室做了很多精确的天文学测量。当1599年布拉赫离开厄勒转到布拉格时他留下了这些观察结果,在布拉格他被任命为神圣罗马皇帝鲁道夫二世(Rudof II)的首席数学家,鲁道夫非常古怪,迷恋炼金术和占星术。在丹麦,布拉赫的测量被他的才能毫不逊色的助手约翰·开普勒(Johann Kepler)所掌握。开普勒开始了将布拉赫的测量和哥白尼的理论结合起来的工作。

开普勒

开普勒

开普勒是一位顽强、勤奋和敏锐的观察者。像哥白尼一样,开始时他像传统观点认为的那样坚信恒星是排列起来的一系列的同心水晶球。然而当发现布拉赫的观察结果与水晶球理论不能调和时,他逐渐抛弃了这一理论。当他集中于火星而不是试图将所有行星纳入到一个体系中时,取得了突破性的进展。[14]火星对天文学家格外有帮助,因为几乎在任何时候它都可以被观察到。利用布拉赫的测量结果,开普勒认识到在围绕太阳运行过程中火星画出的轨道不是圆形而是椭圆形。一旦取得这一突破性进展,开普勒很快证明所有围绕太阳沿轨道运行的行星都这样作椭圆形运转,甚至月亮围绕地球运转的轨道也是一个椭圆形。这产生了两个直接的含义,一个是物理学和数学上的,另外一个是神学上的。就科学来讲,椭圆形虽然是相对简单的图形,但远不及圆形那样简单,需要多得多的解释——怎样和为什么沿轨道运行的行星在一些点上比另外一些点上距离太阳要远?因此,椭圆形轨道的发现激发了对万有引力和动力学的研究。然而,椭圆轨道的存在对宇宙是由一系列同心水晶球构成的思想有什么影响呢？它使得这样一种思想站不住脚。

------ ★ ★ ★ ------

椭圆形轨道

然而一个椭圆形的轨道并不能解释季节为什么不一样长。椭圆形轨道意味着地球并不是围绕太阳做匀速运动的，而是当这颗行星距离太阳较近时运行速度要慢于它远离太阳时的速度。然而，如开普勒所发现的那样，这个系统却保持稳定性。因动径（粗略地讲即行星至太阳的距离）而加快的速度保持不变。[15] 在对火星和地球进行研究之后，利用布拉赫的计算结果，开普勒能够计算出其他的行星围绕太阳运行的轨道、速度和距太阳的距离。他发现其中同样存在稳定性：行星运行的周期与其到太阳的距离的比率是平方和立方的比。因此正如托马斯·库恩所说，宇宙中有一种新的明确的和谐，不管这种和谐是否是指向上帝的，"它确定无疑是指向万有引力"。

伽利略／望远镜

继哥白尼、布拉赫和开普勒之后，科学革命的第四个杰出人物是伽利略。伽利略是比萨大学数学和军事工程学教授，因为荷兰和西班牙之间发生战争，他不知何故接触到被认为是军事秘密的荷兰人的发明。这就是望远镜。虽然他深知这一设备的军事用途（能帮助一方计算敌军数量而敌方却意识不到），但是他的兴趣却在探索宇宙。而且当他将望远镜指向夜空时，获得了历史上最令人震惊的发现。事情立刻变得清晰起来，宇宙包含的恒星比以前任何人所观测到的都要多得多。在夜空，人的肉

伽利略

眼能观察到大约2000颗恒星。伽利略通过望远镜观察到还有更多得数不清的恒星。这对于宇宙的大小又具有深刻的含义，因此也对神学提出了挑战。但是事情不止于此。在望远镜的帮助下，伽利略又观察到最初三颗后来四颗"星星"

或"月亮"围绕木星旋转,正像行星围绕太阳旋转一样。这一发现确认了哥白尼的宇宙理论,但是同时也为伽利略提供了一个什么是本质上的天上的时钟。这些天体的运动由于距离地球太遥远而不受地球运动的影响,因而为人们提供了对绝对时间的认识。同时也为航海者提供了在海上确定经度的方法。[16]

作为军事工程学教授,伽利略的另一个兴趣很自然是武器——尤其是我们所称的弹道学。在当时,像其他很多知识一样,人们对动力学(弹道学是其中一部分)的理解基本上是亚里士多德式的。例如,亚里士多德的掷矛理论认为,当矛被掷出时穿过空气,矛尖排开的空气以某种方式运行到矛杆的后面并推动矛杆向前运动。这种对于运动的解释显然不能令人满意,然而2000年以来,没有人能提出更好的解释。当人们对另外一种相对新式的武器——大炮的炮弹进行观察之后,这种情况开始改变。但大炮筒从水平线抬起时,大炮的射程会增加,射程会继续增加到炮筒与地面成45°角时,其后随角度的增大,射程又开始减少。正是大炮炮弹的这种运动,激发了伽利略研究运动物体的兴趣,另外一个因素是周期性地袭击比萨和佛罗伦萨的暴风雨,暴风雨来临期间,伽利略注意到树枝形的装饰灯和吊灯会晃动和摆动。他利用自己的脉搏做计时器为灯的晃动计时,发现吊灯架的长度和它的摆动之间存在一种关系。这种关系成为他的平方根法则。[18]

伽利略发表了两篇著名的论文:《两个主要的系统》(*The Two Chief Systems*, 1632)和《两门新的科学》(*The Two New Sciences*, 1638)。为了将他的思想介绍给更多的读者,两篇论文都是用意大利语(而不是用拉丁语)以对话(几乎是剧本)的形式写成的。对托勒密和哥白尼两种体系的优缺点的讨论是在三个人之间展开的:萨尔维亚蒂(Salviati)(科学家和学者)、萨格莱多(Sagredo)(聪明的外行人)和辛普利西奥(Simplicio)(愚钝的亚里士多德思想的追随者)。对话中伽利略同情哪一方表现得很明确,但在同时(间接地)讽刺了教皇。这使得宗教裁判所对他进行了闻名于世的审判,并将他囚禁。在被囚禁期间,他写成了《两门新的科学》,同样是上述三个人之间进行的关于动力学的对话。正是在第二本书中,伽利略提出了他的关于抛射体的观点,并证明抛射体的运行轨道在不考虑空气阻力的情况下是一体抛物线。[19]抛物线是圆锥的函数,正像它是椭圆的函数。两千年来,圆锥曲线论一直被抽象地研究:现在突然间几乎是在同时出现了两种该理论在现实世界中的应用实例,然而宇宙中更大的和谐已经被揭示出来。

具有讽刺意味的是《两门新的科学》是在狱中写成的。对伽利略的囚禁的目的在于扼制哥白尼思想带来的革命。事实上,这给伽利略提供了机会,让他深思熟虑并写出了引领牛顿、给宗教以最为沉重打击的著作。

★ ★ ★

牛顿

根据一份发表于1993年的历史上最有影响力的人物名单,艾萨克·牛顿位列第二位,排在穆罕默德之后而在耶稣基督之前。[20]牛顿出生于伽利略去世的那一年即1642年,在牛顿成长的氛围中科学被认为是非常正常的职业或兴趣。这已经与哥白尼、开普勒或伽利略生活的世界大不相同,在他们的世界里宗教和形而上学最为重要。然而,牛顿又和他们一样具有超人的品质,尤其是几乎完全依靠自己独立工作的能力。因为他的大部分突破性的工作是在1665年他被迫与外界隔离期间完成的,当

艾萨克·牛顿

时瘟疫吞噬着伦敦这座城市,牛顿在他的出生地林肯郡的伍尔索普(Woolsthorpe in Lincolnshire)躲避瘟疫。用卡尔·波耶(Carl Boyer)的话说,在他的数学生涯中,这是他有正式记载的数学发现中最为多产的时期。这后来也反映在华兹华斯(Wordsworth)的诗中:"一个思想家永不停歇地／独自在陌生的思想海洋航行。"[22]

最初牛顿对化学感兴趣,而不是数学或物理学。[23]然而,在剑桥三一学院(Trinity College) 他开始阅读欧几里得的书籍,听第一位卢卡斯教授(Lucasian professor)艾萨克·巴罗(Isaac Barrow)的演讲,并了解了伽利略和其他科学家的工作。17世纪早期是数学变得现代化的时期,其形式已经类似于今天的数学。[24]除了牛顿(1642—1727),戈特弗里德·莱布尼茨(Gottfried Leibniz, 1646—1716)和尼古拉斯·墨卡托(Nicholas Mercator, 1620—1687)和他几乎是同时代的人,而在他毕业时勒内·笛卡尔(René Descartes, 1596—

1650)、皮埃尔·德·费玛（Pierre de Fermat，1601—1665)和布莱斯·帕斯卡（Blaise Pascal，1623—1662)刚刚去世不久。当时新的数学方法有符号式、字母的使用、数学级数的计算以及很多几何学上的新思想。但是最为重要的是对数和微积分的提出。

十进制

中国人和阿拉伯人已经开始使用某种形式的小数，1585年法国数学家弗朗索瓦·韦达（François Viète）极力主张向西方介绍小数。但是布鲁日的西蒙·斯蒂文（Simon Stevin）在同一年用弗兰德语出版了《论十进》(*De thiende*)("The Tenth"；法语名称 *La disme*)，该书以让每个人能够或多或少读懂的方式写成。但是斯蒂文没有使用小数点。例如，他列举 π 的值如下：

$$\overset{\scriptsize\textcircled{0}}{3}\ \overset{\scriptsize\textcircled{1}}{1}\ \overset{\scriptsize\textcircled{2}}{4}\ \overset{\scriptsize\textcircled{3}}{1}\ \overset{\scriptsize\textcircled{4}}{6}$$

他没有使用"第十"、"第一百"等，而是使用"第一"、"第二"等。直到1617年，约翰·纳皮尔（John Napier）才参照斯蒂文的方法将小数点或逗号作为小数的隔离号。[26]小数点曾在英国成为标准用法，而逗号曾经（现在）在其他地方得到广泛使用。

对数和微积分

纳皮尔（或奈培）不是职业数学家而是一位反天主教的苏格兰地主，是梅奇斯顿（Murchiston）的男爵，他的写作主题很多。他对数学和三角学感兴趣，他对对数思考了大约20年之后才开始发表有关论文。对数这个名字来源于两个希腊单词：*Logos*(比)和 *arithmos*（数）。自1594年开始纳皮尔就一直在思考数的序列，当苏格兰詹姆斯六世（英格兰未来的詹姆斯一世）的医生约翰·克雷格博士（Dr John Craig）前来拜访他时，他正在反复思考这个问题。克雷格告诉他加与减（prosthaphaeresis）在丹麦的应用。几乎可以肯定地说当詹姆斯横渡北海（the North Sea）去迎接他的未婚妻丹麦的安妮（Anne）时，克雷

第九章 实验天才

格随行。一场暴风雨迫使詹姆斯一行在距离第谷·布拉赫的天文台不远的地方上岸,当他们等待天气好转时,这位天文学家招待了他们,期间有人提到加与减。[27]这一术语来源于希腊单词,意思是"加和减",是一组将函数的乘积(即乘法运算)转换为和或差数的规则。从本质上说这就是对数:从几何学的观点看来,将数转换为比例,这样乘法就变成简单的加法或减法,从而使运算变得容易得多。*纳皮尔创始的这一表格由牛津大学的第一位萨维尔(Savilian)数学教授亨利·布里格斯(Henry Briggs)完善和修饰,最终提出了10万以内的所有数的对数。[28]

　　因此,说牛顿是这么多杰出先行者的智力继承人并不是对牛顿的批评。可以说气氛已经酝酿好。在牛顿众多的焕发着才华的成就中,我们可以先从纯粹数学谈起,在这方面最伟大的发明是二项式定理,他的无穷小微积分的思想就是在此基础上产生的。[29]微积分从根本上说是一种代数方法,用来理解(即计算和测量)物体特性(如速度)的变化的,这些特性会以无穷小的差分发生变化,即理解具有连续性的物体特性的变化。我们家中的书房中可能有200本书,或者2000本或2001本,但不会有200 $^3/_4$ 本书,或2001 $^1/_2$ 本书。然而当我们乘火车旅行时,火车的速度会发生连续的、无穷小的变化,从0mph到186mph(如果是欧洲之星的话)。微积分研究无穷小差异,它的重要性在于帮助解释我们大部分的宇宙发生变化的方式。

　　牛顿所取得的进步可以从以下事实中看出:他一度是唯一能够"求微分"的人(计算曲线下面的区域)。当他撰写伟大著作《数学原理》时一度非常困难,他不能使用微分符号,因为他认为没有人能够理解。他的著作的全称是《自然哲学的数学原理》,出版于1687年,被描述为"历史上最伟大的科学论著"。[30]

　　然而牛顿的主要成就是他的万有引力理论。正如J.D.伯纳尔指出的,虽然这时哥白尼的理论已经被广泛接受,但是"它没有被任何方式解释过"。伽利略指出过这样一个问题:如果地球真像哥白尼认为的那样在自转,"为什么地球上没有四处都在刮着狂风,风向和地球自转方向即自西向东正好相反"。[31]以所假定的地球旋转的速度,产生的大风会摧毁地球上的任何东西。在这个时期人

---

* 对数的原理可以用下面这道算术题来说明:100(10²) × 1000(10³) = 100,000(10⁵)。将2和3加起来等于5要比计算整个算术题简单得多。

们还没有大气层的概念，因此伽利略的异议似乎合情合理。[32]再就是惯性问题。如果行星自转，那么是什么在推动它旋转？有人提出是天使在推动行星，但牛顿不满于此。牛顿了解伽利略就物体摆动所进行的研究，提出了离心力的概念。[33]伽利略从研究前后摆开始，继续研究物体的圆形摆。正是对圆形摆的研究产生了离心力的概念，而离心力的概念又使牛顿提出了这样的思想：在行星完全自由地转动时，是万有引力在约束着它们。（就圆形摆来说，万有引力表现为悬垂物的重量及其向心的方向。）

数学原理／万有引力

牛顿对万有引力问题的完美解答令现代数学家惊讶，但是我们不应当忽略这样的事实，即这个理论本身是更为广阔的社会中正在改变着的态度的组成部分。虽然严肃的思想家不再相信占星术，但是天文学的中心问题一直是理解神的思考方式。然而到牛顿时代，天文学的目标更少是神学上的，更多是要解决实际的问题：计算经度。伽利略已经将木星的卫星当做一种计时器，但是伽利略意在理解更为根本的运动规律。虽然他的主要兴趣在于这些基本原理，但是并非对这样的事实熟视无睹，即一套表格——建立在基本原理之上——会非常实用。

科学史家已经复现了万有引力思想的产生过程。首先是意大利人G. A. 布罗伊利（G. A. Borili）提出他称之为万有引力的概念，它是离心力的平衡力量——如不然，他说，行星会沿切线飞走。牛顿也已经掌握万有引力的思想，但是他更进一步对椭圆形轨道进行了说明，认为在椭圆形轨道上行星越是接近太阳，运行速度就越快，那么为了平衡增加的离心力，万有引力的力量也必须增加。因此断定万有引力是距离的作用。但是什么作用呢？罗伯特·胡克（Robert Hooke）是怀特岛一位牧师的有才华的儿子，他负责起草伦敦1666年大火后的城市重建的设计图，他做了很多工作，甚至测量了深至矿杆、上至教堂尖塔的不同物体。但是他的仪器远不够准确来证实他所期待的东西。法国的笛卡尔（Descartes）研究过自己的那本伽利略的《两个主要的系统》，提出了关于太阳系的思想，认为太阳系的形状是涡流或漩涡形的：当物体接近漩涡的中心时会被漩涡吸入，除非物体自身有足够的转动惯量使自己不被吸入。[34]这些思想都接近事实但都不是事实。突破性的进展是因为埃德蒙·哈雷（Edmund Halley）而出现的。哈雷是一位热情的天文学家，曾向南远航至圣·赫勒拿岛（St Helena）观察南半球的天空。哈雷催促数位科学家包括胡克、雷恩（Wren）和牛顿证明平方反比定律（the inverse square law），他后来计划资助《数学原理》的印刷。从开普勒开始，有些科学家就猜想椭圆形轨道的时间长度与其半径成比例关系，但是没有人做过研究来证明二者之间的准确关系。至少可以说，没有人发表过任何这方面的文章。事实上，牛顿在剑桥正在努力工作，研究他认为重要得多的棱镜问题，他已经解决了平方反比定律问题，但是由于他不像现代科学家那样对发表东西有强烈的欲望，没有公开他的研究成果。然而在哈雷促使之下，牛顿透露了他的研究结果。他坐下来写出了《数学原理》，这是"整个自然科学的《圣经》，特别是物理学的《圣经》"。[35]

像哥白尼的主要著作一样，《数学原理》不易读懂，但是这部比较复杂的作品对宇宙的理解却是清晰的。在解释"世界的体系"（牛顿指的是太阳系）时，牛顿区分了质量，即物体的密度——物体的固有特性——和"固有的力量"即我们今天所称的惯性。在《数学原理》中，从智力上讲，宇宙被系统化、稳定化和非神秘化了。宇宙被"驯服"了，成为大自然的一部分。天体音乐被完美地描绘出来。但是在他的描述中一点也没有提到上帝。神的历史变成了自然史。

现在多数科学史家都承认莱布尼茨发现了微积分而完全没有意识到牛顿在九年前也发现了微积分。这位德国人（他出生在莱比锡）同牛顿一样多才多艺——他发现/发明了二进制运算（将数描绘为0s和1s的结合）、相对论的早期形式、物质和能量从根本上说是一样的概念以及熵（宇宙总有一天会用完能量的思想），更不要说"单子"（monads）的概念，单子来源于希腊语 $\mu o\nu a \varsigma$ 意思是"单位"，是物质的组成部分，不仅仅是原子而且还包括细胞的基本概念即有机体也是由部分组成的。然而对莱布尼茨和牛顿来说，代表他们最高成就的是微积分。"超越牛顿所达到水平的任何物理学上的发展如果没有微积分实际上是不可能的。"[36]

———————★ ★ ★———————

光学

《数学原理》和微积分本身尽管很完美和完整,但它们只代表牛顿所有成就中的两项。他另外很大一部分工作是在光学方面。对于希腊人来说,光学包括研究影像和镜子,特别是凹镜,凹镜能形成影像但是也可以用做取火镜。[37]中世纪晚期镜头和眼镜已经被发明出来,后来到文艺复兴时期荷兰人发明望远镜,而显微镜则是从望远镜发展来的。

牛顿将这两种发明结合起来,发明了反射式望远镜。他注意到反射望远镜中的图像从来没有直接从望远镜观察时恒星通常具有的彩色的边缘,他对为什么在望远镜中会出现彩色的边缘感到好奇。正是这种好奇心促使牛顿用望远镜进行试验,这种试验又引起他对棱镜的特性进行研究。棱镜最初是很有迷惑力的东西,因为与彩虹有联系,而彩虹在中世纪又是有宗教意义的。然而,任何爱好科学的人都会认为彩虹的颜色是由太阳光线穿过空中的水珠时产生的。[38]因此,人们认为彩虹的性质与太阳的升高有关,其中太阳红光的弯曲程度大于紫光。换句话说,人们认为折射是一种现象但对它的理解有缺陷。[39]

在对光所做的第一个试验中,牛顿在他在剑桥三一学院的房间的木质窗板上凿了个小洞。小洞使一小束光线进入房内,牛顿让光线照射到棱镜上,然后折射到对面的墙上。牛顿观察到两种现象。一是墙上的图像上下颠倒,二是光线被拆分成不同的颜色成分。对牛顿来说,光是由放射线组成的,并且不同的光色受棱镜影响程度不一样这一点已经明了。古代的人有他们自己的关于光线的概念,但是和牛顿的思想相左。以前,人们认为光线是从观察者的眼睛投射到被观察的物体,但是对于牛顿来说,光线本身是一种抛射体,从被观察的物体投射向不同的方向;事实上他已经确定了我们今天所称的光子。在第二个试验中,他让光线通过窗子,穿过棱镜,将一束光的彩虹投射到透镜上去,透镜又将彩光集中到第二个棱镜上,第二个棱镜抵消了第一个棱镜的作用。[40]换句话说,如果有正确的设备,人们可以任意将白光拆分并还原。正像对微积分的研究一样,牛顿并没有仓促发表他的研究成果,但是一旦发表(由皇家学会),人们很快便认识到它们具有更为广泛的意义。例如,自古代(特别是在埃及)人们就已经观察到接近地平线的星星要比想象的降落得晚而升起得早。只有假定接近地球的地方存在某种物质使得光线弯曲,这种现象才能得到解释。但在那个时期人们还不理解大气层这个概念,这个概念的提出要归功于牛顿的观察结果。同样他也观察到钻石和油类都能使光线发生折射,因此他认为钻石"一定含有油类物质"。当然他是正确的,因为钻石主要是由碳构成的。这也是现代思想的先导——20世纪对光谱学和X光晶体学的发现。[41]

光速

本文已对第谷·布拉赫在丹麦汶岛(Hveen)的实验室作过描述。1671年,当法国天文学家让·皮卡尔(Jean Picard)到达那儿,发现整个地方已经被无知的当地人毁坏时,该实验室再次受到人们的关注。然而当他在废墟中四处徘徊时,他遇到了一位青年,这位青年似乎与他人不同。奥洛斯·罗默(Olaus Römer)对天文学表现出很大的兴趣——而且很有见解。这位青年非常勤奋努力地完善自己的知识,这使皮卡尔很受感动,他邀请罗默和他一起回法国。在法国在皮卡尔的指导下,这位年轻人开始了他自己对宇宙的观察,并且在刚开始他就非常惊奇地发现伽利略建立在木星的"卫星"运行轨道上的著名理论是错误的。"卫星"的运行速度并不像伽利略所说的那样是恒定的,而似乎是根据一年中时间的变化有规律地发生变化。当罗默坐下来静静思考他所得到的数据时,他认识到"卫星"的运行速度似乎与木星和地球之间的距离有关。正是这一观察结果使罗默产生了非凡的认识:光有速度。很多人在某种程度上相信这一点,但是这一思想确有各种先例。通过观察战场上射出的炮弹,战士非常清楚声音有速度:他们肯定是在听到炮声前先看到大炮冒出的烟雾。如果声音有速度,那么说光也有可能有速度,是不是很牵强呢?[42]

这些是物理学上的巨大进步,反映的是一个革新和创造性思想持续出现的时期。牛顿在一段著名的引语中将自己比为笛卡尔,在给罗伯特·胡克的一封信中说到:"如果说我比笛卡尔看得更远,那是因为我站在巨人的肩膀上。"[43]然而在一个问题上牛顿是错误的,而且错误很严重。他认为物质是由原子构成的并进而提出如下的观点:"考虑到所有这些因素,在我看来上帝可能在创世时用实心、有质量、坚硬、不可穿透和可移动的粒子创造了物质,物质所具有的这种大小和形状、其他的一些特性以及它们与空间成比例都服务于创造物质的目的;实心的原始粒子要比任何由这些粒子组成的多孔坯体坚硬得多;它们非常坚硬，永远不会被磨损或分成碎片……但是……合成体易于破碎，但不是在实心的粒子中间破碎，而是在这些粒子的结合处，而且结合点只有几处。"[44]

正如我们所见，德谟克利特（Democritus）早于牛顿2000年就提出物质是由原子组成的。他的思想由普罗旺斯（Provençal）牧师皮埃尔·卡森迪（Pierre Gassendi）详细说明并介绍到西欧。牛顿的理论以此为基础，尽管牛顿作出了许多创新，但是他的关于宇宙的观点包括关于原子的观点并没有包含变化和发展的概念。他改进了我们对太阳系的理解，但是他没有考虑到太阳系会有历史。

———— ★ ★ ★ ————

人体解剖／维萨利亚斯／达·芬奇

1543年，哥白尼最终发表了《天体运行论》，这一年安德烈亚斯·维萨利亚斯(Andreas Vesalius)出版了关于人体结构的书。可以说这本书更为重要。哥白尼的理论对于16世纪的思想从未产生过很多直接的影响——它的理论后果只在更晚时候引起人们的争论。然而对于生物学来说，1543年是很自然的结束点又是新时代的开始，因为维萨利亚斯的观察结果产生了直接的影响作用。[45]每一个人都对自己身体结构感到好奇（维萨利亚斯的学生曾恳求他绘制静脉和动脉图）。16世纪在理发室和公共浴室见到骨骼的解剖图版是常见的现象。维萨利亚斯对解剖学极为细致的研究，同样引发了人们对于人的目的的哲学思考。[46]

对维萨利亚斯取得的进步应当放在一定的背景中进行考察。在他的书籍出版之前，人类生物学中占主导的依然是伽林（Galen, 131—201）。伽林在医学史上是一个不朽的人物，是古代最后一位伟大的解剖学家，但是他的工作环境很不利。自从希罗菲卢斯(Herophilus，生于公元前320年)和埃拉西斯特拉图斯(Erasistratus，生于公元前304年)的时代起，人体解剖就是遭到禁止的，而且伽林被迫在自己对狗、猪、牛、叟猴[47]的观察资料中作出删减。1000年以来，几乎没有人的成绩能够超过他。到了神圣罗马帝国皇帝和西西里国王弗雷德里克二世(1194—1250)时期，情况才发生改变。弗雷德里克二世关心国民，热心求知，终于在1231年颁布法令，规定"任何外科医生都不可以进行手术，除非他写过人体解剖学论著"。弗雷德里克二世在萨勒诺向公众提供"至少每五年一次"的人体解剖。这样，其他国家也纷纷效仿为解剖学立法。这样，到了14世纪初期，坐落在帕多瓦的威尼斯医科大学获得授权，允许他们每年可以进行一次人体解剖。后来，到16世纪前几十年的时间，维萨利亚斯到了帕多瓦接受解剖学方面的培训。[48]

对待人体的态度的转变就是从大约1510年莱昂纳多·达·芬奇的油画面世，或者是在维萨利亚斯之前的几十年的时候开始的。有书面资料证实，达·芬奇早在1489年就构思过一本关于"人体"的书（虽然这本书跟他其他的大部分著作一样，最终并没有完成）。[49]但是，从上面提到的资料，以及从达·芬奇的画作当中，人们能够清楚地知道，远在达·芬奇与解剖家安东尼昂·德拉·托里（Antonio della Torre）联合搞解剖学之前，达·芬奇就曾经很专业地学习过解剖学。并且，莱昂纳多·达·芬奇在1506年和安东尼奥关系破裂之后很长一段时间，仍然在进行解剖学的研究。达·芬奇画过700多张草图，从不同的方面来展示人体的心脏结构、人体的肌肉组织以及骨骼的构成，从不同的层次展示肌肉及其附件、骨骼的横断面，另外还展示了大脑和神经。这些草图不仅仅对于艺术家来说是足够详细的，而且对于学医的学生来说也是足够详细的。[50]根据资料显示，到1510年为止，达·芬奇总共解剖了不下30具男性和女性的尸体。

安德列亚斯·维萨利亚斯生于1514年新年夜，出生在布鲁塞尔的一个医生家庭。从幼年时期，就接受涉猎范围很广的教育。年轻时候就翻译发表了拉齐（Rhazes）的希腊文医学著作。后来，维萨利亚斯从布鲁塞尔到了卢维恩和巴黎上大学，回家之后做了外科军医，在比利时战争中服役。最后，他受当地对人体研究相对自由的气氛的吸引，搬到了

维萨利亚斯

帕多瓦。1537年，在他还年仅23岁时，就被安排教授解剖学，也就是在那里，经过反复的解剖实践，他才发现了伽林观点的错误之处。于是，他很快就完全反对伽林的观点，并且只教授他自己在解剖实践中的发现。这在当时的学校里非常受欢迎，学生们都涌到他的课堂上听课。根据有关资料记载，当时每次去他课堂上课的人数大约有500人。[51]

在帕多瓦待了五年，在还不到28岁的时候，维萨利亚斯发表了《人体的结构》

一书，特别献给查尔斯五世。在巴塞尔出版的这本书，里面还包括了很多彩图和木版画。[52](插图是他的一个同乡画的，叫做约翰·史蒂芬·卡尔卡，他是提香的学生。)以现在的眼光来看，卡尔卡画的图像比较古怪：为了让他所描绘的原始没有修饰的人体看上去柔和一些，卡尔卡把这些尸体画成了活人的姿势，而且把他们放在某种生动的景色中。不管这插图是不是古怪，当时来讲，从来没有这么栩栩如生的人体图画，因此，这些图画对于当时的影响是巨大又迅速的。"维萨利亚斯纠正了伽林的200多处解剖学上的错误。"[53]当时很多人都公开指责维萨利亚斯，但是，维萨利亚斯作了很巨大的贡献，这是别人的诋毁和指责无法抹杀的。比如，他证明了人的下颌骨是一块独立完整的骨骼，并不像是犬类或者是其他低等动物那样分开来的。他也证明了人的大腿骨是直的，不像犬类那样是弯的。他还证明了人的胸骨是由三块骨头构成，而不是像想象的那样由八块构成。那时候也曾有人试图争辩说：人体解剖学从伽林时代就开始发展了，或者是"因为人们穿紧身裤的潮流才让人们的大腿骨变直"。神学家们也不为所动，"人们都广泛认同的一条教义就是：男人的一边少一条肋骨，因为《圣经》上有记载，夏娃就是从亚当身上取下的一肋骨造成的"。但是，维萨利亚斯却发现男人和女人两边的肋骨数量都是一样的。[54]但是，当时是16世纪中期，当时改革和反改革都在进行当中，教堂的地位是不容取代的。当时外界对维萨利亚斯的攻击太猛烈，因此他辞掉了在帕多瓦的教书工作，而是做了查尔斯五世身边的宫廷医生，后来住在西班牙。

哈维

威廉姆·哈维

"但是，维萨利亚斯开启的事业，却没人能够中止"。[55]在解剖学方面紧随其后的重要人物就是英国人威廉·哈维（William Harvey）。哈维1578年出生于福克斯通（Folkestone），他在坎特伯雷皇家学校上过五年学，然后16岁的时候北上去剑桥学习。像牛顿一样，年轻的时候，他并没有显露出才华（当时他非常年轻）。当时他主要学习拉丁语和希腊语，还学习初级物理。但是，在他19岁毕业的时候，他马

第九章 实验天才

上动身去了意大利，然后去帕多瓦，这似乎暗示着当时的他对于医学有着极为浓厚的兴趣。在那里，他师从当时很有名的老师法布里丘斯（Fabricius）。[56]在哈维到帕多瓦的时候，法布里丘斯61岁，那时他刚开始重新认识血管的作用，虽然当时他认为人的瞳孔会对光线产生反应。法布里丘斯自己本身的知识是非常陈旧的，但是他确实激励了哈维在医学方面的极大热情，这种热情一直伴随着他1602年回国获得博士学位。他又回到了剑桥，这次是为了获得医学博士，而如果想在英国进行医学活动，获得医学博士是非常必要的。他在伦敦开了一家店，然后不到10年的时间，就被任命为皇家医科大学的讲师。[57]关于这一点是有资料记载的，是他自己用瘦弱的手指写下的：他在1616年到达皇家医科大学的一年内教授人体血液循环的原理。但是在这一点上，他却远不如维萨利亚斯，因为我们知道维萨利亚斯在不到28岁的时候就发表了自己的解剖学观点。而哈维，我们知道，用20年的时间教授人体血液循环才发表自己的观点。当他的巨著《心血运动论》（*The Movement of the Heart and the Blood*）发表的时候，他已经50岁了。

他的这本书非常详尽。在《心血运动论》（*De motu cordis et sanguinis*）中，这本书的拉丁文名字，他列举出了40种他见过的有心跳的动物。这些动物包括鱼类、爬行动物、禽类、哺乳动物还有一些无脊椎动物。[58]其中有一点他这样说："我也发现，几乎所有的动物都确实有一个心脏，不仅（像亚里士多德说的）是大型的红色血液的动物，还有白色血液的甲壳类动物，还有贝壳类，比如蛞蝓、蜗牛、扇贝、虾类、螃蟹、鳌虾，以及另外的一些贝壳类动物；而且，即使是胡蜂、黄蜂和苍蝇，通过放大镜观察他们的尾巴的上端，我都能看到心脏的搏动，并且把这种现象给别人看过。"[59]这本书只有78页，但却比牛顿或者哥白尼的著作更为清晰，而且书中的论证非常通俗易懂，即使是外行人也能抓住意思：人体内的血液是来回循环的，而这种循环的推动力就是通过心脏的搏动来实现的。[60]为了获得突破并且构思出血液循环的原理，哈维肯定推理出类似毛细血管的连接大动脉和静脉的物质的存在。但是他自己却从来没有发现毛细血管的网络。他只是很清晰地看到了血液经过动脉到了静脉"流经了一个循环"。但是他却提到了一个观点，就是动脉血液在流向静脉的时候在组织里面得到过滤。而这只有在1660年，马尔切洛·马尔皮基（Marcello Malpighi）通过透镜才发现经过动脉的血液通过透明的动物组织的运动。

哈维发现血液循环是他清晰的思路以及敏锐的洞察力的结果。他用绷带来显示血液循环的方向——总是从静脉到心脏，然后由心脏到动脉。然后他也测量了循环时所带的血液的数量，以证明心脏确实能够负担他所说的那种推动力。通过对心脏的仔细观察，他发现心脏的收缩把血液挤压到动脉，然后形成了脉搏。特别是他还证明说，从心脏左侧挤压出去的血液还会再回到心脏左侧，因为仅仅在半个小时之内，心脏通过连续的搏动，会把超过身体血液数量的血液输送到动脉系统中去。[61]正是由于哈维以及他的实验，人们才认识到，事实上，在生理学上是血液扮演了主要的角色。正是这种观念上的转变创造了现代医学。如果没有这个转变，我们肯定还不理解呼吸、腺体分泌（包括荷尔蒙）或者是组织里发生的化学变化。

★ ★ ★

基歇尔、列文虎克和微生物

在19世纪40年代，英国考古学家奥斯丁·莱亚德（Austen Layard）在古尼尼微亚述城，也就是现在的伊拉克的一座宫殿的废墟中发现了一块透镜形状的水晶石。对有些人来说，这是公元前720年到公元前700年间的"远古时代的一块石英透镜"。[62]很少有人这样相信：这很可能是一块火石，就是我们知道的古代用来取火的石头。在塞内加的《自然问题》中，他说："我现在补充一下，就是每种物体在水中观察，都会比它实际的体积大很多。不管是多小多模糊的字迹，通过一个装满水的瓶子来看的时候，都会变得大一些。"甚至是这样的用来放大物体的方法，也不再是作为古代掌握放大技术的证据。[63]普遍接受的最早的提到放大技术的作品是阿拉伯物理学家阿尔哈曾（Alhazen）在1052年写的一份手稿中。这份手稿的主题不仅提到了人眼以及视觉原理，还提到了玻璃球或者水晶球，通过这种球体可以让观察到的物体变大。罗杰·培根（Roger Bacon, 1214—1294）在他的《大著作》(*Opus Majus*)中也提到了同样的内容，但这并不会证明培根曾经制造过望远镜或者是显微镜。

这种情况到16世纪末改变了。我们知道，当时在荷兰、意大利和德国，眼镜的制造是非常普遍的。人们没多久就会把镜片放到管子里，让两者结合在一起。英国人伦纳德·狄格斯(Leonard Digges, 1571）和荷兰人沙加里亚斯·

詹森（Zacharias Jansen，1590）都在玩弄望远镜，但是很可能是伽利略第一个使用望远镜，并且成功地组装了显微镜。[64]在刚才提到他1608年制成第一台望远镜一年之后，他就用自己的显微镜发现了一些极其微小的物体。1637年，在笛卡尔发表的《方法论》(*Discourse on Method*) 一书中，就有一页附录，上面画有显微镜的图片。

这都是开场白。第一步详细介绍微生物的书是亚他那修·基歇尔（Athanasius Kircher）于1646年发表的《阿尔斯麦格纳卢芝等阴影》(*Ars magna lucis et umbrae*)。在书中，他说，借助一根两面有凸透镜的管子，他在腐坏的物质上发现了"微小的虫子"——在牛奶里、发高烧的人的血液里，以及在正常的老人的唾液里都发现了这种物质。[65]这样，基歇尔就预见到了疾病的细菌理论。在他之后有荷兰的代夫特的安东尼·范·列文虎克（Antony van Leeuwenhoek of Delft），他一生当中做过好几百个显微镜，其中有一些据说可以放大物体到270倍。[66]列文虎克死后，他把他用过的几十个仪器送给了伦敦皇家学会，这个协会曾经为他出版过很多书，而他自己也是这个协会的会员。[67]这些显微镜见证了他巨大的成就。从1673年列文虎克41岁开始，在他整个的事业期，他总共给皇家学会写过375封信。[68]在这些信当中，威廉姆·劳西（William Locy）告诉我们，有三封是非常与众不同的。"这些信是关于他在原生生物、细菌以及血液循环方面的发现。"列文虎克写道："在1675年，我在雨水中发现了一种生物，这种生物在泥质的罐里待上几天就会变得发亮。这就让我带着极大的兴趣，全神贯注地看雨水，尤其是那些比蒙斯·斯旺默丹（Mons Swammerdam）说的小几万倍的微小生物，蒙斯·斯旺默丹称这些生物为雨蚤或者雨虱，这些微小生物可能会用肉眼看得到……我在上面提到的雨水当中第一次看到的微生物，我总共看到5个、6个、7个或者是8个清晰的小球，并没有看到任何让它们聚拢在一起或者是装着它们的薄膜。当这种微生物或者叫活着的原子开始移动的时候，他们伸出两只小触角，然后不断地移动自己……"说到微生物的体积，列文虎克说有些被提到的微生物"是一滴血液的$1/25$"。这项发现的其中一个物理意义就在于似乎搭建起了长久以来寻求的在可见生物和无生命自然之间的桥梁。[69]很多其他学者很快就跟随这种理论，到1693年，世界上就有了第一张微生物的图画。在今后的很长一段时间里，在微生物、细胞和轮虫内部都没有发现新的分类。甚至到了18世纪，完全不用显微镜，并且错误解释微生物的林内乌斯把这些生物统称为"杂乱生物"。[70]

但是到1683年,列文虎克发现了一种更小的细菌生命体。他对这种细菌进行了两年的仔细观察,然后画出细菌图画之后才敢发表他的发现(图画和他的发现都出现在《皇家学会的哲学转变》一书中)。细菌的出现是非常必要的,因为这些图画表明了他确实发现了细菌的主要形状——圆形、杆状、螺线形。[71]下面是在他自己写的信中的一些详细的信息:"虽然我的牙齿通常都非常干净,但是当我拿放大镜观察的时候,我在牙齿缝里发现里面寄生有一种像湿了的花那样厚度的白色生物。我在这些生物中观察不到它们的运动,我判断它们很可能是活的生物。于是我就把其中一些这种像花的生物跟没有任何生物的雨水混合在一起,另一些跟我的唾液混在一起(唾液中不含气泡避免造成运动)。然后,让我惊讶的是,我前面说到的那种像花的东西里面,包含有很多微小的活的生物,它们以极快的速度进行运动。"[72]

列文虎克

列文虎克最终的成功是他确认了血液循环的存在。(哈维,记得吗?并没有通过放大镜真实地看到过血液循环。他尝试过完成循环的最后一个关键环节——比如,通过小公鸡的鸡冠、兔子的耳朵或者是蝙蝠的膜翼。但是他总也不能发现最终的结果。[73])然后,在1688年,列文虎克通过他的显微镜观察蝌蚪透明的尾巴。"显微镜下的景象比我眼睛发现的更为清晰地自己展现出来;因为我清楚地发现,当蝌蚪在水中静止不动的时候,在它身体不同的地方有50多次血液循环,我可以按照我的心愿,不用显微镜就发布这项发现。因为我发现,不仅在很多地方是极微细的血管承载血液进行循环,从尾巴的中间循环到旁边,而且每条血管都有弯曲或者是回旋,并且把血液又送回到尾巴的中间,然后血管又把血液输送回心脏。"[74]除此之外,我们还不能忘记列文虎克在1677年发现了精子,尽管精子的真正用途要到下个世纪才会被确定。列文虎克是世界上第一位让生物学家注意到显微镜下的世界的科学家。[75]

17世纪的生物学跟物理学一样繁荣。1688年弗朗西斯科·雷迪(Francesco Redi)证明说昆虫不是像以前人们认为的那样是自行产生的生物,而是由成熟的母体卵生而出的。早在1672年，纳希米阿·格鲁（Nehemiah Grew）就推测过花粉在植物的生殖当中的作用，但是，直到1694年，鲁道夫·雅克布·卡默拉留斯（Rudolf Jakob Camerarius）才在他的《关于植物性别的通讯》（*De sexu plantarum epistola*）一书中宣称：花粉是植物当中的雄性生殖器官，并且通过实验证实了在植物的生殖当中，花粉（通常还有风）起了非常重要的作用。卡默拉留斯自己证实了植物界的生殖活动在原理上跟动物是一模一样的。[76]

★ ★ ★

培根和科学哲学

弗朗西斯·培根（Francis Bacon, 1561—1626）和勒内·笛卡尔（René Descartes, 1596—1650）都是中间人物，因为他们一生都生活在哥白尼发表《天体运行论》和牛顿发表《数学原理》之间。但是在其他方面，他们两人的作用就不是中间作用了：他们两人都是激进的思想家，用他们那个时代的科学发现推动物理学向前发展，以服务于那个时代的新发现，也因此预测了很多后来牛顿证实的科学事实。

就像理查德·塔那斯（Richard Tarnas）以及其他很多科学家指出的那样，西方物理学分为三个

弗朗西斯·培根

重要时期。在古代，受那个时代的科学和宗教的影响，物理学是完全自我的行为，完全是在扮演阐释者和其他活动方式的评价者的角色。然后，随着天主教出现，科学占据了独一无二的突出地位，哲学这时成为神学的附属。但是，随着科学的来临，哲学从神学中转移了这种附属的忠诚——而这种情形在我们今天的社会多少仍存在。[77]培根和笛卡尔是成就我们今天这种状态的两位主要人物。

弗朗西斯·培根写了很多著作。事实上，在这些著作中，他提议建立一个科学家协会，大家共同通过实验认识世界，而且不会对理论过分在意（尤其对传统理论更是完全不会在意）。他的作品主要有《认识的进步》（*Advancement of Learning*，1605）（献给詹姆斯一世）、《新工具》（*Novum Organum*，1620）和《新亚特兰蒂斯》（*New Atlantis*，1626）。苏格拉底在知识和自身道德上都同样优秀，

但对世界闻名同时也是哲学家的培根来说,知识却是和权力紧密联系的。他对于知识抱着一种很现实的观点,而这种观点把他的态度转变为了哲学。对培根来讲,科学本身几乎变成了一种宗教的服从,并且他对待历史的观点是:历史不是循环往复的,而是不断向前的。正是因为有这种历史观点,他才提前预见到崭新的、科学时代的文明。这就是他的"大恢复"理论,大改革,"在适当的基础上对科学、艺术和人类知识的完全的重建"。[78]培根和他同时代的人持相同的观点:知识只能建立在对自然的观察的基础上(而不是靠直觉或者是宗教的"启示"获取知识),而且知识只能从实际的具体的数据资料出发,而不是人们的突发奇想这种抽象的东西。这就是他对于古人和教授的批判,以及对那些在前进之前要抛弃的陈旧知识的批判。"要想发现自然界的真实规律,人的思想就必须从内心的障碍中净化出来。"[79]但培根同时还认为,人们对中世纪和文艺复兴的理解是错误的,因为那个时候人们认为通过暴露人的思维和上帝思维的并行不悖,自然界就能显示上帝的旨意。他认为,信仰的问题对于神学来讲是适合的,但自然的问题就不同了,自然有它自己的一套发展规律。因此,哲学就不得不从神学中分离出来,回到最基础的阶段,来检验具体的科学成果,然后用这些成果作为今后推论的基础。在人类思维和自然界之间的这种"姻缘",就是现代哲学方法的基础。培根的观点对于年轻的皇家学会产生了巨大的影响。"据估计,皇家学会在最初的30年中解决的大约60%的问题,都是社会大众的实际需要,而只有40%是纯粹的科学问题。"[80]

笛卡尔的方法论

笛卡尔

笛卡尔跟培根相比,在他那个时代也是个孩童,虽然在很多方面都跟培根大不相同。他一开始是一个很重要的数学家。他接受过正统的耶稣教会的教育,在部队中待过一段时间,并且写了《几何学》(*La géométrie*),向他同时代的人介绍分析几何学。[81]但是,这本书却不是单独发行的,而是作为《方法论》(*Discours de la méthode*)这本书的三节附录之一出现的,而上面提到的那本书介绍了笛卡尔的主要哲学方法。另外的两节附录分别是《折光》(*La dioptrique*),里面包括了折射原理的第一次公开(这事实上是威里布里德·斯涅尔[Willebrord Snell]发现的),还有《气象》(*Les météores*),里面主要包括了相对让人满意的关于彩虹的测量解释,以及其他的一些知识。[82]至于笛卡尔为什么在书中包含了这么三节附录,人们一点也不清楚。但是人们却对于他把科学和哲学结合这一点给予了很高的评价。[83]

其实,笛卡尔推崇的哲学深受当时流行的怀疑论的影响。而这其中一部分原因是受了塞克斯都·恩皮里柯(Sextus Empiricus)的经典辩护的影响,这种辩护是受蒙田影响,蒙田认为所有的教义都是"为了人而发明的",而且什么事情都是不确定的,因为信仰是由传统或风俗决定的,因为感觉会误导人,而且还因为如果自然界和人的思维过程相符合,人们也不会知道。笛卡尔自己提出了自己的怀疑论来对此产生影响。他说,几何和算术提供的是确定的答案,观察自然是可以自由辩驳的,并且在现实中,生命永无休止,有一些事情可以提前预见。这是常识。当他看自己的时候,他意识到有件事情是很清楚的。这件事情绝不容许怀疑,因为他对此非常确定。那就是他自己的怀疑。(丹尼尔·布尔斯汀说,这种"理智生灵的降临"是在1619年11月10日的晚上。[84])引用笛卡尔的名言 '*Cogito*,*ergo sum*'——"我思故我在",是非常让人怀疑的。但是笛卡尔也相信,因为上帝是完美的,它不会欺骗民众,所以从理智中得出的"事实就是这样"。这就产生了笛卡尔关于两个概念的区别:*res cogitans*——主观经验,意识,内在生命,这些是确定的;和 *res extensa*——事物,肉体的物质,外在的客观的世界,"外面"的世界。这样,笛卡尔就构思出了著名的二元论,在二元论中他认为灵魂就是思想。这是个巨大的进步,远大于我们今天的想象。因为一下子,笛卡尔否认了世界上的物质具有人的特性,或者任何形式的意识,不管这些物质是岩石蒸汽这些曾经被顶礼膜拜的东西,还是机器和山脉,所有的物质存在。他说,上帝创造了宇宙万物,但是在那之后,万物都开始按照自己的规律运行,由无生命的原子构成。他说:"机械学原理和自然界的法则一样,是独一无二的。"因此,对于宇宙的基本的理解就是通过数学来实现的,而数学通过人类的理智就能掌握。这是一个主要的转变,因为在这一切之下(但却未被埋没),笛卡尔说上帝是人类的理智制造的,而不是由其他的方法制造的。神学"启示",这种曾经和科学具有同样地位的知识形式,地位开始下滑。

人类思想史

从那时开始，神学"启示"的真相需要被理智重新证实。

因此，最后，经历了2000多年的黑暗，从古希腊时代开始，经验主义和理性主义就来到了人类活动的最前方。"在牛顿之后，科学成为宇宙的权威定义者，而哲学也定义为与科学相关联。""外面"的世界缺乏人类或者是精神的特性，而且天主教也没有这种特性。[85]在培根和笛卡尔之后（他们站在哥白尼、伽利略、牛顿和莱布尼茨的肩膀上），世界就开始用新的观点看待人性；人类不会再从宗教的教义中得到满足，而是从自然界中得到越来越多的满足。

———— ★ ★ ★ ————

英国皇家学会

在发生这些事件的同时，英国正处在革命的洪流当中，而革命的最终结果是国王被斩首。在事件的突发期间，战争产生了一些奇怪的副作用。比如说，有一度查理一世被迫将国家宫廷设在牛津。牛津的教授和教员对国王陛下都很忠诚，但后来却出现了意外状况。国王被革命党逐出牛津，那些随从者也被革命党称为"安全威胁"。原来的教授和教员被从剑桥和伦敦来的更具共和思想的人所取代。这些人中有几个是科学家。结果没过多久，科学就在牛津开花结果。表现之一就是，很多著名科学家会在一起集会，来讨论他们各自学术上的问题。这种现象是发生在全欧洲的一种新现象。比如，在意大利，17世纪前几年，灵伽学院（the Accademia dei Lincei）成立，伽利略成为其第6位成员。在佛罗伦萨也有类似的机构，在巴黎，法国皇家科学院（the Académie Royale des Sciences）在1666年正式成立，尽管从1630年来，像笛卡尔、帕斯卡、皮埃尔·德·费玛就一直在非正式的集会讨论学术。[86]

英国有两派，一派是围绕数学家约翰·沃利斯（John Wallis）形成的，从1645年开始每周在伦敦的格雷欣学院集会（沃利斯是奥列弗·克伦威尔[Oliver Cromwell]的爱将，因为他曾经运用自己的数学天才破译过地方的密码）。另一派包括集中在牛津的具有共和思想的人。罗伯特·波义耳（Robert Boyle）是科克伯爵的儿子，曾经在日内瓦待过几年。他是一位对真空和气体非常感兴趣的物理学家。虽然自己是一名富有的贵族，但是波义耳却曾经要靠他的助手罗伯特·胡克的救助，罗伯特·胡克自己亲自制造仪器并进行试验（波义耳把他

第九章 实验天才

这一派叫做隐形学院)。确切来讲,应该是胡克第一个具有开方法则和重力的想法。[87]沃利斯和他的同伴被克伦威尔安置在牛津,在那里他认识了波义耳及其隐形学院。这样,派别就扩大了,然后转化成了皇家学会。尽管以后很长一段时间里,学会成员还是以"格雷欣哲学家"而闻名,并于1662年正式成立。日记作家约翰·伊夫林(John Evelyn)劝说查理二世开办学会,但是查理二世可能觉得整个的开办过程很奇怪,因为根据最近学者的资料显示,在当时的68位教员中,不少于42人是清教徒。[88]另一方面,这样的人员构成使这个学会形成了一种特质——这些人对以前的权威显示出一种冷漠的态度。

皇家学会的早期成员中还有克利斯托弗·雷恩,他作为圣保罗大教堂和伦敦很多教堂的建筑师而闻名。另外还有托马斯·斯普拉特(Thomas Sprat),也就是后来的罗彻斯特主教。在1667年,也就是皇家学会成立仅七年的时候,他写了一本自称为是皇家学会的"历史"的书。但这本书更多的是对所谓"新实验哲学"的一种保护。它把学会成员身上的那种拙劣的政治色彩跳过去了(书中的扉页插图,不仅列出了皇室赞助人,还列出了弗朗西斯·培根)。列举了一堆教条的哲学家(不管是辩证的或者是形而上学的)之后,托马斯·斯普拉特继续写道:"新哲学家中的第三类是这样的人:他们不仅仅反对古人,并且他们自己想出缓慢的、确定的实验过程……因为现在,实验天才大都消失了……所有的地方和角落都在忙碌着……"并且,在书中他还评价了一些学会成员:"他们当中最坚定的是校长塞斯·沃德(Seth Ward),而且他现在是埃克塞特大主教。还有波义耳先生、威尔金斯博士、威廉·配第先生、马修·雷恩先生、沃利斯博士(数学家)、高德博士、威利斯博士(另一位数学家)、西奥多·哈利博士、雷里斯托弗·莱恩博士和胡克先生。"[89]

威廉·配第爵士(Sir William Petty)是统计方法的先锋(然而他也是牛津的一位解剖学教授,在牛津进行过很多次解剖。而且他也因为发明抽水马桶而获得荣誉,这种马桶到伊丽莎白时代才开始使用)。有一次,别人形容他"对他知道的3/4的知识都感到厌倦",于是他就发表了《赋税论》(*Treatise on Taxes and Contributions*)。这本书是第一本意识到经济价值的书,他认为经济价值不是从存储的财产中来的,而是从生产的能力来的。[90]同年,在配第的帮助下,另一位皇家学会的早期成员约翰·格兰特(John Graunt)发表了《关于伦敦城死亡表的观察》(*Observations on the Bills of Mortality of the City of*

London），这就成了保险单的基础。这些内容表现了早期皇家学会的成员的实际倾向，以及他们的多种个性。就这一点来讲，应该没人能比得上学会的实验主任——罗伯特·胡克。胡克发明了现代手表中使用的弹性平衡定律，他出版发行了第一本显微镜下动物的照片——《显微图谱》（一个"令人震撼的惊人发现"），他指出位于格林尼治的本初子午线，另外，他还与同事共同提出引力在太阳系中扩张并使得太阳系中各个形体紧密联系在一起。正如我们所知道的一样，是胡克、雷恩和哈雷他们之间的讨论和研究为牛顿后来所提出的万有引力定律提供理论前提。胡克已经基本上被人们遗忘了，因为他和牛顿就他的光学实验结果的解释说明这一问题争论过。然而，后来，胡克的地位和思想还是被重新认识了。[91]

近似于科学出版物的出版形式是由英国皇家学会的会员们发展起来的。胡克作为皇家学会会员之一，他的工作是通过发表哲学学报并将其出售来帮助保持皇家学会的正常运转。英国皇家学会的会员以及其他的科学家们相继开始以自己的科学发现等向学会投稿，这样一来，学会就成为一个学术阵地，后来慢慢转化成学报的出版商，这就为后来的科学团体树立了榜样。学会会员们以他们脚踏实地、非常实际的方式做事，他们对自己发表的论文中的语言要求相当严格，甚至请诗人约翰·德莱顿作为委员会成员以监督这些科学家们的写作风格和语言等。

———— ★ ★ ★ ————

大学和科学

科学界经常宣称早期的大学在现代科学发展的过程中作用甚微——大部分研究会和学术团体都是私立的或者是"皇家"的事情。莫迪凯·法因戈尔德（Mordechai Feingold）最近对此问题表示了怀疑态度。他表示在1550到1650年间大学的数量有很大的增加（至少在英国是这样的），数学学科上卢卡斯教授职位于１６６３年在剑桥大学设立，数学学科和天文学方面的萨维利恩（Savilean）教授职位也在差不多同一时间在牛津大学设立。[92]约翰·班布里奇（John Bainbridge），一位早期的天文学萨维利恩教授带领探险队观察日食以及其他天文现象。对数专家亨利·布里格斯（Henry Briggs）于1630年去世，

第九章 实验天才

基本所有的牛津大学的要人都参加了他的葬礼。法因戈尔德指出几个人物之间的联系性——亨利·塞维尔(Henry Savile), 威廉·卡姆登(William Camden), 帕特里克·扬(Patric Young), 托马斯·克雷恩(Thomas Crane), 理查德·迈多克斯(Richard Madox)——他们每个人都是构成欧洲范围内科学家体系的一员, 他们与布拉赫、开普勒、斯卡利格(Scaliger)和卡森迪(Gassendi)之类的人物相联系。他还指出学生们都可以直接接触到科学结论, 他们的教科书就是将这些科学结果加以修改而得出的。[93]总的看来, 他所描述的意思就是说大学绝对是科学革命的一部分, 只是它没有具体地产生它们自己的或者是重大的发明发现而已。这也许并不是一个十分重要或者具有转折意义的贡献, 但是, 法因戈尔德仍然坚持这个问题是不容忽视的。 我们不该忘记牛顿是剑桥大学的人, 我们也不该忘记伽利略是比萨人, 还有哈维和维萨利亚斯都是在大学环境中发展出自己的理论的。

以上这些关于早期英国皇家学会以及大学的细节把我们带回到了本章开头的那个关于我们如何评价科学革命的问题上。毫无疑问, 过去的144年时光确实是在哥白尼的《天体运行论》和牛顿的《自然哲学之数学原理》中度过的, 没有一个人能比牛顿更热衷于炼金术和数字命理学等基本要灭绝的学科上。但是, 正如托马斯·斯普拉特的书中所说的那样, 那时候的人们确实感觉到他们自己正在参与着新的变化, 在一场需要与批评家进行辩论来维护自己的冒险事件中, 他们把弗朗西斯·培根作为自己的精神领袖, 而不是什么古老的古代人物。他说, 实验正在不断地扩大。

科学仪器的出现

对于知识正在以新的和更现代的方式被人们逐步认可这一点, 我们也毫不怀疑。例如, 彼得·伯克早在17世纪就对此种重新再认可进行了描述。"研究"一词最早被使用是在1560年艾蒂安·帕斯奎尔(Étienne Pasquier)的《法国研究》(*Recherches de la France*)中。[94]17世纪图书馆被修补, 制定了较为长期的计划, 进行了学科分类如数学、地理和工具书等, 这些都已经被提升到与神学等同的地位了。[95]天主教的目录索引是按字母表顺序排列的, 本质上是一种虚伪的不符合神学的安排, 由于1575年到1630年的瘟疫的传播促使人们计算人口以及法国皇家的人口普查,格朗特和配第早期统计学上的工作加倍扩大了。[96]

理查德·韦斯特福尔(Richard Westfall)已经列出在现代科学革命过程中,观点和理论发生改变所可能采取的更为重要的方式。他说以前神学是所有科学的女王——现在,它不再被允许作为"前提"。[97]曾经的基督教文化已经变成科学的一支……当今的科学家们能够读懂1687年以后的作品。要读懂1543年以前的作品非得一位历史学家不可。[98]"以最为广义的概念来说,科学革命是亚里士多德自然哲学理论的替代品,除了早期的一些理论之外,亚里士多德的理论在西欧4世纪前已经完全占据了关于自然的任何观点。"[99]"我们必须仔细寻找17世纪以前的科学实验。实验还没有完全被认为是自然哲学必经的步骤;而到了17世纪末,实验的地位已经被完全确定了……可用工具和器材的扩大和其他详细资料都与实验紧密相连。我一直在《科学传记词典》(*Dictionary of Scientific Biography*)上搜集关于科学家们的信息,共搜集了631份。其中156份,只占整个的不到1/4,要么自己制造器材,要么发明创造新的器材。他们遍布在调查研究的每一个领域。"[100]

结果,韦斯特福尔将所有观点归结到基督教与科学之间的关系问题上。他引用了一个事件,早在17世纪,天主教堂尤其是贝拉米诺红衣主教因哥白尼的学说与《圣经》中的某段共知的经文相冲突而对其加以责难。65年后,牛顿与一个叫托马斯·贝内特(Thomas Burnet)的人交往甚密,而这个托马斯曾说过《圣经》中关于上帝造物的那一部分描述是虚构的,是摩西为了某种政治目的而杜撰的。牛顿为《创世纪》辩护,争辩说这说明了科学——化学——将指引我们去期望什么。贝拉米诺红衣主教用《圣经》来判断科学观点的正确性,贝内特和牛顿就用科学来判断《圣经》的有效性。这是一个巨大的转变。神学已经成为科学的附属,与原始的地位完全相反,正如韦斯特福尔所总结的那样,层次永远没被颠倒。[101]

从历史学角度来看,65年是一个很短的时间段。毫无疑问,在17世纪,由于科学而产生的变化是"突然、激烈而完全彻底的"。简而言之,这是一场革命。

第九章 实验天才

注 释

[1] 赫伯特·巴特菲尔德 (Herbert Butterfield),《现代科学的起源 (1300—1800)》(*The Origins of Modern Science, 1300–1800*), 纽约: 自由出版社, 1949 年出版, 1957 年修订。

[2] 玛格丽特·J. 奥斯勒 (Margaret J. Ostler) 编辑,《反思科技革命》(*Rethinking the Scientific Revolution*), 英格兰剑桥: 剑桥大学出版社, 2000 年, 第 25 页。

[3] J. D. 伯纳尔,《历史上的科学》(*Science in History*), 第一卷, 伦敦: 企鹅出版社, 1954 年, 第 132 页。

[4] 同上, 第 133 页。参见迪尔梅德·麦卡洛克 (MacCulloch),《改革: 1490—1700 年欧洲的宗教团体》, 伦敦: 艾伦·莱恩/企鹅出版社, 2003 年, 第 78 页。参见理查德·H. 波普金 (Richard H. Popkin),《17 世纪思想的第三种力量》(*The Third Force in Seventeenth-Century Thought*), 莱顿: 博睿学术出版社, 1992 年, 第 102 页。

[5] 托比·胡弗 (Toby E. Huff),《伊斯兰、中国及西方世界早期现代科学的诞生》(*The Rise of Early Modern Science in Islam, China and the West*), 英格兰剑桥: 剑桥大学出版社, 1993 年, 第 73 页。

[6] 同上, 第 57 页及后文。

[7] 同上, 第 226 页。参见恩斯特·卡西尔 (Ernst Cassirer),《象征符号哲学》(*The Philosophy of Symbolic Forms*) 第一卷《语言》, 纽黑文: 耶鲁大学出版社, 1953 年, 第 230—243 页。

[8] 伯纳尔, 如前所引, 第 134 页。

[9] 托马斯·库恩 (Thomas Kuhn),《哥白尼学说的革命: 行星天文学和西方思想的发展》(*The Copernican Revolution: Planetary Astronomy and the Development of Western Thought*), 马萨诸塞剑桥: 哈佛大学出版社, 1957/1976 年, 第 156 页。

[10] 同上, 第 157 页。

[11] 同上, 第 159 页。

[12] 尽管它的介绍被一位胆怯的编辑查禁了。布莱恩·穆那 (Brian Moynahan),《信仰》(*The Faith*), 伦敦: 奥兰姆出版社, 2002 年, 第 435 页。

[13] 库恩, 如前所引, 第 160 页。

[14] 同上, 第 166 页。

[15] 同上, 第 168 页。

[16] 穆那, 如前所引, 关于伽利略对《圣经》的态度: "它不是一本科学指南书。"

[17] 莱昂纳多已经画出了西方的第一支步枪。库恩, 如前所引, 第 174 页。

[18] 同上，第183页。

[19] 卡尔·波耶 (Carl Boyer) 著，犹他·梅兹巴赫 (Uta C. Merzbach) 修订，《数学史》(*A History of Mathematics*)（第二版），纽约：约翰·威利出版公司，1968/1991年，第326—327页。

[20] 迈克尔·怀特 (Michael White)，《艾萨克·牛顿：最后的魔术师》(*Isaac Newton: The Last Sorcerer*)，伦敦：Fourth Estate，1997年，第11页。

[21] 库恩，如前所引，第189页。

[22] 波耶，如前所引，第393页。关于华兹华斯，参见丹尼尔·布尔斯汀 (Boorstin)：《探索者：人类为了解世界而不断追索的故事》(*The Seekers: The Story of Man's Continuing Quest to Understand His World*)，纽约和伦敦：古典书局，1999年，第296页。

[23] 波耶，如前所引，第391页。

[24] 库恩，如前所引，第192页。

[25] 波耶，如前所引，第333页。

[26] 同上，第317页。参见布尔斯汀，如前所引，第161页。

[27] 波耶，如前所引，第310—312页。

[28] 同上，第314页。

[29] 怀特，如前所引，第205页。

[30] 波耶，如前所引，第398页。

[31] J. D. 伯纳尔，《人类的扩张：早期的物理学历史》，伦敦，威登菲尔&尼克尔森出版社，1954年，第207页。

[32] 同上，第208页。参见穆那，如前所引，第439页，对于牛顿和伽利略关于《圣经》的不同态度。与伽利略不同的是，牛顿完全不受"限制"。

[33] 伯纳尔，《人类的扩张：早期的物理学历史》，如前所引，第209页。

[34] 由舒梅尔·山伯斯基 (Schmuel Shanbursky) 编辑、导言和选编，《从苏格拉底之前到量子论物理学家的物理学思想》(*Physical Thought from the Presocratics to the Quantum Physicists*)，伦敦：哈钦森出版社，1974年，第310—312页。

[35] 伯纳尔，《人类的扩张：早期的物理学历史》，如前所引，第212页。

[36] 关于微积分划分为微分和积分见：山伯斯基（编辑），如前所引，第269页和第302页。G. 麦克—唐纳德·罗斯 (G. Mac-Donald Ross)，《莱布尼茨》(*Leibniz*)，英格兰剑桥：剑桥大学出版社，1984年，第31页。

第九章 实验天才

[37] 伯纳尔，《人类的扩张：早期的物理学历史》，如前所引，第217页。

[38] 关于牛顿在光学方面著作的最佳修订版本，参见山伯斯基（编辑），如前所引，第172页和第248页。参见R. E. 派尔斯（R. E. Peierls），《自然法则》（*The Laws of Nature*），伦敦：艾伦＆安文出版公司，1955年，第24页和第43页。

[39] 对于棱镜的兴趣，有另外一个十分不同而又十分简单的理由。切割玻璃的质量一直在不断提高，由此产生了一个装饰灯的蓬勃发展。与其他各种灯具相比，它们能发出五彩斑斓的光。艾伦·麦克法兰说科学革命本不该像这样发生，但是玻璃的发展却可以。很多伟大实验中有15个如果没有玻璃就不可能实现。《泰晤士报高等教育副刊》（*Times Higher Educational Supplement*），2002年6月21日，第19页。

[40] 伯纳尔，《人类的扩张：早期的物理学历史》，如前所引，第221页。

[41] 山伯斯基（编辑），如前所引，第312页。

[42] 威廉·怀特曼（William Wightman），《科学观念的发展》（*The Growth of Scientific Ideas*），爱丁堡：奥利弗＆鲍伊德出版社，1950年，第135页。下一步应该是实现光以波的形式传播。克里斯蒂安·惠更斯（Christiaan Huygens）通过名闻天下的冰岛晶石"魔力水晶"的帮助实现了这一突破。将一块冰岛晶石的水晶放在打开的书页上，把它在书页上轻轻一划，你会观察到书上的字显示成原来的两倍。再有，如果你拿水晶画一个圈，两个字就互相移动。惠更斯首先找到这一现象的解释，他说我们可以假设光是以波的形式传播的。伯纳尔，《人类的扩张：早期的物理学历史》，如前所引，第225—227页。

[43] 詹姆斯·格雷（James Gleick），《牛顿传》（*Isaac Newton*），伦敦：Fourth Estate 哈珀柯林斯出版社，2003/2004年，第15页。

[44] 伯纳尔，《人类的扩张：早期的物理学历史》，如前所引，第235—236页。

[45] 威廉·A. 劳西（William A. Locy），《生物学的发展》（*The Growth of Biology*），伦敦：贝尔出版社，1925年，第153—154页。

[46] 卡尔·齐默（Carl Zimmer），《灵成肉身：脑的发现以及它是如何改变了世界》（*The Soul Made Flesh: The Discovery of the Brain and How It Changed the World*），伦敦：海涅曼出版社，2004年，第19页。

[47] 劳西，如前所引，第155页。

[48] 中世纪中期教会仍然对解剖人体持敌对态度，但是，这种抵抗并非总是像表面看上去那样。例如，1300年教皇博尼费斯发布的训令《埋葬》（*De Sepultis*）中，为科学目的解剖尸体是被禁止的，但是，训令的主要目的是阻止对十字军战士的尸体进行肢解，这样

可以更加容易地将这些尸体运回国内，但也增加了疾病的风险。劳西，如前所引，第156—157页。关于维萨利亚斯的制图，参见查尔斯·辛格 (Charles Singer)，《生物学史》(*A History of Biology*)，伦敦和纽约：阿贝拉德-舒曼出版社，1959年，第103页。

[49] 同上，第82页及后文。

[50] 劳西，如前所引，第160页。

[51] 齐默，如前所引，第20页。

[52] 劳西，如前所引，第168页。

[53] 同上，第169页及后文。参见威廉·S. 贝克 (William S. Beck)，《现代科学和生命本质》(*Modern Science and the Nature of Life*)，伦敦：麦克米伦出版公司，1958年，第61页，关于伽林医术的衰落。

[54] 劳西，如前所引，第174页。参见齐默，如前所引，第21页，关于所有一切是如何改变了灵魂的观念。

[55] 劳西，如前所引，第175—176页。

[56] 亚瑟·罗奇 (Arthur Roch) 编辑，《生物学的起源与发展》(*The Origins and Growth of Biology*)，伦敦：企鹅出版社，1964年，第178页和第185页。参见齐默，如前所引，第66页。

[57] 劳西，如前所引，第184页。罗奇（编辑），如前所引，第175页，关于哈维出版著作的目的的摘录。

[58] 他两次提到了放大镜。

[59] 劳西，如前所引，第187页。

[60] 同上，第188页。参见齐默，如前所引，第69页。

[61] 参见齐默，如前所引，第69页，关于哈维的一些错误。

[62] 劳西，如前所引，第196页。

[63] 同上，第197页。

[64] 罗奇（编辑），如前所引，第100—101页。

[65] 劳西，如前所引，第201页。

[66] 恩斯特·迈尔 (Ernst Mayr)，《生物学思想的发展》(*The Growth of Biological Thought*)，马萨诸塞剑桥：哈佛大学出版社的贝尔纳普分社，1982年，第138页。

[67] 劳西，如前所引，第208页。

[68] 同上，第211页。

第九章 实验天才

[69] 迈尔，如前所引，第321页。

[70] 劳西，如前所引，第213页。

[71] 罗奇（编辑），如前所引，第80页及后文。

[72] 劳西，如前所引，第216页。

[73] 同上，第217页。

[74] 后来他在青蛙的脚的蹼上，在小鱼和鳗鲡的尾巴上，观察到同样的现象。

[75] 迈尔，如前所引，第138页。意大利的马尔切洛·马尔比基（Marcello Malpighi）和英国的纳希米阿·格鲁（Nehemiah Grew）将显微镜植入植物而不是动物体内。由探险家们从新大陆（和非洲）带回来的新物种使得他们对植物产生了浓厚的兴趣。同上，第100—101页。他们两人都出版发行过关于植物解剖学方面的著作，更为巧合的是，就在格鲁的书从印刷商那寄出来的当天，马尔比基的原稿被存放在伦敦的英国皇家学会。同上，第387页。在马尔比基的著作《植物解剖者》（Anatome plantarum）中，构成植物结构的细胞被叫做囊斑（utriculi），他观察了植物体内的各种不同的细胞——那些携带气体、体液等等的细胞，而同时在格鲁的书《植物解剖学》（The Anatomy of Plants）中也有同样的内容。同上，第385页。但是，虽然同样是观察细胞，格鲁在书中称其为"气泡"，而且他并没有进一步深入研究（后来其他人称细胞为"泡泡"）。他们两个人都没有认识到细胞是生命组织的基本构成成分，所有的有机结构都是由它构成的。这一观点在两个世纪以后才得到进一步发展。

[76] 迈尔，如前所引，第100页和第658—659页。

[77] 理查德·塔那斯，《西方心灵的激情》，伦敦：皮姆利科出版社，1991年，第272页。

[78] 同上，第273页。参见布尔斯汀，如前所引，第155页和第158页。

[79] 塔那斯，如前所引，第274页。

[80] 罗伯特·默顿（Robert Merton），《17世纪英格兰的科学、技术和社会》（Science, Technology and Society in Seventeenth-Century England），布鲁日（Bruges），1938年，第15章。

[81] 波耶，如前所引，第336页。

[82] 同上，第337页。参见布尔斯汀，如前所引，第166—167页。

[83] 笛卡尔的几何学等同于解析几何学。

[84] 塔那斯，如前所引，第277页。布尔斯汀，如前所引，第164页。波普金，如前所引，第237—238页。

[85] 塔那斯，如前所引，第280—281页。

[86] 雅各布·布朗诺夫斯基（Bronowski）和布鲁斯·麦兹利希（Mazlish），《西方思想传统》，纽约：哈珀兄弟出版公司，1960年，第183—184页。

[87] 伯纳尔，《历史上的科学》，如前所引，第462页。齐默，如前所引，第183页及后文，关于第一次特别会议，他说原本应该有40多位会员。

[88] 布朗诺夫斯基和麦兹利希，如前所引，第182页。齐默，如前所引，第95页，说在牛津还有另外一个派别：牛津实验哲学派。

[89] 齐默，如前所引，第184页。

[90] 布朗诺夫斯基和麦兹利希，如前所引，第185页。参见齐默，如前所引，第96页和第100页。

[91] 利萨·贾丁（Lisa Jardine），《创造性的追求：构建科学革命》(ngenious Pursuits: Building the Scientific Revolution)，纽约：Doubleday，1999年。参见齐默，如前所引，第185—186页。利萨·贾丁，《罗伯特·胡克的求知人生》(The Curious Life of Robert Hooke: The Man who Measured London)，伦敦：哈珀柯林斯出版公司，2003年。

[92] 莫迪凯·法因戈尔德（Mordechai Feingold），《数学家的学徒期：1560—1640年英格兰的科学、大学和社会》(The Mathematicians' Apprenticeship: Science, Universities and Society in England: 1560–1640)，英格兰剑桥：剑桥大学出版社，1984年，第6页，第122页和第215页。

[93] 同上，第215页。

[94] 彼得·伯克（Peter Burke），《知识的社会史：从古登堡到狄德罗》(A Social History of Knowledge: From Gutenberg to Diderot)，英格兰剑桥：政治出版社，2000年，第45页。

[95] 同上，第103页。

[96] 同上，第135页。

[97] 奥斯勒（编辑），如前所引，第43页。

[98] 同上，第44页。

[99] 同上，第45页。

[100] 同上，第49页。卡尔·齐默的关于牛津实验哲学派的要点强调了这个方面。

[101] 奥斯勒（编辑），如前所引，第50页。

第十章 自由、物权和社群：保守主义和自由主义的起源

第十章
自由、物权和社群:
保守主义和自由主义的起源

单一民族国家的出现／绝对君主专制政体

太阳王路易十四1638年生于法国，1643年继位，1661年达到法定年龄。直到他统治之前，法兰西判决书通常是这样结束："经大教士和男爵见证准许"，随后改成了"经参议会讨论，国王最终裁决"。这个改变很好地揭示了16和17世纪一个重要的政治实情：中世纪和文艺复兴时期标志性的封建王朝和城邦制当中，出现了新兴的单一民族国家和绝对君主政体。[2]逐渐地，这些国家形成了自罗马时代以来未曾有过的一种形式和规模。与之一同出现的还有新一轮的政治理论体系。这些理论较先前任何一个时代都更深刻，其结果至今仍与我们同在。

这些国家的出现要感谢一连串把欧洲搞得支离破碎的天灾人祸。1309年罗马教皇流放到阿维尼翁。1339年英法两国之间开始了"百年战争"。渐增的饥荒和瘟疫最终导致1348—1349年的黑死病。1358年法国爆发扎克雷农民起义。教会大分裂从1378年一直持续到1417年。1381—1382年间，英法两国都爆发了起义，哈布斯堡皇室四年后战败于瑞士联邦。1395年，土耳其人在尼科波利斯（Nikopolis）击垮匈牙利军队之后开始了其征战之旅，直到1453年君士坦丁堡的陷落才宣告结束。欧洲地区无一幸免，基督教界也深受重创。黑死病导致欧洲大陆人口减少1/3，但即使这样，食物仍旧匮乏。遍野的灾民以及穷困导致了欧洲史上最为剧烈的社会变革。[3]同时，关于宇宙（因此涉及上帝）的理

285

论也开始转变,结果这片土地上的法律和秩序土崩瓦解。

按照托马斯·阿奎那等人的观点,上帝决定了生活方式,人们应该遵守,任何改变都不可想象。在阿奎那看来,世俗职权可以存在,但这种存在也是上帝的意旨。虽然人们无比虔诚,根本不会怀疑这种信仰,但是人并不是白痴。至少他们当中有些人不能接受混乱和瓦解也是上帝的意旨。

马基雅弗利/《王子》

尼科洛·马基雅弗利

第一个尝试用自己的思维考虑上述问题的人是尼科洛·马基雅弗利(Niccolò Machiavelli, 1469—1527)。很幸运的是(如果形容贴切的话),他的家乡佛罗伦萨经历了三个政府体制——1494年之前的梅第奇政府,之后萨沃纳罗拉政府以及1498年萨沃纳罗拉垮台后的共和政府。马基雅弗利被新共和政府任命为第二法庭院的秘书,负责家政、战争和一些外交事务。[4]新工作并没给他多少权利,但是却给了他一个从内部审视政治的视角。他因此有机会了解本城邦的民主制,并在与意大利其他城邦的外交活动中了解威尼斯寡头政治和那不勒斯君主政治。罗马之旅还让他认识了臭名昭著的西泽尔·博尔吉亚(Cesare Borgia)。25岁左右时,马基雅弗利出版著述《君主论》(*The Prince*),书中的"英雄"正是西泽尔·博尔吉亚。通常这本书被公认为当代政治理论(也可以说是权力政治)的开山之作。事实上,成书的真正原因只是因为佛罗伦萨共和制1512年垮台,梅第奇重获领导权后,马基雅弗利失宠,丢掉了工作,受到迫害,随即又被逐出该市。流放期间的空闲之余,马基雅弗利在流放地桑·卡希阿诺(San Casciano)奋笔疾书,很快于1513年写就《王子》并将此书献给洛伦佐·德·梅第奇(Lorenzo de Medici)(梅第奇的孙子)以期重新获宠。但事实上,洛伦佐从没看过该书,直到马尔雅弗利去世后该书才出版。[5]

马基雅弗利是人文主义者,所以《君主论》也笼罩着人文色彩。举例来说,马基雅弗利对政治报有强烈的世俗态度。他和莱昂纳多·达·芬奇一样崇尚科

第十章 自由、物权和社群：保守主义和自由主义的起源

学。某些人认为马基雅弗利是有史以来第一个社会学家。在以科学为指导的过程中，马基雅弗利称自己开创了一条"新路"。他用"新路"来形容，意思是说他试图客观公正地审视政治以便能广义概括。他要描述事情本来的样子，而不是它们应该的样子。在《君主论》一书中，他和过去彻底决裂。他从没告诉人们什么样的行为方式才是好或者光荣，相反，他描述着自己的所见：人们现实中的行为，"一个君主若想维护统治所必须要做的"。[6]马基雅弗利是政治学里第一个经验主义者。

在某些方面，马基雅弗利的想法和一个世纪后的伽利略相似。伽利略的观点之一是不管天堂还是尘世，万物皆相同。马基雅弗利主张人性何时何地皆相同。他进一步主张人性善恶皆有，考虑政治意图时，我们认为人性本恶。他写道："人道德败坏，他们并不为你守信……除非被迫向善，否则人性变恶不可避免。"也许这一"新路"是由于其自身政治上的失望，也许是由于当时强调邪恶的宗教情结。但不管怎样，马基雅弗利在发展自己的理论时的确将政治从宗教中解放出来。为了证明人总是以自身私欲和利益为重，马基雅弗利把政治变成了世俗思想的舞台。[7]

马基雅弗利的创新还表现在他对国家的看法上。在人们自私自利、道德败坏、总有变恶倾向的情况下，唯一的防卫措施就是 *lo stato*——国家。"马基雅弗利在阐释政治权力机构时第一次使用该词，并且很长一段时间里只有意大利语才有该词"。[8]哈根·舒尔茨（Hagen Schulze）告诉我们，虽然人们谈论过统治（dominium）、政府（regimen）、王国或者国土（regio 或 territorium），"但是当马基雅弗利和同时期的意大利人维拉和圭恰迪尼谈论到国家（stato）时，他们脑海里已经有了一个从未有人想过的政府形态：不管执行者是谁，以谁的名义执行，在给定的领土内一定要有统一的集权政府形态；不以先验尺度为参考的自我辩护机制"。[9]在马基雅弗利看来,任何一种结果是因为国家维护的手段的需要，都不需要为生存作出辩解，因为没有国家的生活不可想象。"君主只需要成功维持其统治，他采取的任何手段会愉悦他人，都被认为是光荣的。"[10]这个论点有效地表明了神学和政治学已经分道扬镳——事实上，马基雅弗利在某一点上力劝读者更多地关注他们的国家而不是自身灵魂（虽然他觉得教堂应该支持国家，没有教堂的支持很难成功）。与他同时期的弗朗西斯科·圭恰迪尼（Francesco Guicciardini, 1483—1540)深化了这一观点。他主张中世纪时期

将政治归属神学的做法已经过时，"除非与世隔绝，否则没人能纯粹按上帝的意志生活；另一方面，人们和世界达成妥协而又不冒犯上帝是很难办到的。"[11]

这里值得一提的是，马基雅弗利命名此书为《君主论》并且以西泽尔·博尔吉亚为反面角色并不是在撰写拥护暴政的文章。相反，在我们今天看来，马基雅弗利只是利用这种手段增强书的可读性，使之便于理解。马基雅弗利眼中的君主是国家的化身。他的行为代表着社群行为，因此他必须乐于"让自己的良心长眠"。[12]马基雅弗利在考虑国家的兴衰时明确表明了上述观点。他说一种有别于宗教法和个人道德的法律在支配着国家的兴衰，"国家有着自己的法律，自己的行为准则，建立国家管理国民的理由（个人若想有所成就，国家必须掌控个人行为）"。[13]"成立国家的理由"也是个新词条。自打它出现就一直保留在意大利语里。在本质上，这个词条意味着如果公共利益（*publica utilitas*）要求君主收回命令时，君主可以随时食言，收回命令。同样，君主凭借自己的判断，可以向其子民撒谎来制造有益于国家的舆论，"人们通常靠眼睛来判断……凡人易受外表和结果的影响"。这无疑是非基督教的思考方式，但是，我们也许可以理解为它反映出马基雅弗利在阐述人本性时的绝对正确性，即人性在政治上恶大于善。

玛丽安娜和苏阿韦兹

国家的出现还有一个因素，那就是搅乱基督教界统一的清教徒起义。[14]起义改变了罗马教皇的权位。至少对天主教来说，意大利是欧洲国家社群里的一个国家，而不是原来那样享有罗马教皇权威的国家，也不像中世纪那样试图统治基督教界的国家。路德和加尔文的重要贡献在于他们将权威和政治主权从机构转交给了公众。[15]

著名新教牧师休伯特·拉格威特（Hubert Languet, 1518—1581）在《反对暴君保卫自由》（*Defence of Liberty Against Tyrants*）一书中，提出"一套契约理论，上帝为一方，王子和臣民为另一方"。这就要求君主和臣民务必保证各自奉行恰当的崇拜形式。国王担负着组办辖区教堂的任务。一旦有任何的疏

第十章 自由、物权和社群：保守主义和自由主义的起源

息，臣民有义务对其敦促。若臣民对王子的"过错"放任而不反抗，那么在上帝看来，臣民有罪。"凡人夹在这两种情感之间，他的确会起到某种作用。"[16]从政治角度来说，这至关重要。

就连天主教和耶稣会在一定程度上都受到这种思想的影响。耶稣会两个最重要的政治理论家为胡安·玛丽亚娜（Juan Mariana）和弗朗西斯科·苏阿韦兹（Francisco Suárez）。两人同为西班牙人，而且他们一向关注外界社会动态。玛丽亚娜主张社会秩序来自自然，政府的由来是为了调节文化生活和保护财产。他说，从中我们可以看到整个社群利益应该摆在第一位，而不能处于某个专制统治之下。在他看来，国家是为了崇拜上帝，基督教的生活方式的确立一定要符合基督教义。因此，世俗政府除非得到教堂许可，否则不得强迫臣民的宗教信仰。这里臣民也起了作用，但是作用有限。苏阿韦兹在《论神的立法者的法律》（*De Legibus ac Deo Legislatore*，1619）一书中主张："所有权力来自社群；人生来自由，社会用来维护秩序。"因此对他来说，社群不仅仅是个体集合，其本身也是大家认可的一种权利象征。这就是说，唯有社群才能赋权。这个观点远比玛丽亚娜的强硬。[17]最后，这两位耶稣会理论家在定义罗马教皇制的过程中抛弃了传统主张。他们认为教皇统治君主这种传统在过去引发了太多动乱，而且在界定教会领导权的过程中也带来了过多的麻烦。这两人主张教皇和其他君主共有领导权，他们公平地协商来维护磋商。[18]

这样，我们可以从上述所有事件和理论中得出四条结论：第一，政治的世俗层面得以强调，臣民有了明确的角色界定；第二，个体思想自由和反抗义务在心理层面划开了一道分水岭（这是卡尔·曼海姆的观点）；第三，国家概念得以解释和明确；第四，出现了连绵不绝的宗派纷争，约翰·鲍勒（John Bowle）评其为"忍无可忍"。[19]从政治角度说，这导致了中世纪的社会秩序的结束，一个现代社会初见端倪。[20]

———— ★ ★ ★ ————

布丹

以官僚机构为核心、以防卫/入侵为组织结构的现代国家首先出现在法国。虽然路易十四从未说过"朕即国家（*L'état, c'est moi*）"，但是我们可以肯定地知

让·布丹

道这些词绝对和他有关。[21] 法国当时单数使用état时是大逆不道的，而复数使用 Les états 时则意指阶层，也就是"天然"地构成法国社会的不同阶层——贵族，牧师，与君主共同享有执政权的下院，以及君主（在法国和荷兰，众议院的别名是 Estates General，至今荷兰还沿用这样的称呼）。16世纪法国之所以会出现这种革命性观点——君主独揽大权，主要是由于当时法国国内四分五裂的战争。当时举国上下萎靡不振、文明准则坍塌、宗教狂热煽风点火，这就让法国人文主义者逐渐意识到成立政府停止内战要远比继续内战好，由此法国和英国出现了两个类似马基雅弗利的政治学家，分别是让·布丹(Jean Bodin) 和托马斯·霍布斯（Thomas Hobbes）。

由于当时胡格诺教徒流血事件，身为律师和哲学家的让·布丹(1529—1590)意识到唯有一个强大的中央集权统治才能拯救他的国家。这也是他君主主权学说产生的一个直接原因。在《国家六论》（Six Books of the Republic） 中，他主张巩固国家力量以便使国家在利益上能够统领区域自治和宗教信仰。和耶稣会一样，他认为保护财产是国家优越性的体现，这也就是说他认为国家首先要维持秩序。[22]这种维持是中立的，而且由一个人来承担，即君主。[23]这并不是说君主可以利用职权胡作非为。他必须遵守自然法则和上帝意旨，秉公办事。"这种君主统治固若金汤。'君主至高无上，除了不朽的上帝外，没人再比他大……没有人能够要求统治君主为他们的行为作出解释。'"这听起来有些狂热，但是，布丹的主张确实也源自法国国内的狂热宗教战争。[24]在他的理论体系下，宗教问题被刻意排除在外，也不允许干涉国家政策。国家政策只是教堂事务，不得以武力解决。[25]当代国家君主主权理论也就这样诞生了，"古罗马圣·托马斯·阿奎那和但丁对世界秩序、基督教的理想境界所作的古典阐释都被抛弃了"。[26]

许多人都认为这场转变对20世纪来说是个灾难。但是，在那个宗教派别争得你死我活的时代，贵族和平民财产分化加剧，为了秩序自身，建立一个有效的政府，时下唯一的希望就是发展中央集权政府。

这种想法在17世纪的法国似乎实现了。那时法国不论在政治上还是文化

第十章 自由、物权和社群：保守主义和自由主义的起源

上都已经成为欧洲的霸主。其人口2000万，是神圣罗马帝国人口的2倍，是英格兰和苏格兰总人口和的3倍，是西班牙人口的4倍。封建王廷的统治让这里封建贵族变得温和而富有教养。宫廷为朝拜君主提供了场所。"一个崇拜君主的圣殿"。[27]宫廷朝拜的仪式非常繁琐，参加仪式的不下1万人。当时最大的荣耀莫过于此。支撑国家实力和统一的是一支10倍于宫廷人数的常备军（10万）。常备军是保障皇权执行的根本工具（*ultima ratio Regis*，这些拉丁词镌刻在普鲁士军队的大炮上）。这支常备军军费昂贵，部分开支来自国家贸易收入。[28] 国家主权和君主名誉依托于国家经济的繁荣，经济繁荣反过来又赋予国家控制贸易的权力。这条理论意味着国家将会引入税收（征收农业税来保障国民收入）和发展高端消费品。对于后者，由于欧洲流动资本量大致固定，因此，一个国家只能靠从欧洲之外的地方获取金钱才能变富。理想的贸易形态就是进口相对廉价的原材料，将其加工成成品，再以高价返销。那时对法国，这种贸易形态运转得非常好：其艺术和工艺水平大大高于其他任何地方——法国纺织、陶瓷、家具和香水带来了巨额收益，其中大部分都收归国有。很多欧洲国家也都效仿太阳王的做法。[29]导致君主专制出现的另外一个重要因素是新的战术策略。欧洲常备军数量巨大，有史以来第一次要求用新策略精准地调遣军队，这意味着需要更严格的纪律。这就导致了国家高度集权的出现，国家的概念确实已经深深地烙在人们的脑海里。[30]另外，君主专制政权的出现还跟欧洲17—19世纪不断的战争有一些关系。

---★ ★ ★---

霍布斯

托马斯·霍布斯（1588—1678)是第一个充分利用科学变革政治理论的人。他是英格兰西部威尔特郡马姆斯伯里教区一个牧师的儿子。[31] 跟约翰·洛克（John Locke）一样，霍布斯从没当选过皇家学会成员，但是他的确向皇家学会递交过学术论文，自己做过生理学和数学方面的试验。(他的朋友约翰·奥布里[John Aubrey]在《俭朴生活》[*Brief*

托马斯·霍布斯

Lives]中把霍布斯描述成一个热爱几何的人。）霍布斯做过波义耳的秘书，弗朗西斯科·培根的书记员，见过伽利略和笛卡尔。他有着彻底的唯物主义世界观，并且发展了因果理论中一条重要的学说，即世界是"无限的因果连锁"。[32]

虽然霍布斯和布丹在某些方面有着相同的见解和基本相同的理由，但是霍布斯比布丹走得更远。就在布丹撰写《国家六论》谴责造成法国胡格诺教徒流血事件的深层背景的时候，霍布斯也在著书立说，并在英国国内战争结束之后马上出版了自己的著作。和布丹一样，霍布斯认为宗教的残暴是狂热带来的幻想所致；因此，他首先寻求民众和财产的保障——秩序。和马基雅弗利一样，霍布斯相信人生性理智但却贪婪成性。和布丹一样，霍布斯主张绝对的国家主权政治，但是不一样的是，霍布斯认为一个国家主权的所有者可以是个君主，也可以是个立法院（他更倾向于前者）。他坚决认为神职权力应服从世俗权力。《利维坦》(*Leviathan*，《圣经》里的一只怪兽，唯一保留着原始人类狼性形态的海中巨兽）是霍布斯最好的政治理论书之一。书中全面涵盖了霍布斯的大部分观点。霍布斯也撰写了其他几部理论书，知名的有《论公民》(*Tripos*)和《哲学基础》(*Philosophical Rudiments*)。[33]在这些书中霍布斯表明他愿意为秩序付出巨大的代价。

《利维坦》

《利维坦——当今混乱时世所引发的关于国民和宗教政府的论述》出版于1651年[34]。该书分为四部分：第一部分"论人类"，研究了人类知识状态和心理状态。该章节有数篇论述自然法和社会契约论起源的文章。第二部分"论国民联邦"涵盖了该书的精华部分。第三部分，霍布斯发表了其宗教观点。在最后一部分"论黑暗王国"中，霍布斯攻击了罗马教堂。[35]

霍布斯充满了教条习气，好为人师而又顽固，我们处处可见他"科学化"的尝试。既然能发现物理、生物、天文学里暗含的真理，那么霍布斯相信就一定能发现政治学里的社会真理。"就像代数、几何中存在着某些理论，国民联邦的发展和维持也遵循着某些技巧理论；并不仅仅只从实践(如网球）中获得它们……"[36]霍布斯公然主张国家只是为了拓展内部个人利益而出现的人为产物。他否认亚里士多德关于人是社会动物的论断。他主张没有"服从契约"[37]就没有

第十章 自由、物权和社群：保守主义和自由主义的起源

社会的存在。他认为人类自然形态就是战争。这种观点是马基雅弗利式的，更是霍布斯全书悲观远景论调所在。霍布斯第一部分论述人类知识和心理时，根据当时自己的调查研究，他总结出如下结论：自然让人人都"有着相同的体格和心智，当综合考虑时，个人差距还不足以遏止人际竞争……所以我们发现人本性中导致人类争斗的原因有三，一是竞争，二是自信缺失（霍布斯意指恐惧）；三是荣誉，荣誉导致不好的结果。霍布斯有句名言："生命是孤独的，是乏味的，是肮脏的，是粗野的，是短暂的。"[38]

这种情形无人幸免。他评论道，即使是国王和皇后也以"角斗士格斗的姿势和状态"长久嫉妒对方。因此，霍布斯主张为了避免这种原始状态的持久战争，人类必须服从于公认的主权统治。既然自然法则中最重要的一点就是自我保护，那么人类应该"把自身的所有权力和力量赋予一人或者某个团体，这样众多的意志就有可能统一成某个单独意志……"这就是霍布斯通过《利维坦》想要表达的意思。在霍布斯看来，利维坦是人类上帝的化身，有权施行契约和义务。对霍布斯来说，这个契约是至高无上。任何诉诸上帝或是求诸内心良知的做法在霍布斯看来都是不允许的，因为"这样可能会打开大门，让狡猾的人占他同胞的便宜，这无异于又回到了战争状态"。不管君主做什么，不管征了多少税或设置多少审核机构，这些都是因为他有着统治根基。对于自己理论的极权主义倾向（这是我们的评价），霍布斯也不是全然不知。他自己也承认生活在底层非常艰难，只不过权衡一下，选择君主制会更好一些。[39]在三类国民联邦中——君主专制政体、民主制和贵族制，霍布斯强烈支持君主专制政体，其理由也很明了。首先，君主个人利益倾向于符合公众利益。因为君主总能与他赞赏的人而又"不反对他的人"磋商。有人批评说君主有自己的偏好，霍布斯对此也不得不退让，"这的确很麻烦"，但是他又说这种麻烦基本不会有，而"某个团体的偏好却多得不得了"。[40]

霍布斯知道这本书不会受欢迎，但他并不为此而失望。事实证明，他的确不怎么受欢迎，他感觉到自己已经成了新教徒的眼中钉，处境危险，于是他逃亡到了法国。新教徒议会之所以疏远霍布斯主要是因为霍布斯主张"奴性君主专制"，而保皇党人之所以疏远他则是因为他的理论基础并不是君权神授，虽然他主张君主专制政体。[41]一个议会委员会受命审核《利维坦》，直到最后查尔斯二世出面干涉，霍布斯才免遭迫害。[42]人们之所以不接受《利维坦》还与书里新

鲜出奇的观点有关。这些观点与当时的高端精神背道而驰，它们不是建立在君权神授这一道德观上而是建立在纯效用上。同时，对于人们熟知和借以慰藉的"自然法"和"天国天堂"的观念，霍布斯也是全盘否认。对霍布斯来说，人们那些证明《利维坦》存在的花里胡哨的理由并不是真正的理由。《利维坦》之所以存在只是因为它给那些内部成员带来了利益。

今天，我们发现霍布斯并不像他同时代人那么令人生厌，因为事实上，我们当今生活中的理念大多都来自霍布斯。现在我们认识到恐惧或骄傲确实支配人类行动，而且我们还承认二者都很危险。首先，我们生活的社会中常常会有一个隐含的国家切切实实存在并遏制着冷酷自私人性的出现[43]。这里我们可以肯定地说，马基雅弗利的悲观主义经霍布斯的延续一直持续到了今日的方方面面。

———— ★ ★ ★ ————

洛克 /《政府论》

约翰·洛克

17世纪英国和荷兰的繁荣是两个因素长期发展的结果：波罗的海盐浓度的变化迫使鲱鱼的生活环境转变到了北海，这促进了北海地区沿岸国家的渔业繁荣。另外，也是最重要的一点，随着美洲的发现，海外贸易（与印度）迅速发展，地中海沿岸国家的贸易日渐萎缩，而大西洋航线却迅速打开。结果，国家之间的贸易竞争开始日渐取代宗教恩仇和国内斗争，新兴国家的政治也随之发生了转变。经济的总体繁荣以及商业对政府的持续影响凸显了物权的重要，也凸显了如何自由地允许个人商业扩张的焦虑。正是这些背景孕育了约翰·洛克的哲学主张。

约翰·洛克是英国商业联盟、法治和法理宽恕的先驱。正是基于洛克（1632—1704）的政治探索以及君主立宪政体、法理宽恕在英国的实施，法国启蒙运动思想家们才找到了灵感。不过，法国思想家们重新解释概括了英国思想中更为自由的层面，结果使一个地方性思想转变成一个影响世界的力量。[44]洛克确实代

第十章　自由、物权和社群：保守主义和自由主义的起源

表了那个时代人们的心理状况：疲于宗教纷争和国内战事，迫切需要拓展殖民主义和新兴商业阶级来获取利益。和霍布斯一样，洛克的两篇文章《人类理解论》(*Essay Concerning Human Understanding*) 和《政府论二篇》(*Two Treatises of Government*) 不仅涉及政治哲学而且还探讨了人性问题。这两篇文章之所以富有影响力，其中一个原因就是：两篇文章都试图给政治机构找到更合适、更广阔的认知体系，而且二者都尝试用科学去解释。洛克学医出身，是皇家学会的成员，而他的资助人则是曾经帮助起草过《卡罗来纳州宪法》的英国大臣沙夫茨伯里 (Shaftesbury) 伯爵。[45] 洛克为人非常务实和谨慎，他不喜欢抽象的东西，虽然他认为真理不是绝对的而是相对的，这种看法和当时开始掌权那类人的思想没什么两样。在他的思想认知体系里，他认为应该尽可能地远离君权神授。他认为声称上帝将权力传给亚当，随后通过亚当的子孙传给今日的皇家人物简直太愚蠢了。他敏锐地反驳道，假使那样的话，我们都是亚当的子孙，根本不可能确定谁是谁不是。在人的自然形态上，他坚决反对霍布斯，他认为人类的自然形态不是战争而是理性的运用，"我认为政治力量是一种制定法律的权力……法律包括死刑处罚，因此所有用于调节和保护私有财产的法律处罚，所有借用社群力量来执行这些处罚的做法以及所有保卫国家免遭外来侵略的做法都是为了保障公众利益"。[46] 洛克说，人类从本性上来说是一样的，这点和他的前辈霍布斯一致。但是洛克认为这种说法肤浅，他进一步在自由和特权上作了区分。他说，没有特权，自由和霍布斯所畏惧的战争没有什么区别，因此，国民社会的目的就是运用理性建立"一个大家公认的权力统治，民众可以求助于它而且务必服从它，这样方能避免自然形态的不便，避免人人按照自己的判断行事"。洛克的观点大大超越了布丹和霍布斯的观点。洛克说在他的理论体系里根本不存在王子和君主，"因为法律不豁免任何人"。大多数人的意志永远高于个别意志。

　　洛克进一步主张人类之所以聚集成社会，以法律来约束，是因为人类想保护他们的财产。他的这个观点比以往更加如实地反映了英国的情况。既然人类是被"赶进"社会里的，那么，"不能超越公共利益允许的范围而使社会力量蒙受损害。公共利益只能由社会熟知并承认法律规定，而不是由某个临时君主专制政体的法案，更不能由某个君主的一时兴起来规定。另外，这些法律必须由秉公执法的法官执行，只有这样才能保证臣民和君主明确自己的社会位置"。[47]

295

洛克还为君主专制政体作了一项重要修正,他说君主永远不能控制法律。[48]最后,洛克还表达了英国新兴商业阶级的主要焦虑(担心政府会干预贸易,就像他们在法国看到的那样)。洛克主张任何权力未经许可不得剥夺私人财产,"统治者可以占有一个士兵,但是未经许可,不能占有其财产"。同样,人人都有自己的财产,劳动力当然也属于私人财产。这个最重要的结果,如洛克所说,未经许可不得征税。(我们从"未经请求不得征税"的学说里认识到这一点。[49])

这是对君权神授最致命的一击。在洛克看来,国家和个人之间的关系只是纯粹的法律和经济便利,只与人类生存的外在面有关。换句话说,国家根本无权干涉个人信仰或道德。当涉及宗教问题时,洛克坚持主张法理宽恕(对此题材,他专门写了两篇文章《人类理解论》和《政府论二篇》)。他说道,之所以要求法理宽恕是因为有一个明显的事实:每个人的心智都不同,这就像小孩子们虽然出生在一个家庭里,每个人的成长却都不一样。另外,洛克说基督教义要求的也就是宽容,"一个没有宽容的人,不去用爱去信仰而使用武力信仰的人不可能是个真正的基督徒……"。[50]因此,洛克坚持认为教堂应该是一个完全的自发组织;理所当然的是,宗教不能干涉国民权利,"自我超度是每个人自己的事情"。

霍布斯在《利维坦》中的观点和洛克的观点在我们今天看来再平常不过了,我们认为这些都是理所然的,可是在洛克生活的时代,这些观点非常有新意。政府应该从臣民那里获得权力的观点暗示了只要民众还需要政府,政府就应该存在。这个观点在"在当时君主权力终身制的统治时代"是个非常惊人的主张,它"提供了一场转变甚至变革的可能"。[51]

─────── ★ ★ ★ ───────

斯宾诺莎/《神学政治论》

巴鲁赫·斯宾诺莎(Baruch de Spinoza,1632—1677)小洛克两岁。在某些方面,斯宾诺莎的观点和托马斯·霍布斯的观点非常相近。和霍布斯一样,斯宾诺莎认为主权是我们维持秩序要支付的筹码。但是关于人性问题,斯宾诺莎的见解比霍布斯更科学。他认为心智和政治自由可以通过充分利用新科学来实现。他乐观地认为互助也和"恐惧和骄傲"一样是人类的天性之一。因此,

第十章 自由、物权和社群：保守主义和自由主义的起源

对斯宾诺莎来说，社会的目的就是拓展人类认识。作出这种设想之后再对人类的心理状态进行研究，科学工作者就可以发现与人类行为相符合的政治架构。因此，最终也可以找到一个和人性相协调的道德架构。[52]

斯宾诺莎认为，只有当人类为实现更高利益而相互协作的时候，才能实现其更高的自身品质，"社群本身就成了实现上述设想的中间媒介"。所以，对斯宾诺莎来说，政府自身就是互助冲动这一"人类本能"的外显。（这个观点和霍布斯的截然不同。[53]）

巴鲁赫·斯宾诺莎

他在《神学政治论》这一伟大著作中写："生活和国家的最终目的是为了实现本质存在的全面化。国家的终极目标不是统治，不是服从……而是让民众从畏惧中解放出来，让他们在各方面都有保障的情况下生活……政府的目标不是把理性的人变成牲畜和玩偶，而是让人在有保障的情况下发展身心，解放自身的理智束缚……一句话，政府的真正目的就是自由。"这种前瞻性的观点显然与加尔文和圣·奥古斯丁所主张的"畏惧生活"对立。为了超度，我们没有必要否认生活。相反，人类的目标，引用基督的话就是，"为了一个多姿多彩的生活。国家必须以此为终极发展方向"。[54]斯宾诺莎也主张宽恕和言论自由，因为这样的话，国家会更加可靠。

他在《神学政治论》中还对基督教经文加以客观分析，其中我们看到了他为促进思想自由而作出的惊人努力。《神学政治论》和传统非常不一样，前十章着重论述了《圣经旧约》的真实性以及其中自然奇迹的考证。科学被斯宾诺莎带进了宗教，这导致了一次硬碰硬的较量。自然法得以从新视角进行审视，斯宾诺莎得出以下结论："人类的生活不仅仅局限于理性，还有本能的支配，人类生活不仅依靠一个启蒙心智的理性指导，而且还更像猫一样在狮子的自然法则下生活。"[55]斯宾诺莎的这个主张非常原创：他虽是科学家，但他却不像其他科学家那样以理性束缚自己。但是，斯宾诺莎同意霍布斯的观点，总结出一个绝对功利主义的见解，"政治义务出于对保障的需要"。同时，斯宾诺莎多少还推翻了整个古典时期和中世纪关于政治是对自然法神化的理性回应。斯宾诺莎和霍布斯一样，只是纯粹地认为君主专制国家有着"最少的两大邪恶"。斯宾诺莎建议君主倾听公众

的心声,"因为一个不受欢迎的政府必定不能长久"。他说,民主政治也有其自身优势,因为"最怕的就是非理性的统治,大部分臣民,尤其是数量更大的情况下,基本不允许一个非理性的模式存在"。[56]"在政府面前,不管贫富,人人主权平等……事实上,君主对其子民的畏惧程度应该限制着他自身权力:成为他的子民只是因为有服从这一事实而不是有服从这一内在意愿。国民的首要目的就是构建国家制度以保证任何人,不管地位如何,都能以公众利益为重,而不是私人利益;这是一项任务和考验……公共事务的管理不应该建立愚民政治和流氓政治上。"[57]

对斯宾诺莎来说,生活中满足本能和行使理性一样重要。人类的才智只是神灵才智的一部分,因此理性也有了自身的缺陷,"我们似乎总会看到某些自然事物荒唐可笑而且邪恶,这是因为我们对事物认识并不全面,更为重要的是我们忽略了自然整体的秩序和一致性,我们按着自己的方式理性地安排自然事物……只有个人拥有权力的时候,才可以有拥有实现自身存在的权利;只有当他通过武力或说服将自己的威严强加给另外一个人的时候,他才能自然而然地拥有对他人的统治;进一步说,一个人作出判断后,不管判断是对还是错,他都会不守诚信,而往往从利己利益出发。道德价值是人类在人为花园里的人为创造"。[58]

符合这种人性观点,能于与之对应的政治体系就是赋予臣民权力。既然人不可避免地受情感支配,那么只有基于这一原则人类才能获得和平。同样,唯一能考验国家的也就是国家能否带来和平与安全保障。[59]这就不再是便利,国家为臣民而存在,而不是反之。

与霍布斯和洛克最大的不同是,斯宾诺莎强调知识。既然认知是变化的,那么"政府也务必要时刻准备迎接改变"。也就是说,"只要国家是个便利,是个人为花园,那么改变就有可能发生"。[60]

乔纳森·伊兹列尔(Jonathan Israel)在其新作《激进启蒙运动》(*Radical Enlightenment*)中综合考虑本章节中政治理论和设计,以及先前章节中关于科学革命以及随后章节中关于宗教疑惑和关于人性法则的初始追寻中,确认斯宾诺莎是一位开创现代性的重要人物。伊兹列尔说,自从笛卡尔开创新哲学——宇宙机械论观点之后,斯宾诺莎最根本性地变革了人类的思考模式并在此过程中开创了现代世界。伊兹列尔认为,启蒙运动并不像通常我们认为的那样,是发生在法

第十章 自由、物权和社群：保守主义和自由主义的起源

国、英国和德国等主要国家的一场思维变革，实际上，启蒙运动是一场首先出现在荷兰、比利时和卢森堡，随后迅速席卷斯堪的纳维亚、西班牙、葡萄牙和意大利在内的全欧洲范围内的思想变革。伊兹列尔评论说，是斯宾诺莎点燃了这五个国家地区全面的思想变革，但是，我们往往将这五个国家地区分开来谈。斯宾诺莎的思想在这些地区形成了一个涵盖了哲学、《圣经》批评、科学理论、神学和政治思想的网络体系。伊兹列尔说，斯宾诺莎在这场变革中的作用并没得到公允的评价，因为当时很多他的支持者们都不公开自己的身份。伊兹列尔研究了当时私下流传的22个斯宾诺莎支持者们的著述，据说当时这些斯宾诺莎支持者们要么背井离乡，要么作品遭到当局禁止。不管怎样，伊兹列尔揭开了欧洲范围内众多斯宾诺莎支持者们的隐秘生活。这些人在宗教、政治和科学上有着相同的观点，这最终使得新思想像启蒙运动那样迅速地传播开来。[61]

伊兹列尔说道，是斯宾诺莎最终采用哲学取代神学的方法来理解我们的困境，是他将该方式奠定为政治的基本原则；是斯宾诺莎摒除了邪恶和巫术；是斯宾诺莎展现了认知的平民化——认知不再仅仅属于某个特殊利益团体（如牧师、律师或者医生）；是斯宾诺莎比任何前人都更有力地说服我们人是自然动物，在动物王国中有着理性的位置；是斯宾诺莎说服他的同胞以哲学的方式理解自由；是斯宾诺莎为共和主义和民主主义奠定了根基；是斯宾诺莎解释了宽恕是解决这些观点的最好办法。对于伊兹列尔来说，斯宾诺莎集合了牛顿、洛克、笛卡尔、莱布尼茨、卢梭、贝尔、霍布斯和亚里士多德（也许）于一身。自阿奎那以来，斯宾诺莎在这方面作出了总结性的解释。

———— ★ ★ ★ ————

维科／《新科学》

"就像牛顿能深刻地抓住物质规律一样，人能更深刻地、更明晰地认识自身：因此，比起对外部混沌世界的认识，我们理论上可以更加详细地、深刻地认识到人类的认知史，也就是说我们人类的内在动机和其结果的发展史。"伊兹列尔认为斯宾诺莎是全世界范围里有着独创意识的思想者，但是最

维科

应受到重视的人物是维科 (Giambattista Vico, 1668—1744)。维科认为只有当科学革命彻底改变人类认知的时候, 人类才能明白自己做了什么。事实上, 科学革命为人类认识自身提供了互相对立的角度。这两点认识角度从未调和过。我们可以认为维科和其他人一样, 也导致了现代不统一性的出现。[62]

身为一个哲学家, 维科比其同时代的人更关注历史的重要性。他付出了巨大努力去理解原始人的心智, 因为他认为, 如果我们不去了解他们, 那么我们永远不能理解自我。为了了解原始人的心智, 维科独创性地运用了心理学、语言学和诗歌。[63]在1725年的著作《新科学》(Scienza Nuova) 中, 维科试图揭示世俗哲学史。他认为其中的法则可以指导人们将来设计出有效的政治制度。约翰·鲍勒评价道: 从现代标准来看, 在人类发现自然选择和进化论的前100多年, 维科就对生物学有了朦胧的了解。虽然这方面知识有限而且限制了他的视野, 但是, 却给他的工作带来了一股强大的支撑力。虽然维科和同时代的很多人一样坚信上帝通过人际关系法则来统治世界, 但是他却同意斯宾诺莎的观点, 认为这些法则是内在的而不是先验的——也就是说, 不用通过研究和揭示就可以认识它们。它们本身是人类制度中发展出来的, 是可以推论得出来的。[64]与霍布斯和其他人不同的是, 维科认为法律不是从外在的法律契约中发展出来的, 而是在习俗的本能领域中集合而成, "人性堕落后, 再也不能参悟真理, 但是在本能的指引下, 人性仍能和上帝在一起"。透过黑暗, 臣民仍然能够领会到那个 "公认智慧"、指引着人们向环境挑战的神圣意图。

维科在环顾当前时代和回顾历史之后称自己发现了三类本能, 它们分别是对上帝的信仰、亲子关系的认知和掩埋死者的本能。这些本能在宗教习俗和仪式、婚姻和墓葬中都有体现。[65]他认为人类从上帝的恩赐中堕落, 但是他认为随着人逐渐领会到文明生活的进程, 人一定会主宰自己的命运。文明在这个程度上是上帝意旨的再现, 而且哲学知识可以补充本能的不足。我们可以通过总结人类事业的集合——法学、科学、艺术和宗教——来发现它们到底展现了 "神圣建筑师" 什么样的意图。[66]

维科的魅力就在于他的思想一方面在某种程度上老套而可笑, 但另一方面却又现代、令人振奋。比方说, 维科坚持了原有观点。他也认为大洪灾过后, 人类就分化成平常人和 "生活在洪水造就的沼泽地" 里的巨人种族。人类从这些巨人种族中进化成我们当今的这种身材比例。文明最早来自对雷电的恐惧。

第十章　自由、物权和社群：保守主义和自由主义的起源

这雷电震醒了巨人族的"野蛮"，让他们知道了羞耻之心。因为害羞，他们再也不在公众场合宣泄自己的本能，而是把自己的配偶带回山洞，成立了家室。正是这种初始的"粗暴威信"创造了女人生性的温顺和男人生性的高贵。维科博览史书后提炼出了自己的观点。比如说，维科旁征博引异教神话，并认为雷电是朱庇特的特征之一。同样，《圣经旧约》里的巨人族和希腊神话中反抗天神的提坦有着某种关联。[67]维科称呼人类历史发展的第一阶段为诸神时代。这个阶段人类祖先的目标就是学习纪律。他们认为海洋、天空、火、庄稼都是上帝的化身，并且发展了基本的宗教、家庭生活、语言和财产（维科认为掩埋死者是财产的由来）。在诸神时代之后是英雄时代，再之后是人文时代。

在《新科学》第三部分，维科将注意力转移到人类种族。他试图参考语言（主要是早期人类诗歌和神话）来重构人类历史。"处在无知深渊中的民族自然会用寓言和神话阐释他们周遭的事物：语言的发展自然地会和社会的发展相对应。当人类在诸神时代创造言语的时候，语言含糊但却富有诗意；时光的流逝是靠收成的多少来衡量的；人们用诸神的名字象征自己对事物和农业的关心。在英雄时代，人类通过符号和纹章来交流"。[68]在另外一章，维科还认为人类社会的发展来自施加给人性堕落的三宗罪——羞耻心、好奇心和工作的需要。神话里每个神明和英雄都可以被认为是这三宗罪中的一宗或所有的再现。

维科的主张今天对我们来说，并不足以令人置信，其中的很多细节明显荒唐。但是，在这荒唐的背后蕴含着一个令人惊讶的现代感——人类的进化不仅仅在生物学上，而且还在语言、习俗、社会结构、法律和文学上。在所有这些表象背后还有着一个更大的时间炸弹：宗教自身也在进化发展。因此，维科也为怀疑论的出现提供了契机，这是我们下章将要讨论的。

从1513年《君主论》问世到1725年《新科学》出版的这段时间里，正是科学变革的年月。可以肯定地说，这些哲学家以新科学的原则为根基，尝试建立自己的理论，建立一个无国别的政治制度，绝对不是一个偶然现象。虽然将这些新科学运用到人类事务中还为时过早，但是，这给我们留下了一份永久的遗产，让我们从中看到了两派区分：以马基雅弗利和霍布斯为代表的人本悲观主义（独裁或者保守主义哲学），以洛克和斯宾诺莎为代表的乐观派（自由主义哲学）。从大方面来说，我们至今仍然生活在这个主要的两派区分中，虽然现在我们给它们起不同的名字：左派和右派。

人类思想史

——★★★——

　　作为政治权力遗产之一的社群概念是贯穿于本章的另一个重点。该词只有一个含义，但是有待我们去全面认识。剑桥历史学者提姆·布兰宁（Tim Blanning）曾指出该词最早也出现在那个时代，即17、18世纪。"社群"就是"公众"，布兰宁称之为"一个新兴的文化空间……在代表宫廷和君主权力的旧文化中，出现了一个私人聚集的'公共领域'，这形成了一个大于各参加人的整体集合。通过交换信息、观点、评论，这些个人创造了一个主导欧洲文化的文化主角——公众。当今世界的绝大多数文化现象，包括期刊、报纸、小说、新闻记者、评论家、公共图书馆、音乐会、艺术展、公共博物馆、国家剧院等，都源于"漫长的18世纪"。[69]

　　布兰宁重点关注了其中的三个创新：小说、报纸和音乐会。他说，17世纪末和18世纪初出现了一股"读书革命"浪潮。为了支撑这一观点，布兰宁引用了当时几十个论文集。比如在英国，出版的书籍从17世纪初的每年400册一跃升到1630年的6000册，1710年的2.1万册和18世纪90年代的5.6万册。[70]布兰宁还注意到德国在18世纪时有个"重要的变革"，即不再使用 *die Gelehrten*（学者）这个词，而是使用了 *die Gebildeten*（受教育的人）。"即使对那些反对天启教和《圣经》的人，教育也通过文化为他们提供了一种世俗超度的手段"[71]。以下是引自布兰宁书中的一个表格，从中我们可以看到品味的改变和小说的兴起。

德国出版物：1625—1800年

科目	1625年	1800年
法律	7.4%	3.5%
医学	7.5	4.9
历史等	12.0	15.7
升学	45.8	6.0
哲学	18.8	39.6
文学	5.4	27.3

　　布兰宁评论到小说的魅力主要在于其现实主义、想象和以假乱真的虚构。萨缪尔·理查德森（Samuel Richardson）的作品多数表达了琐屑而悲惨，但

第十章 自由、物权和社群：保守主义和自由主义的起源

是其表达了一个更严肃的目的，"通过娱乐的时尚外衣研究基督教条"。[72]小说的另外一个影响是把对眼前的关注和家庭关系推到了中心地位，因为中产阶级和上层阶级女性比男人们更享受到其中的乐趣。

直到17世纪的后几十年，欧洲某些地区才出现了新闻期刊由零售向定期发售的转移。这些地区有：安特卫普、法兰克福、都灵以及巴黎和伦敦。贝尔的《共和文学报》(News of Republic of Letters)1864年首版。18世纪30年代前伦敦只有6家日报，而70年代后有9家，出版量达到了126万份。就连那些没学问的也在追风，他们聚集在一家家咖啡馆、旅馆和客栈大声地朗读报纸（英国当时有551家咖啡馆、207家旅馆和447家客栈）。比起法国大革命前夕罗马帝国的1000多份报刊，这些数字有些黯然失色。[73]

另外，乔纳森·伊兹列尔关于"学术期刊"的讨论也为这场景增色不少。"学术期刊"也出现在此时，"在思想界的近期发展中，有教养的公众不再关注原有的政治权力和古典著述，而是关注于新的、富有挑战的革新，不管这些革新出现在多么遥远的国家和语言中。在这场转变中，学者和科学家作出了巨大贡献"。原来的时候，人们要花上几年才能找到一本用另外语言写的书，但是现在人们"一周之内"就可以了解它们的内容。[74]伊兹列尔说，这些期刊，除了能让人迅速了解周围信息外，通常还展现了新的法理宽恕的价值和智力阶段水平，为瓦解"君主、议会和教堂所支持的旧观念，达到真理的共同认识作出了贡献。同时，期刊还试图普及启蒙运动中斯宾诺莎所倡导的激进层面"。[75]

虽然书籍的使用价值极大地提升，但是其一成不变长达好几个世纪。相反，公众音乐会倒是个新兴的媒体。布兰宁说，现代意义上（观众和演奏者得以明显区分，公众要支付入场费）的第一场音乐会于1672年出现在伦敦的约翰·巴尼斯特剧院（靠近怀特福利弗斯[Whyte Freyers]地区的乔治客栈）。这不仅刺激了公众对音乐会的需要，更刺激了公众对活页乐谱的需要，因为此时公众已经有了一定的音乐素养。反过来，公众的音乐素养又要求一种新的音乐形式的出现，而海顿（Haydn）和之后的亨德尔（Handel）便是这种需求的产物——交响乐在新兴的音乐听众中非常流行。在一些大城镇（法兰克福、汉堡和莱比锡）中，音乐厅开始成为人们旅途中的主要附加活动。[76]

音乐中的新思想仍然来自那些拥有宫廷的城市如萨尔茨堡、曼海姆和柏林，但是，布兰宁的观点是新兴的公众以及环境带来了前所未有的国民感。事实

上，新的公众有着自我意识，他们的文化主张要求创立一种强大的开胃品式的东西——一种从未有过的传播思想的论坛。这种论坛不仅能决定哪些文化思想比较流行和持久，而且还能够保证文化自身成为民族主义中最炙手可热的一面。国家文化应该各不相同的主张既有些激进又有些危险，但这种主张自从17世纪出现在公众领域之后就开始发展起来。

注　释

[1] 哈根·舒尔茨，《国家，民族和民族主义》(*States, Nations and Nationalism*)，牛津：布莱克威尔出版公司，1994/1996年，第17页。

[2] 约翰·鲍勒 (John Bowle)，《西方政治思想》(*Western Political Thought*)，伦敦：凯普出版社，1947/1954年，第288页。

[3] 舒尔茨，如前所引，第28页。

[4] 雅各布·布朗诺夫斯基 (Bronowski) 和布鲁斯·麦兹利希 (Mazlish)，《西方思想传统》，纽约：哈珀兄弟出版公司，1960年，第28页。

[5] 艾伦·H. 吉尔伯特 (Allan H. Gilbert)，《王子和其他著作》(*The Prince and Other Works*)，芝加哥：芝加哥大学出版社，1941年，第29页。

[6] 布朗诺夫斯基和麦兹利希，如前所引，第31页。

[7] 例如，特别是他认为宗教（他指的是基督教）阻碍了强大国家的发展，因为它宣扬温顺。但是他同时认为某种形式的宗教是可取的，因为它起到了社会"黏合剂"的作用，将人们团结在一起。这同样是新的，因为这是有人第一次（至少是公开地）将宗教看做是一种强制性的力量而不是一种精神力量。布朗诺夫斯基和麦兹利希，如前所引，第34页。丹尼尔·布尔斯汀：《探索者：人类为了解世界而不断追索的故事》(*The Seekers: The Story of Man's Continuing Quest to Understand His World*)，纽约和伦敦：古典书局，1999年，第178页。

[8] 舒尔茨，如前所引，第30页。

[9] 同上，第31页。

[10] N. 马基雅弗利 (N.Machiavelli)，《王子》(*The Prince*)，彼得·维茨胡姆 (Peter Whitshome) 1560年翻译，1905年重印，第18章，第323页。

[11] 布尔斯汀，如前所引，第178页。

[12] 布朗诺夫斯基和麦兹利希，如前所引，第36页。

第十章 自由、物权和社群：保守主义和自由主义的起源

[13] 同上，第32页。

[14] 鲍勒，如前所引，第270—272页。

[15] 同它的民族性一起，新教为基于人民的政治主权奠定了精神/心理基础。加尔文坚持个人的道德心具有优越性，甚至允许在忏悔的基础上诛杀天主教专制统治者，这成为反叛权利的先驱，这种反叛权利成为其后的时代特征。总之，这些因素最终导致了国家民主理论的产生。对于早期的新教教徒来说，国家的目的在于保护国家内的集会，根本不是使人们获得精神的发展。"生活中最为美好的东西根本不属于国家的范畴。"鲍勒，如前所引，第280—281页。

[16] 同上，第280—281页。

[17] 乔纳森·赖特(Jonathan Wright)，《耶稣会士：使命、神话和史学家》(*The Jesuits: Mission, Myths and Historians*)，伦敦：哈珀柯林斯出版公司，2004年，第148—149页。

[18] 鲍勒，如前所引，第285页。

[19] 同上。

[20] 瑞哈德·本迪克斯(Reinhard Bendix)，《国王和人民：权力和训令》(*Kings or People: Power and the Mandate to Rule*)，洛杉矶：加利福尼亚大学出版社，1978年，第307页及后文，参见约翰·邓(John Dunn)编辑，《民主：尚未完成的旅程(508—1993)》(*Democracy: The Unfinished Journey: 508 to 1993*)，牛津：牛津大学出版社，1992年，尤其是第71页及后文。

[21] 舒尔茨，如前所引，第49页。

[22] 布莱恩·穆那(Brian Moynahan)，《信仰》(*The Faith*)，伦敦：Aurum出版社，2002年，第455页。说屠杀、谋杀和八场战争使1562—1598年成为血腥的年代。

[23] 舒尔茨，如前所引，第50页。

[24] 鲍勒，如前所引，第290页。1685年路易斯十四世对他们不再宽容之后，很多(法国)胡格诺教徒移居到美国。见穆那，如前所引，第576页。

[25] 无论如何，布丹自己不是一个狂热分子。事实上，他期望黎塞留主教(Cardinal Richelieu)取务实的态度，而黎塞留雄心勃勃，要广泛推行布丹的思想。

[26] 鲍勒，如前所引，第291页。

[27] 舒尔茨，如前所引，第53页。

[28] 同上，第56—57页。

[29] 波兰和荷兰是例外。舒尔茨，如前所引，第57页。

[30] 鲍勒，如前所引，第293页。

[31] 同上，第317页。

[32] 布朗诺夫斯基和麦兹利希，如前所引，第198页。

[33] 鲍勒，如前所引，第318页。参见穆那，如前所引，第492页。

[34] 最为突出的一个特征是它有着自有印刷书籍以来最为栩栩如生的扉页。扉页的上半部分是一幅风景画，描绘的是在旷野之上的一座规划整齐的城镇。然而，在风景上面站着一位腰部以上的头戴王冠的巨人，一位力大无比的人，他伸出保护性的拥抱的双臂，一只手拿着一把长剑，另一只手拿着牧杖。给人印象最为深刻的是巨人的身体是由一群小人组成的，他们背对读者，凝视着巨人的面部。这是历史上最怪诞、最有力的画像。

[35] 恩斯特·卡西尔（Ernst Cassirer），《启蒙哲学》（*The Philosophy of the Enlightenment*），普林斯顿，新泽西：普林斯顿大学出版社，1951年，第254页。

[36] 罗杰·史密斯（Roger Smith），《人文科学的丰塔纳史》（*The Fontana History of the Human Sciences*），伦敦：丰塔纳出版社，1997年，第105ff页。

[37] 布朗诺夫斯基和麦兹利希，如前所引，第205页。

[38] 鲍勒，如前所引，第321页。

[39] 同上，第329页。

[40] 同上，第328页。

[41] 布朗诺夫斯基和麦兹利希，如前所引，第206页。

[42] 同上，第207页。

[43] 鲍勒，如前所引，第331页。

[44] 同上，第361页。

[45] 布尔斯汀，如前所引，第180页。

[46] 鲍勒，如前所引，第363页。

[47] 同上，第364页。

[48] 舒尔茨，如前所引，第70—71页。

[49] 鲍勒，如前所引，第365页。

[50] 布尔斯汀，如前所引，第186页。他说作品是谨慎的，使人吃惊的是这些作品一直鼓舞人心。

[51] 布朗诺夫斯基和麦兹利希，如前所引，第210页。

[52] 鲍勒，如前所引，第378页。

第十章 自由、物权和社群：保守主义和自由主义的起源

[53] 同上，第379—381页。

[54] 《神学政治论》最初是匿名出版，很快就被禁止。阿姆斯特丹的犹太社会将它排除在外。

[55] 鲍勒，如前所引，第381页。参见理查德·H. 波普金 (Richard H. Popkin)，"斯宾诺莎和圣经学者" (Spinoza and Bible scholarship)，见丹·加勒特 (Don Garrett) 编辑，《斯宾诺莎的剑桥同事》(*The Cambridge Companion to Spinoza*)，英格兰剑桥：剑桥大学出版社，1996年，第383页及后文，其中有斯宾诺莎对经文所作的许多精炼的评论。

[56] R. H. 德拉亨特 (R. H. Delahunty)，《斯宾诺莎》(*Spinoza*)，伦敦：罗德里奇＆可根·保罗出版公司，1984年，第211—212页。

[57] 鲍勒，如前所引，第383页。

[58] 德拉亨特，如前所引，第7页。

[59] 鲍勒，如前所引，第386页。

[60] 同上，第387页。

[61] 乔纳森·I. 依兹列尔 (Jonathan I. Israel)，《激进启蒙运动：1650—1750年的哲学和现代性的生成》(*Radical Enlightenment: Philosophy and The Making of Modernity 1650—1750*)，牛津：牛津大学出版社，2001年，第591页。

[62] 朱塞佩·莫佐塔 (Giuseppe Mazzitta)，《世界新地图：詹巴蒂斯塔·维科的诗歌哲学》(*The New Map of the World: The Poetic Philosophy of Giambattista Vico*)，普林斯顿，新泽西：普林斯顿大学出版社，1999年，第100—101页。

[63] 鲍勒，如前所引，第389页。

[64] 约瑟夫·马里 (Joseph Mali)，《神话复兴：维科的"新科学"》(*The Rehabilitation of Myth: Vico's 'New Science'*)，英格兰剑桥：剑桥大学出版社，1992年，第48页。

[65] 关于上帝和求知欲的作用见：同上，第99页及后文。

[66] 鲍勒，如前所引，第393页。

[67] 关于奥斯瓦尔德·斯宾格勒 (Oswald Spengler) 反映这些思想的方式见布尔斯汀，如前所引，第233页。

[68] 鲍勒，如前所引，第395页。

[69] T. C. W. 布兰宁 (T. C. W. Blanning)，《权力的文化和文化的权力：旧政体的欧洲》(*The Culture of Power and the Power of Culture: Old Regime Europe 1660—1789*)，牛津：牛津大学出版社，2002年，第2页。

[70] 同上，第137页。

[71] 同上，第208页。

[72] 同上，第151页。

[73] 同上，第156—159页。

[74] 依兹列尔，如前所引，第150页。

[75] 同上，第151页。

[76] 布兰宁，如前所引，第169页。

第十一章
"无神论者的恐慌"和怀疑的出现

哥白尼的发现对信仰的影响

哥白尼1543年病逝。按着当时习俗,哥白尼在临终时终于看到了自己的天体方面著作《天体运行论》的首版。这听起来是个感人至深的故事,但是再感人也不如它的意义重大。事实上,《天体运行论》导致了一场革命,但是革命来得很晚。这是因为首先这本书只有那些博学的天文学者才能理解。其次,也是比较重要的一点,哥白尼的研究报告——地球绕着太阳转的新假说——自1515年以后才广泛地在欧洲学者中间传播开来。自此之后的20年里,人们认为哥白尼是天文学泰斗之一,哥白尼的同行们更是迫不及待地等着哥白尼新理论的出版。

《天体运行论》一经出版,天文学家们就立即意识到了该书的重要性。[1]很多天文学者都把哥白尼比做第二个托勒密。16世纪后半叶以来,这本书成了该领域学者必备的标准参考书。但是,有一点却让我们难以置信:人们忽略了《天体运行论》中一个重要的观点,"赏识哥白尼才华或者借用书中表格以及地月间距计算公式的人往往要么忽略地球的运动性,要么干脆认为它滑稽可笑"。[2]英国一本1594年出版的天体入门教材虽然比《天体运行论》晚了半个世纪,但是还仍然认为地球绝对静止。这回顾起来更让人震惊,因为早在这之前,哥白尼就已经敲开了一扇从未有人敲过的门。

《圣经》的白话翻译／显示出的差异

到16世纪末，欧洲早就有人开始怀疑基督教的可信性，而且从未间断过。[3]为此，新教徒和天主教徒相互厮杀。大家各持己见，谁都不能证明是对还是错，成千上万的人也因坚持己见而惨遭杀戮。如上所述，有些人坚信信仰神灵的正确性，而另外还有些人坚决地反对，这也就意味着神灵往往是虚幻的。更讽刺的是，《圣经》本身也成了引发这场屠戮的工具，因为《圣经》被译介给不同国家的信徒。正如布莱恩·穆那指出的那样：1520年后，《圣经》已经超越了学术和神学领域。根本没有的外延也变得和《圣经》中本有的含义同等重要，特别是现在，我们可以清楚地发现"习俗赋予了教堂很多惯例和特权，而非上帝赋予的"。[4]28岁的荷兰平朱姆堂区青年门诺·西蒙斯（Menno Simons）就是其中的怀疑者之一——关于弥撒中为何把面包和酒视为基督的血和肉的做法。他把这种怀疑归咎于魔鬼。他认为是魔鬼鼓励他不忠。他说为此他经常忏悔，直到最后觉得自己得"刻苦钻研《新约》……我发现我们受骗了，幸好自己受害不深"。[5]他说没有发现任何证据，酒和面包只不过是象征基督情感的符号罢了，自己迅速解脱了。不管解脱与否，这个发现仍然令人震惊。

《圣经》译本让普通人有机会了解《圣经》，但是这也非常危险，教堂就意识到了这一点。比如说，译本让普通人很容易发现书中不能自圆其说之处，而先前他们不知道这些矛盾的存在。住在埃塞克斯郡的一个英国年轻人被父亲责令阅读拉丁文版《圣经》，可是他根本不懂拉丁语，不得不阅读威廉·廷代尔的《圣经》英译本（当时有很多英译本偷运进英国）。他把英译本藏在草垫子下，一有机会就拿出来读一读。不久他就开始嘲笑那些长跪在教堂里、举手依次触摸十字架聊表敬意的信徒。有一天晚上他父亲睡着之后，他跟母亲说这些偶像崇拜的做法违背了上帝的意愿，因为上帝说，"你们不应有自己的偶像，也不能对之躬身膜拜"。[6]

日内瓦的印刷工罗伯特·斯特芬努斯（Robert Stephanus）1551年给《圣经》诗篇编号的做法也起了一定的作用：很多人能更快捷地找到经书各章节中明显的矛盾之处。再洗礼教(Anabaptists)指出《创世纪》拥护一夫多妻制。可是，在《马可福音》里，基督却说"男人要忠于他的妻子"（10：6）。《申命记》中允许离婚而《马太福音》中却相反。[7]《列王记》中鼓励人们不纳税而《马

第十一章 "无神论者的恐慌"和怀疑的出现

太福音》中却坚持一定要纳税。很多沿袭下来大家认可的做法和习俗实际上在经书里根本找不到出处。这些习俗涉及天主教堂之外的一些包括罗马教皇制度、牧师不许结婚、圣餐变体、新生儿受洗、追封圣徒为圣人、不可救赎等……[8]

★ ★ ★

希腊、罗马和中世纪欧洲的无神论

伴随着更多的人发现《圣经》中不能自圆其说之处以及宗教派别之争，宗教变得支离破碎。这导致了16世纪末各派别的主张多少都有些极端，而且迅速蔓延到令人茫然无助的局面，由于宗教选择太多以至于发现真理比以往更加困难。其结果之一就是"无神论者"这个词比先前更常用了。[9]

词语"无神论"来自希腊。阿那克萨哥拉（约公元前480—前450）是史上有记载的第一个无神论者，当然他也成了第一个因无神论而受到起诉的人，他的自由思想被宣告有罪。[10]但是，苏格拉底告诉我们说，阿那克萨哥拉的著作在雅典随处都可买到，只要花上一个德拉克马（dtachma）就行——换句话说，当时人们并没有认为阿那克萨哥拉的想法有多么奇特。[11]诗人狄雅戈拉斯（Diagoras）也因无神论的言论遭到起诉。他说根本没有上帝的存在，因为很多的不公平行为并没有因此受到惩罚。[12]（据说狄雅戈拉斯曾经劈了赫拉克勒斯[Hercules]的木雕当柴烧，放肆地宣扬上帝周五应该加班炒甘蓝）。欧里庇得斯戏剧中不止一个人物谴责诸神，认为"诗人可怜的故事"中根本没有真理可言。[13]古罗马的自由思想没有雅典那里多。西塞罗的书信集和彼得罗纽斯（Petronius）的《萨蒂里孔》（*Satyricon*）中没有涉及宗教问题，但是里面的人物却以嘲弄那些牧师为乐，因为这些牧师担当着自己都不懂的神秘职责。[14] 虽然这不是彻底的无神论调，但是多少也是一种怀疑主义。

詹姆斯·施洛尔（James Thrower）研究了古代一种反对宗教辩解的方式——他称之为"传统主义的二选一"。比如他说印度的路伽耶陀（Lokayata）传统出现在6世纪。根据一本失传的《毗湿奴往世书》记载，该传统从本质上来说是享乐主义者们的处世方式。路伽耶陀传统基本上与佛教和《奥义书》（也称做卢婆伽[Carvaka]）同时出现，其主要观点是反对传统和巫术，认为肉身和自我合一，也就是说死后无生：人为享乐而生，只是此时此地。一位印度流浪苦行僧——不兰迦叶（Purana Kassapa）猛烈攻击印度教所主张的因果报应说。他认为没有来世，道德只是一种自然现象，其目的只是为了普度众生。随后，顺世派（Ajivikas）的创始人阿耆多·翅舍钦婆罗和末伽梨拘舍梨两人也支持不兰迦叶的观点。顺势教派的存在一直延续到13世纪，它主张用自然主义的观点看待人。[15]在古代和中古时期印度人的思想中，解释世界的变化和进化的"自然法则"概念并不少见。[16]

施洛尔还注意到中国的道家不主张思考自然界的起源和终结，却强调思考永恒和混沌的道，也就是说天地未有之前万物皆空，自然界有着最原始的统一——这需要哲学家去理解而不是凭空创造去理解。中国的荀子（公元前298—前238）根本不相信超自然力量。他大大贬低祈祷和预言的功效。他建议人们要学习自然而不是崇拜自然。他的追随者王充（27—97）主张人类的善恶导致了世间发生的一切，而不是超自然的力量导致一切。[17]我们后面还会探讨朱熹（1130—1200）的自然主义观点。

施洛尔主张融合印度、中国以及包括爱奥尼亚科学、诡辩论学派、伊壁鸠鲁学派和罗马统治权思想（这种思想成功地将皇帝变成了神）在内的希腊和罗马思想。这种对待自然世界的方式清除了超自然因素，导致了思想链条趋于另一个走向，但是，很多历史学家对这个主张并没有给予足够的重视。

———— ★ ★ ★ ————

异教徒的另一种传统

罗伯逊（J.M.Robertson）在西方自由思想史中说，1376年巴黎大学里的哲学系学生展现了他们那令人震惊的自由思想。他们共计提出有219条建议，其中他们否定三位一体、基督的神性、复活以及灵魂的不朽。他们坚持认为祈祷没用，而且福音书和其他书一样存在着"谎言和谬误"。他们遭到了主教的强烈谴责但是并没有发生什么严重的后果。[18]

历史学家让·瑟兹奈克（Jean Seznec）编撰了异教诸神在文艺复兴绘画中的存留。从波提切利到芒特格纳，再从柯勒乔到丁托列托，都有着详细的记录。他认为中世纪异教遗物并没有从绘画中消失，当然还有他们信奉的诸神。勃艮第的公爵为自己是半神人的子孙而感到自豪，特洛伊人在他们那里的宫廷很受欢迎。[19]博韦大教堂里的地毯都绣上了朱庇特和赫拉克勒斯的神像。[20]15世纪锡耶纳帕布利柯宫的教堂以四大神为代表，其中有阿波罗、马尔斯和朱庇特。[21]佛罗伦萨的钟楼里，人们为朱庇特穿上了僧袍[22]。到现在为止与我们论述有关系的是，异教徒诸神一直和基督教诸神肩并肩地共存，直到文艺复兴之后，中古的人们还是不愿意完全抛弃他们的神灵。[23]

★ ★ ★

蒙田和世俗世界

当欧洲慢慢接受哥白尼的时候，接受了古典教育的蒙田（1533—1592）由于自己家庭出身的原因（父亲是个虔诚的天主教徒，母亲则是信奉新教的犹太人），以一种不同于正统基督教观点的方式审视着世界。他的这种观点为彻底改变人们观念提前作好了准备。

蒙田

由于背景和家庭出身，蒙田相信每个宗教信仰都不可能只有一个神灵。他在宗教信仰上不仅坚持这种看法，而且在道德层面也坚持这个看法。新大陆无数新奇的发现对他思想的形成起了一定的作用，因为这些发现在他内心激起了对大西洋彼岸的信仰和习俗多样性的浓厚兴趣，早期的怀疑主义者们称那里人为反基督者。[24]所有这些让蒙田能够极大程度地包容他人、包容不同的思维方式。这些都促使他反对基督教中一条重要教义。基督教主张在当今蒙田生存的世界里，个体智力生活的主要目标就是在来世中获得救赎（他非常反对路德的观点）。[25]在这样一个世界里，哲学作为神学的辅助，其主要功能就是"帮助人平安地死去"。[26]蒙田认为这是废话，他把这个思想翻了个个儿，主张知识的目的就是要教人更好、更充实、更快乐地在尘世上生活。他的这番观点对心智生活产生了重要影响。蒙田认为"科学的女王"——神学和哲学不再那么重要了；相反，心理学、人类文化学和美学替代成为主要兴趣目标。这实际上就是人文科学的诞生。

蒙田这个主张为世俗世界注入了一股强大的智力血液，为多样性的产生奠定了基础。基督教总是受来世所困,蒙田不仅坚决反对而且还表达了自己对灵魂不朽性的怀疑。[27]"如果哲学教人如何生活而不是如何死亡,那么我们必须收集大量人类生存方式的信息,之后静静地、公正地分析这些材料。"[28]来自新大陆以及其他地方的信息材料让蒙田明显地意识到,男人女人为了适应环境采用了好多方式。从中我们很自然地得出上帝倾向于多元化而不是单一性。[29]同样道理,蒙田更多地关注此生而不是来生,极大地挑战了另外一条基督教义——灵魂的概念,以及倾向于把与灵魂有关的东西都认为好而把与身体有关的认为恶。这又引发出两个问题。首先,蒙田的观点对灵魂命运的调解人——牧师——是个打击。第二,该观点将人们从中古时期以来一直认为性关系是恶的看法中解放出来。蒙田坚持认为性是高贵的,任何性的实践都不应有罪。

传统的犹太和基督教派认为上帝充满嫉妒、武断而又残酷。蒙田的概念摒弃了这种见解,正如很多历史学家说的那样,蒙田和英国勋爵沙夫茨伯里的观点一致,认为"上帝是个绅士"。蒙田从没有对上帝的存在产生过怀疑,但是他激进地改变了上帝存在的方式。

———— ★ ★ ★ ————

蒙田之所以没有怀疑过上帝的存在,其原因之一是因为在他生活中怀疑上帝的可能性根本不存在。法国历史学家费弗尔在《16世纪的无信仰问题》一书中认为:"绝对否认上帝在这个时期有很大的、不能超越的思想难度。""教堂召唤信徒做礼拜的铃声一开始,一天活动也随之开始。每一活动都涉及宗教信仰,牵动了整个社会:它们控制了学者和公众的生活——甚至行会和大学都成了宗教组织。"人们的饮食都充满了宗教仪式和禁忌。[30]蒙彼利埃四旬斋开始的时候,人们砸碎旧的炒肉锅后要用新的煎鱼锅。要是周五烹饪阉鸡的话,那么就要遭到鞭笞或者当众受辱的处罚。如果乡间昆虫或老鼠成灾的话,那么牧师第一个被叫去除灾。[31]"人们只是还没有找到怀疑上帝存在的客观现实。如果科学发现了任何人都不能反驳的客观现实,建立起一套完整的理智体系,那么怀疑在所难免。"[32]

另外,人们指控某人是无神论者的时候,他们的意思和今天我们所理解的有些不同。在当时,无神论视同于自由主义。[33]法国科学家马林·默森(Marin Mersenne, 1588—1648)认为光巴黎就有"5万位无神论者",但是他点名道姓的那些无神论者全部信仰上帝。事实上,默森之所以称他们为无神论者是因为

第十一章 "无神论者的恐慌"和怀疑的出现

他们对上帝的看法和他自己的很不一样。那时,"无神论者"一词的意思不仅仅有当今我们所指的意思,而且还含有诽谤之意。16世纪的人们根本不可能称自己为无神论者。[34]

不管怎样,人们的观点和看法终究开始改变了。蒙田成了这场转变的领路人,但是,人们从接受哥白尼学说到逐渐领会并实践他学说的所有外延时,一个世纪已经过去了。在这段时间里,托马斯·库恩对改变人们的思想也起了一定作用。

库恩指出,天文学者几十年来虽借用哥白尼学说但是从未重视过哥白尼的核心主张——地球围绕着太阳转,这点我们前章也提及过。这场学术革命来得较晚,因为哥白尼的学术主张远远超越了天文学者们的想象,可是这场学术革命就这么开始了。起初,人们认为哥白尼以及哥白尼支持者们的信仰荒谬不稽,尤其是法国政治哲学家让·布丹对他们更是嗤之以鼻。[35]他写道:"人只要有一点点判断,哪怕是一点点儿物理学常识,都不会认为我们这个沉重、人群拥挤的地球竟然还绕着自己的中心运动,更不用说绕着太阳转了;因为地球的一小动都会摧毁我们的城市、堡垒、城镇、山峦。"[36]

最为恶意的攻击来自那些发现哥白尼的理论和《圣经》相冲突的人。早在哥白尼著作出版之前以及当他的学说开始流行的时候,马丁·路德在1539年一次"圆桌演说"中谈到:"人们开始倾听一位占星暴发户论述地球旋转,而不是天体、太空、太阳或者月亮旋转……这个傻瓜意图颠覆整个天文科学;但是神圣的《圣经》告诉我们(约书亚 10:13)约书亚命令太阳静止,而不是地球。"[37]人们不断引用《圣经》来攻击哥白尼,称他为异教徒或者"无神论者"。最后,大概是1610年当天主教堂也加入到声讨行列中来的时候,哥白尼被正式指控为异端分子。[38]1616年当局将《天体运行论》和那些认为地球运动的书籍列入黑名单,禁止天主教徒传授或阅读哥白尼学说。

库恩指出在这期间,哥白尼主义的外延得到全面理解,因为人们认识到他的理论将会毁灭一整套思想体系。这里库恩的描述值得全部引用:"假设地球是六大星体之一,那么,该如何延续与基督教生活息息相关的堕落和救赎的故事?如果地球上还有类似的生命体,那么,仁慈上帝一定会允许他们的存在。如果在其他星球上也有人类,那么,他们怎么能是亚当和夏娃的子孙呢?原罪是仁慈全能的上帝为人类造就的不可理解的苦,那么,他们怎么能传承原罪呢？或者，如果地球是个星体，远离宇宙的中心，那么该怎么解释人在魔鬼和上帝之间的纽带关系，怎么解释人是他们的中心？……最糟糕的是，如果宇宙像哥白尼认为的那样无限，那么上帝的宝座又在哪里？在这个无穷的宇宙中，人们又怎么能找到上帝的居所或者上帝的信使？"所有这些问题都改变着人类的宗教生活。[39]

约翰·邓恩和约翰·弥尔顿也认为哥白尼的观点很可能是正确的（基思·托马斯告诉我们弥尔顿时代的英国，人们受教育很高，其受教育程度"一战"之前任何一段时间都无法比拟），但是，弥尔顿也不怎么喜欢这个新理论，他在《失乐园》长诗中又回归到了传统观点。[40]新教领导者加尔文和路德也是积极镇压哥白尼学派的声音，但是，他们从来没有天主教变革中的反动警察机构，因此他们的镇压效果相对不大。1616年教堂明令禁止传授或信仰太阳是宇宙的中心这一观点，1633年这一禁令更加强硬。当时很多天主教徒都很吃惊，原因有两条。第一，受教育程度更高的人意识到不断有新证出现来支持证明新理论的正确性。第二，这是教堂立场的重要转变：教堂过去一直对宇宙问题保持高傲的沉默，这至少不会让问题走入歧途，同时也敞开接纳新观点。可是现在一切都不是从前了。[41]

———— ★ ★ ★ ————

木星的卫星

1572年天空中出现的新行星使得传统观点更是站不住脚。随后，彗星在1577年、1580年、1590年、1593年和1596年接踵而来。所有这些小插曲都表明天体变幻莫测，而且和《圣经》中的言论格格不入。[42]人们观测星体时没有发现任何误差，这不得不让他们总结出彗星比月亮离我们还要远的结论。这意味着彗星占据着天空区间，而不是原来那样认为天空充满了水晶球体。逐渐地，人们开始接受哥白尼的观点。[43]

我们前章提到的开普勒发现行星的轨道不是圆形而是椭圆形也彻底摧毁了水晶球体的观点。但是，对于自己发现的重大潜在意义，开普勒不敢面对。直到伽利略用他的望远镜发现了无数的证据之后，人们才彻底相信哥白尼的主张。[44]伽利略首先发现了银河。在我们肉眼看来它是个扁平的发光体，可是伽利略发

第十一章 "无神论者的恐慌"和怀疑的出现

现它是无数行星的集合体。随后,他又发现月亮表面覆盖了坑洞、环形山和山谷(从阴影的大小伽利略能估测出他们的高度),所有这些表明月亮和地球没什么两样,这进一步促使人们怀疑地球和天堂的区别是否像说得那么大。[45]

但是,伽利略最有影响的发现莫过于确认有四颗行星以接近圆形的轨道围绕木星运行。这一石破天惊的发现给17世纪人们的思维想象带来了前所未有的冲击,因为它不仅精确地证明了哥白尼关于地球绕着太阳转这一观点的正确性,而且更重要的是,它改变了地球是宇宙中心这一普遍观点,事实上地球只是茫茫宇宙中数亿颗星中的一颗。哥白尼理论系统遭受到前所未有的反对,也许这是必然。直到伽利略之后人们才有可能从真正意义上怀疑哥白尼理论,但是,这种怀疑在伽利略

伽利略

之后都带有一种故意的曲解。[46]教堂官员主管——红衣主教贝拉米诺虽然谴责哥白尼的学说,但是他也意识到了故意曲解这一问题。在1615年的一封信中,他写道:"如果有真凭实据证明太阳的确是宇宙的中心,地球处在第三区间,太阳不是绕着地球转而是地球绕着太阳转的话,那么,我们不得不更加谨慎地解释《圣经》中的章节,因为它们所说的情况恰恰相反。我们宁愿承认我们对之认知不够,也不愿意匆匆下错误结论,否定它的正确性。[47]直到1822年教堂才允许刊印那些支持地球绝对运动的书籍。这个迟来的决定最终给天主教的见解和其声誉带来了毁灭性打击。[48]但尽管这样,人们200年后才真正地接受了哥白尼学说。在这200年里,人们对上帝的态度也一直在变化。

———— ★ ★ ★ ————

怀疑的四阶段

理查德·波普金称怀疑为"17世纪思想的第三种力量",其发展经历了四个阶段,也就是我们常说的纯理性的超自然主义、自然神论主义、怀疑主义和全面发展的无神论主义。这里值得指出的是,怀疑的出现不仅是思想史中的一个篇章,同时还是出版史中的一个阶段。传统主义者和自由思想者(怀疑主义

者们的总称谓）之间的口水战部分是通过书刊进行的，这个时期是小宣传册出现的高峰期（这个时期流行小册子，里面内容是篇幅适中的训诫或者信件）。所有章节中余下要讨论的思想都以书的形式出版，同时也以小册子的形式出版——篇幅短、纸质薄，通常还有一个挑衅的标题（例如，《反论圣餐变体》1684年；《箴言录》或者《论洪灾之前的地球》1690年；《给朋友的一封信——简要证明三位一体的无理性》1692年）。

纯理性超自然主义

纯理性超自然主义是怀疑四阶段中首起阶段，在英国非常盛行。它的基本原则主张宗教遵循理性，特别是激情更应遵循理性。[49]坎特伯雷主教约翰·提罗特森（John Tillotson，1630—1694)是这种方式的早期提倡者之一。他主张不管何种宗教，尤其基督教，都是一系列有逻辑支撑的理性观点。提罗特森主要关心奇迹的成因。[50]他说，奇迹显然是超越人为能力的，但是奇迹之所以成为奇迹，其中必然也遵循着某个逻辑前提，它不可能是简简单单的神奇性的外在展示。他说，正是因为这个，基督的所有奇迹都遵循着理性前提：这些奇迹是为了达到某种目的，但后面所谓的使徒奇迹并不属于这一领域。[51]

约翰·洛克虽然从事不同的活动，但也可以认为是一个纯理性超自然主义者。他认为基督教由于它的基本原则主张，是一个非常理性的宗教。他说这些基本原则有着完美的理性（但是作为法律宽容的支持者，洛克否定宗教教派的言论自由，因为他认为它的非理性对国家以及罗马天主教构成威胁）。[52]这些基本原则就是主张只有一个要求人类按照神灵意旨和谐生活的全能上帝，主张有一个来世，此生造孽来世必将受惩，此生行善来世必有好报。这对洛克来说是上帝主宰宇宙的绝好理性方式：这很有意义。他认为奇迹可能"超越理性"，但是绝对不违背理性。[53]约翰·托兰德(John Toland,1670—1722)是洛克的一个紧密追随者。他主张："如果上帝要向我们启示什么的话，那么他一定能明朗地启示给我们。"托兰德认为这就是说上帝不希望有任何误解的可能性，因此真正的启示一定符合理性逻辑。对托兰德来说，某些奇迹如处女未婚受孕根本不合乎理性考验，因此我们应该抛弃。威廉·考沃德（William Coward）在其1702年出版的《再论人类之魂》(*Second Thoughts Concerning Soul*)一书中

第十一章 "无神论者的恐慌"和怀疑的出现

主张一种"永垂不朽的精神物质"——人类灵魂的概念与人之肉体紧密相连是个"很普通的异教徒发明，它与哲学、理性或者宗教所主张的理论格格不入"。他认为它"荒唐……令人生厌"。[54]

自然神论

怀疑论中的第二阶段——自然神论也出现在英国，随后它迅速蔓延到整个欧洲大陆和美洲。从切尔伯里的赫伯特勋爵（1583—1648）到托马斯·杰斐逊（1743—1826）大概持续了一个半世纪，但是事实上，"自然神论信仰者"一词出自基内瓦斯·皮埃尔·威赫特（Genevois Pierre Viret, 1511—1571），用来喻指某些信奉上帝但否定耶稣的人。科学新发现是影响后世自然神论信仰者的主要因素之一。这些向很多人暗示上帝并不是一个如犹太教主张的那样独断，相反，上帝制定了哥白尼、伽利略和其他人发现的法律。自然神论信仰者因此主张，既然上帝制定了这些法律，那么他自然要遵守这些法律，而且也让人类这样。在美洲、非洲和其他地方的新发现都强调了所有人都拥有宗教意识，但是在其他大陆根本没有基督这个概念。因此，自然神论信仰者借此来证明宗教不需要超自然因素的支撑，先知能力和奇迹在"科学宗教"界里根本无立足之地。这一套信仰适用于所有有理性的人，不管他们身处何方。[55]

所有这些自然神论信仰者都反对教权，这也就解释了当时为什么大部分的自然神论小册子要么采用讽刺方法，要么采用好斗、奚落的语气。[56]大部分自然神论者们主张，根深蒂固的迷信和教堂里人为的膜拜机制，简单来说，就是僧侣制度为迎合他们自私的政治意图而虚构的产物。最糟糕的是，这种产物把教父放置在人与神之间作为桥梁，教父拥有的一系列特权根本不符合《圣经》本意，让人很难理解。更基本的是，很多人开始攻击《圣经》，如接替牛顿成为剑桥大学数学教授的威廉·惠斯顿(William Whiston, 1667—1752)。他认为在发现重力的过程中，自然神论起了重要作用。另外一个与之思想相似的人是安东尼·柯林斯（Anthony Collins）：在他们之间，他们认真研究了《旧约》中的预言，没有发现充足的证据证明基督的降生。[57]彼得·安纳特（Peter Annet）在其1774年出版的《基督复生》(*Resurrection of Jesus Considered*)中大胆地主张后世基督复生的描述是虚构的。查尔斯·布兰特（Charles Blount, 1654—

1693)也同样对原罪的看法不解，他发现这个概念不合理性。关于天堂和地狱，他也抱有同样的观点，他说这些全是教父为了增强其对"恐慌和无知大众的控制"而虚构出来的。[58]

伏尔泰

最有影响的法国自然神论信仰者是伏尔泰。他在某种程度来说是个自然神论者，因为他年轻时在英国待过，并且很欣赏英国政府体制。他还强烈地希望摧毁法国的矫揉造作和褊狭（他认为虚幻主义不是无神论[59]）。他嘲笑所有与基督教有关的东西，包括《圣经》被认为是本神圣的书，以及所谓的奇迹。对他来说，所有全是骗局。他写道："一个人只要有理智，只要是个善良的人，应该觉得基督教是可怕的。神学者的名称并不是多么受人尊敬，他只不过是个名称而已。人们唯一应该读一读的就是自然这本伟大的书，这是上帝亲手写的并有自己的签名。唯一应该遵循的宗教是膜拜上帝的宗教并且成为一个善人。"[60] 同时，伏尔泰还同意雅典人的看法：他觉得新观点对于有文化的上层阶级来说很好，但是对于底层人来说需要旧宗教作为社会的黏合剂。让·雅克·卢梭(1712—1778)在《社会契约论》中尝试把自然神论作为法国国教。他认为人们应该承认"强大、睿智、仁慈、未卜先知的神灵"的存在，人们应该对待那些"既不能反驳也不能理解的东西"采取慎重的态度。但是，这里还没有基督的位置[61]。卢梭所谓的宗教只不过是一种对正义和慈善的哲学关怀。[62]

德国的伊曼纽尔·康德（Immanuel Kant）虽然钟情于基督教，接受其基本原则，但是却坚决反对超自然因素——未卜先知和奇迹，他把它们称之为恶。他也反对中世纪关于优雅的看法，这种看法的泛滥导致了放任的陋习。美国的本杰明·富兰克林和乔治·华盛顿以及杰斐逊都是自然神论的信仰者。[63]

自然神论信仰者的主要影响就是导致了人们对神概念的转变，它是自从6世纪民族一神论发展以来人类认知中最大的转变……以色列人部落里那个有着嫉妒和狭隘偏见的神已经消失。但在基督徒和穆斯林那里，神依然"威严、尊贵"，是整个宇宙的统领，正如亚历山大·蒲柏所说的，神是和新兴天文学与自然科学相协调的。神已经失去了它的"神一般的暴虐"，现在神是一个制定法律

第十一章 "无神论者的恐慌"和怀疑的出现

和遵守法律的神,与"不停的重复和自然的秩序行为"等同。[64]这个也与三位一体的原则相违背。

但是在欧洲和美洲,自然神论最终衰落,之所以会这样是因为两个教派的纷争。要想抚顺那些虔诚、传统和正统的人有些冒险而且也太抽象,但是同时改变那些坚定的怀疑者们,自然神论则显得力量不足。但不管怎么样,自从民族一神论诞生之后,自然神论就像路途之中的一座小房子,里面充满了最激进思想的转变。很多人都不能抛弃正统的信仰而去直接接受无神论,但是自然神论为之铺平了道路。

★ ★ ★

怀疑主义

托马斯·霍布斯虽然没有称自己为怀疑论者,但是他反复主张无知,特别是对科学和未来的无知是导致宗教信仰的本质基础。从他强烈的措辞中,我们很难形成他不是怀疑论者的观点。他认为大部分宗教和神学著作没有价值可言,"它们的喧哗和骚动充斥着我们的图书馆和世界,我们从中唯一能得到的就是确信自己有罪过"。[65]他的措辞强烈,但是,比他更强硬、更有理性也因此更具颠覆性的怀疑论者是大卫·休谟(David Hume)。法国人叫他"好人大卫"。从他一系列涉猎广泛的作品来看,我们可以看出他对认知纷争有着浓厚的兴趣。他的作品包括《迷信和疯癫》(*Superstition and Enthusiasm*,1742),《论奇迹》(*Essay on Miracles*,1747)以及《论上帝和未来状况》(*Essay on Providence and a Future State*,1748)。和维科一样,休谟以历史观点研究宗教。这让他首先认识到最重要的一点,即宗教与人类其他领域的活动有着很多相通之处。他总结出宗教并没有特别之处。它的出现只是古代文明中人类活动的一方面。它之所以存活下来是因为长辈传授给他们的子女,子女也因此不会有其他的思考方式。他主张多神论是宗教的最早雏形,是人类从自身对好坏判断经验中发展出来的。人们把仁慈的神归结于好,而邪恶的神归结于不好。他发现,不管哪种方式,神总是披着人类的外衣。另一方面,他认为一神论——神灵的更抽象形态——从人类自然观察中发展开来。地震、闪电、彩虹和彗星这些最伟大的自然现象和奇怪事件,使人类确信这是由全能并且武断的上帝所为。休谟很精确

321

人类思想史

地发现,多神论比一神论更包容。[67]

特别值得一提的是,休谟竭尽全力证明上帝存在的证据根本没有,人神同形同性论也是错误荒唐的。"我们不能以偏概全——知识的一片叶子就能告诉你一棵知识的大树吗?"[68]"假设宇宙有个创造者,那么他可能是个笨手笨脚的人,或者是个死了的神,或者是个男神或女神,或者可能是善与恶的混合,或者精神上根本无关紧要——最后这个假设才是最有可能的。"[69]之后休谟对奇迹和未来形态给予了颠覆性的批判。他原则上没有否认确实发生过奇迹,但是他接受这些证据的标准从未出现过。他主要主张一个理性的人认可的奇迹终归会有纰漏之处。对于那些认为上帝会在来生主持公道、弥补众多不平的想法,休谟也同样认为是愚蠢的。他说,人际关系非常复杂,不可能做到公正公平。

法国最重要的一位怀疑论者是皮埃尔·贝尔(Pierre Bayle)。他有着休谟那摧毁奇迹的热情,更专注批判《旧约》。贝尔出生在比利牛斯山脉附近的一个小村庄。在阿比尔教派独立传统的环境中,贝尔对约拿和鲸鱼的情节嗤之以鼻,他对信仰的过分奚落和讽刺让人觉得在所有假证据面前还信仰上帝太可笑了。[70]

———— ★ ★ ★ ————

近代第一位无神论者瓦尼尼

尽管批判奇迹的声音越来越强,人们对"未来状态"的怀疑也与日俱增,但是这时期很少有人敢站出来平静地表明自己不信奉上帝。现代意义上第一个站出来讲话的无神论者大概就是意大利科学家瓦尼尼(Lucilio Vanini,1585—1619)。他遍游各地演讲,很多人都受之影响。但是当局在图卢兹以异教罪名逮捕了他,切掉了他的舌头之后把他在火柱上烧死(但是他的书籍还是很受欢迎——伏尔泰把他比做苏格拉底)。[71]紧随牛顿的新发现之后,英国和法国出现了很多的理性无神论者。*在英国"从牛津万灵学院到英国皇家协会中间流行着英国前所未有的无神论撰稿。"[73]在伦敦皇家交易所附近有一条街叫"无神论小路"(之所以叫这个名字很可能是因为很多学问人包括异教徒在内经常光顾那里的咖啡

---

* 牛顿自己是阿里乌斯派——也就是说,牛顿不相信基督的神灵——虽然上帝在时空上无所不在而且上帝创造了时空。这反过来回归到了古老的柏拉图发散理论。[72]

322

屋)。[74]约翰·雷德伍德（John Redwood）在描述小册子论战史时告诉我们书店开始"充斥很多小册子，以及那些应付无神论恐慌的大页纸"。[75]当时的剧场也经常成为无神论者的活动场所。[76]因为那时演出教人们"如何在没有上帝造物的情况下生活；如何在不依靠上帝的情况下更好地生活。演出号召人们怀疑上帝的存在……睿智的上帝经常受到人们的忽视……"[77]

法国无神论者继承了牛顿的智力探索。人们称他们为机械论者(因为他们从宇宙机械论观点中汲取灵感)。拉·美特里（Julien de la Mettrie）是其中最为有名的一位。他写了一本《人是机器》，书中采用流行的机械论观点对人与宇宙进行了全面的分析。他说，这根本不给上帝留有立足之地。他的主张得到了从德国迁住巴黎的保罗·亨利·塞瑞即从霍尔巴赫(1723—1789)的支持。霍尔巴赫比同时代的人更激进，公开承认上帝的概念和超自然主义是原始人发明的，因为他们无法解释自然现象。和贝尔、沙夫茨伯里以及其他自然神论信仰者一样，他认为人们接受道德并不建立在宗教基础上，所以这个看法和伏尔泰不同。他认为我们可以毫无担忧地教授大众无神论。霍尔巴赫还是首先认为人类和宇宙其他生物毫无两样的学者之一。他认为人应该有着自己的道德观，而不是从任何超自然权威那里获得。这个见解非常深刻，并导致了数十年之后理论的变革。

★ ★ ★

对《旧约》的抨击

继哥白尼、伽利略和牛顿的科学新发现之后，学术领域影响宗教信仰最深的莫过于对《圣经》的批判。早在20世纪初犹太学者本·以斯拉（Aben Ezra）就向传统挑战，声称摩西根本不是《摩西五书》的作者，这就导致了史上第一次重要的《圣经》批判。当代对《圣经》的一次重要批判是17世纪路易斯·卡波尔（Louis Cappel）发起的，他说初始的《旧约》不是用希伯来文而是用亚拉姆语写成的，这就比先前人们认为的成书更晚。这个见解最糟糕的结果是《圣经》不再是上帝献给摩西的了，换句话说，《圣经旧约》并非神性使然。这是个沉重的打击（卡波尔这种想法的存在本身就是个重要转变：《圣经》现在是一本世俗作品，经受不住文本和其他评论）。伊萨克·拉·佩莱尔（Isaac La Peyrère）也声称摩西没有写过《摩西五书》，更引人争议的是，他说男人和女人在亚当和夏娃之前就已经存在，而且他们是世上唯一的两个以色列人（他还说大洪水只限于犹太人）。托马斯·霍布斯以此为基础，声明《约拿书》、《士师记》、《塞缪尔》和《列王记》都是在事件发生之后的很长一段时间才写成的。斯宾诺莎肯定了卡波尔和霍布斯的观点，他主张《创世纪》不可能是由一个作者写成的，而且《旧约》中多数章节成书时间远比我们原来认为的晚（斯宾诺莎的见解出现在很多异教徒手册里，因为见解太过争议而未能付梓）。[78]随后一位法国天主教学者理查德·西蒙（Richard Simon）有了一个发现——《旧约》中章节的出现并不是按着固定的顺序。这个在当时来说重大的发现历经磨难，最终在17世纪80年代才得以出版。它的重要之处在于使威廉姆·惠特顿1722年分析《旧约》某些章节的过程中指出的《旧约》有伪造之嫌更加合乎情理。同样，它使得安东尼·柯林斯关于《丹尼尔纪》成书时间比任何人能想象的都要晚这一主张更让人接受。书中的时间框架引起了人们对未卜先知的怀疑：事实上，这些书是在时间发生之后才写的，在某种意义上，这让《丹尼尔纪》成为一个虚构。

之后1753年，一位对《圣经》研究颇感兴趣的法国医生让·阿斯楚克（Jean Astruc）主张《创世纪》事实上是两个基本文件的混合或者交叠。他说有种说法认为上帝是神，另外一种说法认为上帝是"耶和华"。这就是我们熟知而且广泛接受的E和J说法。[79]一个叫卡尔·大卫·伊根（Karl David Ilgen）的德国人支持让·阿斯楚克的观点。他主张《创世纪》实际上是由将近20本书经三个作者粘合而成的。这个观点仍是时下流行的主要观点。*托马斯·伯内特在《可见世界考古和理论》（1736）中计算出40天洪灾的水流量。他发现水量根本不足以湮灭地球，也不可能没过最高山的山顶。[81]他的这些计算被随后的托马斯·布朗借用来批判奇迹。[82]

对《圣经》编年史的抨击

人们对《圣经》记载是否属实所表现出来的困惑，让人们对地球的年龄进行了新一轮的研究。基督教和犹太教认为人类历史追溯到亚当的诞生。犹太教

---

* 在《J之书》一书中，大卫·罗森伯格和哈罗德·布莱姆（1990）主张J的作者很可能是位居住在所罗门王室里的一个皇家女性（但是现在很多以色列学者怀疑是否真有所罗门王这个人。[80]

第十一章 "无神论者的恐慌"和怀疑的出现

的编年史计算出上帝造物发生在公元前3761年，但是，基督教有着更为表象和匀称的见解。在他们的编年史里，人类有着七个表象时代。根据前文描述的宇宙星期——七个时代，每个时代都持续了1000年。这其中包括了公元前4000年发生的上帝造物。基督教时代持续了2000年，在这之后会出现最后一次的千禧年（路德是支持这种观点的人之一；他主张诺亚生活在公元前2000年）。还有很多其他的学者做出了自己的估算。斯卡利格（Scaliger）利用《圣经》中的族谱系推算出上帝造物发生在公元前3947年4月23日。开普勒认为是公元前3992年，而大教主詹姆斯·厄舍则在其《旧约和新约编年》（1650—1653）更进一步指出上帝造物周开始于公元前4001年10月23日星期日，而亚当是在公元前4004年11月28日星期五造出来的。最后，一位希伯来语学者约翰·莱富（John Lightfoot 1602—1675）进一步补充了厄舍尔的估算，他计算出亚当生于公元前4004年10月23日早上9点。[83]

并不是所有人都同意斯卡利格、厄舍尔或者莱富的观点。随着越来越多的人开始怀疑《圣经》，那些建立在《圣经》之上对地球年龄所作的估算也就失去了支撑。关于宇宙和地球的科学发现开始向人们暗示地球的年龄要比《圣经》中宣称的大得多。测量地球年龄和地质学的诞生紧密联系在一起。早期地质学的主要任务就是理解地球形成的过程。人们对早期地质认识之一来自对法国尤其是Puyde Dôme地区（靠近克莱蒙费朗地区）死火山的研究。[84]这导致了人们发现处处可见的玄武岩实际上是凝固的岩浆。早期的地质学家逐渐认识到玄武岩层是很多年前形成的（其间的过程我们今天可以通过活火山进行观测并作出计量），而且层面越往里形成的年代越久远。同样道理，地质学家通过观测沉积岩层的沉积率来测定时间。法国地区的岩层通常都是1万英尺厚，有时厚度超过10万英尺，这很明显地显示出地球的确很老了。同时，人们还发现水——小溪或河流——把岩石切割成数层。这些岩石层可以折叠、扭曲甚至可以全部翻转过来，表明地球曾经经历过一段激烈的历史时期，同时这还暗示着地球的年龄要比《圣经》宣扬的老得多。伦敦英国皇家协会成员罗伯特·胡克（他的《哲学学报》对当时这个最棘手的哲学问题保持着出奇的沉默）发现一种我们今天确定为化石的物质，其中包含有已经灭绝的动物。[85]因此，他提出某些生物在地球曾经繁衍然后又灭绝的观点。这也暗示了地球很老，比《圣经》中"这些生物在《圣经》成书之前就繁衍灭绝了"的说法还要老。[86]

325

因此,在那个时期,与4000年相差甚远的数字教堂统统认为是异教观点。法国自然历史学家布丰伯爵在《自然史》(1779)中首先计算出地球的年龄是7.5万年,之后又推算出16.8万年,虽然这个数字很接近50万年这一数字,但是他并未发表这些私人看法。[87]为了迎合正统观点,他不得不为自己的想法裹了一层糖衣,他也同意七个时代:第一,地球和星球形成;第二,山脉突出;第三,水淹大陆;第四,大水消退,火山开始频繁活动;第五,大象和其他热带动物迁徙到北方;第六,大陆分离(他认识到北美动植物和欧亚的相似,因此得出结论这两块儿大陆曾经相连);第七,人类出现。这里的见解在当时已经很像一套现代观点,它为随后大陆漂移学说和生物进化论学说的出现做了铺垫。

★ ★ ★

怀疑的出现对伦理思想的影响在所难免。自从人文主义尤其是前章提及的蒙田论文的出版之后,人们开始质疑伦理的超自然基础。但是,这时期最明显的发展线路是继蒙田之后,先后出现托马斯·霍布斯、沙夫茨伯里和休谟以及爱尔维修和杰里米·边沁。霍布斯毫无疑问地主张人类伦理以及其他的心理状态都建立在自我利益基础之上。生活的困境和伴随的情感可以分为愉快和悲伤。霍布斯认为生活行为应该建立在快乐最大化而给别人带来最少痛苦的基础之上,沙夫茨伯里(以及贝尔)在此都接受这个观点所蕴含的含义,也就是说宗教和道德之间并不是一定关联。[84]很多人发现宗教和道德分离是不恰当的,但是这种分离却时刻不停地进行着。因此,任何学说和政策的考验就成了爱尔维修的一句名言"最多数人的好是最大的好"[85]。我们必须要考虑到社会存在以及个体快乐。边沁(1748—1832)出版了这一方法论,后世人们称之为"幸福微积分"。功利主义的核心伦理认为人类是个冷漠的理性动物,因此,"最多数人的好为最大的好"是政治家的可以实现的目标。

从严格宗教意义上来讲,反对上帝不仅使信仰衰落,而且还激发了新的历史态度(过去经历的时间比任何人想象的都要多)。这为大部分现代科学(进化论、大陆漂移和社会学)、现代经济学(下章将要讨论的亚当·斯密的经济理论)、政治学(虽然今天我们认为"最多数的人的好是最大的好"已经过时)奠定了基础。但是,在怀疑主义出现之前,我们根本想象不到这些科学、经济学和政治学。怀疑导致了一场宗教和道德的大分家。

注　释

[1] 正如托马斯·库恩在他的关于哥白尼革命的专著中所言，这是"欧洲第一部在深度和广度上能与《天文学大成》(*Almagest*)相匹敌的著作"。托马斯·库恩(Thomas Kuhn)，《哥白尼学说的革命：行星天文学和西方思想的发展》(*The Copernican Revolution: Planetary Astronomy and the Development of Western Thought*)，马萨诸塞剑桥：哈佛大学出版社，1957/1976年，第185页。

[2] 同上，第186页。

[3] 凯伦·阿姆斯特朗(Karen Armstrong)，《神的历史》(*A History of God*)，伦敦：古典书局，1999年，第330页。

[4] 理查德·H. 波普金(Richard H. Popkin)，《17世纪思想的第三种力量》(*The Third Force in Seventeenth-Century Thought*)，莱顿：博睿学术出版社，1992年，第102—103页。参见布莱恩·穆那(Brian Moynahan)，《信仰》(*The Faith*)，伦敦：奥兰姆出版社，2002年，第354页。

[5] 穆那，如前所引，第357页。

[6] 同上，第359页。

[7] 同上，第360页。

[8] 西蒙·菲什(Simon Fish)，《*A Supplicacyion for the Beggars Rosa*，引自麦诺·西蒙斯(Menno Simons)，*The Complete Writings*，斯科茨代尔：亚利桑那大学出版社，1956年，第140—141页。

[9] 阿姆斯特朗，如前所引，第330页。

[10] 有趣的是，爱奥尼亚人，米利都的阿那克西美尼(Anaximenes Of Miletus)的学生阿那克萨哥拉(Anaxagoras)的很多观点先于哥白尼。他认为太阳并不像雅典人认为的那样是"有生命的"，也不是上帝，只不过是"比伯罗奔尼撒半岛大很多倍的炽热的物体"。他同时认为月亮是固体，具有地理特征——有平原、山脉和山谷——就像地球一样。阿那克萨哥拉还认为地球是圆的。J. M. 罗伯逊(J. M. Robertson)，《自由思想史》(*A History of Free thought*)第一卷，伦敦：Dawsons of Pall Mall，1969年，第166页。

[11] 事实上，在伯里克利时期的雅典似乎有些类似自由思想的时尚，贵族们预示了伏尔泰时期法国的思想，认为"平民"需要宗教"约束他们"，但是他们自己却不需要这种约束。

[12] 詹姆斯·施洛尔(Thrower)，《另一传统》(*The Alternative Tradition*)，海牙：Mouton，1980年，第225—226页。

[13] 罗伯逊，如前所引，第181页。

[14] 施洛尔，如前所引，第204页及后文和第223页。

[15] 同上，第63—65页。

[16] 同上，第84页。

[17] 同上，第122页。

[18] 罗伯逊，如前所引，第395—396页。

[19] 让·瑟兹奈克 (Seznec)，《幸存的异教徒众神》(*The Survival of the Pagan Gods*)，普林斯顿，新泽西：普林斯顿大学出版社／珀林根系列，1972/1995年，第25页。

[20] 同上，第32页。

[21] 同上，第70页。

[22] 同上，第161页。

[23] 罗伯逊，如前所引，第319—323页。

[24] 吕西安·费弗尔 (Lucien Febvre)，《16世纪的无信仰问题》(*The Problems of Unbelief in the Sixteenth Century*)，马萨诸塞剑桥：哈佛大学出版社，1982年，第457页。

[25] 吉姆·赫里克 (Jim Herrick)，《反对信仰》(*Against the Faith*)，伦敦：Glover Blair，1985年，第29页。

[26] 哈利·埃尔默·巴恩斯 (Barnes)，《西方智力文化史》(*An Intellectual and Cultural History*) 卷二，纽约，Dove 出版社，1965年，第712页。

[27] 虽然这对很多人来说是可怕的，但同时又具有解放意义，因为正如哈里·艾尔莫·巴恩斯所言，他将人类从"中世纪的地狱神经症"中解放出来。

[28] 巴恩斯，如前所引，第714页。

[29] 约翰·莱德伍德 (John Redwood)，《理智、荒谬和宗教：1660—1750》(*Reason, Ridicule and Religion, 1660—1750*)，伦敦：泰晤士 & 哈德逊出版社，1976年，第150页。

[30] 费弗尔，如前所引，第340页。

[31] 同上，第349页。

[32] 巴恩斯，如前所引，第715页。正如费弗尔所指出的，本地语言像法语缺乏表达怀疑主义的词汇和句法。像"绝对"、"相对"、"抽象"和"具体"、"神秘的"或"敏感的"或"直觉的"这样的词汇还没有被使用。这些词汇在18世纪才被创造出来。正如吕西安·费弗尔所言，"16世纪是需要信仰的世纪"。费弗尔，如前所引，第355页。

第十一章 "无神论者的恐慌"和怀疑的出现

[33] 莱德伍德,如前所引,第30页。

[34] 费弗尔,如前所引,第332页。

[35] 库恩引自一首宇宙论长诗,这首诗非常流行,发表于1578年,它将哥白尼式的人物描述为:

> 那些教士们认为(认为嘲笑是何等荒唐)
> 宇宙和恒星决不转动,
> 也并不绕这个巨大的圆形地球跳舞;
> 但是,地球本身,我们这个巨大的星球
> 二十四小时旋转一次:
> 我们就像陆上长大的新手
> 第一次登舟去海上探险;
> 从海岸起航,最初认为
> 海船静止,而背景在运动……

[36] 库恩,如前所引,第190页。尽管它持这样的观点,即使布丹写的这本书也列在索引中。

[37] 同上,第191页。路德的主要的助理菲利普·梅兰希顿(Melanchthon)走得更远,他引用经文指出哥白尼的理论与经文特别是《传道书》(1:4—5)冲突,该经文认为"地球永存"以及"太阳升起,太阳降落,急归升起之处"。

[38] 同上,第191页。关于太阳中心论及人们对它的接受的不同的详细论述,见:乔纳森·I. 依兹列尔(Jonathan I. Israel),《激进启蒙运动:1650—1750年的哲学和现代性的生成》(*Radical Enlightenment: Philosophy and The Making of Modernity 1650—1750*),牛津:牛津大学出版社,2001年,第27页及后文。彼得·哈里森(Peter Harrison),《圣经、新教和自然科学的崛起》(*The Bible, Protestantism, and the Rise of Natural Science*),英格兰剑桥:剑桥大学出版社,2001年。

[39] 库恩,如前所引,第193页。

[40] 凯斯·托马斯(Keith Thomas),《宗教与巫术衰落》(*Religion and the Decline of Magic*),伦敦:企鹅出版社,1971年,第4页。

[41] 库恩,如前所引,第197页。

人类思想史

[42] 同上,第244页。

[43] 第谷·布拉赫(Tycho Brahe)确实提出了不同于哥白尼的解释,认为地球是宇宙的中心,而月亮和地球处在先前的托勒密轨道上。但是即使如此,"第谷"体系使太阳的轨道与金星和火星的轨道的交叉成为必要。这就意味着行星和恒星绕巨大的水晶球运行的传统观点难以维持。

[44] 托马斯,如前所引,第416页。

[45] 其次,望远镜发现的太阳上的斑点和上天是完美的这种观点相冲突,而这些斑点出现和消失的方式更进一步揭示了宇宙的可变性。更糟的是,太阳斑点的运动说明太阳围绕它的轴旋转,正像哥白尼认为地球绕轴旋转。库恩,如前所引,第222页。

[46] 当然人们尝试了。有些伽利略的反对者甚至拒绝通过望远镜观看宇宙,认为如果上帝让人类以这种方式观看宇宙,他会赋予人类望远镜的眼睛。

[47] 在大学中,托勒密、哥白尼和第谷天文学体系(见上面的注释43)被同时教授,直到18世纪,人们才抛弃托勒密和第谷体系。

[48] 库恩,如前所引,第198页。

[49] 波普金,如前所引。巴恩斯,如前所引,第784页。最初人们并没有看到宗教和理性之间存在的任何冲突。莱德伍德,如前所引,第214—215页。

[50] 对这一问题的充分的讨论,见依兹列尔,如前所引,第12页《拒绝奇迹》('*Miracles denied*'),第218—229页,以及托马斯,如前所引,第59—60页。

[51] 巴恩斯,如前所引,第785页。

[52] 赫里克,如前所引,第38页。

[53] 读得越多,越难作出这种区分。

[54] 莱德伍德,如前所引,第140页。启示这个观念在17世纪末受到了冲击,当科学的发现向人们揭示出一个原子论的和决定论的世界后,巫婆、幽灵、魔术治疗和符咒受到近乎致命的顿挫。

[55] 巴恩斯,如前所引,第788页。

[56] 莱德伍德,如前所引,第179页。

[57] 依兹列尔,如前所引,第519页。《以色列》关于柯林斯的完整的一节,第614—619页。

[58] 巴恩斯,如前所引,第791页。

[59] 赫里克,如前所引,第58页。

[60] A. C. 吉福特 (A. C. Giffert),《康德之前的新教思想》(*Protestant Thought Before Kant*),纽约:斯克里布纳出版社,1915年,第208页及后文。

[61] 罗杰·史密斯,如前所引,第282页。

[62] 依兹列尔,如前所引,第266页。

[63] 自然神论者的观点并不是整个都是否定的。自然神论的一个变体就接受真正的耶稣基督教,而拒绝在教堂中成长起来的基督教。

[64] 巴恩斯,如前所引,第794页。

[65] 普里泽夫德·史密斯(Preserved Smith),《现代文化史》(*History of Modern Culture*),如前所引,第2卷,第522页。

[66] 关于怀疑论尤其见相关章节:斯蒂芬·巴克尔(Stephen Buckle),《休谟的启蒙论》(*Hume's Enlightenment Tract*),牛津:牛津大学出版社的克拉伦登分社,2001年,例如,第111—118页,第167—168页,第270—280页。

[67] 同上,第289—294页。

[68] 赫里克,如前所引,第105页。

[69] 巴恩斯,如前所引,第805页。

[70] 赫里克,如前所引,第33页。有些人怀疑贝尔(Bayle)是真正的怀疑论者,而是将他看做一个"信仰主义者",一个信仰者,将宣扬他的疑问看做是自己的基督责任,以进一步鼓励他人更坚信他们的信仰。罗伊·波特(Roy Porter),《启蒙》(*The Enlightenment*),伦敦:Palgrave 出版公司,2001年,第15页。还有许多以丹尼斯·狄德罗(Denis Diderot,1713—1784)和他的《百科全书》为中心的法国怀疑论者。达朗贝尔(d'Alembert)和爱尔维修(Helvétius)这些人,像休谟那样认为人们在幼年学到的东西,不论是好还是坏,会影响到他们一生。

[71] 赫里克,如前所引,第29页。巴恩斯,如前所引,第813页。莱德伍德,如前所引,第32页。

[72] 阿姆斯特朗,《神的历史》,如前所引,第350页。

[73] 莱德伍德,如前所引,第35页。

[74] 依兹列尔,如前所引,第41页和第60页。

[75] 莱德伍德,如前所引,第35页。

[76] 同上,第181页。

[77] 同上,第187页。

[78] 理查德·H. 波普金 (Richard H. Popkin),《怀疑论的历史：从伊拉斯谟到斯宾诺莎》(*The History of Scepticism from Erasmus to Spinoza*),伯克利和伦敦：加利福尼亚大学出版社,1979年,第215—216页。参见该作者的《从萨旺那罗拉到贝尔的怀疑论史》(增订版) (*The History of Scepticism from Savonarola to Bayle*),牛津：牛津大学出版社,2003年。莱德伍德,如前所引,第34页。

[79] 巴恩斯,如前所引,第816页。

[80] 莱德伍德,如前所引,第120页。

[81] 依兹列尔,如前所引,第605页。

[82] 具有讽刺意味的是,在现代大学的一些地质系中,10月23日依然作为地球的生日而被"庆祝"。

[83] 恩斯特·迈尔 (Ernst Mayr),《生物学思想的发展》(*The Growth of Biological Thought*),剑桥,马萨诸塞：哈佛大学出版社贝尔纳普分社,1982年,第315页。

[84] 大卫·罗森博格和哈罗德·布鲁姆 (David Rosenberg and Harold Bloom),《J之书》(*The Book Of J*),纽约：格鲁夫·威登菲尔出版社,1990年。

[85] 依兹列尔,如前所引,第142页。

[86] 莱德伍德,如前所引,第131页。

[87] 迈尔,如前所引,第316页。

[88] 波义耳实际上说他相信"自然道德"。赫里克,如前所引,第39页。

[89] 巴恩斯,如前所引,第821页。

第十二章
从灵魂到意识：探寻人性法则

伏尔泰在英国

1726 年，身处流放之中的 32 岁法国作家伏尔泰来到英国。不久前在巴黎歌剧院，一个贵族——罗翰骑士（the chevalier de Rohan）侮辱了他。"M. 德·伏尔泰，M.阿鲁埃（M. Arouet，伏尔泰的真名），你的名字是什么？"这话是暗示伏尔泰窃用"德"的称呼来给自己僭取尊荣体面。从不在挑衅面前退缩的伏尔泰当即回击道："我的名字并不尊贵，但我至少知道如何给它带来荣耀。"两人险些当场扭打起来，人们不得不强行把他们控制住。但就在几天后的一个晚上，骑士派六个手下伏击了伏尔泰，将他痛打一顿。伏尔泰毫不畏惧，向骑士提出决斗。这个要求在当时是如此大胆放肆，以至于骑士的家族将他投入了巴士底狱。伏尔泰要想重获自由，就得同意离开法国。他选择了英格兰。[1]

这一插曲对伏尔泰而言无论如何都是因缘际会，虽然当时似乎不像是这样。这场流产的决斗所反映的法国贵族阶级对特权的滥用，在作家心中点燃了熊熊怒火；从某种程度上说，他的事业由此成为一场与权威的毕生决斗。伏尔泰在英国度过的三年对他产生了深刻的影响，帮助他形成了那些他回国时进行了绝妙阐发的论点。伏尔泰比其他任何人都更切身地经历了后来被称为法国启蒙运动的那一连串事件；虽然在他死后整整十年才爆发法国大革命，但他的思想却直接影响着像丹尼斯·狄德罗（Denis Diderot）和皮埃尔-奥古斯丁·德·博马舍（Pierre-Augustin de Beaumarchais）这样为 1789 年历史事件提供智力

人类思想史

支持的人们。

在伏尔泰旅居英国期间,他所经历的最重大事件莫过于艾萨克·牛顿爵士的去世。84岁高龄的牛顿是皇家学会会长,所享有的荣誉可谓无以复加。令伏尔泰印象深刻的是,一个出身寒微但天赋异禀的人,竟可以在社会中攀登到如此之高的地位,受到背景各异的同胞如此一致的尊敬。这与他自己"刚刚从路易十四阴影里走出"的祖国形成了强烈对比;在那里,正如他自己的困境所揭示的,出身带来的特权仍然是至高无上的。伏尔泰的书信显示,他是如何为英国的智力和政治组织、为皇家学会的地位、为英国人所享有的写任何他们想写的东西的自由以及为他视为"理性"系统的议会政府所折服。在法国,三级会议在1614年以来一个多世纪里从未被召集过,而且——这是他所不知道的——在1789年以前也再不会被召集。牛顿之死使旅居英国的伏尔泰对这位物理学家的发现和理论产生了兴趣,而将这些理念与笛卡尔和约翰·洛克的理论融为一体,从中产生出他自己的思想混合体,则是伏尔泰本人登峰造极的成就。根据一则逸闻,在伏尔泰回到法国同时也是回到其情人身边时,他做的第一件事(或至少也是第二件)就是将牛顿的运动(包括重力)理论传授给她。他的《英国书简》(*Philosophical Letters Concerning the English*)广受赞誉,但是,政府却展示出伏尔泰所痛加鞭挞的不宽容和横暴本色,将该书斥为"不容于宗教、道德和对既定权威之应有尊重的诽谤性著作"而加以焚毁。[2]

在本质上,伏尔泰所做的就是使笛卡尔传统与牛顿和洛克所集中体现的英国新思潮相调和。作为理性主义者的笛卡尔是从更为传统的"事物本质"这一先验论命题出发的,该命题系通过直觉加以把握,同时还加上必不可少的怀疑过程。伏尔泰则采纳了牛顿的体系,该体系将优先地位赋予中立观察所产生的经验,原则即由此演绎而来。或许最重要的是,他将这一过程应用于人类心理的分析,而洛克恰恰由此出发进行论述——他本人也观察自己周围的环境,并对此作出描述。正如伏尔泰有关洛克的评论所言:"在众多耽于沉思的高人编织了有关灵魂的浪漫故事之后,出现了一个真正的智慧之士,他以可以想象得到的最不起眼的方法向我们展示了它的真实历史。洛克先生向人们展示了他自己灵魂的解构图,正如某些博学的解剖学家对身体所做的那样。"[3]伏尔泰认为,科学已经揭示,宇宙为适用于一切存在的"自然法则"所支配,而所有的国家——无论是王国还是邦国——都应以同一方式进行统治。伏尔泰相信,这一事实给予了人们以特定的"自然权利",而正是这套核心信念最终导出了革命的教义。折服于牛顿科学成就的伏尔泰深信,通过努力,宗教观念最终必将为科学观念所取代。他坚称,人们不应该再围绕着弥补原罪规划自己的生活,相反,他们应当为改善自己的尘世存在而工作,致力于改革政府、教会、教育等体制。"工作和规划将替代禁欲的顺从。"[4]至少在法国,伏尔泰的重要地位因下述因素而更加强化,即他所倡导的思想变革恰正与很多人推翻旧制度的愿望契合。由此,新思想成为这种愿望的象征。法国哲学的诸多传统问题,如意志自由和恩典的本质,被伏尔泰及其追随者斥为毫无意义;他们认为,更贴近实际的东西要来得更为重要。

狄德罗与《百科全书》

在法国,这一切都发生在抗议和不满日益增长的大背景之下。早在1691年,弗朗索瓦·德·萨利尼亚克·德·拉莫特·费纳隆(François de Salignac de la Mothe Fénelon)就先后出版了《检视国王的良心》(*Examination of Conscience for a King*)和《致路易十四书信集》(*Letter to Louis XIV*),在其中,他为所谓太阳王的国度描绘了一幅黯淡的图画:"您的人民正在饿死。农业几乎停滞,所有工业都陷于凋零,一切商业都被摧毁。法国就是一座巨大的医院。"[5]1737年,达让松侯爵雷纳·路易(René Louis, marquis d'Argenson)写成《论法国过去和现在的政府》(*Considerations on the Past and Present Government of France*),揭露了法国体制中深入膏肓的权力滥用与腐败。腐败风气是如此之甚,以至于该书直到1764年才得以出版。

丹芯斯·狄德罗

正是在这一很大程度上由伏尔泰一手造成的大背景下,丹尼斯·狄德罗着手撰写《百科全书》(*Encyclopédie*)。这个想法最初也来自于英国,因为狄德罗一开始只是想翻译伊夫雷姆·钱伯斯(Ephraim Chambers)1728年初版于英国的《百科全书》(*Cyclopaedia*)。但是这一设想后来开始扩大,超越了单纯的技术描述和资料统计，而囊括了当时的整个文化状况，成为对法国情形的一个综合描述和社会／智力审视。狄德罗所宣布的目标不仅仅包括创造知识存量，而且还包括深谋远虑地改变人们的思维方式：改变大学及人类思维方式。[6]《百科全书》的出版本身就是思想史上的一个里程碑。该书初次面世于1751年，花了20年时间才出全，其间经历了审查官员时而欢迎时而压制的不断反复。[7]出版商从中获利颇丰，但狄德罗本人却多次入狱，许多书版和文稿遭到没收。

《百科全书》一书初露端倪，是在霍尔巴赫男爵（Baron d'Holbach）于其圣若克皇家大道（rue Royale Saint-Roche，今磨坊8路）宅邸内举行的两周一次的宴会上。该宅当时被称为"无神论者礼拜堂"。[8]至1750年，已经有8000份《百科全书》的清样出炉了：订购者们需要首付60里弗，加上后续付款，总共要付280里弗。全书预定8卷外加2卷图版（但实际共出版了28卷，包括71000篇文稿）。"A"字打头的第一卷出版于1751年6月，全名为《科学、艺术、技艺详解辞典》(*Dictionnaire Raisonné des Sciences, Arts et Métiers*)，并附有让·勒隆·达朗贝尔（Jean Le Rond d'Alembert）写的"开篇提要"，其中写道，该作品将同时作为一部百科全书和一部辞典，提供揭示各学科之间相互联系的"秘密通道"的知识"鸟瞰"视角。该提要展示了达朗贝尔有关文艺复兴以来智力进步的观点，即后者是一个诸多命题的"大链条"。[9]他说，"人类迄今为止只发现了"这根链条的"很少几个环节"。的确，根据他的观点，具体知识一共只有两种，即有关我们自身存在的知识和有关数学真理的知识。P. N. 弗班克（P. N. Furbank）在其批评性的狄德罗传记中认为，《百科全书》只能从其作者对当局试图审查文稿的反应中得到充分理解（如交叉引证旨在将读者引导到别处的异端甚至煽动性观点那里去）。[10]

第一卷销路很好，印数直到开印前都在一路攀升，从1625本增加到2000本。后续的各卷受到审查官员的骚扰，但狄德罗在审查部门中有一位负责书籍市场的大臣朋友拉穆瓦农·德·马勒歇尔（Lamoignon de Malesherbes），这位极其推崇出版自由理念的大臣将手稿藏在他自己家中——这很可能是全法国最安全的地方了。这自然证明了伏尔泰的观点——在英国，正如雅各布·布伦诺夫斯基（Jacob Bronowski）和布鲁斯·麦兹利希（Bruce Mazlish）所指出的，该书哪怕包含更大胆得多的东西，也可畅通无阻地付梓。不过在18世纪60年代早期，即使是国王和蓬巴杜夫人（Madame de Pompadour）也难以不为《百科全书》的理念所动。[11]

* * *

法语的形成

狄德罗的鸿篇巨制最终在影响力上超过了先前钱伯斯的《百科全书》等同类著作。这部分是由于前者是一个更为雄心勃勃的工程，但也同样应归功于下述事实，即在整个18世纪，法国都是诺曼·汉普森（Norman Hampson）所称的欧洲"文化上的独裁者"。在文学、艺术、建筑以及兴盛于当时、直到今天仍然占有一席之地的附属艺术——如家具、时尚和烹饪——方面，人们将法国看做审美品位方面的模范和标准。更重要的一点是，当时法语已经取代拉丁语成为欧洲贵族社会的通用语。[12]即使是弗雷德里克·威廉一世（Frederick William I）这个普鲁士精神的化身，法语也说得比德语更流利。[13]

法语属于其基本内容来自拉丁语的语言中的一种。这类语言统称为罗曼诸语，包括撒丁语、意大利语、罗马尼亚语、西班牙语、葡萄牙语、加泰罗尼亚语（Catalan）、普罗旺斯语（Provencal）和法语。上述每种语言都发源于士兵、商人和殖民者所讲的拉丁口语（粗俗拉丁语），而非文学化的拉丁语（古典拉丁语）。据推测，高卢地区最早使用的是凯尔特语（Celtic）的一种（这种语言很少有书面记载流传下来），而凯尔特语无论如何都与拉丁语存在关联。高卢——亦即现在的法国——的拉丁语后来分成两支，即北部方言（*langue d'oïl*）和南部方言（*langue d'oc*），两种方言区的分界线大体从今天的波尔多（Bordeaux）起，经卢塞克（Lussac）至伊塞尔河（Isère，格勒诺布尔Grenoble）。古法语自9世纪的《斯特拉斯堡誓约》（*Strasbourg Oaths*，842年）时起即已独立存在，而中世纪法语则在14世纪初次出现（1328年，瓦罗亚朝国王登基）。[14]

现代法语起源于17世纪。随着巴黎作为首都的地位逐渐确立，法兰西语（Francien）即法兰西岛（Île de France）地区方言成为民族语言已成大势所趋，北部方言逐步取得了对南部方言的优势。[15]但直到1539年著名的"维莱格特雷法令"（Ordonnances de Villers-Cotterêt）颁布，法语才正式确立为法院用语。[16]即使到了那时，法语仍然被认为在地位上低于拉丁语，后者仍在新学问——如科学——中得到使用。但是，法语属于大众文学的用语，随着印刷术的出现和阅读的推广，它在普及率和使用率方面都有了稳步的增长。1549年，杜·贝莱（Joachim du Bellay）写了《保卫和弘扬法兰西语言》（*Defense et Illustration de la langue Francoise*），提出法语不应仅仅作为市井俚言的媒介，而应更加雄心勃勃，甚至"光彩照人"。从那时起，法语就以其他语言未曾有过的方式成为法国智力和民族生活中的一个具有自我意识的实在。在整个17世纪，随着语言的简化、发展和净化，"准确用法"（*le bon usage*）和"优美用法"（*le bel usage*）一直受到关注。[17]这一趋势至《波尔·罗亚尔理性普通语法》（*Grammaire générale et raisonnée de Port-Royal*，1660）达到顶峰：该书提出了基于逻辑的哲学文法这一思想。因此到18世纪，法语已成为一种远比其他任何语言都更有自我意识同时在某种程度上也更矫揉造作的语言。这一理性潮流对这种语言美妙风格的形成起到了推动作用，但同时也使它比别的语言更为干瘪，词汇量也相对较小。[18]正当其他语言自然传播的时候，法语却在某种程度上变成了一种官方语言，也正因为如此，迟至20世纪中期，在法国仍有200万人母语并非法语（阿尔萨斯语、布列塔尼语、普罗旺斯语等等）。[19]

★ ★ ★

读物的出现

从任何意义上来讲，28卷本的《百科全书》都是一部令人生畏的读物。狄德罗有可能考虑过将这项工程作为一项哪怕附带性的商业试验这一事实，告诉了我们很多有关18世纪阅读习惯所发生变化的情况。的确，在这一世纪的后半叶，阅读习惯在很多重要方面都变化不小。传统的私人恩庇模式消亡了，越来越多的作者开始依靠向新一代读者出售书稿的收入生活，这些读者与作者之间完全不存在私人关系。塞缪尔·约翰逊（Samuel Johnson）和奥利弗·哥尔德史密斯（Oliver Goldsmith）就属于第一批专为这种新型读者写作的作家之列。事实上，这是一个出版商取代庇护人地位的过程，但其间有一个中间阶段——公开定购，《百科全书》就是借助公开定购方式得以面世的。[20]

我们同样不应当忘记，在16和17世纪，无论对于富人还是贫困者而言，音乐——而非阅读——才是主要的休闲活动方式。[21]"白铁匠会唱歌，挤奶女工唱民谣；货车夫会吹口哨；每一个行业，哪怕是乞丐，都有自己独有的歌曲；低音六弦琴在客厅回荡,为等待的访客解闷;而专为等候的客人们而设的鲁特琴、七弦琴和小键琴则是理发店里的必备之物。"[22]在伦敦,这些乐器占据了剧院,但观众却只是500万总人口中的区区25万。笛福(Defoe)和班扬(Bunyan)是生活在斯蒂尔(Steele)所称的"智慧圈子"亦即充满贵族气的受恩庇作家群体之外的最早的作家,至少在英国作家中是这样。"如果有人检索许多在18世纪和19世纪早期通过自学而出人头地者的回忆录的话,他会发现他们最早接触文化几乎都是通过《天路历程》(*Pilgrim's Progress*)、《圣经》、《失乐园》和《鲁宾逊漂流记》。"[23]

中产阶级趣味的出现

根据阿诺德·豪瑟(Arnold Hauser)的观点,上述现象的一个重要作用就是将中产阶级的审美趣味从贵族阶层的垄断中解放了出来。"它构成了现代意义上的文学生活的历史起点,这不仅以书籍、报纸和周刊出版的常规化为标志,而且首要地以文学专家——批评家——的出现为标志,这一职业代表了文学世界中价值观和舆论的一般标准。"[24]文艺复兴时代的人文主义者做不到这一点,因为他们没有周刊或报纸的出版阵地供其支配。私人恩庇体制就其本质而言意味着作者享有的收入与其作品的内在价值或一般性的吸引力之间不存在关联。现在这点改变了:书籍成为商业社会的一部分,成为一种商品,"其价值与其在自由市场上的畅销程度适相符合"。[25]这一公众趣味在历史、传记和统计式百科全书领域表现得尤其强烈。

杂志出版的出现

当时的周刊出版业也表现出欣欣向荣的商业气息。在《观察者》(*The Spectator*)第十期中,约瑟夫·艾迪生(Joseph Addison)写道:"我的出版商告诉我,本刊的日发行量已经达到3000份;所以,如果每份刊物算20个读者的话(我认为这一估算还是相当保守的),我就可以在伦敦和威斯敏斯特获得6万个门徒了。"如果这一说法听起来有些夸张,那么我们应该记住,当时传播文化的主要媒介是伦敦的咖啡馆;到1715年为止,这种咖啡馆仅在伦敦一地就有2000家。任何一份报纸以这种方式传经20个人之手是非常容易的。[26]后来根据某些统计,《观察者》的印数达到了2万到3万份之间,按照艾迪生的计算方式,其"流通量"达到约50万(1700年的英国人口刚刚超过600万)。这一点后来反映在报纸读者数的增长上:在1753年和1775年之间,报纸的平均日发行量差不多翻了一番。[27]书商詹姆斯·拉克顿(James Lackington)在他的回忆录中写道:"穷困的农户,或甚至普通的乡下穷人,在这个时期(前20年)以前都将他们的冬夜时间花费在相关故事上,如巫婆、鬼魂、小妖精之类的。一进他们的屋子,你就会看到汤姆·琼斯(Tom Jones)、罗德里克·兰登(Roderick Random)的书和其他一些消闲书堆在他们的烤肉架上。"[28]1796年《每月评论》(Monthly Review)载文称,本年的小说出版量比上一年增长了一倍。[29]

★ ★ ★

大自然的和谐

爱德华·吉本

18世纪最有影响力的书籍之一是爱德华·吉本(Edward Gibbon)的《罗马帝国衰亡史》(*Decline and Fall of the Roman Empire*,1776—1788)。我们所熟知的该书论点是,基督教在摧毁罗马文明方面发挥了不亚于蛮族的作用,并加速了所谓黑暗时代的到来。不过,还有另一个理由可以说明为何吉本所传达的信息是如此重要。该书显示了——或至少是声称显示了——宗教可以如何干预——阻碍、延迟——进步。古代文明多半相信静止或循环的宇宙观。古以色列民对弥赛亚的期盼可以被看成是一种有关进步的原始观念,但这种观念并未流行开来。在古典希腊,普遍的论证路径——如柏拉图、亚里士多德和波里比乌斯(Polybius)——或者认为文明正在从某个黄金时代堕落,或者认为它是循环的:君主制导致暴政,暴政导致贵族政体,贵族政体导致寡头政体,寡头政体导致民主制,民主制导致无政府,从无政府又返回君主制。[30]

第十二章　从灵魂到意识：探寻人性法则

上帝的仁爱

但是，对伏尔泰和其他法国"贤哲"而言，晚近的科学发现以及它们看起来将带来的进步前景，以及越来越多的人可以通过阅读了解到这些进步现象的事实，意味着有关进步的乐观观念已经突然降临到每个人的思想中，这既是宗教信念改变的原因，又是它的表现。直到意大利人文主义者和蒙田为止，基督教生活都是一种智力上的困境：生活在尘世上的人们追求教会所选定的美好的生活，但实际上他们却又接受了完美创世、堕落原罪和从此之后世界不断衰退的学说。他们等待的是在另一个世界中的圆满。[31]但是，与牛顿学说恰好相符的另一种观念开始在欧洲传播。此种观念最重要的特征乃是对慈善（*bienfaisance*）或仁爱原则的假定，这种仁爱既被用来比拟上帝，也被用来比拟人。这种观点由此认为，地球是"被用来满足人类的尘世快乐的"。(*Bienfaisance* 和 *optimiste* 都是18世纪的词汇。）有些时候这导出了一些荒谬的思想：费纳隆（Fénelon）就曾经说过，上天对西瓜的形状和硬度特加设计，以便人们可以容易地切开它；普吕瑟修道院长（abbé Pluche）指出，潮汐的存在就是为了让船只更容易地进入港口。[32]

认为自然界的和谐是上帝仁爱标志的观念在18世纪发挥了更大的重要性，因为人们当时已经转向人自身的研究。如果宇宙的其余部分被（相对）简单的——可被笛卡尔、牛顿、莱布尼茨、拉瓦锡（Lavoisier）和林奈（Linnaeus）等才俊所认识的——法则所统辖，那么，人性自身也必然是被同样简单和可认识的法则统辖着的。对人性和人与社会关系的探究很可能是启蒙运动的一个决定性特征。在这个时代，我们所知的大量现代"学科"——如语言研究（语言学）、法学、史学、道德和自然哲学、心理学和社会学——或者完全发育成型，或者初具雏形，等待19世纪的最终成熟（例如，"心理学"一词在英语中直到1830年才获得通用，而该词之前就已在拉丁语和德语中使用了）。[33]

灵魂重被看做精神／洛克、语言和心理学

正如罗杰·史密斯（Roger Smith）在其《人类科学史》中所指出的，上述变化的原动力来自将灵魂再定义为意识的过程：意识被越来越多地从知觉、

语言及其与世界的关系方面进行理解，与灵魂的不朽性和在来世中的重要地位适成对比。[34]前面提到过，这一认识路径主要系由约翰·洛克在其1690年出版的《人类理解论》(*Essay Concerning Human Understanding*) 一书中所开创。在该书中（其草稿早在1671年即已写就），洛克使用的是"意识（mind)"而非"灵魂（soul)"一词，并且将经验和观察而非某种"内在的"或宗教性的（天启的）根源当做观念的来源。他要求读者去"从出生开始就跟踪观察一个孩子，看时间是如何在他身上创造变化的"，而拒绝了一切先天观念的理论。但洛克也将下列命题视为当然，即意识天生包含某些内在的能力，如反映外部世界的能力，"为我们自身所感知和反映的我们意识的内在活动"。[35]他说，现实世界的经验给予我们感觉（他的例子包括"黄"、"热"、"软"和"苦"）。我们反映这些经验，并分析它们，以形成我们的观念。

至少对英国人来说，这就是牛顿和洛克所构筑的现代世界。牛顿确立了基本真理，而洛克则用心理学代替了形而上学，"揭示了由经验产生真理的精神机制"。[36]他的拟想和分析是如此新颖，以至于他甚至为这种观察世界的新方法专门创造了一套词汇。这一变革被反映在如下事实中，即谈论灵魂成了一件令人尴尬的事情，而被更加世俗的意识观念所代替。同样，正如批评者迅速指出的那样，洛克赋予经验（而非内在知识）以至上地位，使他得出结论，即信仰也与经验有关。他举出有些人群并无上帝观念这一事实作为例证，并以此攻击先天观念说。这对心理学的产生起了至关重要的推动作用（尽管当时还不大使用这一术语）。洛克争辩说，动机根源于经验——自然（后者也促成了意识的形成），而非来自某些作用于灵魂的超验力量。他将行动视为对伴随感觉的愉悦或痛苦的反应，由此开启了对人类动机进行决定论/机械论理解的可能性。由此产生的一个令人不安的后果，就是将上帝从道德领域进一步驱逐；我们在后文中将看到，这种立场在18世纪结束时占据了主导地位。道德是被传授的，而非先天的。用同样的方法，洛克将"意志"从灵魂的要素中剔除了出去，认为这是个意识在接收感觉、作出反应后所面对的简单的选择问题。或许最为重要的是，他认为"自我"或"我"并非与灵魂相关联的神秘存在，而是"构成经验的感觉和情绪的集合"。[37]

洛克对现代心理学理念的最后一项贡献是其对语言的洞察。直到17世纪，语言都还在很多人的心目中占有特殊地位。当时的感觉是，词语是特殊的东西，

第十二章 从灵魂到意识：探寻人性法则

因为它们再现了它们所描绘的客体。《圣经》是上帝的言语，同时，有些人相信每一个存在物在最初都拥有一个确定其存在的名字，而哲学的任务就是揭示这一原初的名字。这种观念特别地为诸如雅各布·波麦（Jakob Böhme）这样的学者所持有，波麦曾论证过"亚当语言"或原初语言的存在，很多人相信这种语言最接近希伯来文。[38]但洛克认为，语言无非是习俗和便利的产物，它也有变化和发展，认为我们能（或者说应该）"揭示"某种早期语言形式的存在（就好像这样能帮助我们找回某种古老智慧似的），是没有意义的。这一切都使人们震惊和迷惘。

———— ★ ★ ★ ————

尽管有洛克的论证，很多人仍然不愿接受灵魂的降格；他们以雕琢华丽的文体表达了这一点。以有关燃烧的燃素说而闻名的乔治·斯塔尔（Georg Stahl）认为，灵魂是以整个肉体的形式具象化的。尼古拉斯·马利布兰休（Nicholas Malebranche，1638—1715）认为，上帝通过灵魂而创造天生观念和动机。安托尼·阿诺德（Antoine Arnaud，1612—1694）和皮埃尔·尼科尔（Pierre Nicole，1625—1695）在他们的《思维的艺术》（*The Art of Thinking*）一书中同样认为，灵魂负责推理，尽管他们并未承认语言的结构反映了意识运行的方式。[39]莱布尼茨提出："最基本的存在单位称为单子（monad）"。[40]他认为，正是这基本、不可分和"最重要的元素"，构成了肉体和灵魂的共同基础。用罗杰·史密斯的话来说，"莱布尼茨成为下述信念的提出者，该信念强调灵魂在掌握知识和引导行为时的内在和本质活动。"[41]这一有关灵魂的复杂推理，显示了人们在面对令人尴尬的概念时是如何自找麻烦的。洛克的体系尽管令人震惊，却要容易解释得多。

但有关灵魂的研究并未死亡——远远没有。德国人和当时英国以外的其他欧洲人一样坚信灵魂是一个不可分的实体，包含了神的创造。[42]例如以"犹太人的苏格拉底"而闻名的摩西·门德尔松（Moses Mendelssohn）就论证说，灵魂包含了一种只针对美丽发生作用的机能，这种机能能让人对美好事物作出反应，"了解"它并认识它，而分析则永远不可能以同样的方式运作。[43]根据这一观点，是灵魂预先决定了人向高级文化的进步，并且将他同动物区分开。

正如现代意义上的心理学花了很长时间来将自己与灵魂观念区分开一样，

伊曼纽尔·康德

心理学与哲学的界分也是姗姗来迟。伊曼纽尔·康德在这个问题上比其他任何人做的工作都要多。他的观点立基于两个本质区分：一方面是科学知识与哲学（批判思维）的区分，另一方面是科学（严格意义上的）与应用知识的区分。康德对本体——我们所讲的自我——以及他如何能了解事物的问题十分着迷。他的结论是：并非所有的知识都是科学性的，批判思维显示了我们不可能掌握世界本身。[44]比如有关意识的知识，就不是某些18世纪的理论模式所拟想的那样机械。"不可能存在作为'科学'的心理学，因为我们在我们的意识中所观察到的东西并不以……在时间和空间上可把握的形式存在。"[45]部分地出于这一原因，康德开始对人类学和相面术感兴趣，并将之定义为"由人的可见外形和外部存在来判断人之内在属性的一种艺术，无论对这种内在属性是从感知方式抑或思维方式的角度进行把握"。[46]

罗杰·史密斯认为，这正是启蒙运动的关键所在。"在18世纪，求助于人性有点像求助于《圣经》中的上帝，二者都是一切事物围着转的中心。"[47]塞缪尔·约翰逊声称，对人性的研究最初是在17世纪末成为时尚的。在18世纪20年代，达拉谟主教约瑟夫·巴特勒（Joseph Butler）进行了有关人性的布道；在1739年，大卫·休谟出版了《人性论》（*A Treatise of Human Nature*）。该书并非是在一夜之间成为经典的（休谟本人称其为"从出版社出来的死胎"），但最终它的确推动了启蒙运动另一个决定性特征的产生，即相信知识将代替天启而成为达致善的手段。[48]正如马布里修道院长（abbé de Mably）所言："为教导人成为他应该成为的样子，让我们首先研究人究竟是什么。"[49]

"神经症"

对人性法则的探寻主要采取两种形式——生理的与道德的。整个18世纪，人们沉醉于研究身体、感觉、知觉和意识通过神经系统作用于身体的方式。苏格兰内科医生罗伯特·威特（Robert Whytt, 1714—1766）在斩首青蛙的实验中，发现没有脑袋的青蛙仍然移动腿部来清除涂在它们背上的酸液。他由此

第十二章 从灵魂到意识：探寻人性法则

断定，它们的脊索中存在一个"弥漫的灵魂"。罗伯特·威特的同时代人威廉·库林（William Cullen，1710—1790）是第一个创造"神经症（neurosis）"这一名词的人，但他将该词用于所有神经失调症状，从而将该词的含义扩展到迄今为止尚未得到认可的程度。只是到了19世纪末，神经症一词才获得了其现代含义；但是在18世纪，沮丧、焦虑和持续恼怒在那时则被描述为神经衰弱。[50] 医学语言从体液学说的术语中产生，而疯狂则被解释为一种"意识障碍"，这种障碍被理解为某个寄居在大脑这一身体器官中的东西。

实际上，早在17世纪60年代，大脑就被托马斯·韦利斯（Thomas Willis）研究过，此人是早期科学家的一员，与雷恩（Wren）、胡克（Hooke）和波义耳（Boyle）一起参与创建了皇家学会。韦利斯进行了不计其数的大脑切开实验——主要是人脑和狗脑——并发展了一种新的将大脑从颅中取出的方法，这种方法从脑底实施取出，从而有助于保持大脑的形状。他的细致观察和切开实验再加上巧妙的切片着色技术，帮助他揭示出，大脑被细密的血管网所覆盖，而且脑室部分（大脑皮层叠合的中央空间）没有血液供应，因而不像是灵魂的居所，如某些人相信的那样。他证实大脑远比任何人想象的都要复杂，而且还发现了一些新的大脑区域，如纹状体（*corpus striatum*），以及大脑通过神经与面部、特定的肌肉群和心脏的联系。他的著作《大脑和神经解剖》（1664）大大促进了将情绪和灵魂与心脏分离的认识，因而也使他得以在这一进步过程中名垂青史。他发明了"神经学（neurologie）"这一范畴，并称之为神经衰弱的原则。他将此书献给谢尔登大主教（Archbishop Sheldon），以向公众表明自己并非无神论者。

这些变革的态度和信念被体现于一本将它们推向极端化的著作中——或许这也是不可避免的。这就是法国外科医生拉·美特里所写的《人是机器》（1747年出版），为逃避法国的审查，作者不得不在莱顿出版该书。他认为思想是一种物质的属性，"可以与电流相提并论"，由此便滑向了决定论、唯物主义和无神论，所有这些标签都足以给他惹上大麻烦。他的观点是，人性和动物性都是同一个连续统一体的组成部分，人性等同于生理属性；而且他还坚持世界上并不存在"非物质实体"，由此对灵魂是否存在提出了严重的质疑。他说，物质由自然力驱动，有其自身的组织能力。他还说，在生物有机体之间并不存在本质差别："人并不是从更贵重的黏土中制作出来的，大自然用的是同一个面团，只不过酵母不一样而已。"[51]

孔狄亚克（Étienne Bonnot, abbé de Condillac, 1714—1780）认为所有的精神活动都是由感觉的愉悦或痛苦性质而引起，不过他也说过灵魂先于感觉。博内（Charles Bonnet, 1720—1793）认为，精神活动产生于大脑纤维内，但这一活动需要灵魂。

———— ★ ★ ★ ————

新的自我意识

与从灵魂到意识的变化相适应，另一种发展进程随之出现了，多若·瓦尔曼（Dror Wahrman）称之为现代自我意识的出现。在有关不同的性别在18世纪剧院中得到表现的方式、种族被描绘的方式、动物孕育的方式（尤其是巨猿与人类的关系）、当时的肖像画、小说主角的变化以及衣着时尚的嬗变的综合研究中，瓦尔曼揭示出下述事实：这一时期对自我的理解发生了很大变化，由某种易变的，取决于气候、历史或宗教的事物，演变成某种来自人内部的东西。这并非是对自我的生物学意义上的定性，而是显示出一种认识，即自我是可以被发展的。对美洲的发现，对欧洲人有关种族、生物学、文化和历史的思想产生了莫大的影响，但在当时的背景中，对很多人而言构成分水岭的事件，非美国独立战争莫属。在这场冲突中，不同国籍的人——英国人、法国人、德国人和意大利人——并肩与英国人作战：这一事件产生了深刻的影响，迫使人们去思考"自己到底是谁"这样一个在以前的战争中没有面对过的问题。在身份认同的语境下，动物和人的区分也被重新考虑，并被拿来与阶级和性别的区分进行比较。肖像画在这个世纪之初主要通过衣着来区分作者，而现在开始强调面部特征的差别。在瓦尔曼看来，小说的兴起是18世纪晚期"内在性情结（interiority complex）"的最鲜明体现。在该世纪早期，小说角色通常被视为类型的例示；至19世纪之初，角色则因其自在性和独特性而受到称赞。小说不再按照俗套去关注传统人物类型所遇到的那些典型问题，而是让读者接触可能与自己拥有完全不同内在生活的"陌生人"，并采用了通感（sympathy）和体验（understanding）的写作手法。[52]正是在18世纪末，人物角色的发展变化开始受到重视，即德语中的 *Bildung*，该词反映的思想是：在生命过程中，内在

第十二章 从灵魂到意识：探寻人性法则

自我的某些部分是会发生变化的，而同时另一些部分则保持一贯性（歌德的思想在此发挥了很大的作用）。出于同样原因，在艺术领域，儿童肖像画受到了更多的关注（例如在约书亚·雷诺兹[Joshua Reynolds]的作品中），与之相伴的是一种有关儿童的新观点，即他们是"天真无邪的白板"而非迷你版的成人。[53]正是对人格、身份以及二者来源的兴趣，促成了由人的面部特征判断其人格的相面术的流行。上述所有这些都反映和加强了启蒙运动有关自然权利的概念。大的阶层群体中的无名成员是不大可能像具有强烈自我意识的个体那样自信和自觉的。

———— ★ ★ ★ ————

爱丁堡

巴黎作为伏尔泰、《百科全书》、孟德斯鸠、笛卡尔、美特里和孔狄亚克的家乡，是启蒙运动的中心，在那里盛行对人性法则的探索也就不奇怪了。该城自11世纪建立了自己的学校和大学以来，已经成为才俊和新思想的首善之地。真正让人惊讶的是，欧洲极北的一座小城竟然会成为它的竞争对手。

"在从1745年高地叛乱（Highland rebellion）到1789年法国革命长近半个世纪的时间里，爱丁堡小城统治着西方的智力生活。"这是詹姆斯·巴肯（James Buchan）在其新作《思想之都》（*The Capital of the Mind*）中说的话。"在接近50年的时间里，一个在过去数世纪都是贫穷、宗教上的桀骜不驯、暴力和肮脏的同义词的城市，为现代世界奠定了精神基础……'垃圾槽爱丁堡'变成了'爱丁堡，大不列颠的雅典'。"在17世纪的一个时期里，尽管爱丁堡和伦敦之间每周有三趟邮车，有一次却发生了这样的事：往整个苏格兰的回邮只有一封来自伦敦的信。[54]在这种背景下，一群博学之士——大卫·休谟、亚当·斯密、詹姆斯·哈顿（James Hutton）、威廉·罗伯逊（William Robertson）、亚当·弗格森（Adam Ferguson）和休·布莱尔（Hugh Blair）——成为现代世界的第一批学术名人，"他们的古怪习惯和无瑕的道德人格，就和他们的精神火花一样广为人知。他们教导欧洲和美洲，如何去思考和谈论那些进入18世纪视野的广阔新领域：知觉，文明政府的目的，形塑社会的力量，物质的结构，时间和空间，正确的行为，以及联结和分离两性的因素。他们可以用干枯无泪的目光，打量一个其中的上帝已经死去的世界……美国爱国者本杰明·富兰克

人类思想史

林在1759年偕其子首次访问爱丁堡后,将这次旅行视为他所经历过的'莫大幸福'。"法国学者们的名作《百科全书》在1755年用一段鄙夷之辞描绘苏格兰(*Écosse*),但到了1762年伏尔泰却不无恼怒地写道:"现在我们得从苏格兰学习所有艺术的审美标准,从史诗到园艺。"[55]

这一北方文艺复兴的直接推动力是1745年的高地叛乱。这场由查尔斯·爱德华·斯图亚特王子(Prince Charles Edward Stuart)领导的、旨在将(天主教的)斯图亚特家族重新扶上苏格兰(以及不列颠)王位的叛乱在爱丁堡取得了暂时的进展,但随后查尔斯于进军伦敦途中在德比(Derby)附近被击败,他本人被迫逃回法国。此事使许多才智之士集中在爱丁堡,其中很多人不得不得出了这样的结论,即他们的未来和英格兰联系在一起,以王族内斗为表现的宗教纷争弊大于利;只有新思想而非旧政治,才是未来的出路所在。

爱丁堡的成功同样得益于兴建爱丁堡新城的规划。"爱丁堡新城是迷人的,"詹姆斯·巴肯写道,"这不仅是由于兴建了一批鳞次栉比的美观建筑,而且也是因为这是对市民生活理念的物质表述……它们体现了一个新的社会存在,这个存在温和、富有阶级意识、敏感、守法、卫生并且惧内:一句话,现代。"该城向旧城区北方的扩展不仅显示了其人口的增长,而且显示了其勃勃雄心。新兴的资产阶级需要一个更宜居、有更合理的规划、更好的商业基础设施和更好的集会场所的城市,这既反映了社会在经济层面上的改变,又反映了通过新兴科学而得到更好理解的社会关系层面上的变化。仅仅教堂和酒吧已经不够了:孟德斯鸠不也说过,在首都集中人口会增大他们的商业胃口吗?[56]实际情况是,人们前往城市是因为他们从古代起就知道:城市是非常好玩的。(直到1745年,爱丁堡都处在十分严格的清教戒律规制之下——的确,短语"十点钟人"反映的就是这一情况,即苏格兰教会长老每到这个时间就要巡查城里的酒吧,以确保不再提供酒类。)爱丁堡新城是通过公共募捐方式建立起来的,这使它"在18世纪60年代末的运河热之前一直是全欧洲最大的公共工程"。[57]新城的某些个别建筑是罗伯特·亚当(Robert Adam)或其弟约翰(或两人合力)的作品,但城区整体布局以及它的视觉效果和作为知识殿堂的地位,却基本上应归功于詹姆斯·克雷格(James Craig)。正是他的规划——宽阔的主街,狭窄的辅路,路两头的广场,新古典/新帕拉迪奥风格的建筑外观,一切都以完美的比例存在——使爱丁堡获得了"哲学家天堂之城"的美称。[58]詹姆斯·巴肯说:"世界上没有任何一个城市像爱丁堡一样。"罗伯特·路易斯·斯蒂文森（Robert Louis Stevenson）则写道："巴黎才应该有如此风姿。"再加上高耸在巉岩上的旧城堡像万神庙一般俯视着匀称的帕拉迪奥式新城区，爱丁堡的现实壮观程度甚至肯定要超过巴黎这座18世纪市政建设的完美范例（后者壮美的林荫大道和街景在19世纪已经过时了）。在这种壮丽的背景下，可以期待爱丁堡将英才辈出。

———— ★ ★ ★ ————

大卫·休谟

在英国，尤其是在苏格兰，存在一种特别的对灵魂和心理关系描绘方式的虚饰，即所谓道德哲学。这个范畴十分古老，可以追溯到中世纪末期，它反映了如下的观念，即灵魂、人性和社会条件的安排是联系在一起的，研究人性有助于揭示道德规范之中的神意。（早期的美国大学同样讲授道德哲学。[59]）有人将道德感论证为灵魂的机能，即上帝如此这般教导人们如何行事，但大卫·休谟却将道德建基于对人性的研究之上；我们还将看到他是如何抨击对宗教的合理性辩护的。1711年生于爱丁堡草地

休谟

市场区（Lawnmarket area）的休谟是一个贝里克郡地主之子，他在校期间对文学和哲学产生了浓厚兴趣。他最重要的作品早在20多岁时即已完成，但他却始终未能成为教授，这有可能是因为他的怀疑主义使爱丁堡当局感到迷惑甚至惧怕。当他处于弥留之际时，他的朋友凯瑟琳·穆尔（Katharine Mure）劝他，趁还不算太晚，"烧掉你那些小册子"。[60]

1739年1月，28岁的休谟出版了《人性论》两卷本的第一卷。该书为建立一门人的科学打下了基础，这门科学可以提供一部理性的道德法典（其副标题为"尝试在道德事物推理领域引入实验方法"）。"任何重要问题的解决关键，无不包括在关于人的科学中；在我们没有熟悉这门科学之前，任何问题都不能得到确实的解决。因此，在试图说明人性的原理的时候，我们实际上就是在提出一个建立在几乎是全新的基础上的完整的科学体系，而这个基础也正是一切科

学唯一稳固的基础。"[61]他提出了一些极其强有力的论点,对基督徒们很可能是冒犯性的,但即使是这样,正如一位观察者所言,他仍然显示了"自古代起就未被见到过的"怀疑论思想。[62]像洛克一样,休谟将其论证建立在牛顿体系之上,但他同时也谨慎地评论道:物理学家尽管描绘了重力,却未能真正解释它。例如他认为,知识的基础是因果联系。我们之所以能知其然,是因为我们经历过事物如此这般的变化。但休谟坚持认为这是幻觉:我们不可能展示因果本身。他举过一个著名的例子:当一个台球"撞击"另一个并使其滚过桌面时,并没有因果被揭示,存在的只是状态的连续发生。[63]经验决定生活,"知识成为信仰或'被思想感受到的东西',而非理性过程的产物"。基于此,一切宗教——包括它们的终极动因和奇迹——全都是胡说八道。[64]休谟认为,理性完全是情绪的奴隶,在此范围内一切科学都是可疑的。他说,并没有什么自然法则,没有什么自我,也没有所谓存在的目的,只有混沌。与之相似,他并不认为有可能解释"灵魂的最终原则",但认为有四种与人性有关的"科学",即逻辑学、伦理学、批评学和政治学。"逻辑学的唯一目的是解释我们推理能力的原则和作用,以及我们观念的本质;伦理学和批评学涉及我们的审美观和情感;政治学则将人们视为统一在社群当中,互相依赖。"[65]尽管该书分为三个部分,分别讨论理解、情绪和道德,他却认为人性归根到底是由两个基本部分组成的,即情感和理解。他坚称,我们的行为更多地受到情绪而非理性的驱策,情绪永远可以划分为愉悦和痛苦,这些感觉影响着我们对善恶的判断。[66]休谟同样用意识代替了灵魂,他相信意识终归是可以被"完满了解"的。[67]尽管休谟将情绪置于首要地位,但按照他一贯的习惯,他的立场仍然是温和的。他认为很多同时代人的观点"值得赞同",而且直到去世之前都经常为朋友们下厨,这些朋友中就包括一些神职人员。[68]

亚当·弗格森是神职人员之子,1723年6月生于扼守进入苏格兰高地东部大道的泰塞德(Tayside)。他从小就脾气火暴,而且据他的内科医生约瑟夫·布莱克(Joseph Black)讲,他经常穿得"不是一般的厚"。在经历一系列的游历和供职经历(包括在黑军服高地联队中担任随军牧师,以及在爱尔兰和美洲任职)之后,他最终取得了爱丁堡的自然哲学教席。他最广为人知同时影响力也最大的著作《公民社会史论》(*An Essay on the History of Civil Society*)在爱丁堡饱受恶评,大卫·休谟对之也大加挞伐,但在伦敦却获得了不少忠实读者，在弗格森有生之年出了7版。在欧洲大陆，此书也极有影响，德国哲学中的"公民社会"或 *bürgerliche Gesellschaft* 这一短语即由此书而来。[69]詹姆斯·巴肯说："《公民社会史论》在马基雅弗利和马克思之间架起了至关重要的桥梁：从公民参与的贵族迷梦到原子化的、'异化'的个体人格这一左派梦魇。"[70]

弗格森的论点是，进步既不是线性的，也不是不可避免的。从来就没有人类由之堕落的黄金时代；相反，人类被四个特征所限定：创造性、谨慎、顽固和不安分。[71]人是社会性的，只能"在他们一直就中生存的群体中"得到理解。理性世界并非像法国贤哲们想让我们相信的那样，历史也总是在迷雾中前行。"群体的每一步骤和举措，即使是在所谓开明时代中做出，也总是伴随着对未来同样的茫然无知；各民族总是在既存的制度中间磕磕绊绊，这些制度的确是人类行动的产物，却并非人之设计的结果……从没有合意产生的政制，也没有规划出来的政府……"[72]在部分地欢迎工业社会发展的同时（他提出了历史"阶段"的思想），弗格森是最早指出下述事实的思想家之一：制造业"将人类变成简单的手脚运动，人变得思想狭隘和专业化，丧失了公共福利的概念……我们创造了一个奴隶民族，其中并无自由公民可言。""工资和自由，"他说，"并不是同义词。"[73]对于弗格森而言，我们对进步可能热爱得太过火了。

――――★ ★ ★――――

经济思想／柯尔伯尔

直到17世纪，仍然没有出现将"经济"看成是独立实体的观念。大学课程偏重亚里士多德，事务管理被视为伦理学的分支。到18世纪，经济学问题才和伦理学问题区分开来。那时，货物的"公平价格"仍然由行会社团和王室代表决定，而非（至少非直接）由市场决定。17世纪现代国家的兴起——法国、奥地利、普鲁士、瑞典——迈出了重要的一步，这些国家都试图理解人口水平、制造业和农业生产这三者之间的联系，以及国际贸易结余的多方面影响。结果在18世纪，上述一些国家（但尚不包括荷兰和英国）在大学里开设了经济和国家管理学，或政治经济学教席。[74]

此间的一个重要人物是让-巴蒂斯特·柯尔伯尔（Jean-Baptiste Colbert），1663—1683年路易十四的财政大臣。他相信，国家要想繁荣，必须对社会和经济状况有精确的掌握。法兰西科学院（French Académie des Sciences）在1666年刚一建立时就被指令研究这些问题。[75]这样一来，信用制度的细节、合同法、自由贸易和货币流通就成为独立的兴趣领域了。货币流通量可被计算并且与经济运行状况相关的事实第一次为人所知。

配第／财政学

经济学发展过程中的第一个杰出英国学者是威廉·配第（William Petty, 1623—1687），作为皇家学会会员，他第一个发明了"政治算术"一词，该词被用做他一本书的书名。他试图对英国的资本、公共财政和人口进行综合估算（比听起来要困难，因为国会直到1801年才批准进行人口统计，直到1851年该统计才成为人口普查）。配第追随霍布斯，将经济活动视为为了自己理性自利而行动的独立个体所构成的系统。同时，他从市场——交换系统——中排除了一切道德考虑。第二个重要人物是约翰·格兰特（John Graunt, 1620—1674），他第一个涉足社会统计数据的收集（他称之为"店铺算术"）。这最初是为了打消公众对犯罪的恐惧，但格兰特将这一方法扩展到不同地区的人口水平估算上。通过该方法，人口死亡率的变化数据开始显现，这使刚刚起步的人寿保险业受益匪浅。[76]

在小国林立的欧洲大陆，政府中的经济、社会、医疗和法律事务很少分开，这些被统称为"财政学（cameralistics）"，该词来源于*camera*，统治者的国库。1727年，最早的两个"财政"科学教席在普鲁士的哈勒（Halle）和奥德河畔法兰克福（Frankfurt-on the-Oder）的大学中设立。但在英国，人们认为人性才应当支配经济生活，而非国家。这一时期逐渐得到接受的说法是，社会已进入了一个新时代——它变得"商业"了。人们认为，商业社会是人类最后（至少是最近的）发展阶段。这种思路或态度在另一个伟大的爱丁堡人——亚当·斯密——那里得到了概括。"因此，任何人都靠交换为生，或者说在某种程度上变成商人，社会本身由此成长为可以恰当地称之为商业社会的形态。"[77]换言之，一个人在社会中的地位取决于他或她（能）买和卖什么东西。

第十二章 从灵魂到意识：探寻人性法则

亚当·斯密/《国富论》

斯密1723年生于可可卡地（Kirkcaldy），他自小体弱多病，某些记载还说他被吉普赛人绑架过。[78]不过他长大后却成为一个文艺复兴型人才，通晓拉丁语、希腊语、法语和意大利语。他借助翻译法文著作来提高自己的英语水平。他笔触所及遍至天文学、语言学以及"诗歌和雄辩之学"，曾在格拉斯哥担任逻辑学和修辞学教授，后于1752年获得更富声望的道德哲学教席。虽然他生活和工作的地方是格拉斯哥，他却充分地参与了爱丁堡的生活：格拉斯哥到爱丁堡的驿站马车每天都准时在下午茶时间之前到来。[79]他于1759年出版了《道德情操论》（*The Theory of the Moral Sentiments*）一书，《爱丁堡评论》（*Edinburgh Review*）的创始人亚历山大·韦德伯恩（Alexander Wedderburn）誉之为揭示了"哲学最深层的原则"。但是，1776年出版的《国富论》（*The Wealth of Nations*）才真正使斯密名垂青史，流芳全球。

亚当·斯密

在斯密"经历了智力探索和谨慎社交的一生"而去世之时，一家当地报纸在其讣告（1790年8月4日）中抱怨说，他"将格拉斯哥大学的道德哲学教席变成了贸易和金融教席"。[80]这可以说完全不是事实，但鉴于斯密在其有生之年就一直受到类似的理解，或者说遭到类似的误解，这里有必要再强调一下，斯密是一个学问人，一个道德哲学家，对自己的工作抱有一种非常合乎道德的态度。"资本主义"是一个直到20世纪之交才发明出来的术语（德国经济学家、社会学家维尔纳·桑巴特[Werner Sombart]在其《资本主义》[*Kapitalismus*]一书中首次提出了它），斯密本人则不可能承认这一用语，同样不可能认可这种情感。他对金融和银行业的了解并不特别深入，在他生命的最后时光中，他"对商业社会的道德状态"表达了极大的疑虑。[81]具有反讽意味的是，正是斯密创造了一种最终将经济学与大多数人称之为伦理学的领域分开的思考方法和语言。不过，他本人觉得允许经济活动的完全自由本身即是一种道德形式。他的书首先是对谷物贸易垄断措施的超道德愤怒抨击。[82]他捍卫消费者利益免受垄断者之害,认为消费需求是财富创造的引擎。[83]我们不应忘记,18世纪的国家干预对经济发展起到了很大的作用,斯密也从未否认过这一点。[84]

商业社会

正如罗杰·史密斯和保罗·兰福德(Paul Langford)所强调的,商业社会的形成为有关人性的现代观点的发展变化开创了一个新的时代。"'经济人'这一术语实际是下列观念的代码:所谓社会只不过是一群个体的集合,这些个体以理性自利为行动准则,以最大化其物质利益和福利为行动目的。"[85]就像其他任何事物一样,这一观念又涉及人类心理学问题;在此,有必要对斯密的书所面向的新的消费者世界多加关注。"建筑师约翰·伍德在1749年列出了自乔治二世登基以来所出现的新鲜事物。便宜而肮脏的地板被铺着地毯的上乘松木地板所代替。难看的灰泥被隐藏在精巧的壁板后面。石头壁炉和烟囱传统上是用经常在地板上留下粉笔灰的石灰水进行清洁,而现在它们被大理石代替了。镶着铁构件的脆木门被放弃了,取而代之的是装有黄铜锁的硬木门。镜子的数量多了,而且变得优雅了。设计入时的胡桃木和桃花心木家具取代了粗陋的橡木家具。皮革、锦缎和刺绣给坐者提供的舒适感是藤条和灯芯草无法比拟的……18世纪60年代和70年代的很多店主、商人家中的地毯、壁毯、家具以及厨房和会客厅用具,是他们的父母所望尘莫及的,更是他们的祖父母想都不敢想的。"[86]

斯密的理论之所以显得格外尖锐,是由于当时在法国——唯一存在可称得上与之竞争的思想的地方,所谓重农主义者的理论是非常不同的,而且,事实很快就证明这种思想无论在成效还是精确性上都远不能与斯密的理论相匹敌。重农主义者之所以重要,是因为他们同样赞成18世纪开始向商业社会转变的思想,并由此将商业和交换接纳为理解人性法则的重要因素。但是,法国的乡村气息和农业比重远比英国为大,这就决定了以弗朗索瓦·魁奈(François Quesnay,1694—1774)和米拉波侯爵(the marquis de Mirabeau,1719—1789)为代表的重农主义学说的出现。他们在一系列著作中的论点是:所有财富都来自于土地和农业生产,文明的核心推动力就在于

第十二章 从灵魂到意识：探寻人性法则

农业产出相对于为达到该产出而消耗的食物量的剩余。[87]这一剩余量以及它所支撑的消费量的增长会带来人口的增长，增长的人口会开垦更多的土地，如此良性循环。魁奈的论证方法使其对社会采取了一种特别的观察角度：存在一个从事农业的"生产阶级"，包括自耕农和地主，地主又包括国王和教会在内，他们通过什一税、捐税和地租收取农业产出；与之相对的是另一个社会集团，他用了一个富有启发性的短语"不育阶级（sterile class）"，这包括制造业者，因为他们依赖于农业生产，因而，根据魁奈的观点，不能生产剩余。[88]

亚当·斯密则持实质上相反的观点，即人类已经跨过了农业社会阶段，进入了文明的新时代——商业社会。斯密说，经济价值的基础或财富的源泉存在于劳动，即已完成的工作之中。这当中有一个值得注意的变化，即斯密并不将任何一个职业阶层看做财富的根本基础——他认为，真正起作用的是交换和生产力，即任何交易的附加值。这一思路后来成为所谓的"古典经济学"，因此在这里有必要再次重申：那种孤立于道德关系、文明历史或诸如英国应如何被治理一类的政治问题的经济学学科概念，从来就不为斯密所采用。"他将政治经济学定义为'政治家科学的一个分支'。"[89]斯密的观点实质上和我们今天所持的并无太大区别：对于一个人，应当从他的理性和道德品质以及他帮助促进其同胞福利的程度这几个方面来评判。这促使斯密改变了对某些人比如企业家的态度。他认为，这些人并非阴暗的道德角色，而是发挥着重要的作用；通过积累资本，他们促进了其他人的生产活动。尽管斯密被人视为自由市场经济之父，但实际上他相信立法在生活的特定领域对于保持公平和公开发挥着关键性的作用，他自己也教授法理学。[90]20世纪伟大的美籍奥地利经济学家J.A.熊彼特认为，斯密的开创性著作《国富论》（1776）不仅是有史以来对经济学影响最大的书籍，而且是除达尔文《物种起源》（*On the Origin of Species*）之外有史以来最好的科学书籍。19世纪的H.T.巴克尔认为，《国富论》"可能是他所写过的最重要的一部著作"。[91]斯密的研究方法和理性主义态度，使数学被应用于贸易和交换的研究当中。这并不总是成功的，但这的确说明了经济活动遵从特定的规律或秩序，对此我们应当感谢斯密。他经常被冠以"自由放任经济学"的标签，但这是个法文词，其所指代的观点出自18世纪的法国，而在英国则直到19世纪方才流行开来。实际上，斯密本人始终对文明社会中的正义和财富创造给予同等的关注。有关这一点的证明是，他经常将英国和其他地方进行比较。他认为，赋予劳动以价值并不能消除严重的不平等，但是，（正如他所预想的那样）悲惨的贫困状况在英国比在欧洲其他地方或者比如说印度要少得多。他感觉到，人们总是会自然而然地追求他们的自我利益，如果其他因素也具备的话，这将带来一个高工资、鼓励消费和生产的经济体，形成渐进和持续的向上循环。值得注意的是，斯密同样认为上帝将人性作了如此设计，使得普通人在关心自己以外，同样对他人具有同情心。他认为公民人道主义可以与商业社会携手并进。

马尔萨斯

马尔萨斯

亚当·斯密奠定了政治经济学作为一门学科的基础。斯密最有影响力的追随者之一是托马斯·罗伯特·马尔萨斯牧师（Reverend Thomas Robert Malthus，1766—1834），他因其有关人口及其与经济的关系的理论而出名，被称为"人口马尔萨斯"。法国革命风暴及其苦涩的后遗症使人们开始关注似乎潜伏在每一个角落的政治不稳定，而马尔萨斯认为他至少找到了一个答案，如果不是唯一答案的话。像同时代的很多人一样，他认为存在可揭示的人性法则，但在这一点上他却相信，进步是有其限度的，而且认为自己由此触及了一个最难以驾驭的问题。他于1798年出版了《人口原理及其对于未来社会改进的影响》（*An Essay on the Principle of Population*，*As It Affects the Future Improvement of Society*，1798），随后又在1803年出了第二版（几乎是个全新的版本），在其中扩充了自己的论证。在这些著作中，马尔萨斯对未来的描绘十分悲观。他的观点是，人性法则是存在的，其中一条基本法则就是食物产量只会以算术级数增长，而人口增长率则会以几何级数增长。从中得出的结论是，匮乏永远与人类相伴。[92]不过我们不应忽略这一事实，即马尔萨斯本人是一位牧师，是从道德角度来观察这一发现的；他的结论并非是我们只有坐等饿死，而是我们应当表现出节制（或谨慎），避免给已经不能养活自己的人口规模再增添负担。他说，上帝利用他所

第十二章　从灵魂到意识：探寻人性法则

发现的这条规律告诫人类，必须在生育方面保持克制，同时努力创造财富来确保总是有足够的食物备用。[93]

马尔萨斯在最初曾被指斥为边沁式的功利主义者。在结束这一部分的时候，我们可以考察一下马尔萨斯在新的东印度学院（训练东印度公司新雇员的教育机构，东印度公司是英帝国黄金时代英国在印度的主要权力机构）当助理牧师时的一个同事的看法。在这所学院中，马尔萨斯遇到了詹姆斯·密尔(James Mill)即约翰·斯图亚特·密尔 (John Stuart Mill, 1806—1873) 之父，此人是当时最不妥协同时也是最有科学意识的功利主义者之一。在他的《人类心灵现象的分析》(*Analysis of the Phenomena of the Human Mind*, 1829) 中，詹姆斯·密尔声称他的目的是使"人类意识如同从查令十字街到圣保罗大教堂的马路一样一目了然"。(换句话说，对于那些了解伦敦的人而言，这段路并不长，而且总体来说是直的。) 密尔告诉我们，他之所以在书名中使用"分析"一词，是为了显示他至少试图在本书中采用类似化学中所用的方法。正如一个评论者所言："感觉、联想和命名是构成人类意识的三大要素，正如碳、氢、氧和氨[氮]是构成人类身体的四大元素一样。"[94]联想是早期哲学中的一个重要概念，用来表示各种感觉——痛苦与愉悦、观念与行为——聚在一起形成规则范式的方式。这是另一个我们现在似乎视为理所当然而在当时却是崭新的观念，因为这涉及大脑如何处理行为和经验的问题，由之开辟了现代心理学的大部分领域，如学习理论、感知和动机等等。[95]

* * *

林奈

心理学在18世纪的诞生充满了不确定性和迟延，直到19世纪仍然没有完全走上正轨，社会学也是一样。关于人本身以及他与同类具有何种关系的问题，在启蒙时代存在着相互冲突的观点。某些人追随霍布斯，认为人并不必然是社会的；另一些人则将社会性看做理所当然的东西。无需是天才就能看到，任何文明社会或城市中的人们都确定了政治生活，因此对很多人而言，"社会"（在此取该词在18世纪晚期的意义）法则应当是可以辨别的。[96]

野蛮人和文明人之间的区别受到关注，这一区别使人回想起古代的蛮族／

希腊罗马人之间的区分。比如林奈（Carolus Linnaeus, 1707—1778）就在他著名的分类系统中列举了一些人形生物（Homo）种类，其中包括 *Homo ferus*（野人），*Homo sylvestris*（树人，包括黑猩猩）与 *Homo caudatus*（有尾人，其涵盖对象有一部分仍然是谜，另一部分则包括未得到充分理解的出生畸形现象）。第一批灵长类动物在这个时期被输入欧洲（包括猩猩和黑猩猩），从而促成了比较解剖学的创立。像林奈和爱德华·泰森（Edward Tyson）这样的人能够观察到它们与人类在外形上的密切关系，但当时还缺少足资进一步利用这些相似性的概念框架。查理·达尔文的祖父伊拉斯谟·达尔文（Erasmus Darwin, 1731—1802）在18世纪90年代写了《动物学：论有机生命法则》（*Zoonomia: Or the Laws of Organic Life*），提出动物是随时间逐渐演化的。这是早期的进化论，但并未提出自然选择的思想。当人们在18世纪旅行途中碰到"野蛮"或"原始"的人群时，他们并不知道这些人群究竟是处于一个较早的发展阶段，抑或一个较后的、从更高级的文明堕落而来的阶段。将人与动物区别开的，是人有灵魂和语言。人们开始收集头骨，以作为不同"种族"特征的证据。

卢梭

罗杰·史密斯也认为，欧洲作为一个不同于基督教世界的自在实体，一个独立的文明的观念，或不同于东方的西方观念，同样是从18世纪开始出现的。关于此点将在有关东方文艺复兴的章节中详细讨论，不过，欧洲相对于较"原始"或"自然"的人群而言更多人工成分的观点则从让·雅克·卢梭（Jean-Jacques Rousseau, 1712—1778）有关"高贵的野蛮人"的观念中得到了支持。卢梭的精神成长过程绝非一帆风顺（其母在其出生时死去，其父在其10岁时失踪），有些现代史学家干脆认定他的心理受到了扭曲。[97]他是在1755年进入公众视野的，那时他向当地的第戎学院提交了一篇论文，讨论的问题是："人类不平等的根源何在，它是否被自然法所容许？"他回答这个问题的方式是试图描绘和理解人类的原初自然状态，尽管他也承认这是个困难甚或根本不可能的任务，因为人为的虚饰已经在真相上面层层堆叠了。不过他的结论是：道德生活是文明的产物而非某种自然状态，在达致道德和文明的过程中，男人和女人丧失了他们的天真。有所取，则亦有所失。他之所以提出这个论点，是因为他

第十二章　从灵魂到意识：探寻人性法则

感觉到人具有精神，或者说对自由的自觉，而灵魂则通过激情展示其自身。"自然支配着每一只动物，这些野兽都服从她。人也感觉到这种驱策，但他意识到自己可以自由地顺从或抵制它；在对这种自由的自觉当中，最可贵的是灵魂的超然性得到了展现。"[98]卢梭的自然人是指"这样一些个体，他们与他们的感觉纯真地合为一体，这些感觉既包括对自我确定无疑的自觉，也包括对自身改善的渴望和对他人的同情。"[99]这构成了后文所讨论的浪漫主义运动的起源之一。同时，这也是将人和动物区分开的要素。"某些彻头彻尾的野蛮社会，如加勒比人，在'原始状态的懒散与我们虚荣心反复无常的冲动'之间保持着很好的平衡。其他社会产出了铁和谷物，'它们使人们文明，也毁灭了人类'。制造业和农业的分离导致了劳动的分裂，劳动又产生了财产和不平等……人变成了他们以前未曾成为过的形象：骗子、剥削者、不平等的立法者、压迫的辩护者和暴君。"[100]他的《社会契约论》（*Social Contract*）引入了"公意"的概念，由此成为某些人心中有关法国革命的圣典。

孟德斯鸠

孟德斯鸠（C.-L. de Secondat, baron de Montesquieu, 1689—1755）是《论法的精神》（*De l'esprit des lois*）的作者；这本1748年出版的书提供了与卢梭相反的另一种视角。对孟德斯鸠而言（他本人是个业余的实验科学家），社会世界就如同物质世界一样展示出规律性与和谐性，实乃自明之理。由此他作出了与弗格森相反的推论：世界并非由盲目的偶然性所支配，人类社会行为的法则是可以被发现的。"从最宽泛的意义上讲，法则即指从事物本性中引出的必然联系；在这个意义上，所有的存在都有其法则……"[101]抛开一些很成问题的说法，比如炎热的气候"会扩张神经纤维"从而使人变得懒惰云云，孟德斯鸠更加实质性的论点涉及不同类型政府的审视，如君主制、共和制或专制政治，以及它们各自对自由、教育或社会生活其他方面的影响。他最重要的论点乃是他的下

孟德斯鸠

述结论：统治方式与其说取决于政府的体制，不如说取决于有关的个人如何管理政府。在当时的背景下，这被理解为对君主君权神授主张的批评，因此，《论法的精神》上了禁书目录。

——★ ★ ★——

关于进步的观念

在18世纪探究人性法则的最后一种方法，就是借助于正在兴起的学术史研究。史学本身当然无甚新鲜，新鲜的有两点：首先是新的研究方法，这种方法为将来独立的学术研究对象奠定了基础；其次是历史想象得到了扩展，将文明史包括在内。这推动了现代进步观念的产生。

无论是伏尔泰的《路易十四时代》(The Century of Louis XIV, 1751)，还是大卫·休谟的《英格兰史》(History of England, 1754—1762)，都对教条的基督教是否有资格占据历史变革的核心论域提出了质疑，而爱德华·吉本的《罗马帝国衰亡史》(1776—1788)"描写基督教在欧洲确立时的语调，与其说是兴奋，倒不如说使人觉得这是一个无可挽回的损失"。[102]18世纪50年代出现了一股非教条的史学思潮。例如，所谓的"四阶段论"将社会变革的原因归结为生存方式的改变——从打猎到放牧到农业再到商业。尽管很多人在这个理论当中发现了漏洞，但与基督教无关的历史阶段的观念则大受欢迎，因为它解释了自地理大发现时代以来获得展现的世界各民族的巨大多样性。就这样，进步的观念流行了起来。要想实现进步，必须对其进行规定和计量，而这只有通过对过去的认真研究才有可能。[103]

早在14世纪，穆斯林哲学家伊本·卡尔敦 (Ibn Khaldun, 1332—1406) 就认为，历史是一门科学，应当尝试解释文明的起源与发展，他并将后者与个体生命进行了类比。[104]弗朗西斯·培根同样持有进步的观念。他写道："从古时候起，世界一天天变老；比起从现在起向前追溯的时代，我们自己的时代更有资格被称为古代。"对他而言，正如成年人被认为比孩童更有智慧一样，后人也理应比前人拥有更多的知识积累。[105]笛卡尔同样特别谈到了科学发现所带来的人类健康的"改善"。但是直到17世纪末的英格兰，通过一系列小册子的发表，才有了一场讨论古代和现代思想孰优孰劣的著名意见交流。1690年，威廉·坦

第十二章 从灵魂到意识：探寻人性法则

普尔爵士 (Sir William Temple) 在其《论古今学问》(*Essay upon Ancient and Modern Learning*) 一文中甚至否定了哥白尼理论和血液循环说的重要地位, 认为毕达哥拉斯和柏拉图的水平超过了伽利略和牛顿。即使是作为坦普尔被保护人的乔纳森·斯威夫特, 在其讽刺作品《书籍之战》(*The Battle of the Books*, 1697) 中也 (恰恰) 赞成古人的优越地位。威廉·沃顿 (William Wotton) 在其《古代与近代学术回顾》(*Reflections upon Ancient and Modern Learning*, 1694) 中部分地揭露了坦普尔的错误, 但这一论战本身恰恰说明了有关进步的观念已是多么流行。

古代 V. 现代

法国作家伯纳德·德·丰特内尔 (Bernard de Fontenelle, 1657—1757) 比任何英国作家走得都要远。在《漫谈古人和今人》(*A Digression on the Ancients and Moderns*) 中, 他令人吃惊地得出了五点非常现代的结论, 即: 从生物学的观点来看, 古人和今人并无区别; 在科学和工业领域, 一项成就总是依赖于其他成就的, 因此"进步是积累性的", 也就是说今人的确已经超越了古人; 这并不说明今人比古人聪明, 今人只不过是利用了过往所发生的事情, 亦即他们积累了更多的知识; 在诗歌、修辞学和艺术领域, 两个时代之间并无真正的差别; 我们应当记住, 对古人"不加思量的崇拜"是对进步的阻碍。[106] 德·丰特内尔得到了查理·贝洛 (Charles Perrault, 1628—1703) 的支持。贝洛认为, 尽管自古典时代以来知识就处在积累过程中, 近代以来的科学发现已经使现代世界趋向完美, 以后的时代将不会再增添多少新东西了。"我们只需读读法国和英国的期刊, 瞥一眼这两个伟大王国的学术界所取得的辉煌成就, 就可以发现, 在过去20年到30年中所取得的自然科学成就, 超过了整个古代学术时期的总和。"[107] 安·罗伯特·雅克·杜尔哥 (Anne Robert Jacques Turgot, 1727—1781) 于1750年12月在索邦大学作后来以《论人类意识的连续进步》(*On the Successive Advances of the Human Mind*) 为题发表的讲座时, 还只有24岁, 但他的观点却影响巨大——他声称, 文明是地理、生物和心理因素的产物, 而且, 人的生物学构成基本不发生变化。人类拥有共同的知识宝藏, 它贮藏在文字当中, 建立在过往的基础上。他区分了智力进步的三

361

个阶段——神学、形而上学和科学。他认为，完美状态是可能的，终有一天会达到。

伏尔泰写过三部历史作品。第一部只涉及一个人物——查理十二世（1728），第二部则描写一个时代即《路易十四时代》（1751），而第三部——他最重要的作品——则是1756年的《风俗论》（*Essay on Customs*）。该书的目标比其他的书都要更野心勃勃：按伏尔泰本人的说法，该书旨在解释"人类思想消灭、复兴和进步"的原因。[108]伏尔泰的写作路径也很新颖，不去关心政治史，而去关心文化进步。他为自己定下的任务是揭示"人类在哪个历史时期从以往的粗俗村野过渡到我们现在的文明礼节的"。他将这一过程称为人类思想的"启蒙"，"仅此就足以让人对这一团糟的事件、派系、革命和犯罪产生关注了"。[109]他并不关心神的或"第一"推动力，仅仅展示事物从那开始是如何运作和发展的。在同一本书里，他还引进了"历史哲学"这一短语，意思是历史可以从批判的角度被看成一门从经验角度估量证据并排除直觉立足之地的科学。

孔多塞

有关进步的最精致很可能也是最完备的理论是孔多塞侯爵（the marquis de Condorcet, 1743—1794）在其1795年出版的《人类精神进步史纲》（*Outline of an Historical Picture of the Progress of the Human Mind*）中提出的。他所持的观点是："自然对人类能力的完善并未设置限制，人的可完善性……除了自然把我们安放于此的星球本身的寿命之外，没有任何限制。"[110]他将历史分为十个阶段：渔猎时代，畜牧时代，农耕时代，希腊商业、科学和哲学时代，从亚历山大至罗马帝国灭亡的科学和哲学时代，从堕落至十字军时代，从十字军到印刷术发明的时代，从印刷术至路德、笛卡尔和培根抨击权威的时代，从笛卡尔至大革命时代——"那时理性、宽容和人道正在成为覆盖一切的格言"。他将法国大革命看做过去和"光荣未来"的分水岭，在未来，自然将被更为彻底地驯服，进步将没有界限，工业将让土地产出足以养活每一个人的粮食，两性将实现平等，"死亡将成为例外而非规则"。[111]

戈德温

英国人威廉·戈德温（William Godwin，1756—1836）完全从政治角度看待进步——这就是说，他将政治看成是达致人类总体正义的方法，无之则人的自我实现即属不可能；他认为，这种自我实现正是进步的目的所在。他的《政治正义论》（*Enquiry Concerning Political Justice*，1793）出版之时正当法国革命的高潮，因此引起了一阵骚动不安。据说华兹华斯曾告诉过一个学生："把你的化学书都烧掉，真要读就读戈德温的书。"[112]戈德温的理论是，人类是可以自我完善的，但迄今为止没有取得多大进展，原因就在于压迫性的人造机构，尤其是政府和教会所拥有的强制权力。因此他建议废除中央政府，不允许强制性政治组织在教区以上的层次存在。他还建议废除婚姻，平均分配财产。人（如戈德温所期望的那样）在自由发挥其理性（除了其同胞的道德监督）时所达致的进步，只有在政治正义的条件下才能实现，而戈德温认为政治正义取决于文学和适当的教育。[113]

康德／黑格尔

伊曼纽尔·康德（Immanuel Kant，1724—1804）如其同时代人戈特弗里德·赫尔德（Gottfried Herder，1744—1803）一样，认为历史有一个宏大的、无所不包的目的，而人则通过依从自然法则的指引，在无意识当中向它靠近。(康德本人的法则是一成不变的，他的邻居可以根据他每天的散步时间来定表)。对他而言，哲学家的任务之一便是为人类发现这一普遍规划。他认为，历史和进步的自然法则原则上是可以被发现的，正如牛顿的行星法则被发现了一样。他提出了九点描述人类进步的命题来概括自己的历史哲学。他的主要观点是，人永远存在一种内在冲突，即关心邻人福利的社会存在与只关心自己、关心成就和福利的自私存在之间的冲突。他认为，这一持续的冲突随时间推移而不断发生，使社会性和个体性两极都得到进步。他声称，这一创造性冲突只有在存在一个调节社会生活的强大国家和使个体性茁壮成长的最大限度个人自由的情况下，才能最好地发挥作用。他毫不讳言这里涉及的是进步的道德概念：最大多数人的自由——去实现个体性和去照顾其邻人的自由——才是目的。[114]

和康德一样，格奥尔格·威廉·弗里德里希·黑格尔（Georg Wilhelm Friedrich Hegel，1770—1831）也认为进步首先关乎自由。黑格尔从整个历史中划分出历史进步的四个主要阶段，自由在阶段更替中不断扩展。首先是东方体系，在其中只有一个人——专制君主——是自由的。最后是普鲁士体系，在其中所有人都是自由的。这一简要的概括对黑格尔的观点未免有点歪曲，但他自己就不得不歪曲不少证据来证明他自己的世界——19世纪的普鲁士——是最完美的世界形式。

圣西门／孔德

圣西门

孔德

最后，在有关进步的问题上，让我们再回到法国，关注一下克洛德·亨利·德·圣西门伯爵（Count Claude Henri de Saint-Simon，1760—1825）和奥古斯特·孔德（Auguste Comte，1798—1857）的理论。两人都被看做早期的社会学家，对进步概念的关注当时是这门羽翼未丰的社会科学的热门话题。比起仅仅是提出有关进步的理论来，这两个人都更加关心如何实现进步。（在这个意义上，社会学的创立本身就是进步的组成部分。）圣西门有一段广为人知的文字："诗人们所梦想的黄金时代是在人类的摇篮阶段，他们其实应当将铁器时代看做黄金时代。黄金时代并不是我们的过去，而是我们的将来。它意味着社会秩序趋于完美。我们的父辈没能看到它，我们的子孙终有一天会达到它，而为他们开辟道路则是我们的任务。"[115]圣西门接受了杜尔哥提出的进步三阶段理论，并进一步认为，科学和工业革命的进展为进步开辟了广阔的空间。对法国革命的暴力和非理性深感失望的圣西门认为工业化是人类的唯一出路，由此他成为一个雄辩的机器卫道士。尤其是，圣西门颇具原创性地提出了设立某

第十二章 从灵魂到意识:探寻人性法则

些议会下属部门的设想:其中一个他称之为发明院,包括工程师、诗人、画家和建筑师;另一个是审查院,包括医生和数学家;第三个是执行院,由工业首脑们组成。他的设想是:第一个部门负责起草法律,第二个部门负责审查和通过这些法律,第三个部门则决定如何执行它们。

孔德在其《实证哲学》(*Positive Philosophy*)中认为历史分为三个大的阶段,即神学、形而上学和科学。他在某种意义上也采纳了圣西门的主张,认为社会学家理应引领工业和技术进步(某些人称之为"社会学家祭司"),妇女应当充任道德方向的卫道士,工业巨头们应当负责社会的实际管理。在政治上,他认为"空想"应当让位于观察。孔德死于1857年,仅仅两年后查尔斯·达尔文的《物种起源》就得以出版,其所提出的进化论将一切时代的进步观念加以改造和简化。

———— ★ ★ ★ ————

18世纪启蒙运动的一个显著特点,就是首次尝试将自然科学的方法和思路运用于人类自身的研究。这并不见得总是成功,但同样也并非一无所获。在很大程度上,这个问题至今仍然困扰着我们。我们或许会称之为"硬"科学的物理学、化学和生物学已经告别大踏步进步的时代了,而另一方面,"软"科学——心理学、社会学和经济学,则从来没有达到过同样程度的意见一致,没有同样的预见力,也从来就没有在人类事务的领域产生过像核物理学、固态物理学、有机化学和基因工程那样的高度有效的技术。在启蒙运动结束两个世纪后的今天,我们依然无法断言人性遵从何种法则,或甚至这些法则是否和"硬"科学中的一样。这一断层是本书后半部分所要讨论的主要问题。

注 释

[1] 雅各布·布朗诺夫斯基和布鲁斯·麦兹利希,《西方思想传统》,纽约:哈珀兄弟出版公司,1960年,第247页及后文。

[2] 丹尼尔·布尔斯汀:《探索者:人类为了解世界而不断追索的故事》(*The Seekers: The Story of Man's Continuing Quest to Understand His World*),纽约和伦敦:古典书局,1999年,第193页。有关伏尔泰逃亡英国及其后果。杰弗里·霍索恩(Geoffrey Hawthorn),《启蒙与失望:社会理论史》(*Enlightenment and Despair: A History of Social Theory*),英格兰剑桥:剑桥大学出版社,1976年,第11页,有关伏尔泰的教育,以及这种教育如何孕育出智力的独立,以及第10—11页,有关英国对法国启蒙运动的影响(洛克和牛顿)。

[3] 布朗诺夫斯基和麦兹利希,如前所引,第249页。

[4] 同上。

[5] 引自同上,第250页。

[6] 同上,第251页。

[7] 雷蒙·内弗斯(Raymond Naves),《伏尔泰和百科全书》(*Voltaire et l'Encyclopédie*),巴黎,1938年。

[8] P. N. 弗班克,《狄德罗》,伦敦:瑟克·瓦伯格出版社,1992年,第73页。

[9] 同上,第84页。参见布尔斯汀,如前所引,第196页。

[10] 弗班克,如前所引,第87页。

[11] 之前发生了很多问题。同上,第92页。

[12] 诺曼·汉普森,《启蒙》,伦敦:企鹅出版社,1990年,第53页。

[13] 同上,第53—54页。

[14] 阿尔弗雷德·尤尔特(Alfred Ewert),《法兰西语言》(*The French Language*),伦敦:费伯出版社,1964年,第1—2页。

[15] 同上,第8—9页。

[16] M.K.蒲柏(M. K. Pope),《从拉丁语到现代法语》(*From Latin to Modern French*),曼彻斯特:曼彻斯特大学出版社,1952年,第49页。

[17] 同上,第51页和第558页。

[18] 约阿希姆·杜·贝莱(Joachim du Bellay),《保卫和弘扬法兰西语言》(*The Defence and Illustration of the French Language*),格拉迪斯·M. 托凯特(Gladys M. Turquet)译,伦敦:登特出版社,1939年,第26页及后文和第80页及后文。

[19] 尤尔特,如前所引,第19页。在12世纪至13世纪末的英国,法语在宫廷、议

会和法院中使用，而它作为法院用语的地位则一直保持到15世纪；直到18世纪之前，法语仍然是案卷记录中使用的语言。

[20] 阿诺德·豪塞尔（Arnold Hauser），《艺术社会学》（The Social History of Art），第3卷，纽约：古典书局／克诺夫出版社，未注明出版日期，第52页。

[21] Q. D. 李维斯（Q. D. Leavis），《小说与读者》（Fiction and the Reading Public），伦敦：贝罗（Bellew）出版社，1932/1965年，第83页。

[22] 同上，第83—84页。参见威廉·坎贝尔（William Chappell），《旧时代的流行音乐》（Popular Music of the Olden Time），两卷本，伦敦：1855—1859年。

[23] 李维斯，如前所引，第106页以及第2部分第2章，有关《天路历程》和《鲁宾逊漂流记》读者群的广泛程度。

[24] 豪塞尔，如前所引，第53页。

[25] 同上。

[26] 李维斯，如前所引，第123页和第300页。

[27] 同上，第300页。属于同一潮流的还有其他期刊，《绅士杂志》（Gentleman's Magazine）从1731年开始发行，很快，接踵而至的有1749年的《伦敦杂志》（London Magazine）和《每月评论》（Monthly Review），以及1756年的《批评综述》（Critical Review）。

[28] 李维斯，如前所引，第132页。

[29] 同上，第145页。

[30] 只有卢克莱修（Lucretius）以其早期进化观可以被称为保持进步的意识。

[31] 哈利·埃尔默·巴恩斯，《西方智力文化史》卷2，《从文艺复兴到18世纪》（From the Renaissance Through the Eighteenth Century），纽约：Dove出版社，1937年，第714页。

[32] 汉普森，如前所引，第80—82页。

[33] 罗杰·史密斯，《人文科学的丰塔纳史》（The Fontana History of the Human Sciences），伦敦：丰塔纳出版社，1997年，第162页。

[34] 同上，第158—159页。

[35] 同上，第162页和参考文献。

[36] 阿尔弗雷德·科班（Alfred Cobban），《人道的探索：启蒙在当代史中的作用》（In Search of Humanity: The Role of the Enlightenment in Modern History），伦敦：凯普出版社，1960年，第69页。

[37] 布尔斯汀，如前所引，第184页。

[38] 罗杰·史密斯，如前所引，第175页。

[39] 同上，第192页。

[40] 同上，第196页。

[41] 同上，第197页。参见科班，如前所引，第38页，有关莱布尼茨不愿接受牛顿的某些观念。

[42] 乔纳森·I. 依兹列尔（Jonathan I. Israel），《激进启蒙运动：1650—1750年的哲学和现代性的生成》(*Radical Enlightenment: Philosophy and The Making of Modernity 1650—1750*)，牛津：牛津大学出版社，2001年，尤其是第552页及后文。

[43] 同上，第436—437页。

[44] 科班，如前所引，第210页。

[45] 同上，第208页。

[46] 同上，第211页。相面术在18世纪曾经风靡一时，但留存更长久的康德遗产是1783年两份杂志的创建，即《经验心理学期刊》(*Zeitschrift für empirische Psychologie*) 和《灵魂经验知识杂志》(*Magazin für Erfahrungseelenkunde*)。由于和医学及心理学存在密切联系，它也是朝向现代心理学的建立迈出的一步。

[47] 罗杰·史密斯，如前所引，第216页。

[48] 科班，如前所引，第133页。

[49] L. G. 克罗克 (L. G. Crocker)，《自然与文化：法国启蒙时期的伦理思想》(*Nature and Culture: Ethical Thought in the French Enlightenment*)，巴尔的摩：约翰霍普金斯大学出版社，1963年，第479页及后文。

[50] 罗杰·史密斯，如前所引，第221页。

[51] 拉·美特里 (J. O. de LaMettrie)，《人是机器》(*Man a Machine*)，拉萨尔：敞院 (Open Court) 出版社，1961年，第117页（由G. C. 伯西翻译）。

[52] 沃尔曼 (Dror Wahrman)，《现代自我的形成：18世纪英格兰的个性和文化》(*The Making of the Modern Self: Identity and Culture in Eighteenth Century England*)，纽黑文：耶鲁大学出版社，2004年，第182—184页。

[53] 同上，第275—286页。

[54] 詹姆斯·巴肯 (James Buchan)，《思想之都》(*Capital of the Mind*)，伦敦：约翰·默里出版社，2003年，第5页。

[55] 同上，第1—2页。

[56] 同上，第174—179页。同样这也有助于完善法律。科班，如前所引，第99页。

[57] R. A. 休斯顿 (R. A. Houston)，《启蒙时代的社会变革：爱丁堡1660—1760年》(*Social Change in the Age of Enlightenment: Edinburgh 1660—1760*)，牛津：牛津大学出版社的克拉伦登分社，1994年，第80页。

[58] 同上，第8—9页。

[59] 巴肯，如前所引，第243页。

[60] 他的作品在19世纪很少有人阅读；正如詹姆斯·巴肯所言，"是黑暗的20世纪……使休谟被奉为英国哲学家之王"。他在第一份工作上因纠正上司的英语错误而被解雇。巴肯，如前所引，第76页。

[61] 同上，第247页和参考文献。

[62] 斯蒂芬·巴克尔 (Stephen Buckle)，《休谟的启蒙论》(*Hume's Enlightenment Tract*)，牛津：牛津大学出版社的克拉伦登分社，2001年，第149—168页。

[63] 巴肯，如前所引，第81页。

[64] 霍索恩，如前所引，第32—33页。

[65] 巴肯，如前所引，第247页和参考文献。

[66] 参见霍索恩，如前所引，第32页，有关休谟对威廉·詹姆斯的影响。

[67] 巴肯，如前所引，第81页。

[68] 巴肯，如前所引，第14—15页。

[69] 巴肯，如前所引，第221页。

[70] 科班，如前所引，第172页。有关其他在弗格森之前的法国和瑞士作者的情况细节。

[71] 巴肯，如前所引，第222页。

[72] 法兰西亚·奥兹－萨尔兹伯格 (Frania Oz-Salzberger)，《启蒙的转换：18世纪德国的苏格兰城市话语》(*Translating the Enlightenment: Scottish Civic Discourse in Eighteenth-Century Germany*)，牛津：牛津大学出版社的克拉伦登分社，1995年，尤其是第4章《弗格森的苏格兰语境：生平、思想和话语转换者》('Ferguson's Scottish contexts: life, ideas and interlocutors')。

[73] 巴肯，如前所引，第224页。

[74] 同上，第305页。

[75] 很多人关注荷兰联合省，因为这个小国（甚至不得不自己造地）因其杰出的艺术

和商业而在各国当中处于先进地位。

[76] "生命数据"(Vital statistics)是维多利亚时代的词汇。巴肯,如前所引,第309页。

[77] 同上,第316页。

[78] 伊恩·辛普森·罗斯(Ian Simpson Ross),《亚当·斯密的生平》(*The Life of Adam Smith*),牛津:牛津大学出版社的克拉伦登分社,1995年,第17页。

[79] 同上,第133页。

[80] 同上,第11章,第157页及后文,《道德情操理论的形成》。

[81] 同上,第121页。

[82] 保罗·兰福德(Paul Langford),《礼貌而商业的民族》(*A Polite and Commercial People*),牛津:牛津大学出版社,1989年,第447页。

[83] 同上,第3页。

[84] 同上,第391页。

[85] 罗杰·史密斯,如前所引,第317页。

[86] 兰福德,如前所引,第70页。

[87] 罗杰·史密斯,如前所引,第319页。

[88] 同上。

[89] 霍索恩,如前所引,第56页。

[90] J. D. 伯纳尔,《历史上的科学》(*Science in History*),第4卷,伦敦:企鹅出版社,1954年,第1052页,认为对于亚当·斯密来说自由放任是自然秩序。

[91] H. T. 巴克尔(H. T. Buckle),《英格兰文明史》(*A History of Civilisation in England*),伦敦:朗曼格林书局,1871年,3卷本之第1卷,第194页。

[92] 罗杰·史密斯,如前所引,第333页。

[93] 这种颇有影响的悲观主义在20世纪的生态保护运动中特别突出。它也有助于理解托马斯·卡莱尔为何将经济学描绘为"惨淡的科学"。参见肯尼斯·史密斯(Kenneth Smith),《马尔萨斯主义者的争论》(*The Malthusian Controversy*),伦敦:罗德里奇 & 可根·保罗出版社,1951年。

[94] 罗杰·史密斯,如前所引,第335页。参见霍索恩,如前所引,第80页。

[95] 罗杰·史密斯,如前所引,第251页。

[96] 在理解我们或许会简单称之为社会学的事物方面,当时和现在的主要区别是:18

第十二章 从灵魂到意识：探寻人性法则

世纪时的人们不像我们一样关注生物学和心理学，而是更加关注道德（品德）和政治。

[97] 科班，如前所引，第147页。布尔斯汀，如前所引，第198页。将他看成一个受虐狂，总在寻找一个妈妈。

[98] 卢梭（J.-J. Rousseau），《第一篇论文和第二篇论文》(*The First and Second Discourses*)，由马斯特斯编辑，纽约：圣马丁出版社，1964年，第92页及后文。科班，如前所引，第149页，有关卢梭的"精神顿悟"。

[99] 罗杰·史密斯，如前所引，第278页。

[100] 布尔斯汀，如前所引，第199页。卢梭认为感觉应当指导人类如何生活，这可能使他被视为浪漫主义运动的鼻祖之一。从中也导出了他的教育理论：他相信孩童的天真无邪，这与当时的流行观点不同，后者认为儿童天生就有罪孽，应当将这种罪孽从他身上驱除。

[101] 霍索恩，如前所引，第14—15页。

[102] 罗杰·史密斯，如前所引，第293页。

[103] 布朗诺夫斯基和麦兹利希，如前所引，第258页。

[104] 巴恩斯，如前所引，第826页。

[105] 布尔斯汀，如前所引，第161页。有关培根未能认识到奈培、维塞利亚斯和哈维的贡献。

[106] 科班，如前所引，第51页。

[107] F. J. 泰格（F. J. Teggar），《发展的思想》(*The Idea of Progress*)，伯克利：加利福尼亚大学出版社，1925年，第110页及后文。

[108] 罗杰·史密斯，如前所引，第259页。

[109] 同上。参见布尔斯汀，如前所引，第193页及后文，就"文明"这一词汇和概念的使用而进行的讨论。

[110] 泰格，如前所引，第142页，布尔斯汀，如前所引，第219页。

[111] 巴恩斯，如前所引，第824页。参见詹姆斯·伯纳（James Bonar），《哲学和政治经济学》(*Philosophy and Political Economy*)，伦敦：麦克米伦出版社，1893年，第204—205页。

[112] H. S. 索尔特（H. S. Salt）说："有一段时期汤姆·潘恩被他直接看做傻瓜汤姆。"底波拉·曼利（Deborah Manley），《亨利·索尔特：艺术家，旅行家，外交家，埃及古物学者》(*Henry Salt: Artist, Traveller, Diplomat, Egyptologist*)，伦敦：Libri，2001年。参

见H. S. 索尔特(H. S. Salt),《戈德温的政治正义论》(*Godwin's Inquiry Concerning Political Justice*),为G. G.和J.罗宾逊(J. Robinson)而印制,帕特诺斯特街,伦敦:1796年,第1—2页。

[113] 正如一位评论家所言:"这是对个人主义的清教式神化。"巴恩斯,如前所引,第836页。

[114] 巴恩斯,如前所引,第839页。布尔斯汀,如前所引,第208页。

[115] 巴恩斯,如前所引,第840页。罗伊斯·圣西门(Louis, duc de Saint-Simon),《圣西门回忆录》(*Mémoires de aint-Simon*),由布瓦里斯尔(A. de Boislisle)编辑(41卷),巴黎,1923—1928年。布尔斯汀,如前所引,第207—212页,霍索恩,如前所引,第72—79页。他将圣西门描绘成"一个机会主义者"。

第十三章
工业思想及其重要性

《艰难时世》

"焦煤镇……是个到处都是机器和高耸的烟囱的市镇，无穷无尽长蛇似的浓烟，一直不停地从烟囱里冒出来，怎么也直不起身来。镇上有一条黑色的水渠，还有一条河，这里面的水被气味难闻的染料冲成深紫色，许多庞大的建筑物上面开满了窗户，里面整天只听到嘎啦嘎啦的颤动声响，蒸汽机上的活塞单调地移上移下，就像一个患了忧郁症的大象的头。镇上有好几条大街，看起来条条都是一个样子，还有许多小巷也是彼此相通，那儿的居民也几乎个个相似，他们同时进，同时出，走在同样的人行道上、发出同样的脚步声音，他们做同样的工作，而且，对于他们，今天跟昨天和明天毫无区别，今年跟去年和明年也是一样。"[1]

除了查尔斯·狄更斯本人以外，还有谁出现在他的这部灰暗的"工业小说"——《艰难时世》中？焦煤镇、学校校长格拉德格林先生、银行家和工场主邦德贝先生、马夫斯里瑞先生、管理邦德贝先生的公司的斯巴塞夫人，在日子比较好过的时候，都与"婆雷一家"和"斯帕西特一家"有联系。——

查尔斯·狄更斯

这些在狄更斯作品里出现的名字总能为读者讲述部分故事。用凯特·弗林特的话说，这部书的主题之一是探究那些人的心态，那些人"坚持把工人看做是有用的工具，看做是'劳力'，而不是充分发挥潜能的、复杂的人"。[2]但是，狄更斯不是一个说教型的作家：他不必如此。

正如前面提到的，如果公元1050年到1200年之间，意识发生了关键性的转变，形成了我们所说的"西方思想"，那么18世纪发生了同样重要的变革。这主要有三方面的因素。一个是西方世界的重心从欧洲转移到欧洲和北美之间的某个地区，而这次向西转移到大西洋中的一个假想的点上是美国革命的结果。第二次重要变革涉及民主的、通过选举成立的政府取代了相对更为传统的、通常是绝对君主制的欧洲君主国家。除了英国，这种变革主要归功于引发了19世纪到20世纪的一系列革命的法国大革命，部分归功于美国的思想。18世纪的第三个变革是象征工业生活的工厂的发展。它与以前的生活是那么的不同。[3]

工业革命

第十三章 · 工业思想及其重要性

最初的德贝郡工厂／纺纱机

为什么工厂这类的事都首先发生在英国？[4]一个原因是许多存在于其他欧洲国家的封建制度和王室的束缚，英国17世纪时就已经摆脱了。[5]另一个我们应该想到的原因是木材短缺。因为这迫使次于木材但是廉价的煤被更广泛地用做燃料。[6]我们还应记得第一次工业革命就发生在英国的一个很小的区域，向西与什罗普郡的科尔布鲁克代尔接壤，向南与伯明翰相连，向东靠近德比，向北紧临兰开夏的普雷斯顿。这两个地方在工业革命中都占有一席之地：1709年，在科尔布鲁克代尔，亚伯拉罕·达比（Abraham Darby）用煤冶炼出了铁；1721年在德比，捻丝工托马斯·兰博（Thomas Lombe）设计并建立了世界上第一个公认的工厂；1732年，在普雷斯顿，理查德·阿克莱特（Richard Arkwright）出生了。1741年或1742年，在伯明翰，约翰·怀亚特（John Wyatt）和刘易斯·保罗（Lewis Paul）首次应用了滚筒棉花纺纱系统，后来阿克莱特使用并改进了这个系统。[7]

工厂的形成和技术革新的共同影响首先体现在纺纱上。纺纱机主要工作原理与人们用他们的手指增加对羊毛或棉花的拉力从而从中抽出连续不断的纱线相

珍妮纺纱机

似。一种型号的机器是詹姆士·哈格里夫斯（James Hargresves）18世纪60年代发明的，而另一种由面包师理查德·阿克莱特获得了专利。他们的设计使用了一系列的纺锤和滚筒来逐渐加大拉力。大约10年后，塞缪尔·克伦普顿（Samuel Crompton）发明了集合前面两种设计功能的机器，纺纱机几近于完美。[8]重要的一点是虽然哈格里夫斯和克伦普顿是发明者，但是只有阿克莱特具有商业头脑（他甚至从前两个发明者那里盗用了一些点子），获得了水力纺纱机专利并发了财。[9]他认识到未来发展主要不是依靠羊毛而是棉花，因为和印度不断增长的贸易才是重要的。用手工纺出结实的棉线不再是一件容易的事。传统的英国织布工用棉纱做纬纱，用亚麻做经纱织布（在织布机上纬纱是固定的，而经纱随着梭子来回穿梭被不断扯紧）。阿克莱特知道棉线很结实，可以当经纱，他意识到纬纱将改变工业。[10]

第一批工厂用流水作动力，这就是为什么它们多数坐落在偏远的德贝郡河谷——只有在这里全年都依赖溪流获得充足的水源。孤儿院和贫民窟的孩子是廉价劳动力。这并不是新鲜事——18世纪20年代，丹尼尔·笛福就在约克郡的村子里发现妇女和儿童在纺纱机前长时间工作。新情况是工厂和他们所要求的严酷纪律。在当时的情况下，在乡下，至少孩子们没有多少闲暇时间。但是，19世纪初，蒸汽机取代了水力，连这种状况也改变了。因为蒸汽机使工厂能够转移到劳动力充足的地方——城镇，在那也有和乡村一样充足的煤炭资源。[11]

蒸汽机／冶铁技术

蒸汽机的首次使用是从矿井中抽水。（这是一个老问题。伊凡吉利斯坦·托里切利早在1644年就发现抽水机无法把水抽到30英尺以上的地方。*）远远低于水平面的更深的矿井需要用吊桶排水或者用一组水泵排水。第一个水泵的发动机是托马斯·纽柯门（Thomas Newcomen）在17世纪与18世纪之交发明的，应用于康沃尔的铜矿。在早期的发动

詹姆斯·瓦特

---

* 这本身就为空气压力的发现迈出了重要一步。

第十三章 工业思想及其重要性

机中，驱动活塞的蒸汽在汽缸中被压缩，由此产生的真空使活塞恢复原位。这勉强可以工作，但是，缺点是整个汽缸每完成一次冲程就被用来冷凝水蒸气的水冷却了。这是詹姆斯·瓦特（James Watt）开始研究时的状况。作为一名格拉斯哥大学优秀的机械制造者，瓦特对纽柯门的机器功率进行了计算，然后开始研究如何能减少或避免热量的流失。他的解决方案是把蒸汽压进一个封闭的空间，而这个空间与整个汽缸相连，但不是汽缸的一部分相连。这种设计意味着冷凝器一直是冷的，而汽缸总是热的。尽管有这样的突破，瓦特的发动机在格拉斯哥（Glasgow）的运转并不令人满意，原因是当地铁匠的工艺水平低下。瓦特在伯明翰的马修·博尔顿的工厂找到了"更好的铸工"时，事情有了转机。[12]

从很多方面讲，这是工业革命开始形成的阶段，它使现代生活更加丰富多彩。一旦蒸汽成为动力基础，煤和铁就成了工业支柱。事实上，冶铁技术已经很发达了。直到1700年左右，只有木炭能在鼓风炉里还原铁矿石。这时英国严重缺乏木材。法国的木材资源还很丰富，所以还能继续使用木炭冶铁。但是在英国，丰富的煤资源取代了木材。所有人都知道这一点，并且不止一位发明者知道还原铁矿石的一种方法就是去除煤中的气体把它冶炼成焦炭，这可以更安全地升高温度。[13]亚伯拉罕·达比和他的家人在1709年首次做到这一点。他们把这个秘密保守了30余年。[14]他们生产的铁原料还需要提纯才能加工成形，但是用彼得·霍尔的话说，一段时间之后铸铁成为当时的可塑材料。[15]

农业革命／管理模式的变化

18世纪的农业革命也起到一定作用。汤森德子爵的新庄稼轮作法，罗伯特·贝克韦尔的养牛革新，大大地提高了效率，帮助人们离开土地，破坏了乡村生活，并且迫使人口涌向城市——涌向工厂。[16]

然而，工业革命不只是而且事实上也不是那个时代主要的伟大发明。工业革命产生的长期变革是由于更深刻的工业管理模式的转变造成的。[17]正如一位历史学家指出的，发明的丰富性和多样性"难以汇编"，但是它们可以被分为三类：机器（快捷、规则、精确、持续性）代替手工技术和劳动；无生命的动力资源（水和煤）代替了有生命的（马，牛等），最值得注意的把热量转化为功的发动机向人们展示了无限的动力供给；最后，所有这些意味着人类可以使用新

人类思想史

的天然材料——主要是矿产资源——它们非常丰富。[18]

这些进步的重要性在于它们使人类生产力空前提高，此外，还具有可持续性。在早期，任何生产力的提高总是迅速伴随着人口的增长，最终抵消了财富增长的部分。"现在，历史上第一次，经济和知识快速增长，能进行持续投资和技术革新。"这改变了人们的观点：认为某种东西是"新的"，第一次比传统的、熟悉的、可靠的和久经考验的东西更具魅力。[19]

改革了的棉花工业

改革的规模可以从英国棉花工业的发展看出一些端倪。1760年（这一年通常被看做是工业革命开始的时间），英国进口了大约250万磅原棉。1787年这个数字增长到2200万磅，到1837年增长到3660万磅。同时，纱的价格降到原来的1/20，除了手工织布工人以外，几乎纺织工业的所有工人都在工厂工作。现代工业和工厂体系的崛起，"破坏了国内和国际政治势力的平衡；根本改变了社会秩序，改变了人们的思维方式和做事方式。"[20]

工厂城市和工作经验的改变

史学家推想出这种改变的主要原因似乎是由于早期的乡村体系机械化不平衡所导致。例如，织布机是真正的机器，但是手纺车不需要什么技能，并且，根据丹尼尔·笛福的描述，"任何4岁或4岁以上的人都可以操作它"。正因为如此，用它非常合算，妇女把它当做是做家务和抚养孩子之外的第二职业。因此，纺纱通常是整个体系的瓶颈。第二个缺点是，从理论上讲，织工本身是自己的雇主，而实际上他常常没有其他选择，只能把织布机抵押给商人。生意不好时，织工不得不借钱谋生，而他唯一的担保就是他的机器。同时，这也不是一定对商人有利，因为赶上好年景，织工通常只要满足自己和家人的需要就够了，不会多干。换句话说，一旦织工需要更多工作，体制就会限制他。而当商人需要更多产品时，体制就会限制商人。在这种情况下没有过剩。正是这种（令人不满意的）状况导致了工厂的产生。工厂的本质是它使工厂所有者控制生产资料和生产时间，让他能把需要若干步骤或者若干人的操作过程合理化。[21]新机

第十三章 工业思想及其重要性

器被引进。受过一点儿培训的或者没有收过培训的人——包括妇女和儿童——都能使用它们。

对于工人来说，工厂生活根本谈不上舒适。成百上千从孤儿院和贫民窟来的孩子加入进来。威廉·赫顿（William Hutton）在德比丝绸工厂里当学徒时穿木鞋，因为他个子太小够不着机器。像他们周围的成年人一样，孩子们也要遵守工厂的规章制度。这是新体验：任务越来越专业化，时间永远更重要。以前从没有这样的事；新工人没有办法拥有或者规定生产方式；他或她只不过是雇来的劳力。[22]

当蒸汽机的发明使工业城成为可能时，工作体验的根本变化变得更加显著。1750年英国只有两个城市拥有超过5万的居民——伦敦和爱丁堡。到1801年，增长到8个城市，1851年增加到29个，其中包括9个人口超过10万的城市。这意味着到此时英国人住在城镇的人第一次比住在乡村的人多。[23]人们被迫向城市移民——他们不得不去他们工作的地方——但是他们很难热情高涨，不难看出这是为什么。除了城市变得乌烟瘴气和肮脏之外，还缺少空地，卫生设施和供水的发展落后于人口的增长，城市成为霍乱、伤寒和污染引起的呼吸系统和肠道疾病的发源地。法国人托克维尔在1835年游览了曼彻斯特，他写道，"文明创造奇迹，文明人几乎蜕化成了野蛮人"。[24]但是在工业城市，业主们立刻就能从新发明和新思想中获益。这也是工业革命的一个重要特征——智力上的和物质上的自我延续。它生产出新产品——特别是铁产品和化学制品（碱金属、酸和燃料），它们的生产大多数需要大量的能量或燃料。这个体系的另一方面是新的工业体系不断扩展，从原材料的来源扩展到工厂，然后到市场。这也刺激了新思想的产生和对产品的新要求。只举一个例子，是工业革命的发展使茶和咖啡、香蕉和菠萝成为日常食品。根据大卫·兰德斯所说，人们的物质生活的改变比发现火以来的其他任何事更重大。"1750年（也就是说在工业革命前夕），英国人的物质生活方面，比起恺撒的曾孙来，更接近他的军团士兵。"[25]

贫富差距

在长期影响中，工业革命还加大了贫富差距，导致空前激烈的阶级斗争。[26]工人阶级不但人数更多而且分布更加集中，也因此更具有阶级意识。这种变化

人类思想史

值得详述,因为它将会具有重大的政治意义。前工业时代的劳动和后来与之相对的劳动本质非常不同。传统的农民有自己的财产,或者手工作坊,他们也雇佣熟练技工,承担相应的责任(虽然非常不公平)。然而,工业革命取代了农民或者雇员——"熟练工人"或者"劳力"。它还强化了工作的规律性、程式化和单调性,这些在基于季节和天气的前工业时代的劳动中是没有的。[27](前工业时代的人经常选择星期二作为一周工作的开始,星期一被讽刺地看做是"神圣的星期一"。)

工人阶级贫穷的原因之一当然是低工资,这是因为收入被转移到新的商业阶层,他们对新机器和工厂感兴趣。工业革命并没有造就第一批资产阶级,"但是它制造了空前庞大有力的商业阶层"。[28]这些"烟囱贵族",正如他们的名字一样,19世纪开始主导欧洲大部分的内政。

★ ★ ★

工业革命的一个非常与众不同的方面是经济。前面的章节略述了经济学的起源——规则。可以说明这一点的是英国私人存款1688年之后开始增长。国王利用这些存款为战争提供资金,而这样就形成了公债。作为发展的一部分,英国银行于1694年成立。商人和地主在国债中持股,并从中提取利息。[29]1700年之前,政府贷款利率为8%,但是到1727年就已经降到了3%,并且这对工业革命产生了影响。利率高时,投资者追求快速赢利,但是利率低时,人们更愿意考虑将来有可能产生更好的回报的长期项目。这是大笔投资的较好的环境,例如建造潜水艇、挖掘隧道或者建设工厂。早期的工厂——在乡村——规模只是单个家庭能满足他们自己的生产,但是随着发展的需要,和城市工厂的规模像滚雪球一样扩大,需要更大的投资来满足不断扩大的市场。

英国在工业革命中起到带头作用,部分是因为有很多发明,而且还因为法国大革命和拿破仑战争使欧洲倒退到了1815年左右的水平。然而,一旦其他国家政治稳定,它们立刻创建自己的金融中介形式,特别是成立联合股份投资银行,或者信贷公司,来资助大规模资本项目。还是根据大卫·兰德斯所说,最早期的例子是半公立机构——设在布鲁塞尔的法国兴业银行和柏林的西哈德隆银行。而这些机构为促进需要大量资金的铁路建设的发展起到了特别显著的作用。[30]

与此同时兴起了各种科技学校,对于欧洲大陆的国家来说它们起到了英国

第十三章　工业思想及其重要性

反国教学院的作用。法国带头，于1794年成立了高等工科学校（它的前身是国立中央公共工程学校）。学校充满竞争的特性——学生只有通过考试才能入学，按社会等级入学，只有部分人能完成学业毕业——这就吸引了最好的学生。希望在新工厂工作的毕业生去了高等矿业学院或高等路桥工程学院，在那他们学习应用科学并进行工作实习。[31]中央工艺与手工制造学校旨在培养工程师和工商管理者，它是1829年成立的私立学校，但是1856年被纳入了国立教育体系。其他国家效仿法国的学校远胜于对反国教学院的效仿，因为虽然英国的"从做中学"的学习策略起初效果不错，但是到18世纪末这种模式就被新方法取代了。现在需要更多抽象的理论教学，在两个领域——电学和化学——的进步体现在太多不同的地方，以至于学生只有在这些新型学校里才能学习得到。

电学的发展

电学和化学方面的发展巩固了许多新兴工业的基础，而这些新兴工业促成了工业革命。以牛顿为主导时代之后电学有了发展，因为这是牛顿所没有涉猎的领域之一，也是其他科学家没有受他影响的领域。人们都知道电有几百年了，例如，人们懂得琥珀被摩擦后就能吸引小的物体。在18世纪初期人们就发现摩擦——例如在黑暗中晃动气压计——产生了绿光。[32]但是第一次真正让人兴奋的是斯蒂芬·格雷（Stephen Gray）。1729年，他接触到电学的更新领域，如一些东西可以被发送很远的距离。他第一次注意到当他摩擦试管（不是软木塞）时，他放在试管里的软木塞吸引了纸屑或金属屑。通过扩展试验，他发现甚至从绕着他的花园的管子引出的丝线圈也有同样的特性。他发现"不需要移动物体，电可以从一个地方流到另一个地方"——电没有重量。他把电称做"无法估量的流体"。格雷也发现了一些反常的基本现象，电可以储存在像玻璃或者丝绸这样的物体上（这也是电产生的地方），但是它却无法穿过它们。相反，那些传导电的物质却不能产生或者储存电。[33]

电学在欧洲掀起了一股狂潮，1745年，克莱斯特尝试着把电流（当时还不叫电流）通过钉子导入一个瓶子之后，这股狂潮刮到了美洲。他拿着瓶子偶然间去摸钉子的时候被电了一下。很快，人人都想做这个试验，甚至法国国王利用电池电击整个卫队使他们同时跳起来。远在费城的本杰明·富兰克林借鉴了

本杰明·富兰克林

亚历山德罗·伏特

这个想法。就是富兰克林认识到物体里的电虽然不易察觉，但是它趋向保持自然水平。如果电荷增加了，它就带正电荷，就会排斥物体，反之，如果它失去一些电荷，它就带负电，就会吸引物体。富兰克林还认识到这种吸引会引起电火花和电击，让人感受更深的是他认识到闪电本质上就是巨大的电火花。他通过著名的风筝实验证实了闪电确实是电，还在实验中发明了避雷针。[34]

1795年，亚历山德罗·伏特（Alessandro Volta, 1745—1827）是帕维亚大学物理教授。他证明了把两块不同的金属放在一起可以产生电。他在两块金属中间放上液体或者湿布创造出了第一块电池。但是这种电池成本很高。直到1802年汉弗莱·大卫（Humphry Davy）在伦敦皇家学院（Royal Institution in London）分离出新的金属物质钠和钾，电才开始成为试验的主题。18年后，1820年，哥本哈根的汉斯·克里斯琴·奥斯特（Hans Christian Oersted）发现电流可以使指南针偏转，最后发现了电和磁之间的联系。[35]

化学的发展

比发现电更重要的是18世纪和19世纪初化学的兴起。化学这门学科还不以科学革命为主要特点，但是它显示出自己的长处。它受到抑制的原因之一是人们对炼金术长久痴迷和寻找炼金方法的热情。现在看来这并不奇怪。帕拉塞尔苏斯（Paracelsus）1597年出版的《炼金术》（Alchemia）是第一本关于化学的好书。虽然帕拉塞尔苏斯潜心研究炼金术，但是他承认采煤导致肺病，鸦片可以减轻疼痛。然而，只有当化学成为理性的科学时它才能得到发展。人们主

第十三章 工业思想及其重要性

要感兴趣的领域是燃烧现象,至少是以它开始的。物质在空气中燃烧时实际发生了什么?人人都能看到物质在火焰和烟中消失,最后只剩下灰烬。另一方面,许多物质不易燃烧,虽然把它们放在空气中它们会发生变化——例如,金属生锈。发生了什么事?空气到底是什么?

答案之一来自于贝歇尔(Johan Joachim Becher, 1635—1682)和斯塔尔(Georg Ernst Stahl, 1660—1734)。他们认为易燃物质含有一种物质——燃素,它在燃烧中消失。(燃素这个名词来自 *phlox*,或者火焰。)根据这个理论,含有燃素多的物质易燃,反之,缺乏燃素的物质不燃烧。虽然关于燃素似乎有不合情理的地方(例如自17世纪以来,人们知道金属被加热时重量增加),但是,当时有足够的"无法估量的流体"——磁力、热、电——使很多人接受燃素理论。但是燃烧不仅仅是学术问题:例如,面临危险的瓦斯气体和"易燃气体"威胁的矿工最担心的还是(混沌的)气体。[36]正是对瓦斯的关注推动事物向前发展,因为至今在燃烧方面的试验,只测量出含有金属的矿石。正如伯纳尔说的,这不可能使"化学反应式平衡"。考虑到气体因素,罗曼诺索夫提出了物质转化定律,1785年安东尼·拉瓦锡把它确定为基础理论。一位苏格兰医生约瑟夫·布莱克比任何人都更坚信这一理论。他称出了碳酸盐如氧化镁和石灰石在加热时释放出的气体的质量。他发现释放出来的气体可以溶于水,气体质量不变。[37]

氧

布莱克之后,约瑟夫·普利斯特列(Joseph Priestley)提出气体比它看起来复杂得多。他用他所能找到的所有气体或者自己制造气体做实验。他加热红色的汞氧化物制造出一种气体,起初他把它称做"缺少燃素的气体",因为物质在这种气体中燃烧得更彻底。1774年分离出这种气体之后,普利斯特列继续通过实验展示"缺少燃素的气体"或者我们现在所说的氧气,它在燃烧或者呼吸中被消耗掉。普利斯特列非常清楚他的发现的重要性,他继续论证在阳光下绿色植物吸收化合气体——二氧化碳——并产出氧气,从而诞生了碳循环的概念——碳来自于大气(当时这也是新观念),通过植物和动物又回到大气中去。[38]

普利斯特列是一位试验主义者,而拉瓦锡是合成者和分类者。像他的英

拉瓦锡

国对手一样，这个法国人是第一个也是最重要的物理学家。(在化学发展之初，许多重要人物都不是化学家，他们在炼金术和燃素方面陷得太深了。)拉瓦锡意识到氧气的发现——氧元素——改变了化学，有效地改变了燃素理论。正是拉瓦锡认识到现在他可以在亚里士多德和波义耳基础上创立更广阔的、系统的理论，从而创建了现代化学。他发现水是由氢和氧组成的，空气中含有氮和氧，也许最重要的是他发现了化学合成物主要有三类：氧和非金属元素构成酸性物质；氧和金属化合生成碱；酸和碱化合生成盐。[39]拉瓦锡给这些化合物起名为——也就是我们现在仍在使用的术语——碳酸钾，乙酸铅等。这使化学成为系统科学，并且最终与物理学处于同等地位。"化学不再是需要记住的一些处方，而是一个可以被理解的体系。"[40]

道尔顿的原子学说／结晶学／拉瓦锡

对气体的研究也促使约翰·道尔顿（John Dalton，1766—1844）——一个英国曼彻斯特教友会教徒和教师——研究原子理论。他对液体的弹性很感兴趣。就是他结合了物质转化理论，认为在不同的压力下，同等质量的气体一定有不同的结构。他通过新气体的合成和对它们质量的研究创造出我们现在仍在使用的术语——一氧化二氮（N_2O），一氧化氮（NO）和二氧化氮（NO_2）。通过对这个系统的研究让他认识到化学元素和化合物是由原子组成的，它们根据"牛顿万有引力定律和电荷相斥原理"组合在一起。[41]他对某些其他化学反应的观察，特别是对沉淀物的观察发现，例如，两种清澈的液体混合，立刻会生成固体，或者液体颜色发生重大改变，让他坚信一个基本单位——原子正在重组。他的推理很快就被新的科学——结晶学——证实。结晶学表明任何一种特定的物质，其晶体面之间的角度总是一样的，相关物质有形状相似的晶体。克里斯蒂安·惠更斯（Christiaan Huygens）是17世纪的荷兰物理学家。他认为这就意味着晶体是由相同的分子堆积在一起形成的。最后，大卫和麦可·法拉第据此证明了电流通过盐分离出金属，如钠、钾和钙，基本上，所有化学元素可以被分为金属和非金属，金属带正电，非金属带负电。法拉第进一步论证了原子在溶液中的运动速度与物质的质量有关。这一观点最终引出"电的原子"概念，也就是我们现在所说的电子。但是，电子直到1897年才被约瑟夫·约翰·汤姆森发现。

拉瓦锡除了对化学元素的构成感兴趣以外，他还进行了一系列试验，证明人体活动与火相似，燃烧食物中的物质并以热的形式释放能量。根据加热后物质的性质（有些融化或者蒸发，其他的燃烧，烧成炭或者凝结），物质被分为化学无机物和有机物。19世纪的德国科学家对此进行了全面的探索研究。[43]

★ ★ ★

沃灵顿学院和伯明翰月亮社

值得一提的是，引起了工业革命的许多发明并非来自传统的科学家，例如经常出入皇家学会的科学家。英国皇家学会一直专攻数学研究，把后牛顿时代当做科学研究的重要时期。在这种理论氛围里，实践型的发明者总是不被看做是名副其实的科学家。[44]但是在鲜明的对比下，工厂城镇出现了"反国教学院"，因为他们起源于培养不信奉英国国教的牧师——教友会教徒，浸信会教友，卫理公会派教徒——他们不能进入正规的大学学习。但是这些学院很快就背弃了他们的初衷和加入他们的人。三个最著名的反对派学院是曼彻斯特哲学院、沃灵顿学院和伯明翰月亮社，不过其他的学院在城镇也很著名，例如达文垂学院和哈克尼学院。约瑟夫·普利斯特列的经历就是这些学院成功的明证。约瑟夫·普利斯特列在沃灵顿学院成立后不久进入学院，成为第一个英语和其他语言的教师——事实上，在沃灵顿，他可能开设了第一批英国文学和现代历史课程。但是在沃灵顿期间，他听了他的同事的一些讲座，通过这种方式他接触到了新的科学：电学和化学。[45]

约瑟夫·普利斯特列

普利斯特列和威基伍德

几乎可以肯定 18 世纪最有影响力的科学团体是伯明翰月亮社。它的成员开始时在不同的朋友家进行非正式的聚会。正式的聚会开始于 1775 年前后。这个团体由伊拉斯谟·达尔文 (1731—1802) 领导，每月离月圆最近的星期一会面。1791 年普利斯特列家的骚乱之后，聚会逐渐消失。[46]这个团体的核心，至少在它成立初期，是詹姆斯·瓦特和马修·博尔顿 (Mattew Boulton)。瓦特，正如我们所见，在苏格兰发明了著名的蒸汽机，但是他发现北方的技术水平较低，因此加入了博尔顿的团队。博尔顿在伯明翰的工场的水平要高得多。[47]然而，瓦特和博尔顿绝对不是月亮社唯一的明星。约书亚·威基伍德 (Josiah Wedgwood) 就是另外一位重要人物。他创立了威基伍德陶器厂，他以在意大利伊特鲁里亚乡下发现的古希腊花瓶为模型。作为那个时代的代表，威基伍德迫使自己成为他的工厂里技术水平最高的人。他发明了高温计（虽然他坚持称它为温度计）来测量高温。这帮他发现在高温下所有的物质以同样的方式发光——无论是什么物质，颜色标示出温度。这为量子论的产生及时地提供了帮助。[48]月亮社的其他成员包括发明了煤气灯（最先在博尔顿在伯明翰的家庭办公室里使用）的威廉·默多克和电报的发明者之一理查德·艾奇沃思。[49]

约瑟夫·普利斯特列 1780 年才到伯明翰，但是他很快就确立了自己领导者的地位。[50]他还成了一名唯一神教派的牧师。唯一神教派有时被指控无神论或者自然神论，结果他们被看做是当时最无畏的思想者。（柯尔雷基是唯一神教派信徒。）[51]普利斯特列在他的《论政府的第一原则》(*Essay on the First Principles of Govemment*, 1768)中显示出足够的勇气。他也许是第一个在随笔中指出最多数人的最大幸福是评价政府的标准。[52]普利斯特列的内兄约翰·威尔金森是月亮社的成员。他的弟弟曾在沃灵顿学院，他的妹妹就是在那遇到并嫁给普利斯特列，当时普利斯特列是那里的教师。威尔金森的父亲是铁器制造商，约翰也非常擅长使用金属。亚伯拉罕·达比和他设计并建造了著名的铁塔，于 1779 年投入使用。威尔金森建造了第一艘铸铁船并驾驶着它在桥下驶过。[53]他于 1805 年逝世，依照他的遗嘱，他躺在铁棺里下葬。

我们不必把月亮社被排斥的状况看得过于严重。普利斯特列在英国皇家学院作过演讲，并且赢得了著名的科普利奖。这个团体和爱丁堡的詹姆斯·

第十三章 工业思想及其重要性

赫顿有学术上的联系。后文将回顾詹姆斯·赫顿在地球历史方面的成就。威基伍德与威廉·汉密尔顿爵士关系密切。汉密尔顿爵士收藏的古董花瓶足以装饰大不列颠博物馆,还激发了制作优雅的威基伍德陶瓷灵感;几个"疯子"与亨利·卡文迪什(Henry Cavendish)通过书信进行交流,亨利·卡文迪什对科学的兴趣激励他的后辈以他的名义在剑桥建立了卡文迪什实验室;他们的活动被德比的约瑟夫·莱特和乔治斯坦布斯画了下来。但是二者之中月亮社拥有许多第一:它的成员促进了人们在现代生活中接纳机器,他们是第一批重视市场、广告甚至购物理念的人。他们的成就还包括:对光合作用及其重要性的了解;对大气的认识(部分得益于他们无畏地乘坐热气球升空);他们首次对理解和预知天气进行了系统的尝试;他们建立了现代造币厂,并且改进了印刷机使大批量印刷报纸成为可能。他们想到儿童读物可以教导年轻人探索神秘事物和科学。他们是废除奴隶制度的先行者。用珍妮·阿格罗的话说:"他们是收费公路、隧道和新型工厂体系的先驱。他们是一个为国家带来高效的蒸汽动力的群体。……他们所有人……把他们的想法付诸试验,把他们对进步的乐观精神应用到个人生活、国家政治生活和改革……中去。他们知道他们对事物的认识只适用于当时社会,今后它还会继续发展,但是他们还懂得知识产生力量并且他们坚信这种力量属于我们所有人。"[54]

让较早开始对月亮社进行研究的罗伯特·斯科菲尔德(Robert Schofield)来总结它的成就和意义。"上流社会群体,通过已经建立起来的国家和风俗习惯,也许还有土地和头衔,他们也许还在没有代表性的议会里争论,在伦敦的咖啡馆里讨论文学和艺术,在怀特俱乐部(绅士俱乐部)里喝酒,赌博;但是他们所了解的只是世界的影子。在另一个社会群体里,地位由世俗意义上的成功来决定,这个群体正在创造一个符合他们价值观的不同的世界。法国战争和政治力量推迟了新体制取代旧体制,但是正是这个新群体为赢得战争提供了力量……月亮社代表另一个群体,他们奋力争取在社会中占有一席之地。如果只是它的性质不同于其他群体,那么这值得进一步研究,因为在月亮社中可以发现19世纪的英国的雏形。"[55]

———— ★ ★ ★ ————

1791年,约瑟夫·普利斯特列在伯明翰的家遭到袭击,因为人们相信(后来证明是错的)他在参加一个宴会,庆祝"攻陷巴士底狱"。这样的袭击不是第一次了——这是有组织的活动,反对那些被认为是赞成法国革命的人。在这个事件中,普利斯特列的家被搜查、放火。虽然流言飞语逐渐减少了,但是普利斯特列已经受够了。他离开了伯明翰,秘密移居到美国。这很富有戏剧性和启迪性:当时,无论他们对法国革命有何观点,许多不信奉英国国教的科学家和革新家都赞成美国的多元化。原因之一是美国成功地认识到启蒙运动(下章讨论)的意义。另一个原因是更加实际和紧迫的现实。新兴工业城镇,如伯明翰和曼彻斯特,工业革命时还是个小村庄,这是议会中没人代表他们的利益的结果。[56]

宗教分歧和政治分歧是同一种现象的不同方面。像普利斯特列和威基伍德这样的人喜欢自由贸易。而自由贸易的观点直接触犯了拥有土地的贵族的利益。对这些贵族最重要的就是保持他们领地上谷物的高价。这就是显著的差异。德国社会学家马克斯·韦伯是第一个提出新教特别是加尔文教派的崛起,是在现代工业经济中一个至关重要的因素。以前其他人没有不同的发现,但是韦伯首次条理分明地阐述为什么存在差异以及为什么新教徒的行为会产生影响。他指出加尔文的预言在信徒中造成长久的担心,他们担心自己是否会得到救赎。如果信徒遵循一种他们认为能得到救赎的生活方式,这种担心仅仅能被控制住。韦伯说,这使他们过着"在这个世界禁欲"的生活,唯一值得做的事就是祈祷和工作。"虔诚的加尔文教徒节俭,勤奋,不苟言笑。" 韦伯说,这种生活方式被及时推广。甚至不相信救赎的人也像加尔文教徒那样生活和工作,因为他们以为这样做是对的。[57]

新教的行为准则,正如它的名字那样,不仅仅是慢慢灌输勤奋思想、节俭和苦行——它给我们一个观点:事物只有能被人们认知、描述并且有合适的工具可以进行测量时才是真实的。根据韦伯的理解,两种观念之间的基本差别逐渐在新教徒的头脑中形成。一方面,他们认为世上存在非常个人化的宗教或者精神体验,另一方面,科技不断进步而且大家都能分享科技成果。[58]这种差异现在依然存在。[59]

———— ★ ★ ★ ————

第十三章 工业思想及其重要性

工人阶级的形成

如果我们把新教徒教义的发展称做宗教社会学现象,工业革命的主要政治影响,特别是在革命早期,就是加大贫富差距,改变了贫穷的性质,从乡村的农业贫穷变成了城市贫穷——卑鄙、肮脏、拥挤——雇主与雇员之间的对立变得尖锐。近两百年来,政治的本质也随之变化。

汤普森在他的《英国工人阶级的形成》(The Making of the English Working Class)中指出,1790年到1830年间他们的典型经验是:由于劳动者社会地位的降低和削弱,对于英国的工人阶级来说,工业革命的本质是失去土地的人丧失了公民权利,"对就业的蓄意操纵使就业形势更不稳定",导致许多行业的贫困者越来越多。[60]1790年以前,英国的工人阶级以完全不同的方式生存;他们受压迫的经历和逐步丧失的权利,起初是削弱他们的力量,最终成为主要的团结和加强的力量,这股力量再一次促进现代政治体制的形成。

作为不断扩大的差异的另一方面和工业革命在物质方面的胜利(忽略了人的成本)的结果,制造业集团与它在贸易和金融方面的把兄弟成为左右政府政策最有影响的力量——历史上第一次——接管了拥有土地的贵族的权力。这不仅仅是因为城市内的工厂如此重要,而且还因为传统的土地所有制形式(包括封建特权和公共权益)被无限制的圈地制度蓄谋抢占。这在根本上改变了农村生活中仅剩的东西。因此两件事情随即发生了。工人阶级被剥夺土地并陷入拥挤、污秽和不卫生的城市。同时,中产阶级的扩大构成了人们日益熟悉的职业——白领工人、工程师和受教育的阶层,另外一个第一,"服务业"的新世界——例如,既然铁路和铁轮船很方便,那么旅馆、酒店与旅行相联系。最新形成的资产阶级像工人阶级一样是完全自觉的。事实上,他们中许多人以与工人阶级的不同点为自己定义。这也是新观念。[61]

这种分界或许可以被看做是维多利亚文明的特点,它引出两个重要领域——经济学和社会学——的新观念。

斯密、李嘉图、马尔萨斯和边沁

正如我们所见,直到工业革命,占主导地位的正统经济观念是重商主义。

大卫·李嘉图

杰里米·边沁

重商主义起初被所谓的法国重农主义者破坏，他们的格言是"放任主义"，领导者是弗朗索瓦·魁奈。[62]虽然他们的主张从未被法国以外的地方采纳，但是，他们确实展示出他们知道货物流通的重要性，并且正是这种理念被亚当·斯密吸收（下章介绍他的观点）。本章重申斯密本人清楚工厂体制对工人生活的恶劣影响，这一点很重要。然而正是那些遵循他的理论的人似乎故意对此视而不见。斯密认为工人的境遇可以得到改善，但是只有社会发展了才有可能，而社会的发展只有在"放任主义"的氛围中才可能发生。他坚持认为工人如同厂主，应该自由追求自己的利益。他说人的本质必须以其本来面目被接受，"把我们的个人幸福和利益看做是非常值得称赞的行为准则"并不有失尊严。[63]斯密，一个虔诚的教徒，认为个人利益会走极端。他在《国富论》中举出什么地方发生了这样的事以及商家不自量力最终毁了自己的实例。[64]

就眼前来说，斯密的书为工业革命时雇主的行为提供了纯粹理论上的支持，但是，另外两位经济学家进一步曲解斯密的理论从而使厂主暴露出他们最丑恶的一面。这两位经济学家是托马斯·马尔萨斯和大卫·李嘉图。我们已经介绍过马尔萨斯。我们这里需要补充的是他的结论——尽管食物的生产只是按算术级数增长，人口却是以几何级数增长。也就是说，19世纪中长期内，民众的生存条件不可能被改善。这成为与公众或者个人施舍相悖的有力论据。

大卫·李嘉图是股票经纪人的儿子。他的父亲是荷兰裔犹太人。他父亲在结婚时皈依了基督教因此被剥夺了继承权。有人怀疑是李嘉图的个人生活环境使他的心肠变硬了。当然，他的理论使他成为"新统治秩序下的新统治阶级"

的代言人。[65]他对经济理论的主要贡献是他提出如果一个工业要想成功,那么,劳动力生产的价值就必须大于他们的工资。他说,如果保持低工资,使它达到"能维持劳动力的基本生活需要,一代接一代,供养他们的家庭,使他们这个群体永存,既不增加,也不减少"的水平,那么就不会积聚过多资本,也不会产生全面生产过剩。正如加尔布雷斯所提示的,这被称做工资铁律,并且建立了"那些工作的人必须穷,其他任何状态都会威胁到整个工业社会这座大厦"。李嘉图在国会中很著名。在那儿,他被当做"圣贤",他同意亚当·斯密的观点:膨胀的经济将全面提高工资水平,但是,这是他对穷人所作出的唯一让步。[66]作为经典的"自由"资本主义者,他认为所有的税收都会减少可用于投资的资本。他是激怒卡尔·马克思的人之一。[67]

本章还要谈谈杰里米·边沁的功利主义。因为他的"幸福微积分"——快乐和痛苦全部相加——被看做和商品生产的最大化一样,是新工业主义最具特色的成就。基本思想"最多数人的最大幸福"很快被曲解成对少数人来说无论多艰难(例如失业),他们都应忍受。边沁竟然说:"人应该使自己在面对少数人的同情时坚强起来——或者代表他们采取行动——以免一个人破坏多数人更大的幸福。"[68]

★ ★ ★

罗伯特·欧文

并不是所有人都能像李嘉图和边沁一样硬心肠。罗伯特·欧文就是一个。在他的《论工业制度的影响》中,他总结到:在英国有90万个家庭从事农业生产,100多万人从事贸易和制造业,而这个数字还在急剧增长。欧文无须论证工厂中长期轮班工作对工人的健康和尊严造成了令人震惊的影响。他说,在工厂"雇佣"变得"仅仅与钱有关,而与道德责任感无关"。[69]对他来说道德的缺位是最重要的问题。穷人"看到它周围的人以邮车的速度匆忙向前赶,去争取个人财富……"[70]"所有人被孜孜不

罗伯特·欧文

倦地培养成便宜买进、高价卖出的人；为了使诡计成功，这些人必须掌握行骗的技巧；各类商人所形成的品质，破坏了坦率、诚实与真诚，没有这些，人就不能让别人幸福，自己也享受不到幸福。"[71]

欧文从他的出生地威尔士的蒙哥马利郡搬到伦敦以后，10岁开始工作。他努力追求成功，在曼彻斯特与人合伙做生意，后来成了苏格兰的新拉纳克磨坊的经理和合作伙伴。20多年后，就是在那，他在工业环境下进行了著名的社会改革试验。当他掌管拉纳克时，他感到很震惊。"工人失业，贫穷，经常负债；他们常常酗酒并且以偷盗为生。他们习惯说谎和吵架，只有在与雇主激烈地斗争时才会团结起来。"[72]孩子们的处境比狄更斯小说里描写的还要悲惨。他们在爱丁堡的孤儿院长大，然后被迫从早上6点工作到晚上7点。那么，欧文发现"他们中很多人身心都发育不全就一点儿都不奇怪了"。[73]

他对此作出的反应很激进。为了减少小偷和醉汉，他建立了一套奖惩制度。他把孩子的最低工作年龄由6岁提高到10岁，并且资助了一所乡村小学，在那教授小一点的孩子读书写字，还有"享受快乐时光"。[74]他改善住房环境，铺设道路，种植树木，建造公园。让他非常满意的是，他向工人展示他的改进措施，不但使他们的生活变得舒适，而且事实上提高了他们的生产力。后来他四处活动，想把这种模式向全国推广。[75]

这个计划有三个目标。第一，欧文希望由政府出资为所有5岁至10岁的孩子建立免费学校。第二，他四处游说为使多个工厂法案获得通过，从而限制工人每天的工作时间。虽然欧文自己觉得离成功还差得远，但是在法案方面获得了成功，1819年通过了工厂法案。最后，他提出建立国家贫困救济体系。他并不提倡直接发放现金。而是他提议建设一系列公社，每个公社大约容纳1200人，公社周围有土地。每个公社都有学校为之服务，使贫穷的人数随着公社的居民变成有用的社会成员而降低。[76]他们试着成立了一两个这样的公社（例如，格拉斯哥东面9英里的奥比斯顿），但是必须指出，这个设想基本上没什么结果。（欧文是一个激进的宗教批评家，这意味着他使很多潜在的资助人不满。）然而，即使没有像他期待的那样飞得那么远、那么快、那么高，他的另外两个设想确实成功了：三分之二成功了，结果不错。从某种程度上讲，欧文确实努力想让工人阶级重新获得某种尊严，一种在他看来随着工业城市的兴起而失去的尊严。[77]

——— ★ ★ ★ ———

第十三章 工业思想及其重要性

饥饿的40年代

对坐落在英格兰什罗普郡的大铁桥的探访,证实了英国18世纪时只是半工业化。第一批工厂建立在乡村山谷里的绿茵上。[78]只有在工厂迁到城镇时,对工业革命的恐惧才真正显现出来。直到19世纪,工业化和贫富分化才共同造就了一个自觉的穷苦阶级,这个阶级被排斥在工业家获取的巨大的财富之外。根据埃里克·霍布斯鲍姆(Eric Hobsbawm)的理论,前工业传统最终消失之前,19世纪40年代时已经受到影响了(例如,以娱乐的形式,如摔跤比赛、斗鸡和斗牛;当民歌仍然是工人的主要音乐风格时,19世纪40年代标志着一个时代的结束)。[79]

正如几位历史学家看到的,重要的一点就是,在19世纪初工人阶级生活条件明显恶化。霍布斯鲍姆举出几个生动的例子:1800年到1840年间,伦敦肉类供应不足;1846年到1847年850万爱尔兰人中,有100万人饿死;1805年到1833年间,手摇纺织机织工的平均工资由每周23先令降到6先令3便士。人的平均身高——有效地反映营养状况——1780年到1830年是增长的,之后的30年是下降的,然后又增长。甚至在当时,19世纪40年代都被认为是"饥饿的40年代"。1811—1813年,1815—1817年,1819年,1826年,1829—1835年,1838—1842年,1843—1844年和1846—1848年,英国爆发了骚乱,主要与食物短缺有关。霍布斯鲍姆引用了1816年在芬斯爆发的骚乱:"我在天地之间,所以上帝,请帮帮我。我宁愿失去生命也不愿这样回家。我需要面包,我要的面包……"1816年,整个东部乡村,1822年,英格兰东部,1830年,肯特郡和多塞特之间,萨默塞特和林肯城之间的所有地方,1843年到1844年,又是英格兰中部和东部乡村,脱粒机被砸烂,干草堆在夜晚被点燃,因为人们只要求最基本的生存。[80]首先,大量发生骚乱,骚乱者才能获得一些食物。然而,1830年起,动荡的形势开始发生变化,最后,激发了总工会的想法。总工会在它的军械库拿起了"最佳武器——大罢工"(另外,并不完全是讽刺,它还被看做是"神圣月")。"但是,本质上,把所有这些运动结合在一起,或者在不时的失败和分裂之后使他们重新振奋精神的,是人们普遍的不满,他们在充满财富的社会里挨饿,在标榜自由的农村被奴役,他们寻找面包和希望,却收到石头和绝望"。[81]这不只是现在的马克思主义历史学家的言论。一位1845年路过曼彻斯特的美国人在家书中这样倾诉:"肮脏的、欺骗的、压抑的、扭曲的人性支离破碎地躺在社会的每个角落……我活着的每一天都在感谢上苍我不是英国拖家带口的穷人。"[82]

恩格斯／马克思

1845年弗里德里希·恩格斯在曼彻斯特工作（他认识了欧文）。他在那从事棉花贸易。他看到他周围发生的事，并且为他所看到的感到极度忧心，因此他对新工业化的英国作出了自己的描述。《英国工人阶级状况》就是在那一年出版的，它以详尽的细节描绘出成千上万的工人生活在"绝对的痛苦和贫穷"中。虽然他的书很生动，但是恩格斯只是为后来的活动作了准备。是他的朋友兼合作者很快使全世界卷入了风暴之中。[83]

卡尔·马克思被恩格斯的书深深地感动了，但是，正如加尔布雷斯所说，马克思无论如何都是一位"天生的革命者"。他的一生都被自由问题所困扰，马克思一生的战斗成果可以被理解为研究和阐述"一个人与生俱来的自由怎么躲开了他"。马克思出生在德国的特里尔，他的父亲是律师，还是最高法庭的官员。马克思被培养成当地的精英，娶了燕妮·冯·威斯特法伦，当地地主的女儿，社会地位低于马克思。[84]马克思的改变是他去柏林跟随黑格尔学习之后开始的。黑格尔的主要观点是所有经济、社会和政治生活都处在不断的变化中。这是他著名的论点、反题和合题理论。黑格尔说，一旦某种事物的状态发展了，另一个事物就会出现来与之对抗。这种论点在当时也许比现在更大行其道，因为当时马克思跟随黑格尔学习，新兴工业家出现了并且挑战旧制度的势力——旧地主统治阶级。[85]这里变化是关键思想。古典经济学——特别是李嘉图描绘的体系——认为经济的目标是平衡。而工业社会中，雇主与工人之间、资本与劳动之间的基本关系从没改变。从黑格尔吸取了经验，马克思并不能一下子接受传统的观念。

马克思的观点并不全部来源于黑格尔和柏林。关于李嘉图的看法，他自己的经验也有关系。在普鲁士首府待了一段时间之后，马克思转到了科隆，成为《莱茵报》的编辑。这是鲁尔流域的新兴工业资本家的机关报(这是一个重要事实)，开始他干得不错。但是后来，逐渐的，在某些方面，他的报纸开始支持一些触

第十三章 工业思想及其重要性

犯大多数读者利益的政策。例如，他支持当地人有在附近树林里捡枯死树木的权利。因为在欧洲的许多国家，这是一项传统特权，但是这个权利最近被剥夺了，因为新工业需要木材。因此，冒险进入树林的当地人犯了非法侵入罪。马克思还主张更改离婚法，削弱教会的作用。这接二连三的激进言论刺痛了科隆当权者，所以马克思被解雇了。他开始了四处漫游的生活。他先去了巴黎，在那他打算用德语为流亡海外的德国人编写杂志。审查者查封了第一期杂志，普鲁士人向法国人抗议道"包庇马克思是不友好的行为"。[86]他搬到比利时，但是普鲁士人在那追捕他。在几次冒险和被驱逐之后，他在英国结束了他的旅程。

《资本论》／异化

至此，马克思变得更加革命。在英国他和恩格斯合著了被加尔布雷斯称做"最著名的空前猛烈抨击的政治小册子"《共产党宣言》。在《共产党宣言》中，马克思和恩格斯把资本主义制度下的国体称做"管理整个资产阶级公共事务的委员会"，还说"掌握物质生产方式并有权对其进行处置的阶级，同时控制精神生产"。他们指出工业社会分为"两大敌对阵营"，无产阶级和资产阶级根本对立。[87]因为对这个主题感兴趣，他开始着手写他的大型三卷本著作《资本论》。恩格斯校订了第一卷。1883年马克思去世后，恩格斯从他的笔记和手稿中整理出后两卷。

把马克思简单定义为经济学家是不够的。许多人把他与奥古斯特·孔德看做是社会学的创始人。这主要是他的兴趣比纯粹的经济学广泛得多。对于马克思来说，为了让人们获得自由，他必须理解自由，并且向人们展现历史在物质方面的成果是如何妨碍这一认识的，这一直是他的目标。对于马克思来说，这种认知是政治的核心。[88]

最重要的是他是一个唯物主义者。他断然摒弃了黑格尔辩证唯心主义历史观和正题产生反题的辩证思想。马克思认为历史进程是人类所面对物质基础的结果。[89]他特别指出劳动和人们在工作中应用的技术给予或者不能给予他们满足。但是，他确实用到了黑格尔的概念——异化，即使他用这个概念表示人们可以表面上显得是自由的（主要在他们的工作中），而事实上他们仍然带着枷锁。[90]

整个19世纪50年代，马克思在大英博物馆的阅览室中像着了魔一样发奋读书。他整理了对资本家和工业实践的阐述，主张社会的物质基础——劳动的构成和财富产生的方式——构成了社会的方方面面，"从我们的思维方式到社会能容忍的和赞成的制度"。[91]这是一个远大的目标，这也是为什么说马克思不仅仅是一位经济学家的原因。他的主要论点是物质是基础，社会建立在物质基础之上。"所有的社会制度——他所称的上层建筑，例如法律、宗教和构成国家的各种要素——是在物质基础上产生的。换句话说，权力最重要。"[92]接着，他同样详细地阐述了这个基本现实对个人的影响（这部书有三卷）。在此，他最有影响力的观点是他对黑格尔异化理论的重新演绎。马克思指出，在工业社会中劳动分工是效率和增加价值的基本条件，"劳动者同他自己相异化"。他的意思是工厂管理逻辑和生产把人变成了机器。因为工人在极大程度上恨他们所做的工作，此外，他们无法控制他们的工作，所以，工厂中人的主要特征是他们的地位因为是"工厂工人"而被贬低。重要的是，他们还被迫在"他们的能力范围内好好工作"。这就是异化。[93]

马克思说工人没有意识到他们被异化了，这是因为"意识形态"。社会的组成模式和权力的构成导致信仰——基于当时社会基础的意识形态——产生了。"意识形态"包括一些关于人的本性的理论，也是为统治阶级利益服务的理论；他们帮助维护统治阶级的权力，而不是大多数人的权益。马克思认为有组织的宗教就是他所说的意识形态活动的明证，因为它教导人们必须接受神的旨意——现状，而不是采取行动去改变现状。[94]

马克思不仅仅是一位经济学家，在某种程度上也不仅仅是一位社会学家，他还几乎是一位哲学家。在《资本论》中他没有讨论"人的本性"，作为哲学家或者理论学家也许会，但是这是关键。对他来说，人没有抽象的本质：一个人从他的物质环境中产生出来的自我意识并不重要，重要的是在他的生活中与他人的关系和塑造他的那些经济的、社会的和政治的力量。重要的也是困扰着许多人的是，马克思的论点暗示了一个人可以通过改变他周围的环境来改变他的本性。革命是精神上的也是经济上的。[95]

马克思的新的世界观的最后一个层面是人们发现最具有争议的一点。这个观点就是他的著作是科学的，他在大英博物馆里的研究揭示了迄今还不为人知晓的事物，但是现在作为社会的客观存在而被揭示出来，他的分析揭示了必然

第十三章 工业思想及其重要性

的进步。虽然很多人反对这个观点，另外一些人给"马克思主义"赋予了具有让人们相信太平盛世会到来的特点，他的巨著把人类历史分成越多的阶段，每一个阶段就会由当时主要的生产方式决定其特性。马克思认为现代社会的起源伴随着从封建制度向资本主义制度的转变。最著名的是他论证了经济的不稳定性和阶级斗争是生产历史所固有的，它最终导致革命并且最终发展为共产主义。"资本主义私有制的丧钟敲响了。"（在"革命"之前，马克思最初使用的词是"解体"。）[96]

《资本论》的时机很重要。这是一个新的世界观，一个超出经济学、社会学甚至超出政治的理论，充满后启蒙运动的科学气息，它提出了或者声称在宗教明显衰落时对人类事务的全面认知。因此，在19世纪80年代，马克思自己也成为一位政治人物。尤其是在1867年出版了《资本论》第一卷之后，他参加了各种欧洲革命运动。他在大英博物馆研究多年之后，提出了革命活动的科学依据。例如，他的观点支持了国际工人协会——就是成立于1864年的所谓的"第一国际"，在此第一次使用了"马克思主义"这个词。[97]

———— ★ ★ ★ ————

对工业革命的想象是一系列以英国为背景工业时期的小说。这些小说包括伊丽莎白·克兰福德的《玛丽·巴顿》（1848）和《北方与南方》（1855），大不列颠未来首相本杰明·迪斯雷利的《西比尔》（1845），查尔斯·金斯利的《奥尔顿·洛克》（1850），乔治·艾略特的《激进派菲利克斯·霍尔特》（1866），查尔斯·狄更斯的《艰难时世》（1854），本章开头就是从这部书中摘录的段落。这些书的主题不仅对新社会进行了批判，还反映出对从工人阶级中有可能随时爆发的暴力的恐惧。虽然有些书对当时及后世产生了巨大影响，但是对于某些词的新用法的卓越评论，从21世纪的角度被给予更多的关注。英国批评家雷蒙·威廉斯（Raymond Williams）指出，"在18世纪的最后十年，以及在19世纪上半叶，在此之前，许多新词虽然在历史上已经在语言中应用，但是现在具有头等重要性，首次在英语中被普遍使用，并被赋予新的重要含义"。他继续说，这些词描绘了新观点的大致轮廓，反映出生活上和思想上更广泛的变化，正如我们将要看到的那样，"见证了我们对普通生活的典型思考的全面改变"。这些词是"工业"、"民主"、"阶级"、"艺术"和"文化"。[98]

工业革命前,威廉斯说,"工业"这个词可以被理解为"技巧、一丝不苟、持之以恒、勤勉"。虽然传统的用法没有被废弃,但是,"工业"现在也是一个描述制造业和生产制度和他们的典型活动的集合名词。[99]它还衍生出"勤勉的"、"工业的",以及1830年后出现的"工业主义"。他说,核心短语"工业革命"是18世纪20年代一位法国作家创造出来的,显然是从"法国革命"类推出来的。[100](其他人认为是恩格斯首次使用的。)"民主"虽然从希腊时期就已经使用,意思是"民治政府",美国革命和法国革命时才被普遍使用。在英国,虽然曾经可能有过民主,至少在理论上有过民主,自从大宪章或者共和国时期,或者从1688年以来,它没有称自己为民主,在18世纪末,民主几乎等同于激进共和主义或者暴民统治。"19世纪末和20世纪初,民主党通常被看做是危险的破坏性的暴民煽动者。"[101]"阶级"一词有着重要的现代意义,可以上溯到1740年。在那之前它主要用于学术领域,指学校或学院中的一群人。后来出现了"下层阶级",接着是"下层社会",然后18世纪90年代出现了"上层阶级",接着是"中间阶层"或者"中产阶级","工人阶级"直到1815年才出现,稍后出现了"上层社会"。"阶级偏见、阶级立法、阶级意识、阶级斗争和阶级战争在19世纪出现。"[102]威廉斯宣布这是英国社会分化的开始并不显得无知,但是他固执地认为新用法反映了那些分化的特点的变化。人们更了解分化,并且发现"阶级"暧昧的含义比"等级"更有用。以前使用"等级",但是现在用得越来越少了。

他说,对"Art"这个词的使用变化和"工业"的使用变化类似。它的本意是"技能"——任何技能。"Artist"指的是有技能的人,就像"技工"。但是,"Art"的手写字母"A"大写的话,就代表一种特别的真理,想象的真理,使有技能的人变成一个特别的人……一个新的名字,美学,被发现用来描述对艺术的评价……文科——文学、音乐、绘画、雕塑、戏剧——在这个新词组中被放在一起,因为它们在本质上拥有共同点,而这个共同点把它们与人类的其他技能区别开来。当艺术家一方面与技工和工匠开始相区别时,另一方面,天才(Genius),本意是"特性",开始表示"超常的能力"。[103]

"文化"一词的意义变迁也许是最有意思的。这个词的本义是对动物的饲养或植物的种植,具有生物方面的含义。它在意义上的变化经历了几个阶段。"第一个阶段,它表示'思想的一般状态或习惯',和人类追求完美密切相关。第二

第十三章 工业思想及其重要性

阶段，它开始表示'智力在一个作为整体的社会群体中的发展的一般状态'。第三阶段，它表示'文科的整体'。第四阶段，在19世纪后期，表示'生活、物质、智力和精神的所有方式'。"[104]马修·阿诺德（Matthew Arnold），以《文化与无政府状态》（1869）著称，把文化定义为心灵旅程，试图使自己摆脱无知。"通过对世上最好思想和言论的了解，在有关我们的所有方面追求自我完善；通过这种认知，形成新的思想潮流，摆脱我们坚定但是机械地遵循的陈腐的思想和习惯。"[105]阿诺德认为新工业化的社会中的每个阶层都有"遗老遗少"，这些少数人与具有鲜明特征的大多数人并存。这大多数人并没有被他们那个阶层平庸的理念所蒙蔽。根据他所定义的文化，这些人会发展"最好的自我"来建立美和人类自我完善的标准，从而"拯救"绝大多数人。他并不把这看做是任何形式的精英统治论者。[106]阿诺德的观点与马克思、欧文或者亚当·斯密的观点大相径庭，"精英文化"的理念就是他真正的观点，现在遭到猛烈抨击，并且在一定程度上衰退了。因此，更重要的是要加上阿诺德这些经常被省略的话："文化让人们关注人类事务中的自然趋势和它的连续性，不会让我们坚定地相信任何一个人和他的行为。它让我们不仅看到他的优点，还看到在他身上还有多少必然的局限性和暂时性……"[107]

———— ★ ★ ★ ————

《大分流》

彭慕兰（Kenneth pomeranz）最近在《大分流》（*The Great Divergence*）中提出英国和欧洲的经济（和文明社会）在1750年之后开始加快发展，很快超过了印度、中国、日本和亚洲其他国家，造成了我们现在所看到的世界的极不平衡（而一些地区在调整这种不平衡）。然而，他认为工业革命——通常赞同加速发展和分歧——只是整个景象中的一部分。为了让人们全面了解工业革命的影响，他说我们需要承认另外两个方面。一个是以蒸汽为动力的交通工具（特别是蒸汽轮船）的发明大大降低了长途旅行的成本，造成第二个方面，新世界的存在，这个新世界是一个更有活力的经济市场。新世界，拥有矿产和其他资源、奴隶（帮助创造出前所未有的利润）和它广袤的土地，提供了完全的市场条件，与工业革命所代表的新技术和规模经济互利互惠。他说，18世纪初印度、中国和其他亚洲地区的经济没有什么不同——几乎与欧洲一样复杂，如果没有这些因素的共同作用，西方世界的"第二次加速发展"（第一次是在1050年到1300年间）就不会如此显著。帝国的发展起到了作用——它们本质上保护了市场。[108]

———— ★ ★ ★ ————

百年和平

一个长期的、可能是最重要的工业革命的影响是世界从1815年到1914年和平了一百多年。人们不经常把这两者联系在一起，但是卡尔·博兰尼（Karl Polanyi）在1944年出版（2001年的重新发行）的《大转型》（*The Great Transformation*）中列举了令人信服的理由。[109]博兰尼的论据是工业革命形成的巨大财富，将来创造相等甚至更大财富的前景和许多新兴贸易（棉花、铁路、航运、药品）的国际特性，再加上16世纪以来就已经成熟的证券市场发展到了一定程度。总的来说，外国人拥有国债的实际比例（如14%），意味着历史上首次出现了"敏感的和平利益"，而这就是他所说的"工业文明历史上截然不同的阶段"。1815年后，改变是突然而彻底的。法国大革命的结果进一步推动了为共同利益而进行和平交易的工业革命浪潮不断发展。梅特涅声称欧洲人民想要的不是自由而是和平。[110]他说，以"和平利益"为特色的制度是他所称的大金融集团，也就是国际金融。

博兰尼不否认19世纪发生了"小规模战争"（不止一次革命），但是他坚持认为从1815年到第一次世界大战爆发之间任何两个大国之间没有爆发大规模的或长期的战争。（劳伦斯·詹姆斯把这个时期描绘成"冷战"；从尼尔·弗格森在《现金关系》统计数据来看，这是多么不同寻常。尼尔·弗格森引用数据来说明1400年到1984年之间爆发了1000次欧洲战争："平均每四年就有一场新战争爆发，每七年或者八年就爆发一场大国之战[也就是，一场不只涉及一个大国的战争"。）博兰尼认为，大金融集团是世界政治和经济主旨之间的纽带。这些国际金融家不是和平主义者，也不反对任何较小规模的、短时间的或者区域战争。"但是，如果大国之间的大战扰乱体制的金融基础，它们的生意就会减少。"他说大金融集团并不是促进和平的工具，它也没有特别的支持和平的组

第十三章 工业思想及其重要性

织,但是由于它独立于任何一个政府,它在世界上成了一股新势力。如果大战爆发,政府有价证券和其他投资的绝大多数拥有者,"一定是第一个失败者"。因此,这些有权势的人是和平的既得利益者。他认为重要因素是贷款和续贷取决于信用,信用取决于良好的品行。这反映在立宪政府和对预算的恰当管理上。博兰尼举了几个例子,金融家在一些地方如土耳其、埃及或者摩洛哥短期接管了政府,处理一些威胁到政治稳定的金融问题(通常是债务监管)。他认为所有这些表明贸易与和平相关联。正是这个时期见证了金融家的出现,如罗斯柴尔德。1830年,詹姆斯·德·罗斯柴尔德(James de Rothschild)竟然算出战争的成本——他说在战争中他的租金收入会下降30%。迪斯雷利算出1859年法意两国向奥地利的挑战造成在股票交易中损失6000万英镑,索尔兹伯里的侯爵针对爱尔兰缺少外界投资的问题提出:"资本家喜欢和平环境,3%到10%的和平带有从餐厅里取出的子弹。"近代学者对这个描述进行了扩充和加深,表明除了第二次世界大战之后的时间,1820—1917年间是民主和民主政治历史上发展最快的阶段。[1111]

大金融集团最终没能阻止第一次世界大战。第一次世界大战将导致西方的银行系统的根本改变。1815年是个分水岭。在那之前,政府和商人一直认为战争为扩展贸易提供机会。工业革命之后,随着富裕的中产阶级的兴起,战争经济学永远地改变了。卡尔·博兰尼所称的百年和平使工业革命推动了大众社会——一种新形式的文明——的发展。

注 释

[1] 查尔斯·狄更斯 (Charles Dickens),《艰难时世》(*Hard Times*), 伦敦: 企鹅出版社, 2003年, 凯特·弗林特作序, 第27—28页。《艰难时世》最早出版于1854年。

[2] 同上, 第xi页。

[3] 雅各布·布朗诺夫斯基和布鲁斯·麦兹利希,《西方思想传统》, 纽约: 哈珀兄弟出版公司, 1960年, 第307页。根据不同的学者的观点, 在18世纪还有很多其他的"革命"——例如其中包括人口统计学的、化学的和农业的革命。

[4] 大卫·兰德斯 (David Landes),《国富国穷》(*The Wealth and Poverty of Nations*), 纽约: 诺顿出版社/阿巴库斯出版社, 1998/1999年, 第42页。

[5] J. D. 伯纳尔,《历史上的科学》(*Science in History*), 第一卷, 伦敦: 企鹅出版社, 1954年, 第520页。

[6] 同上。

[7] 彼得·豪尔 (Peter Hall),《文明中的城市》(*Cities in Civilisation*), 伦敦: 威登菲尔&尼克尔森出版社, 1998年, 第310页。

[8] 同上, 第312页。

[9] 菲利斯·迪恩 (Phyllis Deane),《第一次工业革命》(*The First Industrial Revolution*), 英格兰剑桥: 剑桥大学出版社, 1979年, 第90页。

[10] 豪尔, 如前所引, 第313页。

[11] 大卫·S. 兰德斯 (David S. Landes),《自由的普罗米修斯: 西欧从1750年至今的技术变革和工业发展》(*The Unbound Prometheus: Technological Change and Industrial Development in Western Europe from 1750 to the Present Day*), 英格兰剑桥: 剑桥大学出版社, 1969年, 第302—303页。

[12] 彼得·莱恩 (Peter Lane),《工业革命》(*The Industrial Revolution*), 伦敦: 威登菲尔&尼克尔森出版社, 1978年, 第231页。瓦特转移到伯明翰见塞缪尔·斯迈尔斯 (Samuel Smiles),《博尔顿和瓦特的人生》(*The Lives of Boulton and Watt*), 伦敦: 约翰·默里出版社, 1865年, 第182—198页。

[13] 豪尔, 如前所引, 第315页。

[14] 莱恩, 如前所引, 第68—69页。

[15] 豪尔, 如前所引, 第316页。

[16] 同上, 第319页。

[17] 同上, 第308页。

[18] 兰德斯,《国富国穷》,如前所引,第41页。

[19] 同上。

[20] 同上。

[21] 豪尔,如前所引,第311—312页。

[22] 迪恩,如前所引,第22页。

[23] 同上。

[24] 兰德斯,《国富国穷》,如前所引,第64—65页。

[25] 同上,第5页。

[26] 同上,第7页。

[27] 埃里克·霍布斯鲍姆(Eric Hobsbawm),《革命时代》(*The Age of Revolution*),伦敦:威登菲尔&尼克尔森出版社,1962年,第63页。

[28] 兰德斯,《国富国穷》,如前所引,第7页。

[29] 豪尔,如前所引,第308页。

[30] 兰德斯,《国富国穷》,如前所引,第262页。

[31] 同上,第282页。

[32] 伯纳尔,如前所引,第600页。

[33] 同上,第286—287页。

[34] 克莱斯特在很多的历史记录中被忽略。见迈克尔·布莱恩·希弗(Michael Brian Schiffer),《引来闪电:启蒙时代的本杰明·富兰克林和电学》(*Draw the Lightning Down: Benjamin Franklin and Electrical Technology in the Age of Enlightenment*),伯克利:加利福尼亚大学出版社,2003年,第46页。

[35] 安培(André-Marie Ampère, 1775—1836)、高斯(Karl Friedrich Gauss, 1777—1855)和欧姆(Georg Ohm, 1787—1854)又发现了更多的关于电流产生的磁场和这些电流通过导体的知识。电流现在已经成为一门定量科学。兰德斯,《自由的普罗米修斯》,如前所引,第285页。

[36] 伯纳尔,如前所引,第620页。

[37] 同上,第621页。

[38] 让·皮埃尔·普瓦利埃(Jean-Pierre Poirier),《拉瓦锡:化学家,生物学家,经济学家》(*Lavoisier: Chemist, Biologist, Economist*),费城:宾夕法尼亚大学出版社,1996年,第72页及后文,《氧气的争夺》('The Oxygen Dispute')。尼克·莱恩(Nick Lane),《氧

气：世界形成的分子》(*Oxygen: The Molecule that Made the World*)，牛津：牛津大学出版社，2003年。

[39] 普瓦利埃，如前所引，第72页及后文。

[40] 新化学见：同上，第102页及后文。酸的形成见第105页及后文。燃烧见第107页。金属煅烧见第61页及后文。水的分析见第150页。

[41] 约翰·道尔顿 (John Dalton)，《化学哲学新体系》(*A New System of Chemical Philosophy*)，伦敦：R. Bickerstaff，1808—1827年 (1953年重印)，第Ⅱ卷第13章第1页及后文和第Ⅰ卷第231页及后文。

[42] 哈里·艾尔莫·巴恩斯，《西方世界的知识文化史》，卷二，纽约，Dove出版社，1965年，第681页。

[43] 伯纳尔，如前所引，第625页。

[44] 布朗诺夫斯基和麦兹利希，如前所引，第323页。

[45] 同上，第324页。

[46] 罗宾·赖利 (Robin Reilly)，《约西亚·韦奇伍德：1730—1795》(*Josiah Wedgwood, 1730—1795*)，伦敦：麦克米伦出版社，1992年，第183页。

[47] 布朗诺夫斯基和麦兹利希，如前所引，第325页。

[48] 赖利，如前所引，第314页。

[49] 同上，第327页。塞缪尔·高尔顿 (Samuel Galton) 是弗朗西斯 (Francis) 的祖父，优生学的创始人，是另外一个从沃灵顿学会转到月亮社的人：他搜集了最早的一批科学仪表。托马斯日 (Thomas Day) 因为他的孩子而最为有名，据说他的写作"大而无趣"，但是他借钱给其他成员支持他们的活动。罗伯特·E. 斯科菲尔德 (Robert E. Schofield)，《伯明翰月光社：18世纪英格兰地方性科学和工业的社会史》(*The Lunar Society of Birmingham: A Social History on Provincial Science and Industry in Eighteenth Century England*)，牛津：克拉伦登出版社，1963年，第53页。詹姆士·基尔 (James Keir)，前职业军人尝试从海藻中提取碱金属 (方法是有效的但是产量太低)，后来在法国作战，法语讲得很流畅，他翻译了马克尔的《化学词典》，这是一本非常有名 (也很实用) 的词典，帮助树立了月亮社的名声。

[50] 约翰·格雷厄姆·吉勒姆 (John Graham Gillam)，《严酷的考验：法学博士、英国皇家协会会员约瑟夫·普利斯特列》(*The Crucible: The Story of Joseph Priestley LLD, FRS*)，伦敦：罗伯特·黑尔出版社，1959年，第138页。

第十三章 工业思想及其重要性

[51] 布朗诺夫斯基和麦兹利希，如前所引，第329页。

[52] 同上，第330页。

[53] 同上，第329页。

[54] 参见珍妮·阿格鲁(Jenny Uglow)，《月光社成员：一群推进未来的朋友》(*The Lunar Men: The Friends Who Made the Future*)，伦敦：费伯出版社，2002年，尤其是第210—221页，第237页，第370页和第501页。

[55] 斯科菲尔德，如前所引，第440页。

[56] 1760年马萨诸塞州举行了著名的抗议活动，指出英国政府无权对殖民地征税，因为在议会中没有马萨诸塞州的代表。英国政府的部分回答是曼彻斯特也没有代表。亨利·斯蒂尔·康马格尔(Henry Steel Commager)，《理性王国》(*The Empire of Reason: How Europe Imagined and America Realised the Enlightenment*)，伦敦：威登菲尔&尼克尔森出版社，1978/2000年。但是伯明翰的氛围还要见：吉勒姆，如前所引，第182页。

[57] 兰德斯，《自由的普罗米修斯》，如前所引，第23页。

[58] 同上，第25—26页。

[59] 对这次争论的详细讨论见：同上，第22—23页。

[60] E. P. 汤姆森(E. P. Thompson)，《英国工人阶级的形成》(*The Making of the English Working Class*)，伦敦：格兰兹出版社，1963年，第807页及后文。

[61] 同上，第16章，第781页及后文。

[62] 布朗诺夫斯基和麦兹利希，如前所引，第339页。

[63] 阿索尔·菲茨吉本斯(Athol Fitzgibbons)，《亚当·斯密的思想体系：自由、财富、德性》(*Adam Smith's System of Liberty, Wealth and Virtue: The Moral and Political Foundation of the Wealth of Nations*,)牛津：牛津大学出版社的克拉伦登分社，1995年，第5页及后文。

[64] 兰德斯，《自由的普罗米修斯》，如前所引，第246页。

[65] 大卫·韦瑟罗尔(David Weatherall)，《大卫·李嘉图》(*David Ricardo*)，海牙：马丁努斯·尼基霍夫(Martinus Nijhoff)出版社，1976年，第27页，关于他同宗教的决裂。

[66] 同上，第147页。

[67] J. K. 加尔布雷(J. K. Galbraith)，《经济学史》(*A History of Economics*)，伦敦：哈米什·汉密尔顿出版社/企鹅出版社，1987/1991年，第84页。

[68] 同上，第118页。

[69] R. W. 哈里斯 (R. W. Harris),《浪漫主义和社会秩序》(*Romanticism and the Social Order*),伦敦:布兰福德出版社,1969年,第78页。

[70] 法兰克·波德莫尔 (Frank Podmore),《罗伯特·欧文》(*Robert Owen*),纽约:奥古斯都·凯利出版社,1968年,第188页。

[71] A. L. 莫顿 (A. L. Morton),《罗伯特·欧文的生平和思想》(*The Life and Ideas of Robert Owen*),伦敦:劳伦斯&威沙特出版社,1963年,第92页。

[72] 同上,第88页及后文。

[73] 布朗诺夫斯基和麦兹利希,如前所引,第450页及后文。

[74] 哈里斯,如前所引,第80页。波德莫尔,如前所引,第88页,新拉纳克的磨坊的图片见第80页。

[75] 他还设立培训班,向那些毕业后还想继续学习的人提供晚间课程。莫顿,如前所引,第106页。

[76] 布朗诺夫斯基和麦兹利希,如前所引,第456页。

[77] 他的另一个思想是所谓的"欧文主义者社会"(Owenite communities)(在伦敦、伯明翰、诺威奇和设菲尔德)。在那里他将手艺人聚集在一起而没有资本家雇主的参与。欧文一直坚信资本主义是"一个天性邪恶的制度",希望他人也同意他的观点。这是他成为工团主义的热情提倡者的主要原因。欧文持有物物交换的思想,根据这一制度手艺人交换自己的产品,获取"劳动券",然后用劳动券交换货物(另外的一种排斥资本主义制度的东西)。这些思想中的大部分也失败了,至少在欧文所设想的形式上是失败的。但是,正如R.W.哈里斯指出的,欧文是一个空想家而不是一个组织者。他的大部分思想成为19世纪后期和大部分的20世纪的劳工政治的重要因素。哈里斯,如前所引,第84页。

[78] 关于工业革命中润滑油的重要性见:兰德斯,《自由的普罗米修斯》(*Unbound Prometheus*),如前所引,第298—299页。

[79] 霍布斯鲍姆,《革命时代》,如前所引,第69页。

[80] 同上,第72页。

[81] 同上,第73页。

[82] 参见恩格斯关于此论题与一位曼彻斯特人的对话。霍布斯鲍姆,如前所引,第182页。

[83] 戴维·麦克莱伦 (David McLellan),《卡尔·马克思:他的生平和思想》(*Karl Marx: His Life and Thought*),伦敦:麦克米伦出版社,1973年,第130页。

第十三章 工业思想及其重要性

[84] 加尔布雷斯，如前所引，第127页。

[85] 马克思与黑格尔的关系见：同上，第128页。霍布斯鲍姆，如前所引，第53页。

[86] 法国的犹太人渴望更加美好的未来。霍布斯鲍姆，如前所引，第197页。

[87] 特雷尔·卡弗 (Terrell Carver) 编辑，《马克思的剑桥同事》(*The Cambridge Companion to Marx*)，英格兰剑桥：剑桥大学出版社，1991年，第56页。

[88] 罗杰·史密斯，如前所引，第435页。

[89] 同上，第436页。

[90] 麦克莱伦，如前所引，第299页及后文。

[91] 同上，第334页。

[92] 加尔布雷斯，如前所引，第128—129页。

[93] 麦克莱伦，如前所引，第299—300页和第349—350页。

[94] 同上，第433—442页。

[95] 罗杰·史密斯，如前所引，第433—442页。

[96] 卡尔·马克思 (Karl Marx)，《资本论》(*Capital*) 第2卷，芝加哥：E. 恩特曼出版社，1907年，第763页。霍索恩，如前所引，第54页。

[97] 麦克莱伦，如前所引，第447页。几个"国际"一直延续到1972年。

[98] 雷蒙·威廉斯 (Raymond Williams)，《文化与社会：1780—1950》(*Culture and Society, 1780—1950*)，伦敦：查托&温达斯出版社，1958年，企鹅出版社，1963年。

[99] 实际上，亚当·斯密是最早以这种新的方式使用这个词的人之一，在《国富论》(*The Wealth of Nations*) 中。

[100] 威廉斯，如前所引，第13—14页。

[101] 同上，第14页。

[102] 同上，第15页。

[103] 同上，第15—16页。

[104] 同上，第16页。

[105] 同上，第124页。参见尼古拉斯·默里 (Nicholas Murray)，《马修·阿诺德的生平》(*A Life of Matthew Arnold*)，伦敦：霍德&斯托顿出版公司，1996年，第243—245页。

[106] 威廉斯，如前所引，第130页。默里，如前所引，第245页。

[107] 威廉斯，如前所引，第136页。参见马修·阿诺德 (Matthew Arnold)，《文化与

407

无政府状态》(*Culture and Anarchy*),伦敦:约翰·默里出版社,1869年,第28页。

[108] 肯尼斯·彭慕兰(Kenneth Pomeranz),《大分流:欧洲、中国及世界经济的发展》(*The Great Divergence: China, Europe and the Making of the Modern World Economy*),普林斯顿、新泽西和伦敦:普林斯顿大学出版社,2000年,多处。

[109] 卡尔·博兰尼(Karl Polanyi),《大转型》(*The Great Transformation*),波士顿:灯塔出版社,1944/2001年,第3页及后文。

[110] 同上,第5页和第7页。

[111] 同上,第15页。参见尼尔·弗格森(Niall Ferguson),《金钱关系》(*The Cash Nexus*),伦敦:艾伦·莱恩/企鹅出版社,2001/2002年,第28—29页和第295—296页。关于民主成长的表格见第355页。关于这个时期同时也是资本主义的顶峰时期这一具有讽刺意味的事和怪事并非常被论及。

第十四章
美洲的创造

《美洲的宝藏与资本主义的兴起》

"美洲的发现、绕过非洲的航行,给新兴的资产阶级开辟了新天地。东印度和中国的市场、美洲的殖民化、对殖民地的贸易、交换手段和一般商品的增加,使商业、航海业和工业空前高涨,因而使正在崩溃的封建社会内部的革命因素迅速发展……"[1]卡尔·马克思和弗里德里希·恩格斯在《共产党宣言》中如是说。厄尔·J.汉密尔顿在其著名论文《美洲的宝藏和资本主义的兴起》(*American treasure and the rise of capitalism*)中回顾了16世纪的欧洲所发生的种种变化——民族国家的形成,伴随战争的灾难和机缘,以及新教的兴起,其结论是这些变化所带来的影响无一能与美洲的发现相提并论。汉密尔顿相信,美洲是欧洲资本得以形成的主因。"(美洲)发现的后果就是欧洲产业的发展得到促进,欧洲产业必须生产可供与美洲农产品交换的工业品;欧洲与东方开展贸易需要(美洲的)白银,而东方贸易能给其投资者带来丰厚利润,从而强有力地促进了资本的形成;同时它也引发了欧洲的价格革命,后者又反过来便利了资本积累,因为工资总是滞后于物价。"[2]在另一名著《经济个人主义兴起的几个问题》(*Aspects of the Rise of Economic Individualism*)(1933)中,H.M.罗伯特森论证道,地理大发现的意义"并不限于严格的物质方面。因为与之相伴的商业扩张必然意味着思想的扩展"。总之,据他说,当时,"新的机遇不断涌现。……从这些新机遇中崛起了一个具有资本主义和个人主义精神的企业家阶级,它在传统社会中作为瓦解因素而发挥作用"。[3]

《大边疆》

沃尔特·普雷斯科特·韦伯(Walter Prescott Webb)在其《大边疆》(*The Great Frontier*)(1953)中的论述更为具体。对他而言,欧洲是大都市,而美洲则是大边疆。尽管遇到诸多问题,而且北美大平原需要采用新的耕作方法,"这一边疆的开辟还是根本改变了欧洲的前途命运,因为它使人口、土地和资本三要素间的对比发生了决定性变化,从而为繁荣创造了条件"。[4]尤其是据他说,在1500年,欧洲的375万平方英里土地供养着约1亿人口,这意味着每平方英里的人口密度是26.7人。在发现新世界后,这1亿人突然获得了2000万平方英里土地的额外空间。韦伯认为,额外空间的存在启动了欧洲整整4个世纪的繁荣,"直至边疆在1900年前后关闭,这一繁荣方告一段落"。根据该描述,1500年与1900年之间的4个世纪是历史上的独特时期,在这一时间框架下,美洲"大边疆"根本改变了西方文明的面貌。[5]正如约翰·艾略特所言,"关于美洲所带来影响的研究最终在三个被反复讨论的问题上达成一致:金银、贸易和机遇的激发作用。"*

---------- ★ ★ ★ ----------

于16世纪到达鼎盛的大发现时代促成了有史以来第一批全球性帝国的建立。这一事件不仅成为欧洲国家间"远在赫拉克勒斯石柱(欧洲传统边界线)以外的"新一轮争斗的根源,而且影响到了各世俗政权和教会之间的关系。梵蒂冈向来主张对全世界的支配地位,但其典籍对新世界却一无所知,只字未提。[7]表面看来,发现有数百万人生活于基督教福音之外是给教会提供了扩展其影响的无与伦比的良机。但实际的结果更为复杂。首先,地理大发现在时间上正好赶上了(欧洲)宗教改革和天主教方面的反宗教改革,后者才是罗马教廷更为关心的对象,而非新大陆带来的机遇。诚然,欧洲的宗教争论可能也的确因为大量更擅此道的福音教士横渡大西洋离开而有所削弱(特伦特公会几乎没有提及美洲事务)。但

---

* 约翰·艾略特质疑,如果没有新世界的财富,大量使用金银装饰的巴洛克艺术是否还有可能出现。[6]

第十四章 美洲的创造

无论如何，传教士是否可以涉足新领地取决于世俗权力的许可。特别值得一提的是，西班牙王室被理想化地赋予了指导福音传教步骤和方式的使命，这一点在其谈判取得教皇对其远征的授权——法律上被称做"Patronato"——时尤为明显。[8]有人甚至提出，西班牙诸王在西印度群岛行使的绝对权力反过来在欧洲促进了绝对王权思潮的发展。[9]与之相似，英格兰的理查德·哈克路特（Richard Hakluyt）提出，殖民活动"吸走"了那些最有可能犯上作乱的人。[10]"正如16和17世纪国家的威权主义趋势可能鼓励了不满当局者迁离本国一样，这种迁离反过来可能也强化了该国本身的威权主义特性……可以推想，如果机会和权利能够通过迁徙而在海外以更低的代价获得，则留在本国为之战斗的动力就会相应减弱。"[11]

约翰·艾略特证实，在16世纪40年代和50年代初，神圣罗马帝国的重心决定性地从德意志和尼德兰移至伊比利亚半岛。[12]"这一变化象征着安特卫普和奥格斯堡的旧金融世界已黯然失色，一个连接热那亚、塞维利亚和美洲银矿的新金融枢纽取而代之。在16世纪下半叶（但不是之前），我们可以名正言顺地谈论大西洋经济。"[13]

由此，西班牙及其历次征服引起法国和英格兰的嫉妒也就不令人惊奇了。首先是来自秘鲁的白银吸引了这些敌对强权的注意，而白银的输送在巴拿马地峡极易受到攻击。另一说法是，新教方面有一个"经由西印度群岛"占领西班牙的策略，这证明了政治事务日益具有全球性维度，人们开始认识到海权越来越重要。从政治上讲，新大陆同样在欧洲民族主义的发展过程中发挥了作用。西班牙很自然地认为，随着文明的中心转移至伊比利亚半岛，该国现在已经成为"天选的种族"。但在16世纪中叶，西班牙在国外的形象却因两部催生了后世所谓"黑色传奇（Black Legend）"的著作的出版而蒙受严重损害。这两本书，其一是巴托洛梅·德·拉斯·卡萨斯的《印度群岛毁灭述略》（*Brief Account of the Destruction of the Indies*），1552年初版于西班牙，该书公开尝试在被普遍指为非人类的印第安人身上找到人性；另一本是基洛拉莫·本佐尼的《新大陆史》（*History of the New World*），1565年在威尼斯出版。[14]两书被迅速译为法文、荷兰文、德文和英文，很快，胡格诺教徒、荷兰人和英国人都表示，西班牙人的行径实在是骇人听闻。蒙田在读过"黑色传奇"后说出了其他人同样感受到的东西："众多美好的城市被洗劫，众多邦国被毁灭、人烟灭绝，数以百万计的手无寸铁之人，无分男女、国籍和年龄，全部被屠杀、蹂躏、饮刃而亡，世界最富饶、最美丽和最优秀的部分在珍珠和胡椒的掠取中被糟蹋、摧毁，变得丑陋不堪……"[15]2000万印第安人的灭绝由此被作为西班牙人"天生"凶残的铁证。据约翰·艾略特称，至少在欧洲历史上，这是宗主国的殖民记录被用来反对其自身的第一个例子。[16]

此外尚有另一个事实，即：在发现美洲后超过一个世纪的时间里，并没有哪种知识上的进步真正将新世界纳入了欧洲的思想范式中。首先，如何解释这片大陆的存在？比如像前面述及的那样，在神学典籍中并没有提到美洲。[17]这是否有可能意味着该大陆是一件特别的创造物，在大洪水后期方才出现，或者它在欧洲遭受洪水之后经历了一场其独有的、不同于其他大陆所遭受的洪水，目下正处在恢复元气的过程中？为何新世界的气候如此不同于欧洲？比如五大湖与欧洲处于同一纬度，但其湖水一年中有一半的时间封冻。为何新世界如此多的地方被湿地和沼泽覆盖，为何它的森林如此茂密，土壤如此湿润而宜于耕种？为何它的动物如此独特？为何那里的人群如此原始而又分布稀疏？尤其是，为何当地人的皮肤非黑非白，而是紫铜色的？最重要的一点或许是，这些野蛮人来自何方？[18]他们是否是古以色列迷失支派的后裔？阿姆斯特丹的犹太拉比，玛拿西·以色列（Manasseh Israel）相信事实就是如此，还拿秘鲁神庙和犹太教堂之间的相似性作为"决定性证据"。对某些人来说，广为流传的割礼习俗支持了这一解释。或者他们是些迷失的中国人，漂渡太平洋来到此地？他们是否是最伟大的航海者诺亚的后代？亨利·康马格尔认为，得到最普遍支持也是最符合常识的理论是，他们是一些鞑靼人，当初从俄罗斯的堪察加半岛航行到阿拉斯加，又沿新大陆西海岸南航，随后扩散开来。[19]

有关美洲是否是亚洲的一部分抑或一个独立陆块的问题，在17世纪30年代尘埃落定。维图斯·白令（Vitus Bering）于1727年奉俄国沙皇之命调查西伯利亚是否延伸至与美洲相连。他带回来的报告是两块大陆之间有海相隔，但语焉不详，再加上该报告与俄罗斯这边的沿海土著居民当中流传的故事颇为相似，因此他的说法的真实性受到了怀疑，引发了一场一直持续至今的辩论。[20]西伯利亚堪察加地区的人们知道地平线那边的陆地并不遥远，因为时常有漂木被冲至卡尔根斯克岛上，而这些木头来自一种堪察加本地不产的冷杉树。1728年白令将其任务交给另一个指挥者，1732年，他的两个助手伊万·费多罗夫和米哈伊尔·格罗兹德夫最终发现了阿拉斯加。

这一问题虽然得到了清晰无误的解决，但其他有关美洲、它的目的和意义的争论仍在持续。早期有关新大陆是一个遍布贵金属、魔法河与7座魔力城市的"黄金国（El Dorado）"的想法从未得到现实的印证。[21]对某些人而言，美洲是一个错误，其最大的特点便是落后。"不要惊讶于美洲的人口之稀少"，弗朗西斯·培根写道，"或者其人群的粗野和无知。因为你必须将你的美洲居民作为一个年轻的人群来接受，他们至少比世界其他地方的人年轻一千年。"[22]布丰伯爵同样论证说，美洲在大洪水后浮出水面的时间比其他大陆都要晚，这就是为什么在那里有潮湿的土壤、繁茂的植被和茂密的森林的原因。[23]他说，一切事物在那里都不能兴旺发展，动物在精神上和肉体上都"发育受阻"，"因为大自然更多地将美洲作为继母而非母亲来造就，剥夺了（土著美洲人）爱的情感和繁殖的欲望。那些野蛮人身体虚弱，生殖器官也小……他们在体力上远逊于欧洲人。他们更不敏感，但却更易恐惧，更加胆小"。一个瑞典教授彼得·卡尔姆（Peter Kalm）认为，美洲的虫子太多，植物无法成长，这使得美洲的橡树"和以之建造的房舍"都很脆弱。甚至伊曼纽尔·康德也认为美洲土著没有能力变得开化。[24]

其他人则表达了这样一种观点，即美洲是如此恶劣，以至于根本不可能将其纳入历史的主潮流，也无法使其基督教化或文明化，这一恶劣状况乃是神针对该大陆被"过早"发现和西班牙人在征服期间犯下深重罪行的惩罚。[25]美洲野牛是犀牛、家牛和山羊之间不成功和无意义的杂交的产物。[26]"在美洲全境，从合恩角到哈德逊湾，"康尼勒·德·波乌修道院长在《百科全书》中写道，"从未出现过一个哲学家，一个艺术家，一个有学问的人。"[27]

――― ★ ★ ★ ―――

费城："思想之都"

现在，当我们读到这些的时候，不禁会哑然失笑。因为，正如美国史学家亨利·斯蒂尔·康马格尔所揭示的那样，在很多方面，美国实际上已经实现了在欧洲仅可想象的启蒙成就。"美国人同样有自己的贤哲，但他们很少有人专以哲学甚至科学为业。通常来讲，他们都忙于农事、医疗、法律或管理。更重要的是，他们缺少法院、教堂、学院、大学和图书馆等为旧世界的哲学提供了诸多庇护和滋养的机构。他们信任理性和科学（前提是它们有用），很多人在欧洲学习过。这些人回来的时候带回了欧洲文明，但却基于自己的选择，因为对自己的所见，他们所不赞成的更多于赞成的：而这是最重要的。"[28]

事实的确如此。早期的美国人在进行自己的启蒙运动时并不迟缓，这场启蒙运动被小心——而且明智地——设计以适应新的条件。比如，其中不包含国教的确立、清教主义或天主教反宗教改革的狂热。早期美国人的思想是世俗和实用主义的。在费城，自然神论者本杰明·富兰克林创建了美国哲学会（American Philosophical Society）（以伦敦皇家学会为样板）并担任会长直至其1790年去世。[29]费城这一威廉·佩恩（William Penn）的"神圣试验品"迅速成为美洲的"思想之都"，拥有一家图书公司、一所后来成为大学的学院、一家医院、一处植物园和两个博物馆（约翰·亚当斯称之为英属北美的"松果体"）。[30]早年的费城，就其本身而言，与爱丁堡之类的城市一样声名卓著。大卫·穆林伯格神父是一名植物学家，对上千种植物进行了很好的识别和归类；身为数学家和天文学家的托马斯·古德弗里(Thomas Godfrey)发明了一种新的四分仪，其子托马斯撰写并上演了新大陆的第一部戏剧《帕提亚王子》(*Prince of Parthia*)。费城是殖民地第一所医科学院的所在地，三个在爱丁堡受过教育的人——约翰·摩根、爱德华·西平和本杰明·拉什都是费城人。费城还是当时像本杰明·维斯特、画过贵格派绅士的马修·普拉特和亨利·本布里奇这样的艺术家的自然集中地。查尔斯·威廉斯·皮勒在费城建立了第一所美术学院，像托马斯·潘恩和约瑟夫·普利斯特里博士这样从旧世界迁来的著名人士以费城为目的地并在此定居。

富兰克林

最值得一提的是本杰明·富兰克林这个"首席天才"。[31]作为一个优秀的谚语制造者（"岁月既往，一去不回"），"他的天才在这里尤其有用武之地……1754年奥尔巴尼会议中，他起草了一份预示美洲最终走向联合的计划；在下议院，他捍卫美洲对外部管制和内部税收的区分；在卡本达大堂，他协助杰斐逊起草了《独立宣言》；他参加的委员会起草了建立一个新国家的《邦联条例》。在路易十六的宫廷，他参与赢得了法国的支持；在最终承认美国独立的和平谈判中他同样在场。最后，他同样出现在为这个新国家起草了一部宪法的联邦制宪大会上。"[32]这些仅仅是他做过的事的一半。在英格兰有14年时间，在法国有8年时间，多才多艺的富兰克林可算做美、英、法启蒙运动的一个主要因素——他是出版家、新闻家、科学家、政治家、外交家、教育家和"最优秀的自传"的作者。[33]

本杰明·拉什

本杰明·拉什（Benjamin Rush），富兰克林在费城地位的继承者，与富兰克林一样才华横溢，兴趣也几乎同样广泛。作为爱丁堡和伦敦大学的毕业生、约翰·洛克的高足，拉什绝不仅仅是个医生；和富兰克林一样，他也是个政治家和社会改革家。[34]在回到美国后，他被任命为新建的费城学院化学教授，但仍然有时间研究印第安人中间的疾病和推动废除奴隶制。[35]他建立了第一个诊疗所，接种防天花的疫苗。据说是他给托马斯·潘恩的小册子起名《常识》。[36]在签署《独立宣言》后，他立刻投笔从戎。

"美国的荷马"

来自康涅狄格的乔尔·巴洛是耶鲁大学毕业生，在任教区牧师期间接受了早期的进化论思想。但他更广为人知的身份是"文化民族主义者"、"共和国第一个诗人"。他潜心写作20年，创作出了一部长度堪与荷马、维吉尔媲美的美国史诗《哥伦布的梦想》（*The Vision of Columbus*）（1887），该诗展现了"旧世界的阴郁历史，并作为对比描写了新世界的光荣前景……拜伦本人不知是出于钦佩还是嘲讽，称他为美国的荷马"。[37]在巴洛不写诗的时候，他还是一个不错的思索者：在巴黎居住期间，他的沙龙成为时尚中心，托姆斯·潘恩和玛丽·沃斯通克拉夫特都是那里的常客。潘恩被监禁期间，巴洛确保了《理性时代》的手稿得以成功出版。玛拿西·卡特勒和巴洛一样，也当过牧师，而且和本杰明·拉什一样，也绝不仅仅是个医生——他同时兼为律师、外交家和地理学家。作为另一位疫苗接种的积极鼓吹者，他也是第一个开始系统研究印第安土丘的人。[38]"正是从他的教区,第一批无畏的迁徙者带着他们的牧师、《圣经》和毛瑟枪启程前往俄亥俄原野——新的朝圣者在前往新世界的路上。"[39]

约瑟夫·普利斯特列(他已成为英国政治中的美国"利益集团"的一分子)在61岁高龄时横渡大西洋迁居美国。[40]宾夕法尼亚大学和弗吉尼亚大学都邀请他前去任教,但他却选择了宾夕法尼亚边疆一座俯瞰萨斯奎哈纳河的农庄。普利斯特列对旧世界感到沮丧和幻灭,一度想与友人雪莱、骚塞和柯勒律治一起在美国寻找世外桃源。虽然这从未实现过,他仍然最终完成了其卷帙浩繁的《基督教会通史》,在书中比较了耶稣和苏格拉底各自的教导(他将此书献给了杰斐逊)。[41]

潘恩

托马斯·潘恩

托马斯·潘恩(Thomas Paine)在英格兰、美国和法国都经营着事业。尽管他不是个随和的人,也不容易将他归入哪一类,他的能力和激情(甚至他的狂热)仍然到处得到承认,而且他无论到哪里都能结识杰出人物——在美国是富兰克林,在英国是普利斯特列,在法国是孔多塞。作为一个最爱惹是生非的名副其实的极端激进分子,他同时又是一个大胆的作者,具有将复杂问题简单化的天赋。"正如莫扎特洋溢着旋律一般,他也洋溢着警句格言。"[42]也许是因为他并未接受过特别的良好教育,他将启蒙运动的核心思想简化成一种得到广泛反响的形式。他论证说,调节着"宇宙的巨大机械和构造"的自然法则本身就内含着自然权利。这种逻辑使他欢迎革命;令他满意的是,他确实目睹了他所居住的三个国家中的两个都发生了革命。

与很多贤哲不同,潘恩并非学者或美学家。他首先关注实践的进展。他急切地要求改善弱势群体的物质生活条件和更加平等地分配资源。[43]《人权论》(*The Rights of Man*)的第二部分如其标题所言,"将原则和实践结合"。由此他成为奴隶制的早期批评者,而且为撰写了《宾夕法尼亚法案》(该法案在宾州境内禁止奴隶制）的序言而感到自豪。在他的其他作品尤其是那部"并无深邃含义"却卖了12万册的《常识》（*Common Sense*）(1776) 中，潘恩力主征收累进所得税和遗产税，以资助旨在促进社会福利的各种项目。[44]他还主张发给年轻人津贴，以便使他们在婚姻生活中有一个好的开始。此外，他鼓吹给穷人的孩子提供免费的学校教育，为失业者提供金钱和物质支持。"托马斯·潘恩是一个世界级人物，但却是美国造就了他。正是在美国，他发现了他毕生的事业。在英国和法国均将他拒于门外之后，他最终仍然回到了美国。美国才是他希望的中心。在旧世界的每一个地方，'陈规陋习'都在维护着暴政……美国是政治世界中唯一一片净土，在这里，全面改革的原则能够得到展开。"[45]

———— ★ ★ ★ ————

杰斐逊／《弗吉尼亚笔记》／美国与欧洲比较

上述人等皆为英杰之士，美国适逢其时拥有这批人才实为幸运；正如我们将看到的，他们集聚启蒙运动的精华思想，以美国宪法为载体，创造出了一种新的共同生活方式，这种生活方式将以不逊于以往任何经验的说服力证明：自由、平等和繁荣紧密联系，互相支持。不过，他们的首要任务却是改变很多自高自大的欧洲人所墨守的一些不良而且／或者错误的印象，这一任务又是与第一批大学的创立、早期的医院和对学术的最

托马斯·杰斐逊

初探讨紧密相连的。回顾以往，美国人早年生活的改善速度之快已经超出了所有人的预期。

托马斯·杰斐逊本人就是最有权力同时又最有激情的美国拥护者。[46]比如，在回答新大陆的自然条件贫瘠而使人憔悴的观点时，他举出宾夕法尼亚，"一个真正的伊甸园，河流布满鱼类，草地上有千百种鸣禽"。如果新世界的土壤果真如此贫瘠，那么，为何"全欧洲的人都为了玉米、烟草和水稻而前往我们的土地——任何一个美国人的饮食比欧洲大多数贵族都要好"？如果美国的气候果真使人衰弱，那么，为何数据资料显示伦敦和巴黎的降雨量比波士顿和费城要

多？[47]

1780年，一位年轻的法国外交官巴勃·马布斯侯爵有意与美国一些州的州长深入切磋，向他们请教有关他们各自政治共同体的组织和资源等方面的问题。杰斐逊的回答最为详尽和雄辩，同时迄今为止也最为著名——《弗吉尼亚笔记》（*Notes on Virginia*）。该书和今天的现实距离有点远，但它所抨击的弊端在当时却被真切地感受到。杰斐逊正面回击了布丰和其他欧洲的怀疑论者。他比较了通过精算数据确定的欧洲人和美洲人各自的工作率，得出了有利于美洲人的结论。[48]布丰曾声称，新世界没有任何动物可以与"尊贵的大象"或"强大的河马"或狮子、老虎等相提并论。杰斐逊认为这纯属无稽之谈，并举出巨爪树懒（Megalonyx，意为大爪子）为证。"这种生物的爪子长8英寸，而狮子的也长不过1.5英寸。对这样一种生物，我们将作何感想？"甚至早在1776年，就已经有很多猛犸的化石骨骼被发现，证实了猛犸乃是新大陆土生的动物，这种巨兽的体形经常是"5~6倍于"一头大象。[49]在杰斐逊及其美国同胞将目光转向人口水平时，又发现了另一些富有意义的对比。他们指出，在欧洲的乡村地区，出生数量大于死亡数量，虽然相差并不太多，但足以维持人口数量的稳定。但在城市，情况就严峻得多了——人口数量在下降。仅在伦敦一地，每出生4个人就会有5个人死去，以至于该城在本世纪上半叶仅仅增加了2000人口，这还是靠周边乡村人口的迁入才实现的。在英国和法国全境，1/6的婴儿没能活过他们的周岁生日，在某些地方则更糟，如在布雷斯劳（Breslau），42%的儿童在5岁以前死亡。[50]而在大西洋对岸，"在黑人中间也如同在白人中间一样"，从北到南，人口都在迅速增长。英属殖民地在18世纪早期拥有25万人口，而到独立浪潮开始兴起之时，这一数字已增长至超过150万。迁入只是造成这种情况的一部分原因。在1790年汇总的第一次美国人口普查中（比英国的第一次普查早10年），统计出的居民人数接近400万，但在统计学上这一人口数的意义却远不同于欧洲。"在伦敦、巴黎、阿姆斯特丹或柏林，平均一次婚姻生育4个孩子，而在美国，这一数字更接近于6个半。在英格兰，每26个居民中会发生一次生育，而在美国，每20个居民中就会发生一次生育。"[51]有关死亡的数字甚至更能说明问题：当时欧洲人的平均寿命为32岁，而美国为45岁。

甚至连杰斐逊本人都可以作为美国针对欧洲的绝妙回答。就是这个人，将帕拉第奥（Palladio）的建筑风格引进了弗吉尼亚，在蒙蒂塞洛建造了加利·威尔斯（Gary Wills）称之为美国最美的建筑。杰斐逊热切地接受了亚当·斯密的新经济学，进行谷物和植物试验（他曾说过，农业是"一门最为首要的科学"），并且在创建了一个远离旧世界罪恶的新国家之余，仍然有时间学习希腊文和拉丁文。[52]至少在智力上，杰斐逊在驯服荒野的努力中起到示范作用。他进行了甘蓝和菊芋、各种坚果、无花果和水稻、桑树和软木树以及橄榄树的养殖实验。"他通宵不眠，观察伦巴第人如何制作奶酪，以便将工艺流程传回美国……并且试过将夜莺引进北美，虽然失败了。"[53]他进行过天文观测，他还是第一批发现在巴拿马开凿运河将带来巨大收益的人之一。[54]

印第安人问题

早期美国人具有的这种坚定的实用型乐观主义所带来的成功远多于失败，由此造就了一种留存至今的民族气质、性格和生活方式。仅仅在一个领域，美国人不是那么有自信，这就是与印第安人的关系方面。布丰和其他一些法国贤哲（从3500英里之外）称呼印第安人为退化的人种。为反驳他们，杰斐逊回应道："你会改变你的调门的。"[55]他指的是明古族酋长洛根（Logan）的优美言辞和雄辩：这说明印第安人的思想和身体一样，在适应其所处的环境方面不比欧洲人差。[56]但是，如果洛根及其印第安同胞果真被赋予了杰斐逊所说的所有品质，如果这位印第安领袖果真如杰斐逊所说的那样，具备德摩斯梯尼（Demosthenes）和西塞罗的所有品质，那么白种美国人有什么权利如此大量地屠杀他们，强占他们的土地呢？[57]对此美国人的观点经常变化，前后不一，有时倾向早期西班牙人的说法，认为印第安人不是完整的人类，缺乏回应信仰感召的能力，有时倾向贤哲们的说法，认为他们是些原始人，有时又倾向浪漫主义者的说法，认为他们是高贵的。随着时间的推移，他们确立了一种更加现实的观点，菲尼摩尔·库柏（Fenimore Cooper，1789—1851）在其著作中概括地表现了这种观点。但伤害在那时已经造成了。

———— ★ ★ ★ ————

民主

不过,早期美国人的敏锐才智在政治方面表现得最为突出。这里,再次与旧世界进行对比有助于澄清美国人是从何种环境中逃离的。在很大程度上,欧洲的政治实践反映了一套陈旧的政治观念,而现在它们黯然失色了。

英格兰和任何其他地方一样糟糕,其政治方面的统计数据令人汗颜。当时它拥有约900万人口,但其中只有20万人有选举权。[58]这一仅占人口2.2%的少数占据了政府、陆军、海军、教会、法院和殖民地管理机构的所有职位。除苏格兰外,只有他们有资格进入大学,在那里所有人都能受到委任。其他地方也好不到哪里去。许多国家正处于绝对专制时期,君主的统治从不借助议会和社会各阶层的支持。在国王统治下的法国,只有能够证明自己祖上四代均为贵族的人才有资格获得军官的委任。在欧洲的很多地方,政府职位是世袭的,而英格兰有70个议会席位所对应的选区根本没有选民。"在匈牙利,贵族对公职有独占权,占据了教会、军队和大学的所有职位,并且免纳大部分赋税。"[59]在德意志,安斯巴赫侯爵在打猎时由于一个随从人员敢于顶撞他而将其射杀,拿骚伯爵迪根也同样处决了一名农民,只是为了显示他不会为此受到任何惩罚。[60]在拥有15万人口的威尼斯,只有1200名贵族有权参加大议事会。[61]在低地国家(它们贷给新生的美国数额可观的款项),存在着自由的出版界、自由的大学和更高程度的文化普及率,富人和穷人之间的差别似乎不是那么明显。[62]"即使是这样,阿姆斯特丹仍然被36个世袭职位且终身任职的人所统治。"[63]

鉴于以上情况(我主要依赖于亨利·斯蒂尔·康马格尔对美洲早期生活的描述),不难理解为何富兰克林、杰斐逊及其同时代人的追求与之不同。不过与此同时,美洲也具有得天独厚的自然优势。这是一片没有君主的土地,不存在国教和束缚人的等级制度。没有帝国,没有既存的法律制度,没有传统的空架子。政治制度自然会从所有这一切中受益。

举例来说,美洲的原始状况确保了民主制度在大西洋西岸得以确立;与此同样重要的是,这种民主制在每个社区都是相似的。城镇会议和地方法庭在所有初具雏形的州都以大体相同的方式出现,而且,宾夕法尼亚、弗吉尼亚、北卡罗来纳、佛蒙特和佐治亚也都以大体相同的速度向男性普选权过渡。"在这个世界以外,本杰明·富兰克林和查尔斯·汤姆森在宾夕法尼亚出现,塞缪尔·

亚当斯和约瑟夫·霍利在马萨诸塞出现，亚历山大·麦克道格尔和阿伦·伯尔在纽约出现，帕特里克·亨利和爱德蒙·彭德尔顿在弗吉尼亚出现。"在旧世界，正如很多人所说，这些人都将被排除在政治活动之外。再者，富兰克林家族和彭德尔顿家族也没有住在与其选民隔绝的首都或深宫之中。[64]

联邦宪法

当然，缺点也曾经存在。早期各州的宪法均给选民资格施加了宗教限制。宾夕法尼亚在其他方面如此自由，又拥有丰富的石油资源，按理说建州时不应采纳宗教限制，但当时却规定所有公职人员必须是新教徒，而且必须发誓信仰《旧约》和《新约》都是受神圣启示而作。[65]有些时候公职似乎被某些家族把持（就像在康涅狄格、纽约和南方那样），但这与欧洲的世袭制完全不同。

起草联邦宪法的制宪会议显示了早期美洲的理想形象。这一"半神的集会"（杰斐逊语）有史以来第一次规定，所有公职——毫无例外——都对每一个男性开放。即使是对总统本人——在新大陆相当于欧洲君主的职位——也只有两个限制条件：他必须在美国出生且年满35岁（要记住，当时欧洲人的平均寿命周期是32岁）。除此以外同样没有宗教的限制，这是近代历史上又一个空前的革新。"在美国，柏拉图终于梦想成真了：有史以来第一次，哲学家成了国王。"[66]

———— ★ ★ ★ ————

这些事件推进的绝对速度与它们的内容和导向一样重要。欧洲民族已经花了几代人数个世纪的时间才发展出各自不同的身份，而在美洲，一个新民族形成羽翼丰满的、有自我意识的、与众不同的身份，只由英明的一代人就完成了。用托马斯·潘恩的话说，"我们在美国的公民身份就是我们的民族性格……我们伟大的名号就是美洲"。

"不仅美利坚民族主义确立的速度史无前例，而且由此确立的是一种新型民族主义。它不是被某个征服者或君主强加的。它不依赖于某种所有人都在圣坛前膜拜同一个神的国教，也不依赖于某个统治阶级的权力。它并不从某个传统的敌人身上获得力量。它来自人民；它是意志行为。"[67]我们同样不应忽视这一事实,即对于很多美国人而言,他们的国家是对旧世界那些最丑恶现象的——有意识或无意识的——摒弃。不少人是被迫逃离的,相比之下他们的新国家更幸福、更生机勃勃,更加让人满意。人民所享有的自由在旧世界几乎没法想象:他们可以自由地跟随便什么人结婚,自由地崇拜随便什么神,自由地从事随便什么职业,自由地上随便哪所学院,而且,最重要的是,自由地言其所言,想其所想。在这个意义上,美洲的创造是一种义举。[68]

有两个因素使这一点更易实现。其一是印第安人的存在,这些W.H.奥顿所称的"被打败的人群"促使新来者联合起来以反对这一共同的敌人,同时也给美国人提供了他们独有的发挥想象力的对象。[69]另一个因素是宗教上的持异见者和派系分子第一次成为多数。诚然,在美国也曾有过国教——比如公理派和英国国教,但大多数亲身经受过宗教偏执之害的人们并不愿意让这种罪过永久存续下去。[70]

最后,我们不能忽视革命本身和导致革命的诸种进程,它们包含的一系列事件促成了共同的天命意识和民族精神的确立。来自不同州的人们并肩战斗,没有雇佣兵参与其间。除他们对一支旧世界的庞大军队取得的军事胜利之外,革命给他们提供了一系列传奇和英雄人物——华盛顿和福奇谷(Valley Forge),内森·黑尔和约翰·保罗·琼斯,并给了他们新国家的象征——星条旗和白头鹰。[71](休·布罗根说,星条旗是合众国仅有的两个神圣事物之一——另一个是白宫。[72])

早在1754年,《奥尔巴尼联合计划》中就有了建立一个殖民政府的初步尝试。18世纪60年代,反印花税大会将来自9个殖民地的代表集合到一起,其中有一些后来参加了独立革命。这就意味着在第一次大陆会议召开时,很多美国领导人已经互相熟识了。这对日后在约克顿战役之前半年建立起联盟是至关重要的。"如果之前没形成强有力的联盟,可能永远不会有约克顿大捷……在旧世界所难以想象的意义上,美国民族主义是人民自己的创造物:它是自觉和自我成长的。是边疆开拓者和农场主、渔夫和伐木工、店主和学徒、小镇上的律师(这儿没有出庭律师)、村子里的神职人员(这儿没有主教)和乡下的学校教师(这儿没有学监)在为这面民族主义大旗穿针引线。"[73]1782年,M.G.吉恩·德·克雷夫科尔,一个法国民族主义者,认为美国已经造就了"一个新的人类种族",并将之喻为"大熔炉"。[74]

法律的作用／法律是美国最初的文学

在没有君主、宫廷、国教和千百年积累的"传统"的情况下,新共和国的开国之父们以其智慧转向了法律。正如亨利·斯蒂尔·康马格尔所观察到的,在40年时间里,新国家的每一个总统、副总统和国务卿,除华盛顿本人外,全部是律师。[75]

《独立宣言》是由律师们写成的,各州宪法和新合众国的宪法也主要是律师们起草的,这一事实影响了早期美国文学的形成。在独立革命时期的美国,没有一个诗人、戏剧家甚至小说家的作品堪与杰斐逊、约翰·亚当斯、詹姆斯·麦迪逊、托马斯·潘恩或詹姆斯·威尔逊的政治作品相媲美。这个新国家的思想集中在政治和法律方面。"他们废除了教会法、行政法甚至大法官法,并限制了普通法的适用范围——它整个散发着旧世界特权和腐化的臭气。"正是从这种

《独立宣言》

态度中产生了司法优位和司法审查的思想,也正是从这种态度中产生了分权机制。它产生了法学院,也促成了出庭律师和讼务律师区分的废除。[76]如果没有清教革命,没有约翰·洛克和孟德斯鸠的思想,没有对共和时期罗马的了解,就不会有今日我们所知的美国;但当托马斯·潘恩(用约翰·佛林的话说就是个"整天做梦的空想家")说出下面的话时,它无疑是正确的:"美洲的情形和环境,完全和创世之初相仿……我们有幸走到一起,目睹了政府的诞生,就像我们生活在时间的起点一般。"[77]

"传统"一词笼罩着一层光环,在旧世界尤其如此。但对它的另一种诠释是:传统即死人统治活人的原则,这不符合美国人的风格。早期美国人希望他们的新世界是开放的、可塑造的,所以他们希望传统能待在应该待的地方。这就是为何开国之父们允许宪法进行修正的原因。[78]实际上,这一手段用得相对保守。

联邦政治

不那么确定无疑的一点是,美国政治法律制度中最为辉煌同时也是最为脆弱的一部分恰恰是联邦主义。在13个州中的每一个都在强调自己的独立和主权的条件下,从这些州中创建一个真正的联盟颇费了些周折。新的合众国是一个邦联还是一个国家,这个问题将不止一次地被提出,最著名的一次就是美国内战。美国第四任总统詹姆斯·麦迪逊和以往一样一丝不苟地全面研究了其他的邦联,包括意大利、汉萨和瑞士的城市同盟,尼德兰诸省邦联以及神圣罗马帝国的历史。他的结论是,所有这些联盟都有一个致命的缺陷:它们都太软弱,无法保护自己免受外敌侵犯或内部动乱之害。对于麦迪逊及其同僚而言,中心问题始终是如何创建一个强大到足以抵御外敌和遏制内部分歧的联邦政府。同时,这个政府也不能太过强大,以至于威胁到其公民的自由或得益于地方政府施政的繁荣局面。[79]

这些人在为联邦政府和各州分割权限方面做得恰到好处。他们做得不太成功的地方是在设计中央政府可借以迫使桀骜不驯的州遵守分权条款的各种手段方面。开国之父们采纳的解决方案——在内战期间受到威胁,但在其他时期运行良好——是将所有权力赋予合众国人民,是他们作为主权者在州和国家之间

第十四章　美洲的创造

美国宪法草案签署时的情景，由霍华德·钱德勒·克莉丝蒂所绘

适当地分配各种权力；后两者之间的冲突不应用强力而应用法律解决。[80]在这里，一个"精妙的"区分被提了出来："武力不应被用来反对州或国家，而只应用来反对违犯法律的个人。"[81]州和国家之间的这种权力平衡或许是宪法中最值得称道的因素，这给政府的权力带来了制约（此时绝对专制主义在欧洲正甚嚣尘上）。这就是所谓联邦支配的概念。[82]但第二个值得称道的、仅次于权力制衡的成就则是权利法案。当然这早有先例，尤其是在英格兰：1215年的大宪章，1628年的权利请愿书，1689年的不朽的权利法案。[83]马萨诸塞早在1641年就引进了一个同样受到大宪章启发的"自由体"，但附于宪法之中的美国权利法案却是基于与此完全不同的一种秩序。[84]在英格兰，权利从不是"不可转让的"，国王和议会都曾经撤销过它们。这就是大宪章和美国权利法案的关键不同之处。大宪章保障正当法律程序，禁止残酷和非常的刑罚、过度罚金和保证金；后来，不经议会同意也禁止保持常备军；干涉自由选举也同样被宣布为非法，议会对公共钱袋的控制也得到确立。美国宪法及其权利法案则保证宗教自由、言论自由、出版和集会自由以及其他诸种自由。五个州禁止自证其罪；六个州特别规定了文官高于军队。北卡罗来纳和马里兰禁止建立垄断，将之宣称为"可憎、

与自由政府的精神相违背"。特拉华废除了奴隶贸易,其他州随之效仿;新建立的佛蒙特州则彻底废除了奴隶制。[85]杰斐逊曾坚持在《独立宣言》中加入"追求幸福"这一短语,包含在这几个词中的热情深深影响了美国的自由。[86]

* * *

托克维尔造访美国

在远方目睹这一切的伦敦牧师理查德·布赖斯博士写道:"人类进步的最后一步将在美国迈出。"他几乎说对了。但从美国人的天才中获益最多的实际上是法国。1789年8月的《人权宣言》大体上是拉法耶特、米拉波和让·约瑟夫·穆尼埃的杰作,"但在哲学上它来源于美国的权利宣言"(旅居巴黎期间,杰斐逊经常秘密为拉法耶特出谋划策:"追求幸福"在拉法耶特的法语中变成了"*la recherche du bien être*")。[87]在很多方面,法国的《人权宣言》甚至走得比其美国版本还要远得多。它废除了奴隶制,取消了长子继承和限嗣继承,根除了教士的各种荣誉和特权,解放了犹太人。它还确保以公共开支维持穷人、年长者的生活保障和社会的教育事业。[88]

法国人还率先对"人类进步的最后一步"作出评判,这一评判即使从今天看来,在许多方面仍然是最睿智、最少派系偏见的。阿列克西·德·托克维尔(Alexis de Tocqueville)于法国革命历第十三年热月11日或1805年7月29日在巴黎出生。身为一名诺曼底公爵的儿子,他成了一名司法官,长期热心于狱政改革,并期望在政治上有所作为。不过,由于他父亲效忠于被废黜的波旁君主,阿列克西认为还是偕同其朋友和同僚古斯塔夫·德·博蒙特前往美国更好一些。他们出访的表面理由是学习新大陆的狱政体制,但他们游历广泛,回国后都写了关于美国的书。[89]

他们在美国待了一年,去过纽约、波士顿、布法罗、加拿大和费城。他们去过边疆地区,沿密西西比河顺流而下到了奥尔良,再经南方返回华盛顿。他们见识了美国和美国人的方方面面。在波士顿,他们住在美国第一家大型豪华饭店——特瑞蒙特酒店,在那里每间房都有会客室,每个客人都有一双拖鞋,他们的靴子有人负责擦亮。[90]"在这里奢华优雅触目可见,"托克维尔写道,"几乎所有妇女都会说流利的法语,所有我们见过的男士都去过欧洲。"[91]据他说,这和纽约美国人的"差劲的"傲慢有所不同;当他们寄宿在"时髦的"百老汇的一所旅馆中时,见识了"某种粗鲁的举止",人们在谈话时会吐唾沫。[92]

从开始直到他们到达边疆,他们都在为美国缺少树木而感到失望,也为印第安人失望,后者手脚细弱,"因我们的酒而变得残酷无情"。[93]他们访问了哈德逊河畔的新新监狱,会见了约翰·昆西·亚当斯、山姆·休斯敦(德克萨斯州的创始人,曾将其牝马送到密西西比的船上),并为美国哲学会(博蒙特在那里感到厌烦)所接纳。[94]随着旅途的继续,虽然他们的生理愉悦并未增长(他们在俄亥俄河上所乘的汽船触暗礁沉没),托克维尔对美国的钦佩之情却与日俱增;在他回到法国后,决心写一本有关美国最重要的特征——民主——的书,他认为正是这一特征将美国与世界其他地方区别开来。他的书有两个版本,第一版面世于1835年,集中探讨政治方面的问题;第二版面世于1840年,增加了某些有关我们称之为民主的社会效应的作者思想和评语。后者比前者更为阴郁,因为托克维尔道出了他所感觉到的民主的最大问题——存在人的思想变得平庸的危险,这可能最终危及他们的自由。

但是,在其他几乎所有的方面,他对美国的民主精神和体制充满钦佩。他发现,美国人形成了这样一个社会,阶层之间的差异要比欧洲小得多,甚至一个普通的店伙计也没有法国下等阶级的那种"褴褛外形"。"这是一个商业民族,"他的同僚博蒙特在某处写道,"整个社会似乎都融合为一个中产阶级。"[95]两人都为妇女的较高地位、社会的苦干精神、普遍的高昂精神状态和没有军事力量的现实所深深触动。更令他们感触颇深的是,他们视为最典型美国人的小土地拥有者的坚定的个人主义精神。[96]"美国人并不比其他人民更有美德,"托克维尔写道,"但却比我所知的任何其他人民受到远为充分的启蒙熏陶(我说的是大众)……"[97]在《论美国的民主》中,托克维尔对美国体制的稳定性强调有加(虽然他也注意到了期望升高所带来的危险),并将之与法国、在某种程度上还有英国(他也造访过那里),进行了对比。[98]他将之归因于普通美国人比其欧洲同胞更深地参与了政治生活、市民生活以及宗教生活,以及如下事实,即美国社会运行的方式与欧洲诸国几乎截然相反,"地方共同体的组织成形先于县,县先于

阿列克西·德·托克维尔

州，州又先于联盟"。[99]托克维尔高度赞扬法院在美国所扮演的角色，它们的地位比政客要高；他还赞扬这一事实，即出版界在"暴力"方面虽不下于法国出版界，但却保持了独立：甚至没有人想过要审查准备发表的言论。

他并非对美国的问题视而不见。他认为，种族问题是不可能解决的。在古代世界，奴隶制与征服相关；而在美国，他观察到这是个种族问题，并因此认为该问题没有解决的途径。他得出结论认为，民主倾向于选出平庸的领导人，后者早晚要阻碍进步；他还认为，多数会对少数过于不宽容。作为例证，他举出下述事实，即破产法之所以在美国未获通过，是因为很多人认为他们自己将破产；禁酒也是一样，虽然饮酒和犯罪之间的联系甚至在那时就是不言自明的。[100]

在纯粹观念的领域，他认为民主将更有利于应用而非理论学科的发展；华盛顿城的建筑成就，尤其是在一个怎么说也"不比蓬多瓦兹大"的小城里表现壮丽气魄的手法，令他印象深刻。他预见到诗歌将在美国蓬勃发展，因为"这里有如此多的自然"。他发现这里的家庭比欧洲的更加亲密、更容忍独立的思想，并且他个人打心眼里喜欢婚姻更多地建立在爱情和关怀而非经济和王朝政治考虑的基础上的趋势。[101]

尽管提出了警告，托克维尔对美国及其对平等的迷恋（作为法国大革命三位一体思想的一部分）仍然怀有钦敬之情，这一点在书中随处可见；该书在出版后即获得了广泛接受。在法国，它获得了1.2万法郎的蒙特扬奖（Montyon Prize）；在英国，J.S.密尔（J.S.Mill）将托克维尔的著作描述为"论述现代民主的第一部伟大的政治哲学著作"。[102]从那以后，其他著作也试图与托克维尔的书竞争，但后者最终确立了经典的地位。当然在某种意义上，这些书尽管迷人，却是无足轻重的。对美国最靠得住的评判来自离开欧洲和世界其他国家迁居美国、在那里追寻自由和繁荣的巨大人口。时至今日，他们仍然在用脚投票。

注 释

[1] 埃利奥特:《旧世界和新世界》(*The Old World and the New*),英格兰剑桥:剑桥大学出版社/坎托,1970/1992年,第54—55页。

[2] 同上,第56页。

[3] 同上,第57页。

[4] 塞缪尔·艾略特·莫里森、亨利·斯蒂尔·康马格尔及威廉·E.洛伊希滕贝格:《美利坚共和国的成长》(*The Growth of the American Republic*),牛津、纽约:牛津大学出版社,1980年,第2卷,第4-5页。

[5] 埃利奥特,如前所引,第58—59页。

[6] 同上,第65页。

[7] 格林,《美国智力构建》(*The Intellectual Construction of America*),教堂山:北加利福尼亚出版社,1993年,第21—22页,有关当时欧洲对古老事物的尊崇。

[8] 埃利奥特,如前所引,第81页。

[9] 同上,第82页。

[10] 格林,如前所引,第39—42页。

[11] 同上,第84页;格林,如前所引,第28—29页,有关美国早期对天堂和乌托邦的观念。

[12] 埃利奥特,如前所引,第86页。

[13] 同上,第87页。这一经济新格局的活力甚至大到吸引了穆斯林。目睹西班牙为其在美洲的成功所鼓舞,同时又获得大量白银供其支配,奥斯曼人开始对新大陆感到好奇。1580年前后,一本《西印度群岛史》(*History of the West Indies*)被写成并呈送苏丹穆拉德三世。其作者主要依赖于意大利和西班牙的信息来源,他写道:"20年之内,西班牙人征服了所有岛屿并虏获了4万人,杀人数以千计。让我们向真主祈求这些珍贵的土地有朝一日被伊斯兰家族所征服,被穆斯林居住,成为奥斯曼帝国的一部分。"同上,第88页。

[14] 波德莫《征服的铠甲》,斯坦福,加利福尼亚:斯坦福大学出版社,1992年,第212页。

[15] 埃利奥特,如前所引,第103页。

[16] 同上,第95—96页。

[17] 亨利·斯蒂尔·康马格尔,《理性王国》,伦敦:威登菲尔&尼克尔森出版社,1978/2000年,第83页。

[18] 同上,第83—84页。

人类思想史

[19] 同上，第84页。

[20] 库什纳廖夫，《白令发现海峡》（科朗哈特·沃恩编译），波特兰：俄勒冈历史学会出版社，1990年，约在第169页。

[21] 波德莫，如前所引，第106页。

[22] 安东尼洛·吉尔比，《新大陆的争论：1750—1900激辩史》(*The Dispute of the New World: The History of a Polemic*)，修订增补本，杰里米·莫利译，匹兹堡：匹兹堡大学出版社，1973年，第61页。

[23] 格林，如前所引，第128页。

[24] 吉尔比，如前所引，第7页。

[25] 格林，如前所引，第129页。

[26] 波德莫，如前所引，第111页。

[27] 吉尔比，如前所引，第52页及后文。

[28] 康马格尔，如前所引，第16页；格雷·威尔斯，《创造美国》，波士顿：霍顿·米夫林出版公司，1978/2002年，第99—100页，有关富兰克林与伏尔泰的会面。

[29] 康马格尔，如前所引，17页；布尔斯汀，《探索者》，纽约和伦敦：古典书局，1999年，第204页；休·布罗根，《企鹅美国史》，伦敦：企鹅出版社，1985/1990年，第97页。

[30] 布罗根，如前所引，第93页。

[31] 康马格尔，如前所引，第20页。

[32] 同上，并见布罗根，如前所引，第98页。

[33] 康马格尔，如前所引，第21页。

[34] 威尔斯，如前所引，第172页。

[35] 康马格尔，如前所引，第23页。

[36] 同上，24页。

[37] 格林，如前所引，168页，并见约翰·佛林，《黑暗中的跨越》，牛津：牛津大学出版社，2003年，第256页。

[38] 康马格尔，如前所引，第30页。

[39] 同上。

[40] 威尔斯，如前所引，第45页。

[41] 康马格尔，如前所引，第33页。

[42] 同上，第39页。

[43] 格林，如前所引，第131—138页。

[44] 布罗根，如前所引，第178页。丹尼尔·布尔斯汀，《美国人：民族经验》，伦敦：威登菲尔&尼克尔森出版社，1966年，第399页。

[45] 康马格尔，如前所引，第411页。

[46] 同上，第94页。

[47] 梅瑞尔·D.彼得森 (Merrill D. Peterson)，《托马斯·杰斐逊与新国家》，牛津：牛津大学出版社，1970年，第159—160页。

[48] 威尔斯，如前所引，第136—137页。

[49] 康马格尔，如前所引，第98页。

[50] 同上，第106页。

[51] 同上，第108页。

[52] 威尔斯，如前所引，第129页；又见第99页，有关蒙蒂塞洛的小玩意。

[53] 康马格尔，如前所引，第114页。

[54] 彼得森，如前所引，第160页。

[55] 康马格尔，如前所引，第99页。

[56] 同上，第100页。

[57] 威尔斯，如前所引，第287页。

[58] 康马格尔，如前所引，第146页。

[59] 同上。

[60] 同上，第149—150页。

[61] 同上，第151页。

[62] 弗林，如前所引，第315页。

[63] 康马格尔，如前所引，第153页。

[64] 威尔斯，如前所引，有关彭德尔顿，第6页；有关亚当斯，第18页（约翰·F.肯尼迪在其《当仁不让》(*Profiles in Courage*) 中对后者进行了描述）。

[65] 莫里森等，如前所引，第67页；布罗根，如前所引，第94—95页。

[66] 康马格尔，如前所引，第173页，引塞缪尔·威廉斯《佛蒙特自然与社会史》(*Natural and Civil History of Vermont*)，1794年，第343—344页。

[67] 同上，第176页。

[68] 有关美国人多种多样的自由，格林，如前所引，第99页，并参见有关婚姻某些

方面的论述。

[69] W.H.奥顿,《没有城墙的城市》(*City Without Walls*),伦敦：费伯出版社,1969年,第58页。

[70] 康马格尔,如前所引,第181页。

[71] 同上,第183页。

[72] 布罗根,如前所引,第216页。

[73] 康马格尔,如前所引,第187—188页。

[74] 佛林,如前所引,第26页。

[75] 康马格尔,如前所引,第192页。

[76] 同上,第192—193页。

[77] 佛林,如前所引,第150页。

[78] 康马格尔,如前所引,第201页。

[79] 同上,第208页。

[80] 有关这种思想在欧洲的影响,格林,如前所引,第131页及后文。

[81] 同上,第177页,背景材料。

[82] 佛林,如前所引,第298页。

[83] 康马格尔,如前所引,第236页。

[84] 同上,第238页。

[85] 佛林,如前所引,第257页。

[86] 康马格尔,如前所引,第240—241页。

[87] 威尔斯,如前所引,第249页；佛林,如前所引,第434页。

[88] 康马格尔,如前所引,第245页。

[89] 托克维尔注意到了"放纵的"新奥尔良法语居民和"虔诚的"法裔加拿大人之间的差别。

[90] 安德烈·加尔丁,《托克维尔》,伦敦：彼得·哈尔班出版社,1988年,第149页。

[91] 同上。

[92] 同上,第117页。亦见詹姆斯·T.施莱佛《托克维尔〈论美国的民主〉的写作》,北卡罗来纳卡波希尔：北卡罗来纳大学出版社,1980年,尤见62页及后文、第191页及后文和第263页及后文。

[93] 加尔丁,如前所引,第126页。

[94] 同上,第158页,布罗根,如前所引,第319页。

[95] 加尔丁,如前所引,第114页。另一种观点是托克维尔认为平等是美国最重要的特性,但他又认为革命对这种精神的产生影响甚微。他还说过另一段广为人知的话,即美国和俄国将是未来的两个重要大国。威尔斯,如前所引,第323页。

[96] 阿列克西·德·托克维尔,《全集》(*Oeuvres Complètes*)(J.P.梅耶编选),巴黎:伽利玛出版社,1951年,卷一,第236页。

[97] 加尔丁,如前所引,第162页。

[98] 布罗根,如前所引,第75页。

[99] 加尔丁,如前所引,第208页。

[100] 同上,第216页。

[101] 他的部分论证和某些评论有些怪异或者说相互矛盾。他发现在美国,生活更具有私人性,但同时又认为人们的相互嫉妒更加强烈。他感到美国的工业发展在加剧人与人之间的不平等状况,从而或许会摧毁他所羡慕的共同体精神。加尔丁,如前所引,第263页。

[102] 威尔斯,如前所引,第323页。

IDEAS: A HISTORY FROM FIRE TO FREUD by PETER WATSON
Copyright: ©2005 BY PETER WATSON
This edition arranged with ANDREW NURNBERG ASSOCIATES LTD
through BIG APPLE TUTTLE-MORI AGENCY, LABUAN, MALAYSIA.
Simplified Chinese edition copyright:
2011 CENTRAL COMPILATION & TRANSLATION PRESS
All rights reserved.

图书在版编目（CIP）数据

人类思想史：冲击权威／(英)沃森著；南宫梅芳，高录泉，韩同春，苗永姝，姜倩，刘织译
—北京：中央编译出版社，2011.5

ISBN 978-7-5117-0919-6

Ⅰ．①人…
Ⅱ．①沃… ②南… ③高… ④韩… ⑤苗… ⑥姜… ⑦刘…
Ⅲ．①思想史－欧洲
Ⅳ．① B5

中国版本图书馆 CIP 数据核字(2011)第 129921 号

人类思想史：冲击权威

出 版 人：	和龑
责任编辑：	苗永姝
责任印制：	尹珺
出版发行：	中央编译出版社
地　　址：	北京西单西斜街 36 号(100032)
电　　话：	(010) 52612345（总编室） (010) 52612335（编辑室）
	(010) 66130345（发行部） (010) 52612332（网络销售部）
	(010) 66161011（团购部） (010) 66509618（读者服务部）
网　　址：	www.cctpbook.com
经　　销：	全国新华书店
印　　刷：	北京金瀑印刷有限责任公司
开　　本：	787 毫米×1092 毫米　1/16
字　　数：	448 千字
印　　张：	27.75
版　　次：	2011 年 5 月第 1 版第 1 次印刷
定　　价：	59.00 元

本社常年法律顾问：北京大成律师事务所首席顾问律师　鲁哈达
凡有印装质量问题，本社负责调换。电话 010-66509618